DICCIONARIO DE USO CORRIENTE

COMMON USAGE DICTIONARY

INGLES-ESPAÑOL
ESPAÑOL-INGLES

THE LIVING LANGUAGE™ SERIES
BASIC COURSES ON CASSETTE
   *Spanish
   *French
   *German
   *Italian
   *Japanese
   *Portuguese (Continental)
   Portuguese (South American)
   Advanced Spanish
   Advanced French
   Children's Spanish
   Children's French
   Russian
   Hebrew
   English for Native Spanish Speakers
   English for Native French Speakers
   English for Native Italian Speakers
   English for Native German Speakers
   English for Native Chinese Speakers

*Also available on Compact Disc

LIVING LANGUAGE PLUS®
   Spanish
   French
   German
   Italian

LIVING LANGUAGE TRAVELTALK™
   Spanish
   French
   German
   Italian
   Russian

DICCIONARIO DE USO CORRIENTE

COMMON USAGE DICTIONARY

INGLES-ESPAÑOL
ESPAÑOL-INGLES

THE LIVING LANGUAGE COURSE is a registered trademark, and CROWN, and LIVING LANGAGE and colophon are trademarks of Crown Publishers, Inc., 201 East 50th Street, New York, N.Y. 10022.

Library of Congress Catalog Card Number: 57-8778

ISBN 0-517-55882-3

1985 Updated Edition

Manufactured in the United States of America

15   14   13   12   10   11   9

TABLA DE MATERIAS
DICCIONARIO DE LAS
LENGUAS INGLESA Y ESPAÑOLA

INTRODUCCION

El Diccionario Inglés de Uso Corriente presenta las palabras inglesas usadas con más frecuencia, da sus significados más importantes e ilustra su uso.

1. Las palabras básicas aparecen indicadas por mayúsculas.

2. Solamente aparecen los significados más importantes.

3. Estos significados se ilustran, cada vez que es necesario, por medio de frases u oraciones que se usan en el lenguaje de todos los días. Cuando no existe una palabra española que traduzca exactamente el significado de la inglesa o cuando la equivalente en español tiene varios significados, el sentido del termino inglés puede deducirse de las frases u oraciones con que se ilustran estas palabras, por su relación con el contexto.

4. Cada palabra importante va seguida de las expresiones que más se usan y en las cuales aparece con más frecuencia. El Diccionario de Uso Corriente sirve tanto de libro de frases como de guía de conversación: contiene miles de oraciones y frases de uso corriente, que son de importancia práctica (para compras, negocios, etc.) o que sirven como ilustraciones de las formas gramaticales del inglés corrientemente hablado y escrito. El Diccionario de Uso Corriente será por eso, de gran utilidad tanto para los que comienzan a desarrollar su vocabulario, como para los estudiantes avanzados que desean perfeccionar sus conocimientos del inglés diario.

5. Consultando las oraciones que figuran bajo la palabra inglesa en la parte "Inglés-Español," el lector puede observar si la palabra inglesa se traduce siempre por la española o si esto ocurre solamente en ciertos casos. La parte "Español-Inglés" contiene las palabras españolas de mayor uso y sus equivalentes en inglés.

DICCIONARIO
DE USO
CORRIENTE

COMMON USAGE DICTIONARY

INGLES-ESPAÑOL
ESPAÑOL-INGLES

INGLÉS-ESPAÑOL

A

A (AN) un, uno, una
  a man un hombre
  an angel un ángel
  a woman una mujer
abandon (to) abandonar
abandonment abandono
abbreviate (to) abreviar
abbreviation abreviación
abdicate (to) abdicar
abdomen abdomen
ability capacidad, poder
able capaz, apto
ABLE (to be) poder
aboard a bordo
  to go aboard ir a bordo
abolish (to) abolir suprimir
ABOUT casi; alrededor; como; más o menos;
    cerca de; acerca de; con respecto a; a
    punto de; sobre
  About how much will it cost? ¿Cuánto me
    costará, más o menos?
  He has written a book about Mexico. Ha
    escrito un libro sobre México.
  I have about twenty dollars. Tengo
    alrededor de veinte dólares.
  The book is about this size. El libro es
    como de este tamaño.
  We were about to leave. Estábamos a
    punto de salir.
  What do you think about that? ¿Qué
    opina Ud. acerca de eso?
ABOVE sobre; encima de; arriba
  above all sobre todo
  above the trees encima de los árboles
  to be above something estar por encima de
ABROAD fuera del país, en el extranjero
absence ausencia
absent ausente
  absent-minded distraído
absolute absoluto
absolutely absolutamente
absolve (to) absolver
absorb (to) absorber
abstain (to) abstener
abstract abstracto
absurd absurdo
abundant abundante
abuse abuso
abuse (to) abusar de, maltratar
academy academia
accelerate (to) acelerar
accelerator acelerador
accent acento
accent (to) acentuar
accept (to) aceptar
acceptance aceptación
access acceso; entrada
accessory accesorio
ACCIDENT accidente, casualidad
  by accident por casualidad
accommodate (to) acomodar, ajustar
accommodation facilidades, servicio
accomplish (to) efectuar, realizar, llevar a
    cabo

accomplishment logro, resultado; cualidad
ACCORDING TO según, conforme a
ACCOUNT cuenta; relación, narración
  current account cuenta corriente
  of no account de poca monta
  on account of a causa de
  on my own account por mi cuenta
  on no account de ninguna manera
  to keep an account llevar cuenta
  to take into account tener en cuenta
  Charge it to my account. Apúntemelo en
    mi cuenta.
  He gave an account of what happened.
    Hizo una relación del suceso.
  What's the balance of my account? ¿Cuál
    es el saldo de mi cuenta?
account (to) tener por, considerar
accountant contador
accumulate (to) acumular
accumulation acumulación
accuracy exactitud
accurate exacto
accurately con exactitud
accusation acusación
accuse (to) acusar
accustom (to) acostumbrar
accustomed acostumbrado, de costumbre
ace as
ACHE dolor
  I have a headache. Tengo dolor de cabeza.
ache (to) doler
achieve (to) llevar a cabo; lograr
achievement realización, logro
acid ácido
acidity acidez
ACKNOWLEDGE (to) reconocer, confesar
  to acknowledge receipt acusar recibo
acknowledgment reconocimiento; confesión;
    acuse de recibo
ACQUAINT (to) enterar, informar,
    familiarizar
  to acquaint oneself with ponerse al
    corriente de
acquaintance conocimiento; conocido
acquainted conocido
  to be acquainted with conocer
acquire (to) adquirir, obtener
acquit (to) absolver
ACROSS de través, a través
  across the street al otro lado de la calle
  to come across, to run across encontrarse
    con
act acto, hecho, acción
act (to) obrar; conducirse; representar
acting activo; *s:* representación, actuación
action acción, acto, obra, actividad,
    argumento
  in action en movimiento
active activo
activity actividad
actor actor, protagonista
actress actriz
actual real, efectivo
actuality realidad, actualidad
actually realmente, en realidad
acute agudo, ingenioso, vivo, fino

acutely agudamente
acuteness agudeza, perspicacia, violencia *(enfermedad)*
adapt (to) adaptar
adaptable adaptable
adaptation adaptación
add (to) añadir
  to add up sumar
addicted adicto
  addicted to apasionado por
addition adición
  in addition to además de
additional adicional
additionally adicionalmente
address dirección, señas
address (to) dirigirse
addressee destinatario
adequate adecuado
adequately adecuadamente
adhere (to) adherirse
adherent adherente
adhesive tape esparadrapo
adjacent adyacente
adjective adjetivo
adjoining contiguo
adjourn (to) diferir
adjust (to) ajustar, arreglar
adjustment arreglo
administer (to) administrar
administration administración
administrative administrativo
administrator administrador
admirable admirable
admiral almirante
admiration admiración
admire (to) admirar
admirer admirador
admission admisión; entrada
  Admission free. Entrada gratis.
admit (to) admitir, confesar, reconocer
admittance entrada
  No admittance. Se prohibe la entrada.
admonish (to) amonestar
adopt (to) adoptar
adoption adopción
adoptive adoptivo
adorable adorable
adore (to) adorar
adult adulto
advance anticipo, adelanto
  in advance en adelante
advance (to) avanzar, adelantar
advantage ventaje, superioridad
  to have the advantage of llevar ventaja a
  to take advantage of aprovechar
advantageous provechoso, ventajoso
adventure aventura
adventurer aventurero
adverb adverbio
adversary adversario
adversity adversidad
advertise (to) anunciar
ADVERTISEMENT anuncio, aviso
advice consejo, aviso, noticia
  to take advice pedir consejo
advisable aconsejable, deseable, conveniente

advise (to) aconsejar, avisar, informar, notificar
adviser consejero
aerial aéreo
affair asunto, negocio
affect (to) afectar
affectation afectación
affection afecto, cariño
affectionate afectuoso
affectionately afectuosamente
affirm (to) afirmar
affirmative afirmativo
affirmatively afirmativamente
afford (to) deparar
  I can't afford to buy it. No tengo con que comprarlo.
afloat a bordo, flotante
AFRAID miedoso, atemorizado, temeroso
AFTER después
  What happened after that? ¿Qué pasó después de eso?
AFTERNOON tarde
  Good afternoon! ¡Buenas tardes!
afterwards después
AGAIN otra vez, de nuevo
  again and again muchas veces
  never again nunca más
  now and again a veces, de vez en cuando
  Come again. Vuelva Usted.
AGAINST contra, enfrente de
AGE edad; época
  Golden Age Siglo de Oro
  Middle Ages Edad Media
  of age mayor de edad
age (to) envejecer
aged viejo, anciano
agency agencia
agenda agenda, memorándum
agent agente
aggravate (to) agraviar; irritar
aggravating agravante; irritante
aggravation agravio; irritación
aggregate (to) agregar
aggression agresión
aggressive agresivo
aggressively agresivamente
aggressor agresor
agitate (to) agitar, inquietar
agitation agitación
AGO hace, ha
  a long time ago hace mucho tiempo
  How long ago? ¿Cuánto ha?
  They came back a month ago. Volvieron hace un mes.
agonize (to) atormentar
agony agonía
AGREE (to) acordar, concordar, convenir
  Alcohol does not agree with me. El alcohol me hace daño.
  This climate agrees with me. Este clima me sienta bien
  We agreed on the price. Convenimos en el precio.
agreeable agradable
agreed convenido
agreement convenio, acuerdo

2

agriculture agricultura
AHEAD adelante, delante
  to be ahead ir adelante
  Go ahead! ¡Adelante!
aid ayuda, auxilio
  first aid primeros auxilios
aid (to) ayudar
ailment dolencia
aim puntería, encaro
aim (to) apuntar; dirigir, tener por fin
AIR aire
  air conditioned aire acondicionado
  air cooling enfriamiento por aire
  air force fuerza aérea
  air mail correo aéreo
  air proof hermético
airplane aeroplano, avión
airport aeropuerto
airway ruta de aviación
aisle pasillo
alarm alarma
  alarm clock despertador
alarm (to) alarmar
album álbum
alcohol alcohol
alien ajeno, extranjero
alike igual, semejante
alimony pensión
alive vivo
ALL todo
  all day todo el día
  all over terminado
  all right está bien, bueno
  all the same igual, lo mismo
alliance alianza
allied aliado; relacionado
allocation colocación
ALLOW (to) permitir, conceder
  Allow me. Permítame.
allowance pensión; asignación
alloy mezcla
alluring seductivo
ally (to) unir
almond almendra
ALMOST casi
aloft arriba
alone solo; solamente
ALONG a lo largo de; al lado de
  all along constantemente
  along with junto con
  to get along hallarse
  to get along with llevarse bien con
  to go along with acompañar
alongside al costado
aloud en voz alta
alphabet alfabeto
ALREADY ya
ALSO también, además; igualmente
altar altar
alter (to) alterar, cambiar, modificar
alternate (to) alternar
alternately alternativamente
alternative alternativa
alternatively alternativamente
although, altho aunque
altitude altura

altogether enteramente, conjunto
aluminum aluminio
ALWAYS siempre
amaze (to) asombrar
amazed atónito
amazing asombroso
ambassador embajador
ambassadress embajadora
amber ámbar
ambiguous ambiguo
ambition ambición
ambitious ambicioso
ambulance ambulancia
ambush emboscada
amelioration mejora
amend (to) enmendar
amendment enmienda
American americano; norteamericano
amiability amabilidad
amiable amable
AMONG entre
amount cantidad; suma
amount to (to) costar, valer
ample amplio
amuse (to) divertir, distraer
amusement diversión
amusing divertido
analysis análisis
anarchy anarquía
anatomy anatomía
ancestor antecesor
anchor ancla
  to weigh anchor levar el ancla
anchovy anchoa
ancient antiguo
AND y, e
  I will try to speak to her. Trataré de
    hablarle.
  You must go and see. Debe ir a ver.
anecdote anécdota
anemia anemia
anew de nuevo, otra vez
angel ángel
anger ira, cólera
angle ángulo
angle (to) pescar con caña
angler pescador de caña
angrily coléricamente
angry enojado, enfadado
  to get angry enojarse, enfadarse
anguish angustia
animal animal
animate (to) animar
animated animado
animation animación
ankle tobillo
annex anexo
annex (to) anexar
annihilate (to) aniquilar
anniversary aniversario
annotate (to) anotar
annotation anotación
announce (to) anunciar
announcement anuncio, aviso; participación
    (de boda)
announcer anunciador

annoy (to) molestar, fastidiar
annoyance molestia, incomodidad
annoying fastidioso
annual anual
annually anualmente
annuity anualidad
anonymous anónimo
another otro
answer respuesta, contestación
ANSWER (to) responder, contestar
ant hormiga
anterior anterior
anteriority anterioridad
anthem antífona
anti contra
anticipate (to) anticiparse, esperar
anticipation anticipación
antidote antídoto
antipathy antipatía
antiquated anticuado
antique antiguo
antiquity antigüedad
anxiety ansia, ansiedad
anxious ansioso
anxiously ansiosamente
anxiousness ansiedad, solicitud
ANY algún, alguno, alguien, cualquier,
    cualquiera
  any farther más lejos
  any longer más tiempo
  in any case de todos modos
  not any more ya no
  Do you have any cigarettes? ¿Tiene Ud.
    cigarrillos?
  No, I don't have any. No, no tengo
    ningunos.
anybody alguno, alguien, cualquiera
  Has anybody called? ¿Llamó alguien?
anyhow de cualquier modo, de todos modos
anyone alguno, alguien, cualquiera
anything algo, cualquier cosa
  Did he say anything? ¿Dijo algo?
  No, he didn't say anything. No, no dijo
    nada.
anyway de cualquier modo; sin embargo
  I'll come at 7:00 P.M. anyway. De todos
    modos, vendré a las siete.
anywhere dondequiera, en todas partes
  Put it anywhere. Póngalo dondequiera.
apart aparte, separadamente
  He took his radio apart. El desarmó su
    radio.
apartment apartamiento; piso
apiece por persona; cada uno
apologies excusas
apologize (to) disculparse, excusarse
  Let me apologize to you. Permítame
    ofrecerle mis excusas.
apology apología
apparatus aparato
apparel vestidos, ropa
  wearing apparel vestidos, ropa
apparent aparente
apparently aparentemente
apparition aparición
appeal atracción; súplica; apelación; simpatía

appeal (to) apelar, recurrir; atraer, interesar
  This is very appealing to me. Esto me
    atrae mucho.
appear (to) aparecer, comparecer
appearance apariencia
appease (to) aplacar, calmar
apellation nombre
appendix apéndice, suplemento
appetite apetito
appetizer aperitivo
appetizing apetitoso
applaud (to) aplaudir
applause aplauso
APPLE manzana
  apple pie pastel de manzana
  apple tree manzano
applesauce compota de manzana
appliance instrumento, utensilio, aparato
  kitchen appliances utensilios de cocina
applicant suplicante, candidato
application aplicación; súplica, solicitud
  I filled out my application. Llené mi
    solicitud.
apply (to) aplicar, solicitar
  He applied for a job. Solicitó un empleo.
appoint (to) designar, nombrar
  He has been appointed by the
    government. El ha sido designado por
    el gobierno.
APPOINTMENT nombramiento, puesto;
    cita, compromiso
  I have a dental appointment at 3 P.M.
    Tengo una cita con el dentista a las
    tres.
appraisal valuación
appraise (to) valuar, apreciar
appreciable apreciable
appreciate (to) apreciar
appreciation apreciación, valuación;
    reconocimiento
appreciative apreciativo
apprehend (to) aprehender
apprehension aprehensión
approach acercamiento, aceso; proximidad
approach (to) aproximarse, acercarse
  He did not know how to approach her. No
    sabía acercarse a ella.
approbation aprobación
appropriate (to) apropiar
appropriate apropiado
appropriation apropiación
approval aprobación; consentimiento
approve (to) aprobar, sancionar, confirmar
  Her parents do not approve of him. Sus
    padres no lo aprueban.
approximate próximo; aproximado
approximately aproximadamente
approximation aproximación
apricot albaricoque
April abril
  April Fools' Day primer día de abril
apron delantal
Arabian árabe
Arabic árabe *(idioma)*
arbitrary arbitrario
arbitrate (to) arbitrar

bitration arbitraje
bitrator árbitro
c arco
cade arcada
chaic arcaico
chbishop arzobispo
cheology arqueología
chitect arquitecto
chitecture arquitectura
dently ardientemente
dor ardor, fervor
rgentinean argentino
gue (to) disputar, discutir
gument argumento, controversia
gumentation argumentación
id árido
ise (to) subir, elevarse
istocracy aristocracia
istocrat aristócrata
ithmetic aritmética
RM brazo; arma
  firearms armas de fuego
m (to) armar
mchair sillón
mistice armisticio
mory armería
RMY ejército
oma aroma
ROUND alrededor, a la redonda
  He lives around here. Vive cerca de aquí.
  I'll call you around 11:00 A.M. Le llamaré
    alrededor de las once de la mañana.
ouse (to) despertar; mover
rrange (to) arreglar, acomodar
rrangement arreglo, disposición
rrest arresto, aprehensión
  under arrest arrestado
rrest (to) detener, arrestar
rrival llegada
RRIVE (to) llegar
  He just arrived in town. Acaba de llegar a
    la ciudad.
rrogant arrogante
rrow flecha
rt arte
  arts and crafts artes y oficios
rtichoke alcachofa
rticle artículo
rticulate (to) articular
rticulation articulación
rtificial artificial
rtificially artificialmente
rtillery artillería
rtist artista
rtistic artístico
rtistically artísticamente
S como; cuando
  as far as hasta
  as it were por decirlo así
  as little as tan poco como
  as long as mientras
  as much tanto, tan
  as much as tanto como
  His sister is as tall as he is. Su hermana es
    tan alta como él.

  We saw him as he came in. Lo vimos
    entrar.
ascend (to) ascender; subir
ascendant ascendiente, influjo
ascertain (to) averiguar, aseguarar
ashamed avergonzado
  to be ashamed avergonzarse
ashes ceniza
ashtray cenicero
aside a un lado, al lado, aparte
ASK (to) preguntar; pedir, solicitar, suplicar
  to ask a question hacer una pregunta
asleep dormido, durmiendo
  to fall asleep dormirse, quedarse dormido
  He's asleep. Está durmiendo.
asparagus espárrago
aspect aspecto; aparencia
aspire (to) aspirar, ambicionar
aspirin aspirina
ass asno
assail (to) asaltar, atacar
assailant asaltador
assassin asesino
assassinate (to) asesinar
assassination asesinato
assault asalto
assay (to) probar, examinar, investigar
assemble (to) juntar, reunir; montar
assembly reunión; asemblea
assert (to) afirmar, asegurar
assertion aserción
asset posesión; ventaja, haberes
  He has many assets. El tiene muchas
    ventajas.
assign (to) asignar; destinar
assignation asignación, consignación
assignment asignación; tarea; comisión
  The teacher gave us a long assignment. El
    maestro nos dió una tarea larga.
assimilate (to) asimilar
assist (to) asistir, ayudar
assistance auxilio, ayuda
assistant ayudante, asistente
associate socio
associate (to) asociar, unir, juntar
association asociación
assorted variado, mezclado
assortment clasificación, surtido rico
assume (to) presumir, asumir
assumption suposición
assurance seguridad, certeza
assure (to) asegurar
assuredly ciertamente, indudablemente
astonish (to) asombrar
astonishing asombroso, sorprendente
astonishment asombro, sorpresa
astound (to) sorprender, confundir
astounding asombroso, sorpredente
astringent astringente
astrology astrología
astronomy astronomía
asylum asilo, refugio
AT a; en; con; de; por
  at first al principio
  at last al fin, por fin
  at once inmediatamente, de una vez

at that time en aquel tiempo; entonces
at the same time a la vez, a un tiempo
at two o'clock a las dos
at work trabajando
I am at your disposal. Estoy a su
   disposición.
I bought it at Macy's. Lo compré en Macy.
We were surprised at his behavior.
   Quedamos sorprendidos de su
   conducta.
atheist ateo
athlete atleta
athletic atlético
athletics atléticos
atmosphere atmósfera, ambiente
atom átomo
   atom bomb bomba atómica
atrocious atroz
atrocity atrocidad
attach (to) pegar, juntar, unir
attachment unión, adhesión
attack ataque
   heart attack ataque al corazón; síncope
   cardiaco
attack (to) atacar
attempt intento, tentativa
attempt (to) atentar, intentar
attend (to) atender, asistir
   to attend on servir a
attendance presencia, asistencia
attendant sirviente; acompañante, cortesano
attention atención
   Attention! ¡Cuidado!
attentive atento, aplicado; obsequioso
attest (to) atestiguar, atestar
attestation testimonio, confirmación
attic desván; buhardilla
attire atavío
attitude actitud
attorney abogado
attract (to) atraer
attraction atracción
attractive atractivo
attribute atributo
attribute (to) atribuir
auction almoneda, remate
audacious osado, audaz
audaciously audazmente
audible audible
audience auditorio; audencia
audition audición
auditor auditor; escucha
auditorium anfiteatro
augmentation aumento
August agosto
aunt tía
aurora aurora
authentic auténtico
author autor, escritor
authority autoridad
authorize (to) autorizar
autograph autógrafo
automobile automóvil
autumn otoño
avail (to) aprovechar
   to avail oneself of aprovecharse

available disponible
avenue avenida
average promedio
   on an average por término medio
avocado aguacate
avoid (to) evitar
await (to) esperar
awake (to) despertar
award laudo, premio
award (to) otorgar, conceder
AWARE enterado
   I was not aware of it. No estaba enterado
   de eso.
AWAY lejos, fuera, ausente
   to go away marcharse
   He is away. Está fuera.
awe temor
awful tremendo, terrible
awfully terriblemente; excessivamente
awkward desmañado; torpe, embarazoso
awkwardly torpemente; desmañadamente
awning toldo, persiana
ax hacha
axis eje

B

babble (to) balbucear; parlotear
babbler charlador
baby nene, criatura
bachelor soltero
back espalda, espinazo; respaldo; posterior
   behind one's back a espaldas de uno
BACK atrás, detrás
   back and forth de una parte a otra
   back door la puerta de atrás
   to be back estar de vuelta
   to come back volver
   to get back volver
   to give back devolver
   to go back volver
back (to) apoyar
   to back up a car dar marcha atrás
background fondo; educación; antecedentes
backward atrasado; tardo; retrógado
   to go backwards andar de espaldas
bacon tocino
BAD mal, malo, perverso
badge insignia
badly mal
baffle (to) impedir, frustrar
bag saco; bolsa
baggage equipaje
bail caución, fianza
bait cebo
bake (to) cocer en horno
baker panadero
bakery panadería
   baking powder levadura
balance balanza; equilibrio; balance
balance (to) equilibrar, contrapesar
balcony balcón
bald calvo
baldness calvicie
ball bola, pelota; baile
ballet ballet

balloon globo
ballot voto
bamboo bambú
banana banana, plátano
band banda, venda
bandage vendaje, venda
bandit bandido
banish (to) desterrar, deportar
banister baranda
BANK banco; orilla, ribera
   bank account cuenta de banco
   bank note billete de banco
banker banquero
bankrupt fallido
bankrupt (to) arruinar
bankruptcy bancarrota, quiebra
banner bandera
banquet banquete
baptize (to) bautizar
bar bar; barra; medida *(mús.)*
barbarian bárbaro
barber barbero, peluquero
barbershop barbería, peluquería
bare desnudo; liso
barefoot descalzo
barely solamente
bareness desnudez
BARGAIN convenio, negocio, ganga
   bargain day día de barata
   to make a bargain hacer un convenio
bargain (to) negociar, tratar
barge barcaza
bark corteza; ladrido
bark (to) ladrar
barley cebada
barn pajar, establo
barometer barómetro
barracks cuartel; barraca
barrel barril
barren estéril, árido
barricade barricada
bartender tabernero
base base, fundamento
base (to) basar; fundar
basement basamento; cuarto bajo
bashful vergonzoso, tímido
basic fundamental, básico
basin palangana
basis base, fundamento
basket cesta, canasta
bat garrote, palo; murciélago
batch paquete
bath baño
   bathroom cuarto de baño
   bathtub tina
bathe (to) bañar, lavar
   bathing suit traje de baño
battalion batallón
batter batido
battery batería; pila
battle batalla
battle (to) batallar
battleship acorazado
bay bahía
BE (to) ser; estar
   to be hungry tener hambre

   to be right tener razón
   to be sleepy tener sueño
   to be slow ser lento, estar atrasado
   to be sorry sentir
   to be thirsty tener sed
   to be used to estar acostumbrado
   to be wrong estar equivocado
   Be good. Sé bueno.
   How are you? ¿Cómo está Ud.?
   How is it? ¿Cómo es?
   I am going to the station. Voy a la
      estación.
   It's mine. Es mío.
   It's two o'clock. Son las dos.
   The house is being built. La casa se está
      construyendo.
   There are two people waiting. Hay dos
      personas que esperan.
beach playa
beacon faro
bead cuenta, canutillo
   to tell one's beads rezar el rosario
beak pico
beam viga, madero; rayo, destello
beaming radiante
bean frijol, haba, habichuela
bear oso
bear (to) aguantar, sufrir, soportar, portar,
   producir
   to bear a child dar a luz
   to bear a grudge guardar rencor
   to bear in mind tener presente
bearer portador
bearing porte presencia; cojinete *(mec.)*
   to find one's bearings orientarse
beast bestia
beastly bestial
beat (to) latir, batir, palpitar; golpear; pegar;
   tocar; ganar
   He beat me at poker. Me pegó *(derrotó)* en
      el poker.
   He beat the record. Rompió el record.
   The cook beats the eggs. La cocinera bate
      los huevos.
   They beat him up. Le pegaron.
beat golpe, pulsación, latido
beating paliza, zurra; latido
beautiful bello
beautifully bellamente
beautify (to) hermosear, embellecer
beauty hermosura, belleza
   beauty parlor salón de belleza
beaver castor
BECAUSE porque
   I could not come because of the rain. No
      pude venir debido a la lluvia.
BECOME (to) llegar a ser, convertirse
   to become angry enojarse
   This is very becoming to her. Esto le
      queda bien.
   What will become of her? ¿Qué será de
      ella?
BED cama, lecho
bedclothes ropa de cama
bedding colchones
bedroom alcoba, cuarto de dormir; recámara

bedside lado de cama
bedspread cubrecama
bedtime hora de acostarse
bee abeja
beef carne de res
beehive colmena
beer cerveza
beet remolacha, betabel
beetle escarabajo
BEFORE antes, antes que; ante, delante de, enfrente de
  Call me before eleven. Llámeme antes de las once.
beforehand de antemano, previamente
beg (to) mendigar, rogar
beggar mendigo
BEGIN (to) empezar, comenzar
beginning principio, comienzo
behalf, on behalf of a favor, en nombre
behave (to) conducirse, comportarse
  Behave! ¡Pórtate bien!
behavior conducta
BEHIND atrás, detrás
  He remained behind. Se quedó atrás.
behold (to) contemplar
belfry companario
Belgian belga
belief creencia; opinión
believe (to) creer; opinar
  He believes in his success. Cree en su éxito.
believer creyente
bell campana; campanilla
  Ring the bell. Toque la campanilla.
bellows fuelle
belly vientre, barriga
BELONG (to) pertenecer
beloved caro, querido
BELOW abajo, debajo
belt cinturón
beneath bajo, debajo, abajo
bench banco
bend (to) doblar, plegar
benediction bendición
benefactor benefactor
benefit beneficio
benefit (to) beneficiar
bequeath (to) legar
berth litera; camarote
beset (to) acosar
BESIDE al lado de, contiguo, cerca
  He was beside himself. Estaba fuera de sí.
besides además de, por otra parte
BEST mejor
  best of all mejor que los demás
  He was at his best. Estaba en su máximo.
bestow (to) conferir, otorgar
bet apuesta
bet (to) apostar
betray (to) traicionar
betrayal traición
BETTER mejor; más bien
  better and better mejor y mejor
  I'm better off that way. Me siento mejor de esa manera.
  So much the better! ¡Tanto mejor!

  This is better than that. Esto es mejor que eso.
better (to) mejorar
BETWEEN entre; en medio de
  between you and me entre nos
beverage bebida
beware (to) guardarse
  Beware! ¡Cuídese!
BEYOND más allá
  beyond doubt fuera de duda
bias sesgo
bib babero
Bible Biblia
bicarbonate bicarbonato
bicycle bicicleta
bid postura
bid (to) pujar
BIG grande, voluminoso
BILL cuenta; factura
  bill of fare menú
billfold billetera
billiards billar
billion mil millones
bind (to) atar, unir
binding encuadernación
biography biografía
biology biología
bird ave, pájaro
birth nacimiento
  birth rate natalidad
  by birth de nacimiento
  to give birth dar a luz
birthday cumpleaños
biscuit bizcocho
bishop obispo
bit pizca, pedacito
  not a bit nada
bite mordedura
bite (to) morder, picar
biting penetrante, picante, cáustico
bitter amargo, satírico
bitterly amargamente
bitterness amargura
BLACK negro
  He is the black sheep of his family. Es la oveja negra de la familia.
blackbird mirlo
blackboard pizarra
blacken (to) ennegrecer
blackmail chantaje
blacksmith herrero
blade hoja
  razor blades navajas de rasurar
blame reprobación, culpa
blame (to) culpar
bland blando
blank en blanco; vacío
blanket manta, frazada, cobija
blast ráfaga
  in full blast en pleno ejercicio
blaze llama, ardor
  in a blaze resplandeciente
blaze (to) resplander
bleach blanqueador
bleach (to) blanquear, descolorar
bleed (to) sangrar

eeding sangría
emish tacha
emish (to) manchar, infamar
end mezcla
end (to) mezclar
LESS (to) bendecir
  God bless you! ¡Que Dios lo bendiga!
essed bendito
essing bendición
LIND ciego; ignorante; s: persiana
ind (to) cegar
indfold (to) despistar, ofuscar
indly ciegamente
indness ceguera
ink pestañeo
ink (to) pestañear
iss felicidad
issful dichoso
issfulness suprema felicidad, dicha
ister ampolla
ithe alegre
izzard ventisca
LOCK bloque, trozo; cuadra, manzana (casas)
  The post office is four blocks away. El correo está a dos cuadras.
ock (to) obstruir
ockhead tonto
ond rubio
onde rubia
LOOD sangre
  cold blood sangre fría
oodily cruentamente
oom floración
  The roses are in full bloom. Las rosas están en plena floración.
ooming lozano; próspero
ossom flor
  in blossom en florecimiento
ot borrón, mancha
ot (to) emborronar
  to blot out borrar
otter secante
ouse blusa
ow soplo; golpe
  blow out pinchazo
  It was a terrible blow for her. Fué un golpe terrible para ella.
  They came to blows. Se vinieron a las manos.
LOW (to) soplar, inflar
  to blow out apagar
  to blow up estallar
  The wind blows the leaves off. El viento arrastra las hojas.
LUE azul; triste
  She is feeling blue. Está triste.
lueprint heliografía, proyecto
lues esplín
luestocking marisabidilla, sabelotodo
luff fanfarronada
luff (to) alardear
luish azulado
lunder disparate
lunt embotado
lur trazo borroso

blur (to) opacar, embotar, desvanecer
blush rubor
blush (to) ruborizarse
BOARD tabla; pensión; junta, consejo; tablero
  on board a bordo
  room and board habitación y comida
  the board of directors la junta directiva
  the board of health la junta de sanidad
board (to) abordar
boarder huésped, pensionista
boarding house pensión, casa de huéspedes
boast jactancia
boast (to) ostentar, jactarse
boaster fanfarrón
boastful jactancioso
BOAT barco, bote, barca, buque
boatman barquero
bodice corpiño
BODY cuerpo
boil (to) hervir
  boiled eggs huevos pasados por agua
  boiled water agua hervida
  to boil over hervir hasta rebosar
boiler caldera
boiling hervor, ebullición
  boiled water agua hervida
  boiling point punto de ebullición
  boiling water agua hirviendo
boisterous turbulento
bold audaz, temerario
boldly audazmente
boldness intrepidez
bolster almohadón
bolt cerrojo
bolt (to) cerrar con pestillo
bomb bomba
bomb (to) bombear
bonbon dulce, bombón
bond lazo; ligazón
  in bond en depósito
bond (to) conectar
BONE hueso
bone (to) desosar
boneless sin huesos
BOOK libro
bookbinding encuadernación
bookcase librero
bookish pedante
bookkeeper tenedor de libros
booklet libretín
bookseller librero
bookstore librería
boom auge
boom (to) dar bombo
boot bota
bootblack limpiabotas
booth garita, casilla
bootlegger contrabandista de licores
BORDER orilla; frontera; límite; borde; ribete
border (to) confinar, orlar, colindar
bore taladro; pelmazo; persona pesada
bore (to) taladrar; aburrir
boredom aburrimiento
boring aburrido, latoso

born nacido
born (to be) nacer
borough barrio
borrow (to) pedir prestado
  May I borrow a book from you? ¿Puede
    prestar un libro suyo?
bosom seno, pecho
  bosom friend amigo íntimo
boss jefe
boss (to) regentear
bossy dominante, mandón
BOTH ambos
  both of them ellos dos, los dos
bother molestia
bother (to) incomodar, molestar
bottle botella; frasco
bottle (to) embotellar; envasar
BOTTOM fondo
  to be at the bottom of llegar hasta el
    fondo de
  to touch bottom tocar fondo
bough rama
boulevard bulevar
bounce salto, brinco, rebote
bounce (to) rebotar; brincar
bouncing fuerte, vigoroso
bound límite, término
bound atado, amarrado
bound for con destino a, destinado; con
  rumbo a
boundary límite, término
boundless ilimitado
bouquet ramillete de flores
bow arco, saludo, reverencia; proa
bow (to) inclinar, saludar, someterse
bowel intestino
bowl escudilla, tazón
bowling juego de bolos
bowman arquero
BOX caja; palco; casilla; compartimento
  box office taquilla
box (to) abofetear
boxer boxeador
boxing boxeo
BOY muchacho, niño; hijo varón
boyish amuchachado
brace traba, abrazadera
brace (to) ligar, asegurar
bracelet pulsera
bracket puntal, codillo; paréntesis
brag (to) jactarse, fanfarronear
braggart jactancioso
braid galón, trenza
brain cerebro
brains sesos
  to have some brains ser inteligente
brake freno
  to put the brakes on frenar
bran salvado, afrecho
branch rama; ramal; sucursal
brand marca
  brand-new enteramente nuevo, flamante
brass latón
brassière sostén
brassy de latón, descarado
brat mocoso

brave bravo, valiente
brave (to) arrostrar
bravely valerosamente
brawl alboroto
brawl (to) alborotar
brawler pendenciero
braze (to) soldar
brazen descarado
brazenness descaro
Brazilian brasileño
breach rotura, fractura, violación
BREAD pan
  bread and butter pan con mantequilla
breadth anchura
breadthwise a lo ancho
break ruptura, interrupción
BREAK (to) romper, quebrar, violar
  to break down destruir
  to break in forzar
  to break in pieces despedazar
  to break open abrir a la fuerza
  to break the ice romper el hielo *(cobrar
    confianza)*
  to break the record romper el récord
  They broke up. Rompieron sus relaciones.
breakable quebradizo
breakage fractura, rotura
breakdown caída; agotamiento
  She had a nervous breakdown. Ella tuvo
    un colapso nervioso.
BREAKFAST desayuno
breaking rompimiento
breast pecho, seno, pechuga
breath aliento, respiración
  out of breath sin aliento
breathe (to) respirar, vivir, descansar
breathing respiración
breathless sin aliento; intenso
breed (to) criar, engendrar
breeding cría
breeze brisa
breezy ventilado
brevity brevedad; concisión
brewery cervecería
bribe soborno
bribe (to) sobornar
bribery soborno
brick ladrillo
bricklayer albañil
bridal nupcial
bride novia
bridegroom novio
bridesmaid dama de honor
BRIDGE puente; juego de cartas
bridle brida
  bridle path camino de herradura
brief breve, corto
briefcase cartera
briefly brevemente
briefness brevedad
bright claro; radiante; inteligente
brighten (to) aclarar; alegrar; dar vida,
  avivarse
brightness lustre, brillantez
brilliant brillante, luminoso
brilliantine brillantina

10

rilliantly brillantemente
rim ala *(sombrero)*, borde
He filled the glass up to the brim. Llenó el
  vaso hasta el borde.
RING (to) traer; llevar; aportar; producir
  to bring about efectuar
  to bring back devolver
  to bring down bajar
  to bring forth producir
  to bring together juntar, reunir
  to bring up criar, educar
ringing up educación
ritish británico
ROAD ancho, vasto, general
  broad-minded tolerante
roadcast radiodifusión
roadcast (to) radiodifundir, esparcir
roadcasting radiodifundiendo
  broadcasting station radioemisora
rocade brocado
rochure folleto
roil (to) asar
  broiled steak bistec asado
roiler parrilla
roke pelado
roken roto, quebrado
ronze bronce
rook arroyo
room escoba
roth caldo
ROTHER hermano; cofrade
rotherhood fraternidad
rother-in-law cuñado
rotherly fraternal
row ceja, frente
ROWN pardo, castaño, moreno
rowse (to) curiosear
ruise contusión
ruise (to) magullar, golpear
runette morena
RUSH cepillo, brocha
  clothesbrush cepillo para la ropa
  toothbrush cepillo para los dientes
rush (to) cepillar
  He has to brush up on his English for the
  test. Tiene que repasar su inglés para la
  prueba.
rutal brutal
rute bruto
ubble burbuja; pompa
ubble (to) burbujear
uck gamo
ucket cubo, balde
uckle hebilla
ud yema, botón, capullo
udge (to) mover
udget presupuesto
uffet aparador; bufet
ug insecto
ugle canutillo
BUILD (to) edificar, fabricar
uilding edificio, casa, fábrica
ulb cebolla; bombilla; foco; bulbo
ulk volumen, tronco
ull toro
ullet bala

bulletin boletín
bullfighter torero
bum vago
bump topetazo, corcova, choque
bump (to) topear, chocar
bumper tope
bun panecillo; bollo
bunch manojo, montón
  a bunch of grapes un racimo de uvas
bundle atado, bulto
bunny conejito
buoy boya, baliza
buoyancy fluctuación, animación
burden carga; agobio
bureau tocador; oficina; negocionado
burglar ladrón
burial entierro
burlesque burlesco
BURN (to) quemar, incendiar
  The house was completely burned. La
  casa se quemó por completo.
burner quemador
burst (to) reventar, estallar
  to burst out prorrumpir
  He burst out laughing. Soltó una
  carcajada.
bury (to) enterrar
BUS ómnibus, autobús, camión *(Mex.)*
bush arbusto
bushel fanega
BUSINESS negocio; ocupación; asunto
  a businessman un hombre de negocios
  Business is business. Los negocios son
  negocios.
  How's business? ¿Qué tal van sus
  negocios?
  Mind your own business. No se meta en lo
  que no le importa.
  What business are you in? ¿A qué negocio
  se dedica Ud.?
BUSY ocupado
  to be busy estar ocupado
BUT pero, sino
  But it's not so. Pero no es así.
  I cannot but agree with him. Tengo que
  estar de acuerdo con él.
  No buts. No hay pero que valga. Sin peros.
  No one but you can do it. Nadie puede
  hacerlo sino tú.
butcher carnicero
  butcher's, butcher shop carnicería
butler despensero, mayordomo
butt cabo, punta
  cigarette butt colilla
BUTTER mantequilla, manteca *(Spain)*
butter (to) poner mantequilla
butterfly mariposa
buttermilk suero de leche
button botón
button (to) abotonar
buttonhole ojal
BUY (to) comprar
  to buy for cash comprar al contado
  to buy on credit comprar a crédito
  to buy secondhand comprar de segunda
  mano

buyer comprador
buzz zumbido
buzz (to) zumbar
BY por; a; en; de; para; junto a; cerca de
  by and by poco a poco
  by hand a mano
  by reason of por razón de
  by that time para entonces
  by the way de paso
  by then para entonces
  by virtue of en virtud de
  Finish it by Sunday. Termínelo para el
    domingo.
  Send it by air mail. Envíelo por correo
    aéreo.
byway camino desviado

C

cab taxi, coche de alquiler
cabaret cabaret
cabbage col, repollo
cabin cabaña, camarote
cabinet gabinete, vitrina
cabinetmaker ebanista
cable cable
cablegram cablegrama
cacao cacao
cactus cacto
cadaver cadáver
café café
cafeteria restaurante sin meseros, donde uno
  se sirve a sí mismo
cage jaula
CAKE pastel, torta
  a cake of soap una pastilla de jabón
calculate (to) calcular
calendar calendario
calf becerro
CALL (to) llamar; convocar; citar; visitar
  to be called llamarse
  to call back mandar volver
  to call forth llamar a
  to call out gritar
  Call me up tomorrow. Llámeme por
    teléfono mañana.
  I'll call for you at 6:00 P.M. Pasaré por Ud.
    a las seis de la tarde.
  Our neighbors called on us last night.
    Nuestros vecinos nos visitaron anoche.
call llamada, visita
  phone call llamada telefónica
  The doctor has several calls to make. El
    doctor tiene que hacer unas visitas.
callous calloso
callus callo
calm calmo, tranquilo; *s:* calma, tranquilidad
calm (to) calmar
  Please calm down! ¡Por favor, cálmate!
calorie caloría
calumniate (to) calumniar
calumny calumnia
camel camello
camellia camelia
camera cámara fotográfica
cameraman fótografo de cinematógrafo

camp campo, campamento
camp (to) acampar
campaign campaña; propaganda
  His political campaign helped him win
    the election. Su compaña politica le
    ayudó a ganar las elecciones.
camphor alcanfor
campus patio de un colegio en los EE.UU.
can lata, bote
CAN poder; saber; enlatar
  Can you play golf? ¿Sabe Ud. jugar al
    golf?
  That can't be! ¡No puede ser!
  What can I do for you? ¿En qué puedo
    servirle?
canal canal
canary (bird) canario
CANCEL (to) cancelar, revocar, anular
  Please cancel my reservation. Hágame el
    favor de cancelar mi reservación.
cancellation cancelación, rescisión
cancer cáncer
candid cándido, sincero
candidate candidato
candle vela, candela, bujía
candlestick candelero
candy bombón, dulce
cane caña, bastón
  cane sugar azúcar de caña
canned goods conservas
cannon cañón
  cannonball bala de cañón
can opener abrelatas
canopy dosel, pabellón
cantaloupe melón
canteen cantina
canvas lona; cañamazo
cap gorra, gorro; tapa, cima
capable capaz
capacity capacidad
cape cabo, manteleta
caper alcaparra
capital capital; principal; mayúscula
capitol capitolio
capitulate (to) capitular
capitulation capitulación
caprice capricho
capricious caprichoso
capsule cápsula
captain capitán
caption encabezamiento; título
captivate (to) cautivar, fascinar
captivating encantador, seductor
captivity cautividad
capture captura
capture (to) capturar, apresar
CAR coche, automóvil
caramel caramelo, candy
carat quilate
carbon carbono, papel carbón
  carbon copy copia en papel carbón
CARD tarjeta; naipe, baraja
  post card tarjeta postal
cardboard cartón
cardinal cardinal
CARE cuidado, custodia; cautela

in care of (c/o) al cuidado de (a/c)
to take care of cuidar de
Take good care of yourself! ¡Cuídese Ud.!
..ARE (to) tener cuidado, importar,
   interesarse
He cares about his appearance. Se cuida
   de su aspecto.
I don't care. No me importa.
I don't care about it. Me tiene sin cuidado.
I don't care at all. No me importa nada.
I don't care for it. No me interesa.
I don't care for wine. No me gusta el vino.
Would you care for some dessert? ¿Quería
   Ud. postre?
..reer carrera
..AREFUL cuidadoso
Be careful! ¡Tenga Ud. cuidado!
..reless descuidado
..relessly descuidadamente
..ress caricia
..ress (to) acariciar
..retaker curador, guardián
..rgo carga
..ricature caricatura
..rnation clavel
..rol canto alegre
Christmas carols cantos de Navidad
..rousel tiovivo
..rpenter carpintero
..rpeting alfombrado
..rriage carruaje, coche, vehículo
..rrier portador
..rrot zanahoria
..ARRY (to) llevar, conducir, portar, traer
to carry away llevarse
to carry on continuar, conducir
to carry out llevar a cabo
After twenty lessons he was able to carry
   on a conversation. Después de veinte
   lecciones, podía sostener una
   conversación.
He carried off the prize. Se llevó el
   premio.
..rt carreta, carretón
..rve (to) tajar, trinchar, talar
carved work entallado
..rving escultura, entalladura
..ASE caso; estuche; caja
in any case en todo caso
in case of en caso de
..ASH efectivo, numerario
cash payment pago al contado
cash register caja registradora
He always pays cash. Siempre paga al
   contado.
..ash (to) cobrar un cheque, hacer efectivo un
   cheque
I have to cash a check. Tengo que cobrar
   un cheque.
..ashier cajero
..ask tonel, barril
..AST lanzamiento, fundición; reparto
cast iron hierro colado
In this play the cast was excellent. En esta
   obra el reparto fué excelente.

cast (to) fundir; tirar, lanzar; repartir papeles
The die is cast. Al hecho pecho.
The director has to cast the new play. El
   director tiene que repartir los papeles
   para la nueva obra.
casting vaciado, invención, distribución
castle castillo
CASUAL casual, fortuito
casually casualmente
casualty accidente, desastre
CAT gato
catalog(ue) catálogo
catch presa, captura
CATCH (to) coger, agarrar
to catch cold resfriarse
to catch on comprender
to catch (on) fire encenderse
to catch up alcanzar
I caught sight of him. Lo ví.
category categoría, clase
caterer proveedor
caterpillar oruga, gusano
cathedral catedral
catholic católico
CATTLE ganado
cauliflower coliflor
cause causa; razón; motivo
cause (to) causar
caustic cáustico
caution cautela, precaución
caution (to) caucionar, amonestar
cautious cauto, prudente
cautiously cautamente
cavalier caballero, jinete
cavalry caballería
cave cueva, caverna
cavern caverna
cavity cavidad
cease (to) cesar
ceiling techo
celebrate (to) celebrar
celebrity celebridad
celebration celebración
celerity celeridad
celery apio
celibate célibe
cell celda; célula
cellar sótano
wine cellar bodega
cello violoncelo
cement cemento
cement (to) pegar, aglutinar
cemetery cementario, panteón
censor censor; crítico
censure censura, reprimenda
CENT centavo
centennial centenario
CENTER centro
center of gravity centro de gravedad
centimeter centímetro
central central, céntrico
centralize (to) centralizar
century siglo; centuria
cereal cereal
cerebral cerebral
ceremonial ceremonial

ceremonious ceremonioso
ceremoniously ceremoniosamente
ceremony ceremonia, formulismo, cumplido
CERTAIN cierto, seguro, claro, evidente
  It's certain. Es cierto.
certainly ciertamente, sin duda, seguramente
certainty certeza
certificate certificado
  certificate of baptism fe de bautismo
  vaccination certificate certificado de
    vacuna
certify (to) certificar
cessation cese, suspensión
cession cesión
chain cadena
  chain store cadena de tiendas
chain (to) encadenar
CHAIR silla
chairman presidente (de una junta)
chalk tiza
challenge desafío, recusación
challenge (to) desafiar
chamber cámara; gabinete (gobernación)
  chamber music música de cámara
  chamber of commerce cámara de comercio
chambermaid camarera
chamois ante, gamuza
champagne champaña
champion campeón
CHANCE azar, acaso, casualidad,
    oportunidad; probabilidad; riesgo
  by chance por casualidad
  to take a chance correr un riesgo,
    aventurarse
  The chances are against it. No hay mucha
    probabilidad.
chandelier araña
CHANGE cambio, suelto, alteración,
    substitución
  for a change por cambiar
  I don't have any small change. No tengo
    suelto.
  Keep the change. Quédese con el cambio.
change (to) cambiar, alterar, convertir
changeable variable; alterable
channel canal, estrecho
  English Channel Canal de la Mancha
chaos caos
chap tipo
chapel capilla
chaplain capellán
chapter capítulo
character carácter, genio; persona;
    protagonista
  What a character! ¡Qué tipo!
characteristic característico, típico
charcoal carbón
CHARGE carga; orden, mandato; costo;
    cargo; acusación; ataque
  in charge encargado
  What's the charge for that? ¿Cuánto
    cobran por eso?
CHARGE (to) cargar; llevar, costar, cobrar;
    acusar
  to charge to an account cargar en cuenta
  He was charged with murder. Fué
    acusado de asesinato.

How much do you charge for that?
  ¿Cuánto cobra Ud. por eso?
Is it cash or charge? ¿Al contado o a
  cuenta?
charges gastos; partes; instrucciones
  The charges were laid against him. La
    acusación fué contra él.
charity caridad
charm encanto; talismán
charm (to) encantar
charming encantador
chart carta (para navegación); mapa; cuadro
    gráfico
charter (to) fletar
chase persecución
chase (to) perseguir
chassis chasis
chat plática, charla
chat (to) charlar, platicar
chauffeur chauffeur; chófer (fam.)
CHEAP barato
cheaply a precio bajo
cheat trampa, engaño
cheat (to) engañar
CHECK cheque; talón (de reclamo);
    contraseña; cuenta (restaurante);
    control; inspección restricción; jaquel
    (tela); verificación, comprobación
checkbook libreta de cheques
  Bring me the check, please. Tráigame la
    cuenta, por favor.
  Present this check when you claim your
    baggage. Presente este talón al
    reclamar su equipaje.
  The doctor gave him a complete checkup
    El doctor le hizo un examen general.
CHECK (to) examinar; verificar; facturar
    (equipaje); marcar; dar jaque a
  I checked my baggage at the station.
    Registré mi equipaje en la estación
  The foreman checked the work. El
    capataz comprobó el trabajo.
  They checked in at the Waldorf. Se
    registraron en el Waldorf.
  We have to check up on this. Tenemos qu
    revisarlo.
checkerboard tablero de damas
checkers damas (juego)
cheek mejilla
cheekbone pómulo
cheer alegría, vivas, aplausos
cheer (to) alegrar
  to cheer up animar, cobrar ánimo
  Cheer up! ¡Ánimo!
cheerful alegre, animado
cheerfully alegremente
cheerfulness alegría
cheese queso
chemical químico
chemist químico; farmacéutico
chemistry química
cherish (to) apreciar; acariciar
cherry cereza
chess ajedrez
chest pecho; arca, cofre

stnut castaña	**cinnamon** canela
ew (to) mascar, masticar	**circle** círculo
ewing gum chicle	**circuit** circuito
c elegante	**circular** circular
cken pollo	**circulate (to)** circular, propalar
cken pox varicela	**circulation** circulación
ef principal; *s;* jefe	**circumscription** circunscripción
efly principalmente	**circumspect** circunspecto
ILD niño, niña; hijo, hija	**circumstance** circunstancia
ldhood infancia, niñez	**circumstantial** circunstancial
ilean chileno	**circus** circo
ll frío, escalofrío	**citadel** ciudadela
ll (to) enfriar, resfriar	**citizen** ciudadano
lly frío	**citizenship** ciudadanía
t's very chilly today. Hace mucho frío hoy.	**CITY** ciudad
me campaneo	**city hall** ayuntamiento
me (to) repicar	**civic** cívico
mney chimenea	**civil** civil
n barba	**civil service** servicio civil oficial
na porcelana, loza	**civilian** paisano *(no militar)*
inese chino	**civilization** civilización
p brizna; ficha	**civilize (to)** civilizar
p (to) desmenuzar; astillar	**CLAIM** demanda, petición; pretensión; título, derecho
ropodist pedicuro	**CLAIM (to)** demandar, reclamar, sostener, pretender
ropractor quiropráctico	**He claims he is innocent.** El sostiene que él es inocente.
orine cloro	**clam** almeja
ocolate chocolate	**clamor** clamor
IOICE escogido, selecto; *s:* elección, opción; lo selecto	**clandestine** clandestino
oke (to) ahogar, agarrotar	**clap** golpe seco, palmoteo
IOOSE (to) elegir, escoger	**clap (to)** golpear, batir
oosing escogimiento, elección	**to clap the hands** aplaudir
op chuleta; costilla	**clarify (to)** clarificar
amb chops chuletas de cordero	**clarity** claridad
pork chops chuletas de puerco	**clash** choque
veal chops chuletas de ternera	**clash (to)** chocar
op (to) cortar, picar	**clasp** broche, gafete
hopped meat carne picada	**clasp (to)** abrochar, enganchar
ord cuerda, acorde	**CLASS** clase, categoría
orus coro	**classical** clásico
owder sopa de pescado	**classify (to)** clasificar
ristening bautismo	**clause** cláusula
ristian cristiano	**clavichord** clavicordio
ristmas Navidad	**claw** garra; garfa
Christmas Eve nochebuena	**clay** arcilla
Christmas tree árbol de Navidad	**CLEAN** limpio; puro, neto
Merry Christmas! ¡Feliz Navidad!	**clean-cut** bien definido
rome cromo	**CLEAN (to)** limpiar
ronic crónico	**to clean out** vaciar
ronicle crónica	**to clean up** desembarazar
ronology cronología	**cleaner's** tintorería
ubby gordito	**cleaning** limpieza
ackle risa	**cleanliness** limpieza, aseo
um camarada	**cleanly** limpiamente
unk pedazo	**cleanser** limpiador
urch iglesia	**CLEAR** claro, neto
urchyard cementerio	**to make something clear** poner en claro
atrice cicatriz	**CLEAR (to)** aclarar; despejar; absolver; liquidar; quitar *(la mesa)*
er sidra	**to clear out** vaciar
ar cigarro, puro	**I want to clear up the situation.** Quiero aclarar la situación.
arette cigarrillo	**The maid clears off the table.** La criada levanta la mesa.
cigarette case cigarrera	
cigarette holder boquilla	
cigarette lighter encendedor	
ema cine	

clearance espacio libre; realización
   clearance sale liquidación, ganga
clearly claramente
cleave (to) rajar
clemency clemencia
clerk empleado; clérigo
CLEVER diestro; hábil; inteligente
client cliente
cliff risco, escarpa
climate clima
climax clímax; culminación
climb (to) trepar, subir, escalar
   mountain climbing alpinismo
climber escalador
cling (to) adherir, pegar
clinic clínica
clink (to) retiñir
clip trasquila
clip (to) esquilar, cortar
clipper esquilador
clipping recorte, retazo
CLOCK reloj
clod terrón
clog (to) obstruir
cloister claustro; monasterio
CLOSE cerca; junto a
   close by muy cerca
CLOSE (to) cerrar; terminar; saldar
   to close out saldar por ventas
   to close up cerrar por completo
closed cerrado
   Closed for repairs. Cerrado por reformas.
   The stores will be closed tomorrow. Las
     tiendas estarán cerradas mañana.
closely contiguamente, cuidadosamente
closet ropero; alacena
close-up fotografía de cerca
clot grumo, cuajarón
clot (to) coagularse
CLOTH tela, paño
clothe (to) vestir
clothes ropa, vestido
   evening clothes traje de etiqueta
   ready-made clothes ropa hecha
   I have to change my clothes. Tengo que
     mudarme de ropa.
clothesline tendedera
clothespin pinza de tendedera
clothing vestidos, ropa
cloud nube, nublado
cloudy nublado
clove clavo
cloven hendido
clover trébol
clown payaso
club club, círculo; porra; bastón
club (to) escotar
clue guía, indicio, pista
clumsy chabacano, chapucero
cluster grupo, racimo
clutch agarre, embrague
clutch (to) agarrar, embragar
coach coche
   coach car coche ordinario *(ferrocarril)*
coal carbón
   coal mine yacimiento de carbón
coarse basto, ordinario

COAST costa
   coast guard guarda costas
   The coast is clear. Ha pasado el peligro.
COAT abrigo, saco
   coat of arms escudo de armas
coating revestimiento
cocoa cacao
coconut coco
cod bacalao
   cod-liver oil aceite de hígado de bacalao
code código
COFFEE café
   coffee bean grano de café
coffeepot cafetera
coffin ataúd, féretro
coherent coherente
cohesion cohesión
coil rollo, bobina
coil (to) enrollar
coin moneda
coincide (to) coincidir
coincidence coincidencia; casualidad
   by coincidence por casualidad
   What a coincidence! ¡Qué casualidad!
COLD frío
   cold-blooded de sangre fría
   cold cream crema *(cosmético)*
   cold meat carne fría
   I am cold. Tengo frío.
   It's cold. Hace frío.
coldness frialdad
coleslaw ensalada de col
collaborate (to) colaborar
collaborator colaborador
collapse (to) aplastar
collar cuello
collect (to) recoger, coleccionar, cobrar
collector colector; cobrador
collection colección; colecta
collective colectivo
college colegio
collide (to) chocar
collision colisión
colloquial familiar
colon dos puntos
   semicolon punto y coma
colonel coronel
colonial colonial
colony colonia
COLOR color, colorido
   color-blind daltoniano
   He has been called to the colors. Fué
     llamado a filas.
colored de color; negro
colorful vívido
colt potro
Columbian colombiano
column columna; pilar
COMB peine
comb (to) peinar
combination combinación
combine (to) combinar
combustible combustible
COME (to) venir
   to come across encontrarse con
   to come back volver

16

come downstairs bajar
come for venir por
come forward adelantar
come home volver a casa
come in entrar
come to an end acabarse
come true realizarse
come upstairs subir
ome on! ¡Vamos!
dian cómico, actor
dy comedia
t cometa
ort confort, comodidad; consuelo
ort (to) confortar
ortable cómodo
be comfortable estar a gusto
cal cómico; gracioso
cally cómicamente
ty cortesía, deferencia
na coma
nand orden; mando, comando
nand (to) mandar, ordenar
nencement principio, comienzo
nent comentario, observación
nent (to) comentar, discutir
nentary comentario
nentator comentador
nerce comercio
nercial comercial
nissar comisario
nissary comisaría
nission comisión
nission (to) comisionar, encargar
nissioner comisario
nit (to) cometer, perpetrar
commit oneself comprometerse
nitment perpetración
nittee comisión, diputación
nodity comodidad, conveniencia
non común, corriente
nonly comúnmente, usualmente
nonplace común, vulgar
nune comuna
nunicate (to) comunicar, notificar
nunion comunión
nuniqué comunicación
nunism comunismo
nunist comunista
nunity comunidad
nutation mudanza, conmutación
nmutation ticket billete de abono
nute (to) conmutar; ir a trabajar a la
    ciudad diariamente
nuter persona que va a trabajar a la
    ciudad diariamente
pact compacto
panion compañero
pany compañía, visitante, huéspedes
e have company. Tenemos visitas.
parative comparativo
paratively relativamente
MPARE (to) comparar
parison comparación
yond comparison incomparable
comparison en comparación
partment compartimiento; cajoncito

compass compás, brújula
compel (to) obligar; someter
compensate (to) compensar, remunerar
compensation compensación; remuneración
compete (to) competir
competence competencia
competent competente
competition concurso; competencia
COMPLAIN (to) quejarse, lamentarse
complaint queja; lamento
complete completo
complete (to) completar
complex complejo
complexion cutis, tez; aspecto
complexity complejidad
complicate (to) complicar
complicated complicado
complication complicación
complicity complicidad
compliment galantería; cumplimiento;
    cumplido
compliment (to) galantear; obsequiar;
    cumplimentar
complimentary lisonjero, galante
comply with (to) cumplir
compose (to) componer; redactar
composed sereno
composer compositor, autor
composite compuesto
composition composición
composure compostura
compound mezcla, mixtura, preparación
comprehend (to) comprender
comprehensible comprensible
compress compresa
compress (to) comprimir
comprise (to) contener, comprender, abarcar
compromise arreglo, componenda
compromise (to) transigir; arreglar;
    comprometer
computation computación
compute (to) computar, calcular
comrade camarada
CONCEAL (to) ocultar, disimular
conceit presunción
conceited vanidoso, engreído
conceive (to) concebir; engendrar
concentrate (to) concentrar
concentration concentración
concept concepto, noción, idea
conception concepción, noción, idea
concern asunto, negocio; interés,
    incumbencia; empresa; ansiedad,
    inquietud
concern (to) importar, concernir; interesarse,
    preocuparse
concerned interesado
  as far as I am concerned en cuanto a mí
  concerning respecto a
concert concierto
concession concesión
conciliate (to) conciliar, propiciar
conciliation conciliación
concise conciso, breve
CONCLUDE (to) concluir, inferir, finalizar
conclusion conclusión, decisión

17

conclusive concluyente, terminante
concord concordia
concordance concordancia
concordant concordante
concourse concurso
concrete hormigón, concreto
  reinforced concrete cemento armado
concretely concretamente
concurrent concurrente
condemn (to) condenar, prohibir
condemnation condenación
condensation condensación
condense (to) condensar
condescend (to) condescender
condescending condescendiente
condiment condimiento
CONDITION condición, estado,
  circunstancia
  in good condition en buen estado
conditional condicional
conditionally condicionalmente
conditioned condicionado
  air conditioned aire acondicionado
conduct conducta; manejo, dirección
conduct (to) conducir, manejar, guiar;
  portarse
conductor conductor; director de orquesta
confection confitura, dulces
confectioner confitero
confectionery dulces, dulcería
confederacy confederación
confederate confederado
confederation confederación
CONFER (to) conferir; conferenciar; tratar,
  consultar
conference conferencia, junta
confess (to) confesar
confession confesión
confide (to) confiar; fiar
confidence confianza
confident confiado, cierto
confidential confidencial, en confianza
confine (to) confinar, limitar
confinement prisión; sobreparto
CONFIRM (to) confirmar, verificar, asegurar
confirmation confirmación
confirmed comprobado
confiscate (to) confiscar
conflict conflicto
conform (to) conformar, concordar
conformation conformación
conformity conformidad
confound (to) confundir, desconcertar
CONFUSE (to) confundir
confused confuso, azorado
  I am all confused. Estoy completamente
  confundido.
confusedly confusamente
confusion confusión, azoramiento
congenial de buen carácter
  He is a very congenial fellow. Es un
  hombre muy simpático.
CONGRATULATE (to) congratular, felicitar
  Let me congratulate you. Permítame que
  le felicite.

congratulations congratulaciones,
  felicitaciones
  Congratulations! ¡Felicitaciones!
congregation congregación
congress congreso
congressman en los EE.UU., miembro de
  cámara de senadores o representant
conjugate (to) conjugar
conjugation conjugación
conjunction conjunción
CONNECT (to) juntar, unir, relacionar,
  conectar
  Please connect me with the main offic
  Conécteme con la oficina central.
connection conexión
  in connection with con respecto a
  in this connection respecto a esto
  We have a very bad connection. Tener
  muy mala conexión.
connecting comunicante
  I'd like two connecting rooms. Quisier
  dos habitaciones comunicadas.
conquer (to) conquistar, vencer
conqueror conquistador, vencedor
conquest conquista
conscience conciencia
conscientious escrupuloso
conscientiously escrupulosamente
CONSCIOUS consciente
  I am conscious of being wrong. Me do
  cuenta de que estoy equivocado.
consciously conscientemente
consecutive consecutivo
consent consentimiento, permiso
  She did not get her father's consent to
  marriage. Ella no obtuvo el
  consentimiento de su padre para
  casarse.
consequence consecuencia
consequent consecuente, consiguiente
consequently por consiguiente, por lo tant
conservative conservador; moderado
  He has very conservative ideas. Tiene
  ideas muy conservadoras.
conserve (to) conservar
consider (to) considerar, examinar,
  reflexionar
  I may consider your proposition.
  Posiblemente consideraré su
  proposición.
considerable considerable
considerate considerado
consideration consideración
  He did it out of consideration for her.
  hizo en atención a ella.
considering en atención a, considerando
  Considering his background, he is doi
  very well. Considerando sus
  conocimientos, lo está haciendo mu
  bien.
CONSIST (to) consistir
  to consist of constar de, componerse de
consistency consistencia; permanencia
consistent consecuente, consistente
  They are very consistent in their ideas
  Son muy consecuentes con sus idea

nsistently consistentemente
He consistently refused. El rehusó
    constantemente.
nsolation consolación
nsole (to) consolar, confortar
nsolidate (to) consolidar
nsolidation consolidación
nsommé caldo
nsonant consonante
nsort consorte
nsort (to) asociarse
nspiracy conspiración
nspirator conspirador
nspire (to) conspirar
nstable alguacil
nstant constante
nstantly constantemente
nstitute (to) constituir, formar
nstitution constitución
nstitutional constitucional
nstitutionally constitucionalmente
nstraint constreñimiento
nstruct (to) construir, fabricar
nstruction construcción, estructura
nstructive constructivo
Do something constructive. Haga algo
    constructivo.
nsul cónsul
nsular consular
nsular invoice factura consular
nsulate consulado
nsult (to) consultar, examinar
nsume (to) consumir
nsumer consumidor
nsumption consumo, consunción, tisis
ntact contacto, relaciones
He has good contacts in this field. Tiene
    buenas relaciones en este campo.
ntact (to) hacer contacto; entrar en contacto
**I have to contact some friends in New
   York.** Tengo ques hacer contacto con
    algunos amigos en Nueva York.
ntagion contagio
ntagious contagioso
a contagious disease una enfermedad
    contagiosa
ONTAIN (to) contener, abarcar
ntainer envase, recipiente
ntaminate (to) contaminar
ntemplate (to) contemplar, meditar,
    proyectar
I contemplate a trip to Spain. Proyecto un
    viaje a España.
ntemporary contemporáneo
ntempt desprecio
to have contempt for despreciar
ntemptible despreciable
ntemptuous despreciativo
ntemptuously desdeñosamente
ntend (to) contender; afirmar
ntent, contented contento, satisfecho
ONTENT(S) contenido, capacidad
table of contents índice de materias
ntest contienda; debate; pugna; concurso
She won a beauty contest. Ella ganó un
    concurso de belleza.
ntest (to) disputar; competir

contestant contendiente
context texto, contenido
contiguous contiguo
continent continente, moderado; _s:_ continente
continental continental; de la Europa
    continental
continual continuo, incesante
continually continuamente
continuation continuación
continue (to) continuar
continued continuo, continuado
   to be continued on page 27 continuará en
    la pagina 27
CONTRACT contrato
contract (to) contraer, contratar
   He contracted the measles. Contrajo el
    sarampión.
contractor contratista
contradict (to) contradecir, contrariar
contradiction contradicción
contradictory contradictorio
CONTRARY contrario
   on the contrary al contrario
   to the contrary en contrario
contrast contraste
contrast (to) contrastar
contribute (to) contribuir
contribution contribución; cooperación
control control, mando, dirección
control (to) controlar; dominar; dirigir;
    verificar
controller contralor, director
   controller general contralor general
controversy controversia; disputa
convalescent convaleciente
CONVENIENCE conveniencia, comodidad
   at your convenience cuando le convenga
   Please do it at your earliest convenience.
    Por favor hágalo tan pronto como le
    sea posible.
convenient conveniente
   if it is convenient to you si le parece bien
convent convento
convention convención, asamblea, junta,
    congreso
conventional convencional
conversation conversación
converse (to) conversar
conversion conversión
convert (to) convertir; transformar
convertible convertible
   He has a brand new convertible. Tiene un
    nuevo convertible.
convey (to) transportar, transferir; comunicar
convict convicto
convict (to) convencer, condenar
   He was convicted of murder. Fué convicto
    por asesinato.
conviction convicción
CONVINCE (to) convencer, persuadir
convincing convincente
convincingly convincentemente
convocation convocación
convoke (to) convocar
convoy convoy
convulsion convulsión

convulsive convulsivo
cook cocinero, cocinera
COOK (to) cocinar
cookie galletica
COOL fresco; tibio; indiferente
cool (to) enfriar, resfriar
  Cool before serving. Enfríese antes de
  servirse.
cooler enfriador, refrigerador
coolly fríamente
coolness fresco; frialdad, tibieza
co-operate (to) cooperar
co-operation cooperación
co-operative cooperativo; cooperante
co-ordinate coordenado
cope with (to) hacer frente a
copper cobre
COPY copia; ejemplar
  Do you have a copy of this new novel?
  ¿Tiene un ejemplar de esta nueva
  novela?
copy (to) copiar
copyright derechos de autor
cord cordel, cuerda
cordial cordial
cordiality cordialidad
corduroy pana
core centro, corazón; núcleo
  He ate his apple to the core. Comió hasta
  el corazón de la manzana.
cork corcho, tapón
  corkscrew tirabuzón
CORN maíz, grano
  corn meal harina de maíz
  cornfield maizal
  corn mill molino harinero
  cornstarch almidón de maiz, maicena
CORNER esquina; rincón
  around the corner a la vuelta de la esquina
  cornerstone piedra angular
  to turn the corner doblar la esquina
corporation corporación; sociedad anónima
corpse cadáver
corpulence corpulencia
CORRECT correcto, exacto, justo
correct (to) corregir, rectificar
correction corrección, rectificación; castigo
correctly correctamente
correspond (to) corresponder
correspondence correspondencia
correspondent corresponsal
corresponding correspondiente
corridor pasillo
corroborate (to) corroborar, confirmar
corrosive corrosivo
corrupt (to) corromper, podrirse
corruption corrupción
corruptly corruptamente
corsage ramillete
corset corsé; faja
COST costo, precio
  at all costs cueste lo que cueste
  cost price precio de costo
COST (to) costar
  How much does this cost? ¿Cuánto cuesta
  esto?

Costa Rican costarricense, costarriqueño
costly costoso, caro
costume traje, vestido
COTTON algodón
couch diván
cough tos
  cough drops pastillas para la tos
cough (to) toser
council concilio; junta; consejo
count conde
COUNT (to) contar, numerar
  I count on you. Cuento con Ud.
countenance semblante, talante
counter mostrador
counterfeit (to) falsear, falsificar, forjar
counterfeiter falsario, falsificador
countess condesa
countless innumerable, sin cuento
COUNTRY país; campo, patria
  Mexico is his native country. México es s
  país.
countryman compatriota, paisano
county condado, distrito
couple par, pareja
coupon cupón, talón
courage coraje, valor
courageous animoso, valiente, valeroso
COURSE curso, marcha; estadio; plato;
  rumbo
  a four-course dinner una comida de cuatr
  platos
  a matter of course cosa corriente
  in the course of time en el correr del
  tiempo
  of course por supuesto
court tribunal, corte
  She went to court. Ella fué al tribunal.
  The soldier was court-martialed. El
  soldado fué sometido al consejo de
  guerra.
courteous cortés
courtesy cortesía
COUSIN primo, prima
  first cousin primo hermano
cover cubierta, tapa, tapadera
  under cover bajo techado
  Is there any cover charge? ¿Hay algún
  precio de admisión?
COVER (to) cubrir, tapar; recorrer (una
  distancia); abarcar
  He covered the whole subject in a few
  weeks. El desarrolló el asunto en una
  semanas.
  They covered the distance in one hour.
  Ellos recorrieron la distancia en una
  hora.
COW vaca
coward cobarde
cowardice cobardía
cowboy vaquero
cowhide cuero
coy rectado, tímido
cozy cómodo, agradable, íntimo
crab cangrejo
crack hendidura
crack (to) hendir; chasquear; romper

20

crack-brained alelado
  to crack a joke decir un chiste
cracker galleta
crackle (to) crujir
cradle cuna
craft artificio, habilidad
craftsman artesano
cramp calambre
cranberry arándano
crane grulla; grúa
crank manubrio
cranky (fam.) chiflado
CRASH estallido, estrépito, estruendo, quiebra, bancarrota
  a crash landing un aterrizaje violento
crash (to) romperse con estrépito; estrellarse
  The plane crashed into the sea. El aeroplano se estrelló en el mar.
crate canasto, huacal
  an old crate (fam.) una carraca
crave (to) anhelar, desear
  I have a craving for fruit. Se me antoja la fruta.
craven cobarde
crawfish langostino
crawl (to) arrastrarse
crazy loco
creak (to) crujir, chirriar
CREAM nata, crema
  cream cheese queso de crema
creamy cremoso
crease pliegue
crease (to) plegar
create (to) crear; ocasionar
  It created an incident. Ocasionó un incidente.
creation creación
creature criatura, ser
creative creativo
credentials credenciales
CREDIT crédito, reputación
  on credit al fiado
  to give credit dar crédito
creditor acreedor
creep (to) arrastrarse, serpear
cremate (to) incinerar
crescent creciente
crest cresta
crew cuadrilla, tripulación
crib cuna
cricket grillo
crime crimen; delito
criminal criminal
crimp (to) encrespar
crimson carmesí
cripple lisiado, cojo, manco
cripple (to) lisiar
crippled lisiado
crisis crisis
crisp, crispy quebradizo, rizado
crispness rizado, crespo
crisscross cruzado, entrelazado
critic crítico; crítica
critical crítico
criticism crítica
criticize (to) criticar

crook gancho, curvatura; fullero (fam.)
crooked torcido; deshonesto
crop cosecha
cross cruz
  cross-examination interrogatorio
  cross-eyed bizco
  cross-section sección transversal
CROSS (to) cruzar; atravesar
  to cross out tachar
  to cross over pasar al otro lado
crossing cruce; intersección; travesía (mar); paso, vado
  We had a rough crossing. Tuvimos una mala travesía.
crossroads encrucijada
crow cuervo
CROWD gentío, multitud
  What a crowd! ¡Qué gentío!
crowded apiñado, lleno
crown corona
crown (to) coronar
crucial decisivo
  the crucial point el punto crucial
crude crudo
cruel cruel
cruelty crueldad
cruet vinagrera
cruise gira, viaje por mar
cruise (to) cruzar
crumb miga
crumble (to) desmigajar
crumbling derrumbe
crush estrujamiento
crush (to) aplastar, quebrantar
  crushed pineapple piña picada
crust costra
crusty brusco
crutch muleta, horquilla
cry grito; llanto
CRY (to) gritar; llorar
  to cry for clamar
  to cry out exclamar
  She cried her eyes out. Lloró amargamente.
crying llanto
crystal cristal
Cuban cubano
cube cubo
  ice cube cube de hielo
cucumber pepino
cue cola, rabo; punto, pie (teatro)
  to make the cue hacer cola
  Give me the cue. Déme el punto.
cuff puño, trompada
  cuff links yugos
cultivate (to) cultivar
cultural cultural
culture cultura
cultured culto
cunning astuto
CUP taza
  Give me a cup of coffee. Déme una taza de café.
cupboard aparador
curb (to) refrenar, contener
  Curb your dog. Sujete su perro.

curdle (to) cuajarse, coagular
cure cura, remedio
CURE (to) curar, sanar
  He is cured of his illness. Sanó de su enfermedad.
curious curioso
curiosity curiosidad
curl rizo, bucle
curl (to) rizar, encrespar, ondear
  I want my hair curled. Quiero un rizado.
curly rizado
currant grosella
currency moneda
current corriente; común
  current account cuenta corriente
  current events sucesos del día
currently corrientemente
curse maldición, anatema
curse (to) maldecir, anatematizar
curt corto, brusco
CURTAIN cortina
curve curva
curve (to) encorvar
CUSHION almohadilla
custard flan, natilla
custodian custodio
CUSTOM costumbre
customary usual
customer cliente, parroquiano
customhouse aduana
customs (duties) derechos de aduana
  I have to go through customs. Tengo que pasar por la aduana.
customs officer official de la aduana
cut corte; cortadura; reducción; rebaja
  a haircut un corte de pelo
  a short cut un atajo
  I don't like the cut of that dress. No me gusta el corte de ese vestido.
  I got a cut on the price. Obtuve una rebaja en el precio.
CUT (to) cortar; rebanar; tallar
  to cut across cortar al través
  Cut it out! ¡Deja eso!
  He cut into the conversation. Interrumpió la conversación.
  The baby is cutting teeth. Le salen los dientes al nene.
  They cut down on their expenses. Rebajaran sus gastos.
cute mono; gracioso
cutlet chuleta
cycle ciclo
cyclone ciclón
cylinder cilindro
cynic cínico

D

dabble (to) rociar, salpicar
  He dabbles in politics. Se mete en la política.
daddy papá
dagger daga, puñal
DAILY diario, cotidiano
  daily newspaper diario

dainty delicado
dairy lechería
dairyman lechero
daisy margarita
dam dique, presa
DAMAGE daño, perjuicio
damage (to) dañar, perjudicar
damn (to) condenar, maldecir
damp húmedo
dampen (to) humedecer
dance danza, baile
dance (to) bailar, danzar
dancer bailarín, bailarina
dancing baile
DANGER peligro
  There is no danger. No hay peligro.
dangerous peligroso
Danish danés
DARE (to) osar, atreverse, arrostrar
  How dare you do that? ¿Cómo te atreves a hacerlo?
daring osado, atrevido, temerario
DARK obscuro, negro
  It's getting dark. Se está oscureciendo.
darkness obscuridad
darling querido
dart dardo, flecha
dash arremetida, guión
dash (to) arrojar, precipitarse
  He just dashed out. Acaba de salir precipitadamente.
date data, fecha, cita; dátil
  What's the date today? ¿En qué fecha estamos hoy?
date (to) datar, poner la fecha; dar una cita
DAUGHTER hija
daughter-in-law nuera
dawn madruga, alba, aurora
  at dawn de madrugada, al amanecer
dawn (to) amanecer, asomar
  It dawned on me. Ya caigo en la cuenta.
DAY día
  day after day día tras día
  day after tomorrow pasado mañana
  day before víspera
  day before yesterday anteayer
  day by day día por día
  every day todos los días
  every other day un día sí y otro no.
  from day to day de día en día
  in the daytime de día
  on the following day al día siguiente
  I'll be home all day. Estaré en casa todo el día.
daybreak alba
daydream ensueño
daydream (to) ensoñar
daylight luz del día, luz natural
daytime día
  in the daytime de día
daze deslumbramiento, ofuscamiento
daze (to) ofuscar, aturdir
dazzle (to) deslumbrar, ofuscar
DEAD muerto; inanimado, inactivo
  dead end extremo cerrado
  to be dead estar muerto

I'm dead tired. Estoy muerto de cansancio.
deadly mortal
deaf sordo
deaf-mute sordomudo
deafness sordera
deal convenio, pacto
  a good deal, a great deal mucho
DEAL (to) distribuir, repartir *(barajas)*
  to deal with tratar con
dealer vendedor, comerciante
dean decano
DEAR querido, amado
dearly cariñosamente
DEATH muerte
  death certificate certificado de defunción
  death rate mortalidad
debate discusión, debate
debate (to) disputar; controvertir; discutir, debatir
debt deuda
debtor deudor
debutante principiante
decade década
decay deterioro, decadencia, mengua, podredumbre
decay (to) decaer, declinar; deteriorarse, pudrirse, dañarse, picarse, cariarse
decease muerte
deceased muerto
deceit engaño
deceitful engañoso
deceive (to) engañar
DECEMBER diciembre
decency decencia
decent decente
decently decentemente
deception decepción
DECIDE (to) decidir, determinar, resolver
decided decidido, resuelto
decidedly decididamente
decision decisión, resolución
decisive decisivo, concluyente
decisively decisivamente
deck puente; baraja; cubierta
declare (to) declarar
declaration declaración
decline (to) declinar; rehusar, rechazar
  We declined their invitation. Rehusamos su invitación.
decoration decoración, ornamento, condecoración
  Decoration Day 30 de mayo, día de los veteranos del ejército en los EE.UU.
decrease decreción, disminución
decrease (to) decrecer, disminuir
decree decreto, edicto
decree (to) decretar, ordenar
dedicate (to) dedicar
dedication dedicación
deduce (to) deducir, derivar
deduct (to) deducir, descontar
deduction deducción, descuento
DEED acto, hecho
DEEP profundo, hondo, intenso; profundamente
  deep-sea de las profundidas del mar

He is deep in his thoughts. Está absorto en sus pensamientos.
deepen (to) profundizar; ahondar
deeply profundamente, sumamente
deepness profundidad
deer venado
defeat derrota, rechazamiento
defeat (to) derrotar, vencer
defect defecto; omisión
defection defección, deserción
defective defectuoso; defectivo
defend (to) defender, sostener
defendant defensor, acusado
defense defensa, justificación
defensive defensivo
defer (to) diferir, remitir
deference deferencia
defiance desafío
deficiency defecto, deficiencia
deficient deficiente; defectuoso
deficiently deficientemente
define (to) definir
definite definido, preciso
  I don't have any definite plans. No tengo planes definidos.
definitively definidamente, ciertamente
definition definición
definite definitivo
defy (to) desafiar, retar
degenerate (to) degenerar
degenerate degenerado
DEGREE grado, diploma
  by degrees gradualmente
  to get a degree graduarse
DELAY tardanza, demora, retraso
delay (to) tardar, demorarse; retardar, diferir
delegate delegado, comisario
delegate (to) delegar
delegation delegación
delete (to) suprimir
DELIBERATE circunspecto, cauto, pensado, premeditado, deliberado
  He was very deliberate in his opinion. El fué muy circunspecto en su opinión.
deliberate (to) deliberar
deliberately deliberadamente
delicacy delicadeza; golosina
delicate delicado
delicately delicadamente
delicious delicioso
deliciously deliciosamente
delight deleite, encanto, gusto, placer
delight (to) encantar, deleitar
delighted encantado
  I'll be delighted to do it. Tendré mucho gusto en hacerlo.
delightful delicioso, deleitable
deliver (to) entregar; librar de; pronunciar
  to be delivered of (a child) dar a luz
delivery entrega, capacidad; liberación
deluge diluvio
demand (to) exigir, reclamar, exigir
demand demanda
demission dimisión
democracy democracia
democrat demócrata

demolish (to) demoler, arruinar
demonstrate (to) demostrar
demonstration demostración
denial negación
denomination denominación
denote (to) denotar
denounce (to) denunciar
dense denso, cerrado
density densidad
dentist dentista
dentition dentadura
denunciate (to) denunciar
denunciation denunciación
deny (to) negar; rehusar
deodorant desodorizante
deodorize (to) desodorizar
depart (to) irse, partir, salir
department departamento
   department store bazar
DEPEND (to) depender
   It depends on the situation. Depende de la
     situación.
dependence dependencia; posesión
dependent dependiente, sujeto, pendiente; *s:*
   persona que depende de otra para su
   manutención
depending pendiente, dependiente
   depending on the circumstances según las
     circunstancias
depict (to) pintar
deplorable deplorable, lamentable
deplore (to) deplorar
deport (to) deportar
deportation deportación
depose (to) deponer, destituir
deposit (to) depositar
deposition deposición
depositor depositante
depository depósito
depreciate (to) depreciar, rebajar
depreciation depreciación
depress (to) deprimir
   She is very depressed. Está muy
     desanimada.
deprive (to) privar, destituir
DEPTH profundidad, fondo
   lower depths bajos fondos
deputy diputado
derivation derivación
derive (to) derivar, deducir
descend (to) descender, bajar
descendant descendiente
descent descenso; bajada; descendencia
   She is of French descent. Ella es
     descendiente de franceses.
describe (to) describir
description descripción
desert desierto
desert (to) desertar, abandonar
deserve (to) merecer
deserving meritorio, digno
   He is a very deserving person. Es una
     persona muy de merito.
design proyecto, cálculo, plano; dibujo
design (to) idear, inventar
designate (to) designar, apuntar, nombrar

designation designación, título
designer dibujante; proyectista
desirable deseable
desire deseo
desire (to) desear
desirous deseoso
DESK escritorio
desolate desolado, desierto, solitario
despair desesperación
despair (to) desesperar
desperate desesperado
desperately desesperadamente
despise (to) despreciar
despite a pesar de, a despecho de; *s:*
   despecho, aversión
   Despite the bad weather we went out. A
     despecho del mal tiempo, salimos.
dessert postre
destination destino
destiny destino
destitute destituído
destroy (to) destruir
destruction destrucción
destructive destructor, destructivo
detach (to) separar; despegar, desprender;
   destacar
DETAIL detalle
detail (to) detallar
detain (to) detener, retardar
   I was detained at the office. Me detuve en
     la oficina.
detect (to) descubrir, hallar
detective detective
detergent detergente
deteriorate (to) deteriorar
determination determinación
determine (to) determinar
detest (to) detestar
detour vuelta, rodeo
detract (to) detraer, denigrar
detriment detrimento
devastate (to) devastar
devastation devastación
develop (to) desarrollar; revelar
development desarrollo; evolución; revelación
deviation desviación
device invento, invención, proyecto
devil diablo, demonio
devise (to) idear, inventar, proyectar
devote (to) dedicar
devoted devoto, afecto
devotion devoción
devour (to) devorar, engullir
devout devoto, pío
dew sereno, rocío
dexterity destreza
diagnostic diagnóstico
DIAL cuadrante, esfera
dial (to) marcar
   I dialed the wrong number. Marqué el
     número equivocado.
dialect dialecto
dialogue diálogo
diamond diamante; oros *(barajas)*
diaper pañal
diary diario

dice dados
 to shoot dice tirar los dados
dictate (to) dictar
dictation dictado
dictator dictador
diction dicción
dictionary diccionario
DIE (to) morir, morirse
 to be dying agonizar
 I am dying of curiosity. Estoy muriéndome
  de curiosidad.
 The noise is dying away. El ruido se va
  muriendo.
diet dieta, régimen alimenticio
 a reducing diet una dieta para reducir
differ (to) diferenciarse, diferir
 to differ from diferir de
difference diferencia, distinción
different diferente
differential diferencial
differentiate (to) diferenciar
differently diferentemente
DIFFICULT difícil
difficulty dificultad
diffuse (to) difundir
 a diffused light una luz difusa
DIG (to) cavar, excavar, extraer
digest (to) digerir; abreviar, clasificar
digestion digestión
dignified serio, grave
dignitary dignitario
dignity dignidad
digress (to) divagar
digression digresión
diligent diligente, activo
dilute (to) diluir
dim obscuro, confuso
dime moneda de 10 centavos (EE.UU.)
dimension dimensión
diminish (to) disminuir
diminutive diminuto, diminutivo
dimly obscuramente
dimmer reductor de intensidad
dimness obscuridad
dimple hoyuelo
dine (to) comer *(la comida principal);* cenar
dining car coche comedor
dining room comedor
DINNER comida *(principal);* cena
dint eficacia, mella
 by dint of por medio de
DIP inmersión
dip (to) sumergir, meter en el agua
diploma diploma
diplomacy diplomacia
diplomat diplomático
diplomatic diplomático
DIRECT directo, derecho
 direct current corriente directa
direct (to) dirigir
DIRECTION dirección; instrucciones
 directions for use instrucciones para su
  empleo
 opposite direction dirección opuesta
 under the direction of bajo la dirección de
directly directamente

director director
directory directorio, guía comercial
dirt mugre; suciedad, tierra
dirty sucio; indecente
disability inhabilidad; incapacidad
disabled incapacitado, lisiado
disadvantage desventaja, menoscabo,
 detrimento
disagree (to) disentir, diferir
 to disagree with no estar de acuerdo con
disagreeable desagradable, descortés
disagreement discordia
disappear (to) desaparecer
disappearance desaparición
disappoint (to) desilusionar, defraudar,
 desengañar
disappointment decepción, desengano,
 chasco
disapprove (to) desaprobar
disapprobation, disapproval desaprobación
disarm (to) desarmar
disarrange (to) desarreglar
disaster desastre
disastrous desastroso, funesto
disbelief incredulidad
discard (to) descartar
discern (to) discernir, percibir
discharge (to) descargar, relevar, licenciar,
 dar de baja
 He has been discharged from the army.
  Fué licenciado del ejército.
discipline disciplina
discipline (to) disciplinar
discomfort incomodidad
disconnect (to) desunir, desconectar
discontent descontento, desagrado
discontinue (to) interrumpir, suspender
discord discordia
DISCOUNT descuento, rebaja
 This store offers a 25 per cent discount.
  Esta tienda ofrece un 25 por ciento de
  descuento.
discourage (to) desanimar
discouragement desánimo
discover (to) descubrir
discovery descubrimiento
discreet discreto
discretion discreción
discrepancy discrepancia, diferencia
discriminate (to) discernir, distinguir,
 diferenciar
discrimination discernimiento, distinción
discuss (to) discutir; tratar
discussion discusión; argumento
disdain desdén, desprecio
disdain (to) desdeñar
DISEASE enfermedad
disengage (to) desunir, soltar, desenganchar
disgrace afrenta, deshonra
disgrace (to) deshonrar
disgraceful vergonzoso
disguise (to) disfrazar, desfigurar
disgust repugnancia, asco
disgusting repugnante, odioso
disgust (to) disgustar, repugnar
DISH plato

It's a delicious dish. Es un plato delicioso.
dishonest deshonesto
dishonor deshonor, deshonra
dishonor (to) deshonrar
dish towel secador
disillusion desilusión
dislike aversión
dislike (to) no gustar a uno
dislocate (to) dislocar
disloyal desleal
dismiss (to) destituir; licenciar a
dismissal destitución
disobey (to) desobedecer
disk disco
disorderly desordenado, desarreglado
disorganize (to) desorganizar
disown (to) repudiar, desconocer
disparage (to) rebajar
disparate desigual, diferente
disparity disparidad
dispatch despacho
dispatch (to) despachar
dispensary dispensario
dispensation distribución
dispense (to) distribuir, repartir; excusar
    to dispense with renunciar a
disperse (to) dispersar, disipar
dispersion dispersión
displace (to) remover; desalojar
DISPLAY muestra; manifestación
display (to) desplagar, exhibir
displeasing desagradable
displease (to) desagradar
disposal disposición; distribución
    I am at your disposal. Estoy a sus órdenes.
dispose (to) disponer, arreglar
    Can I dispose of this? ¿Puedo disponer de
    esto?
disposition disposición, arreglo
dispossess (to) desposeer
disproportion desproporción
disproportionate desproporcionado
disputable disputable
dispute disputar, discutir
disqualify (to) inhabilitar, descalificar
disregard (to) descuidar, despreciar, no hacer
    caso de
    He disregarded my orders. El no hizo
    caso de mis órdenes.
disrespect desatención
disrupt (to) romper; desorganizar
disruptive destructor, desgarrador
dissatisfaction descontento
dissatisfy (to) descontentar
disseminate (to) diseminar
dissension disensión, discordia
dissident disidente
dissimilarity disimilitud
dissimulate (to) disimular
dissimulation disimulación
dissipate (to) disipar
dissociate (to) disociar
dissolute disoluto
dissolve (to) disolver; disipar
dissuade (to) disuadir
distance distancia; intervalo

    at a distance desde lejos, remoto
    in the distance a lo lejos
    to keep one's distance mantenerse a
    distancia
distant distante, lejano, remoto
    He was very distant with me. Me trató con
    frialdad.
distantly de lejos
distaste fastidio, aversión, disgusto
distasteful desabrido, desagradable
DISTINCT distinto, claro
distinction distinción
distinctive distintivo
distinguish (to) distinguir, diferenciar
distinguished distinguido
distort (to) torcer; falsear, tergiversar
DISTRACT (to) distraer, perturbar
distraction distracción
DISTRESS pena, dolor, angustia
    to be distressed estar desesperado
distribute (to) distribuir, repartir
distribution distribución, disposición
DISTRICT distrito, región
    district attorney fiscal de un distrito
    judicial
distrust desconfianza
distrust (to) desconfiar, recelar
DISTURB (to) estorbar; turbar; inquietar;
    molestar; distraer
    Do not disturb. No molestar.
    I hope I am not disturbing you. Espero
    que no lo estoy molestando.
    She was very disturbed by the news. Las
    noticias la inquietaron mucho.
disturbance disturbio, molestia
disuse desuso
    This word has fallen into disuse. Esta
    palabra ha caído en desuso.
ditch zanja, foso
DIVE (to) zambullirse; sumergirse; picar;
    hacer clavados
dive zambullida; clavado; picada
diverse diverso, variado
divide (to) dividir; separar
divided dividido, separado
dividend dividendo
divine divino
divinity divinidad
diving board trampolín
division división; sección
divorce divorcio
divorce (to) divorciar
divulge (to) divulgar
dizziness vértigo, desvanecimiento
DIZZY maereado, aturdido
DO (to) 1. auxiliar para formar el negativo,
    interrogativo y enfático 2. hacer
    Do you go? ¿Va Ud.?
    I don't go. No voy.
    Did you go? ¿Fué Ud.?
    I did not go. No fuí.
    I did go! ¡Sí fuí!
    Do come. Venga sin falta.
    How do you do? ¿Cómo está Ud.?
    That will do. Eso sirve.
    He's doing his best. Hace lo posible.

I can't do without it. No puedo sin ello.
We have nothing to do with them. No
tenemos nada que ver con ellos.
I have a lot to do. Tengo mucho que hacer.
Do as you please. Haga Ud. lo que quiera.
Don't do it this way. No lo haga de esta
manera.
dock muelle
DOCTOR doctor; médico
DOCUMENT documento
doe hembra
doeskin ante
DOG perro
a dog's life una vida de perro
dogma dogma
dogmatic(al) dogmático
doing acción, hecho
Nothing doing. Nada de eso.
That's his own doing. Son sus hechos.
doll muñeca
DOLLAR dólar
dolly remachador
dome cúpula
domestic doméstico, casero, del país, nacional
domesticate (to) domesticar
domicile domicilio
dominate (to) dominar
domination dominación
domineer (to) dominar
Dominican dominicano
dominion dominio
domino dominó
donate (to) donar, contribuir
donkey asno, burro
donor donador
blood donor donador de sangre
doom sentencia, juicio
doom (to) destinar, condenar
DOOR puerta
doorbell timbre, campanilla
doorknob tirador, botón de puerta
doormat estera
doorman portero
doorway entrada
dope narcótico
dope (to) entorpecer
dormitory dormitorio
dose dosis
dot punto
dotage chochera, chochez
dotted punteado
dotted line línea de puntos
DOUBLE doble; ambiguo
a double-breasted coat un saco cruzado
double boiler baño de María
double-dealer traidor
double (to) doblar, redoblar, duplicar
to double-cross traicionar
doubt duda
doubt (to) dudar
doubtful dudoso
dough masa, pasta
doughnut buñuelo, dona
dove paloma
dowager viuda
DOWN abajo, hacia abajo

down the river río abajo
to go down bajar
Come down! ¡Baje!
Down with the traitor! ¡Abajo el traidor!
They cut down their prices. Rebajaron sus
precios.
down plumón
downcast inclinado, deprimido
downfall caída; ruina
downhearted abatido, descorazonado
downhill cuesta abajo
downright claramente; completamente
DOWNSTAIRS abajo, en el piso de abajo
He went downstairs. El bajó.
downstream aguas abajo
downtown en la parte céntrica de la ciudad;
centro *(ciudad)*
I have to go downtown. Tengo que ir al
centro.
downward descendente; hacia abajo
dowry dote; dotación
doze (to) dormitar
DOZEN docena
DRAFT corriente de aire; letra de cambio;
giro; quinta, conscripción; borrador;
anteproyecto
Close the window; there is a draft. Cierre
la ventana; hay una corriente de aire.
I'll first make a draft of the letter.
Primero haré un borrador de la carta.
I'll give you a draft on my bank. Le daré
un giro sobre mi banco.
DRAFT (to) redactar, escribir; hacer un
borrador; reclutar; quintar
drag (to) arrastrar, tirar
drain desagüe, drenaje
drain (to) desaguar, agotar
to drain off vaciar
drainage desagüe, desaguadero
drainpipe tubo de desagüe
drama drama
dramatist dramaturgo
drape (to) colgar, vestir
drapery cortinas, ropaje
DRAW (to) dibujar; sacar; descorrer; librar;
girar; cobrar; tirar; redactar; sortear
to draw a line trazar una línea
to draw back reintegrarse, retroceder
to draw off retirarse
to draw out sacar
Draw a card. Tome una carta.
He drew a prize. Se sacó un premio.
I'll draw a check on my bank. Giraré un
cheque sobre mi banco.
drawback desventaja
drawer cajón, gaveta
DRAWING dibujo, tiro
drawing paper papel de dibujo
He is very good at drawing. Es muy bueno
para el dibujo.
dread miedo, terror, pavor
dread (to) temer
dreadful espantoso, terrible
DREAM sueño
dream (to) soñar
I dreamed of him. Soñé con él.

dreamer soñador

dregs hez, sedimento

drench (to) ensopar, empapar

DRESS vestido, traje
    dress circle galería *(teatro)*
    dress rehearsal ensayo
    dress suit traje de etiqueta

DRESS (to) vestirse, adornar; vendar
    She is all dressed up. Está elegantemente
        vestida.
    The doctor dressed the wound. El doctor
        vendó la herida.

dresser tocador; aparador

dressing adorno; relleno
    dressing room cuarto de tocador; camerín

dressmaker modista, costurera

dressmaking arte de modista

dressy elegante

dried seco
    dried plums ciruelas pasas

drift rumbo, tendencia, impulsión

drift (to) impeler, llevar; derivar, flotar

drill taladro, barrena, ejercicio

drill (to) taladrar, ejercitar

DRINK bebida; trago; copa
    Let's have a drink. Vamos a beber una
        copa.

DRINK (to) beber, tomar
    to drink to the health of brindar a la salud
        de

drinker bebedor
    He is a heavy drinker. Es un gran bebedor.

drinking acción de beber
    drinking water agua potable

drip gotera; chorrera
    drip coffee café expreso

DRIP (to) gotear, chorrear

drive jornada, paseo; vuelta; campaña
    Let's go for a drive. Vamos a dar una
        vuelta.

DRIVE (to) conducir, guiar; ir en coche;
    manejar; clavar
    He drove away. Se fué.
    He'll drive back to Chicago. El regresará
        manejando a Chicago.
    She can't drive. No puede manejar.
    The children drive me mad. Los niños me
        vuelven loco.
    What are you driving at? ¿Qué quieres
        decir?

drive-in theater autocinema, cine al aire libre

driver chófer, conductor
    He is a very good driver. El es un buen
        conductor.
    She is a back-seat driver. Ella maneja
        desde atrás.

driving conducción

drizzle llovizna

drizzle (to) rociar, lloviznar

DROP gota, pizca; caída, baja
    cough drops pastillas para la tos
    Just add a drop of water. Añada una gota
        de agua.

DROP (to) soltar; dejar caer; verter a gotas;
    abandonar; dejar
    Drop the subject. Cambie de tema.

I'll have to drop him a line. Tendré que
    escribirle una línea.

They dropped in last night. Ellos vinieron
    anoche de paso.

dropper cuentagotas

drown (to) ahogar

drowse (to) adormecer

drowsily soñolientatemente

drowsy soñoliento

drudge (to) afanarse

DRUG droga, medicina, medicamento

druggist droguero, farmacéutico

drugstore botica, farmacia; droguería

drum dimbal
    eardrum tímpano

drumstick palillo de tambor; pierna *(ave
    cocinada)*

drunk borracho, ebrio

drunkard borrachín; borracho

drunkenness borrachera, embriaguez

DRY seco, árido, pobre
    dry goods mercancías generales
    dry weight peso seco
    dry wine vino seco
    It was a very dry speech. Fué un discurso
        muy seco.
    Keep dry. Consérvese seco.
    My throat is dry. Tengo la garganta seca.

DRY (to) secar; pasar
    to dry-clean limpiar en seco
    to dry the dishes secar los platos
    to dry up secarse completamente

dryer secador

dryness sequedad

dub (to) doblar; apellidar

dubbing doblando

duchess duquesa

duck pato

DUE debido, pagadero; vencido
    due to the circumstances debido a las
        circunstancias
    in due time a su debido tiempo

duel duelo

duet dúo

duke duque

DULL opaco; pesado; aburrido; embotado,
    obtuso
    He is a very dull person. El es una persona
        muy aburrida.
    It's a very dull day. Es un día muy
        nublado.
    What a dull color! ¡Qué color tan opaco!

DUMB mudo; estúpido
    dumb show pantomima

dumfounded, dumbfounded confundido

dummy maniquí, personaje fingido

dump (to) descargar; verter
    No dumping. No arrojar basura.

duplicate duplicado, doble

duplicate (to) duplicar, reproducir

durable duradero

duration duración

DURING durante
    during the day durante el día

dusk crepúsculo

DUST polvo

dust (to) quitar el polvo, sacudir
dustcloth ropa de trabajo
dustpan pala
dusty empolvado
Dutch holandés
dutiful deferente, respetuoso
dutifully obedientemente
DUTY deber, obligación; derechos *(aduana)*
    duty-free franco
    How much is the duty on this? ¿Cuántos son los derechos por esto?
    We have to do our duty. Tenemos que llevar a cabo nuestro deber.
dwarf enano
dwell (to) habitar, residir
dwelling habitación, morada
dye tinte, tintura
dye (to) tinturar, teñir
dyer tintorero
dynamic dinámico, eficaz
dynasty dinastía

<h1 style="text-align:center">E</h1>

EACH cada
    each one cada uno
    each other el uno al otro, unos a otros
    They dislike each other. No se gustan uno a otro.
eager ansioso
    He is very eager to go. El está muy ansioso de ir.
eagle águila
EAR oído, oreja; mazorca, espiga
    by ear de oído
    He has a very good ear. El tiene muy buen oído.
    I want two ears of corn. Quiero dos mazorcas.
EARLY temprano; avanzado
    early fruit fruto temprano
    early riser madrugador
    It's too early yet. Es demasiado temprano aún.
    We left early in the morning. Salimos por la mañana temprano.
EARN (to) ganar; merecer
earnest serio; ansioso
    in earnest de buena fe; en serio
earnings salario, paga
earring arete, pendiente
EARTH tierra; suelo
earthly terreno
earthquake temblor de tierra, terremoto
EASE tranquilidad; facilidad
    at ease cómodamente, con desahogo
    I want to put her mind at ease. Quiero tranquilizarla.
ease (to) aliviar, mitigar
easel caballete de pintor
EASILY fácilmente
    You will easily find out. Lo encontrarás fácilmente.
easiness facilidad
east este, oriente
    We're going east. Vamos hacia el este.

Easter Pascua florida
    Easter Day día de Pascua
eastern oriental
EASY fácil, holgado
    easy chair butaca
    He is a very easy-going person. Es muy calmado.
EAT (to) comer
    to eat breakfast desayunarse
    to eat dinner cenar
    to eat lunch almorzar
eatable comestible
eating comidas
    good eating buena comida
eavesdrop (to) fisgonear
ebb marea menguante
    the ebb and flow el flujo y el reflujo
eccentric excéntrico
echo eco
echo (to) repercutir
economic(al) económico
economize (to) economizar
economy economía
Ecuadorian ecuatoriano
EDGE orilla, borde, canto, filo
edict edicto
edit (to) redactar; corregir; editar
edition edición
editing redacción; corrección
editor redactor, compilator
editorial editorial
education educación
educational educativo
educator educador, pedagogo
eel anguila
EFFECT efecto, impresión, eficiencia
    in effect en operación; vigente
    of no effect sin resultado, vano
effect (to) efectuar
effective efectivo, eficaz
effectively efectivamente
effectual eficaz
effectuate (to) efectuar
effeminate afeminado
efficacious eficaz
efficiency eficacia, eficiencia
efficient eficiente, eficaz
efficiently eficientemente
effort esfuerzo, empeño
effusion efusión
EGG huevo
    fried eggs huevos fritos
    hard-boiled eggs huevos duros
    scrambled eggs huevos revueltos
    soft-boiled eggs huevos pasados por agua
eggplant berenjena
eggshell cascarón
egoism egoísmo
Egyptian egipcio
eider ganso
eiderdown edredón
EIGHT ocho
EIGHTEEN dieciocho
eighteenth decimoctavo
eightieth ochentavo
eighth octavo

EIGHTY ochenta
EITHER o, u; uno u otro; el uno o el otro; cualquiera de los dos; uno y otro; tampoco
  I don't either. A mí tampoco.
  I don't like either of them. No me gusta ni uno ni otro.
  Which one do you want?—Either one. ¿Cuál desea?—Cualquiera.
elaborate elaborado
elaborate (to) elaborar
elapse (to) pasar
elastic elástico
elasticity elasticidad
ELBOW codo
  at one's elbow a la mano
elder mayor
  He is the elder of the two brothers. Es el mayor de los dos hermanos.
elderly mayor, de edad
  an elderly person una persona mayor
elect (to) elegir
elected electo, elegido
election elección
elector elector
electric(al) eléctrico
  electric chair silla eléctrica
  electrical engineer ingeniero electricista
electrician electricista
electricity electricidad
electrify (to) electrizar
elegance elegancia
elegant elegante
element elemento; medio ambiente
elementary elemental
elephant elefante
elevate (to) elevar; alzar
elevated elevado, alzado
elevation elevación
elevator ascensor; elevador
ELEVEN once
eleventh undécimo
eligible elegible
eliminate (to) eliminar
elimination eliminación
elope (to) escapar
elopement fuga
eloquence elocuencia
eloquently elocuentemente
ELSE otro; más; además
  nobody else ningún otro
  nothing else nada más
  or else o bien, si no
  something else algo más
  Do you want anything else? ¿Quiere Ud. algo más?
  What else? ¿Qué más?
elsewhere en alguna otra parte, en otro lugar
elude (to) eludir, esquivar
elusive evasivo
emancipate (to) emancipar
emancipation emancipación
embark (to) embarcar
embarrass (to) abochornar, desconcertar
embarrassment bochorno; perplejidad
embarrassing embarazoso; bochornoso

I am in an embarrassing situation. Estoy en un situación comprometedora.
embassy embajada
embellish (to) embellecer
embezzle (to) desfalcar
embezzlement desfalco
emblem emblema
embodiment personificación
embody (to) encarnar; dar cuerpo; englobar
embrace (to) abrazar
embrace abrazo
embroidery bordado
emerge (to) surgir
EMERGENCY emergencia, aprieto, apuro
  an emergency case un caso de emergencia
emigrant emigrante
emigrate (to) emigrar
emigration emigración
eminent eminente, supremo
eminency eminencia
emissary emisivo
EMOTION emoción
emotional emocional, impresionable
emotive impresionable, emocionante
emperor emperador
emphasis énfasis
emphasize (to) acentuar, recalcar
emphatic enfático; categórico
emphatically enfáticamente
empire imperio
EMPLOY (to) emplear
employee empleado
employer patrono, patrón
employment empleo
  employment agency agencia de empleo
empower (to) autorizar
empress emperatriz
emptiness vaciedad
EMPTY vacío
empty (to) vaciar
emulation emulación
emulsify (to) emulsionar
enable (to) permitir, habilitar
  His savings enable him to buy a house. Sus ahorros le permiten comprar una casa.
enamel esmalte
enamel (to) esmaltar
enamored enamorado
encircle (to) circuir
ENCLOSE (to) cercar; incluir
  Enclosed please find your bill. Adjunto sírvase encontrar su billete.
enclosure cercamiento; incluso
encore repetición *(teatro)*
encore (to) pedir la repetición
encounter encuentro
encounter (to) encontrar
encourage (to) animar, incitar
encouragement estímulo, aliento
encumber (to) abrumar
encyclopedia enciclopedia
END fin, final; extremidad
  at the end of the month al fin de mes
  end to end cabeza con cabeza
  in the end al fin

to make an end of acabar con
to make both ends meet pasar con lo que
   se tiene
to the end that a fin de que
with this end con este fin
endeavor esfuerzo
endeavor (to) esforzarse
ending fin, conclusión
   happy ending final feliz
endless sin fin, infinito
endorse (to) endosar
endure (to) soportar; resistir
enemy enemigo
energetic enérgico
energy energía
enervate (to) enervar
enforce (to) hacer cumplir; poner en vigor;
   forzar; compeler
ENGAGE (to) ajustar; emplear; alquilar;
   trabar
   He is engaged in a conversation. El está
      ocupado en una conversación.
   I want to engage a servant. Quiero
      contratar una sirvienta.
   She is engaged. Ella está comprometida.
ENGAGEMENT compromiso, cita; contrato
   He has en engagement on Broadway. El
      tiene un contrato en Broadway.
   I have an important engagement at 6 P.M.
      Tengo un compromiso muy importante
      a las seis de la tarde.
   She broke her engagement. Ella rompió su
      compromiso.
ENGINE máquina; locomotora
engineer ingenerio, maquinista
ENGLISH inglés
Englishman inglés
engrave (to) grabar; tallar; esculpir
engraver grabador
engraving grabado, estampa
engross (to) absorber, embarcar
enhance (to) mejorar
enigma enigma
enigmatic enigmático
ENJOY (to) gozar, disfrutar
   to enjoy oneself divertirse
   He enjoys good health. Goza de buena
      salud.
   I enjoy the show very much. El
      espectáculo me diverte mucho.
enjoyable deleitable, agradable
enjoyment goce, disfrute, placer
enlace (to) enlazar
enlarge (to) aumentar; agradar; ampliar
enlargement ampliación
enlighten (to) iluminar; instruir; informar
enlightenment esclarecimiento
enlist (to) alistarse
enlistment alistamiento
enliven (to) vivificar
enmity enemistad
enormous enorme
ENOUGH bastante, suficiente
   I don't have enough money with me. No
      llevo suficiente dinero.
   This is good enough. Esto está bastante
      bien.

enrich (to) enriquecer; fertilizar
enroll (to) alistar; enrollar; matricularse
enrollment alistamiento, matriculación
entangle (to) enredar, embrollar
entanglement enredo, embrollo
ENTER (to) entrar; anotar; registrar; entablar;
   ingresar; matricularse; afiliarse
   I entered the room without knocking.
      Entre en el cuarto sin tocar.
   She entered the university. Ella ingresó en
      la universidad.
   We entered into a long conversation.
      Entablamos una larga conversación.
enterprise empresa
ENTERTAIN (to) tener invitados; agasajar;
   entretener; acriciar; abrigar; divertir;
   recibir
   I must entertain my guests. Debo agasajar
      a mis invitados.
   She entertained herself with music. Ella
      se entretuvó con la música.
   They are entertaining a lot this season.
      Ellos tienen muchas fiestas esta
      temporada.
ENTERTAINMENT convite;
   entretenimiento; diversión; pasatiempo
   Cards are his favorite entertainment. La
      baraja es su pasatiempo favorito.
entertaining divertido, entretenido
   This book is very entertaining. Este libro
      es muy divertido.
enthusiasm entusiasmo
enthusiastic entusiasta; entusiástico
entice (to) tentar, seducir
entire entero
entirely enteramente
entitle (to) titular; poner un título; autorizar;
   dar derechos
   This card entitles you to . . . Esta tarjeta le
      autoriza para . . .
entity entidad
ENTRANCE entrada
entrust (to) entregar, confiar
entry entrada; ingreso
   We have to make a separate entry for
      this. Tenemos que hacer una entrada
      aparte para esto.
enumerate (to) enumerar
enumeration enumeración
enunciate (to) enunciar
enunciation enunciación
envelop (to) envolver, forrar
envelope sobre; envoltura
enviable envidiable
envious envidioso
environment cercanía; medio ambiente
   His environment influences him very
      much. Su medio ambiente le influencia
      mucho.
epidemic epidemia
epidemic(al) epidémico
episcopal obispal
episode episodio
episodic episódico
epoch época
EQUAL igual, parejo
   to be equal to ser capaz de

equal (to) igualar, ser igual a
  Two and two equal four. Dos y dos son cuatro.
equality igualdad
equally igualmente
equation ecuación
equator ecuador
equilibrate (to) equilibrar
equilibrium equilibrio
equip (to) equipar, aprestar
equipment equipo, armamento
equitable equitativo
equity equidad
equivalence (equivalency) equivalencia
era era, edad, época
erase (to) borrar; tachar
eraser borrador; goma *(de borrar)*
erect (to) erigir
erection erección; instalación
err (to) errar, equivocarse
errand recado, mandado
  errand boy mandadero
  to run errands ir de compras
ERROR error
  to make an error equivocarse
erudition erudición
escalator escalera movible
escape escapada; fuga
escape (to) escapar
  He escaped from prison. Se escapó de la cárcel.
escort escolta; acompañante
  Your escort is waiting. Su pareja está esperando.
especially especialmente
espionage espionaje
essay ensayo; composición
essence esencia
essential esencial; indispensable
essentially esencialmente
establish (to) establecer; fundar
establishment establicimiento; institución
estate bienes, propiedades; finca, hacienda
  real estate bienes raíces
  He is the caretaker of his uncle's estate. Es el guardián de la hacienda de su tío.
  He lives on a beautiful estate. Vive en una hermosa finca.
esteem estimación, aprecio
esteem (to) estimar, apreciar
esthetic estético
estimate presupuesto, opinión
estimate (to) apreciar, calcular
estimation cálculo; suposición
etching grabado al agua fuerte
eternal eterno
eternity eternidad
ether éter
ethical ético
ethics ética
European europeo
evacuate (to) evacuar; vaciar
evaporate (to) evaporar
eve vigilia, víspera
EVEN aun; hasta; no obstante; llano; plano; liso; igual

even as así como
even if aun cuando
even so aun así
even that hasta eso
even though aun cuando
not even that ni siquiera eso
to make even igualar
  I am even with him. Estamos en paz.
  I'll get even with him. Me vengaré de él.
EVENING tarde
  evening clothes traje de etiqueta
  tomorrow evening mañana por la tarde
  yesterday evening ayer por la tarde
  Good evening! ¡Buenas tardes!
evenly igualmente
EVENT suceso, éxito
  in any event en todo caso
  in the event that en el caso de
  That was the event of the season. Ese fué el suceso de la temporada.
eventual eventual, fortuito
eventually eventualmente
EVER siempre; jamás
  as ever como siempre
  ever since desde entonces
  forever and ever por siempre jamás
  Have you ever been to Los Angeles? ¿Ha estado Ud. alguna vez en Los Angeles?
  I hardly ever see him. Casi nunca lo veo.
  Thank you ever so much. Muchísimas gracias.
everlasting eterno, sempiterno
EVERY cada; todo
  every day todo los días
  every now and then de vez en cuando
  every once in a while de cuando en cuando
  every one cada uno
  every other day un día sí y otro no
  every time cada vez
  I enjoyed every bit of it. Disfruté hasta el último detalle.
EVERYBODY todos; todo el mundo; cada cual
EVERYDAY diario; todos los días
  everyday life la rutina diaria
  I see him every day. Lo veo cada día.
EVERYONE todos; todo el mundo; cada cual
EVERYTHING todo
EVERYWHERE en todas partes
evict (to) desahuciar; expulsar
eviction desahucio
evidence evidencia, prueba
  to be in evidence mostrarse
  to give evidence dar testimonio, deponer
evident evidente
evidently evidentemente
EVIL malo; mal; maligno
  evil fame mala reputación
  evil-minded malicioso
evoke (to) evocar; llamar
evolution evolución, desarrollo
ewe oveja
EXACT exacto, preciso
exactitude exactitud
exaggerate (to) exagerar
exaggeration exageración

xalt (to) exaltar, glorificar
xaltation exaltación
xalted exaltado
xamination examinación, examen, inspección
  to fail an examination fallar un examen
  to pass an examination pasar un examen
  to take an examination tomar un examen
xamine (to) examinar; inspeccionar
xaminer examinador
xample ejemplo
xasperate (to) exasperar, irritar
xasperation exasperación, provocación
xcavate (to) excavar
xcavation excavación
XCEED (to) exceder, sobrepujar
xceedingly sumamente
xcel (to) aventajar, sobresalir
  He excels in sports. El sobresale en los deportes.
xcellence, excellency excelencia
  His Excellency Su Excelencia
XCELLENT excelente
XCEPT excepto; menos; sino; a menos que
  Everybody understood the joke except me. Todos comprendieron el chiste menos yo.
xcept (to) exceptuar; excluir
xception excepción
  to make an exception hacer una excepción
xceptional excepcional
xceptionally excepcionalmente
  The meal was exceptionally good. La comida fué excepcionalmente buena.
xcerpt extracto; trozo
XCESS exceso
  excess baggage exceso de equipaje
  in excess en exceso
XCESSIVE excesivo, demasiado
xcessively excesivamente
XCHANGE cambio; centro; sector telefónico
  stock exchange bolsa de valores
  What is the rate of exchange? ¿Cuál es el tipo de cambio?
xchange (to) cambiar
  to exchange cards intercambiar tarjetas
  to exchange words cambiar algunas palabras
xcite (to) excitar; provocar; acalorar
  Don't get so excited. No se excite Ud.
  He is all excited about the plans. El está muy animado con los planes.
xcitement excitación, conmoción
xclaim (to) exclamar
xclamation exclamación
  exclamation mark punto de admiración
xclude (to) excluir, desechar
xclusion exclusión; expulsión
xclusive exclusivo
  This is a very exclusive design. Este es un diseño muy exclusivo.
xclusiveness exclusiva
xcursion excursión
xcusable excusable

EXCUSE excusa; disculpa; pretexto
  to make excuses pedir disculpas
excuse (to) excusar; dispensar; disculpar; perdonar
  Excuse me. Dispense Ud.
execute (to) ejecutar
execution ejecución; complimiento
executive ejecutivo
exemplar ejemplar
exempt exento, libre, franco
  tax exempt libre de impuestos
exempt (to) eximir
exemption exención, dispensa
exercise ejercicio
exercise (to) ejercer; hacer ejercicios; ejercitar
exhaust (to) agotar, acabar, extraer, apurar
  I am completely exhausted. Estoy completamente agotado.
exhaustive agotador, completo, exhaustivo
EXHIBIT exposición; artículo expuesto en una exhibición
exhibit (to) exhibir, mostrar
exhibition exhibición, exposición
exhort (to) exhortar
exhume (to) exhumar
EXILE destierro, exilio
exile (to) expatriar, desterrar
exist (to) existir
existence existencia
EXIT salida
  No exit. Salida prohibida.
exonerate (to) exonerar
exotic exótico
expand (to) extender(se); ensanchar(se); dilatar(se), desarrollarse
  They are expanding their business. Están ensanchando sus negocios.
expansion expansión, prolongación
expansive expansivo
expatriate (to) expatriar
EXPECT (to) esperar, aguardar
  He is expecting me at four o'clock. Me espera a las cuatro.
  She is expecting a child. Ella espera un niño.
  They expect to succeed. Ellos esperan tener éxito.
expectation espectativa, esperanza
  She lives in expectation of his return. Ella vive en espera de su regreso.
expedient oportuno, propio; expediente, medio
expedition expedición; despacho
expel (to) expulsar
expend (to) expender
EXPENSE gasto, costo
  at any expense a toda costa
  at one's expense a costa de uno
EXPENSIVE caro, costoso
  This is a very expensive place. Es un lugar muy caro.
experience experiencia; práctica
experience (to) experimentar
  He experienced many sad disappointments. Pasó por muchas disilusiones difíciles.

Experienced secretary wanted. Se necesita secretaria con experiencia.
experiment experimento
experiment (to) experimentar
experimental experimental
expert experto; perito
expire (to) expirar
EXPLAIN (to) explicar
explanation explicación
explanatory explicativo
  explanatory notice nota aclaratoria
expletive expletivo; *s*: interjección
explode (to) estallar
exploit hazaña, proeza
exploit (to) explotar, sacar partido
exploration exploración
explore (to) explorar
explorer explorador
explosion explosión
export exportación
export (to) exportar
expose exponer, revelar, mostrar
exposition exposición, exhibición
exposure exposición
express expresar
  express train tren expreso
express (to) expresar
  She expressed herself very clearly. Se expresó muy claramente.
expression expresión
expropriate (to) expropiar
expulsion expulsión
expurgate (to) expurgar
exquisite exquisito
extend (to) extender, prolongar
extension extensión, prolongación
  He asked for an extension of his passport. Pidió una prórroga de su pasaporte.
extensive extenso, extensivo
EXTENT extensión; alcance
  to a certain extent hasta cierto punto
  to a great extent en sumo grado
extenuate (to) minorar, mitigar, extenuar
  extenuating circumstances circunstancias mitigantes
exterior exterior
exterminate (to) exterminar
external externo
extinct extinto, apagado
extinguish (to) extinguir
extort (to) extorsionar
EXTRA extra, extraordinario
  to pay extra pagar extra
EXTRACT extracto
extract (to) extraer, sacar
extraction extracción
EXTRAORDINARY extraordinario, especial
extravagance extravagancia; pródigo
  That was an extravagance. Fué una extravaganza.
extravagant extravagante, pródigo
extreme extremo, último; *s*: extremo
  in the extreme en sumo grado
  He always goes to extremes. Siempre va a los extremos.
extremity extremidad

EYE ojo, vista
  in the twinkling of an eye en un abrir y cerrar de ojos
  He did it before her eyes. Lo hizo en su presencia.
  Keep an eye on the children. Vígile a los niños.
  My eyes are tired from reading so much. Tengo los ojos cansados de tanto leer.
eyeball globo del ojo
eyebrow ceja
eyelash pestaña
eyelid párpado

F

fable fábula, ficción
fabric tejido, tela
fabricate (to) fabricar; construir
fabrication fabricación
FACE cara, lado
  face to face cara a cara
  face value valor nominal
  He said it to my face. Me lo dijo en la car
face (to) enfrentarse
facilitate (to) facilitar
facility facilidad
facing revestimiento
FACT hecho, realidad
  as a matter of fact por cierto
  in fact en realidad
faction facción
factitious facticio; artificial
factor elemento; factor; agente
FACTORY fábrica
faculty facultad, aptitud
fade (to) decaer; desteñirse
  to fade away desvanecerse
  to fade out desaparecer gradualmente
fail omisión, falta
  without fail sin falta
FAIL (to) fracasar, no tener suerte; salir mal decaer; faltar; dejar de
  He failed his examination. El salió mal e su examen.
  Her health is failing. Su salud decae.
  They failed to do it. Ellos fallaron al hacerlo.
FAILURE fracaso; falta; quiebra
  The whole thing was a complete failure. El asunto fué un fracaso completo.
FAINT (to) desmayarse, desfallecer
  fainting spell síncope
FAIR feria
  Many people went to the Spring Fair. Mucha gente fué a la Feria de la Primavera.
FAIR rubio; blanco; claro; justo; recto; regular, mediano; buen
  fair and square honrado
  fair sex sexo bello
  fair trade comercio legítimo
  to give a fair hearing escuchar con imparcialidad
  to give fair warning advertir de antemano

She has a fair complexion. Tiene la piel blanca.

She is a fair-haired girl. Es una muchacha rubia.

The weather is fair today. Hace buen tiempo.

This is a fair play. Esto es juego limpio.

fairly bastante; justamente

This is a fairly good translation. Es una traducción bastante buena.

fairness justicia, equidad

fairy hada

fairy tale cuento de hadas

fairyland tierra de las hadas

FAITH fe; fidelidad

in faith a la verdad

in good faith de buena fe

upon my faith a fe mía

faithful fiel; leal; exacto

faithfully fielmente

fake patraña, farsa

FALL caída, bajada; cascada; otoño

Have you seen Niagara Falls? ¿Ha visto las cataratas del Niágara?

It was a dangerous fall. Fué una caída muy peligrosa.

She'll go to college in the fall. Irá a la universidad este otoño.

FALL (to) caer, bajar, caerse

to fall asleep dormirse

to fall due vencerse

to fall in love enamorarse

to fall short faltar

to fall sick enfermarse

Fall in! ¡Firmes!

In autumn the leaves fall. En otoño se caen las hojas.

My pencil fell on the floor. Mi lápiz se cayó al suelo.

The deal fell flat. El asunto cayó de plano.

FALSE falso; postizo, provisional, temporáneo

falsehood falsedad

falsification falsificación

falsify (to) falsificar; refutar; desmentir

FAME fama

FAMILIAR familiar, íntimo

to be familiar with estar acostumbrado a

familiarity familiaridad

FAMILY familia

famine hambre

famished muriendo de hambre

FAMOUS famoso, afamado

famously famosamente

fan abanico; ventilador; aficionado

electric fan ventilador

He is a baseball fan. Es un aficionado al beisbol.

fan (to) abanicar; ventilar

fanatic fanático

FANCY fantasía; capricho

to take a fancy to aficionarse a

It's a passing fancy. Es un capricho.

fancy (to) imaginar

fantastic fantástico

fantasy fantasía

FAR lejos

as far as I'm concerned en cuanto a mí

by far con mucho

far away muy lejos

farfetched forzado

far-off gran distancia

so far hasta aquí; hasta ahora

How far? ¿A qué distancia?

Is it very far from here? ¿Es muy lejos de aquí?

FARE pasaje, tarifa

What's the fare? ¿Cuál es la tarifa?

farewell adiós

farina fécula

FARM granja, hacienda

farm products productos agrícolas

to work on a farm trabajar en una granja

farm (to) cultivar

to farm out dar a hacer

farmer agricultor; labrador

farming agricultura

farsighted présbite

FARTHER más lejos, más adelante; además de

farther on adelante

He lives farther on. Vive más allá.

fascinating fascinante

FASHION moda, estilo; elegancia

after a fashion en cierto modo

in fashion de moda

out of fashion fuera de moda

fashionable de moda, elegante; de buen tono

FAST pronto, de prisa; firme, seguro, fuerte; apretado; constante

fast color color fijo

I had to do it very fast. Tuve que hacerlo muy de prisa.

fast (to) ayunar

fasten (to) trabar, afirmar, fijar, asegurar

fastidious melindroso, dengoso

fat manteca, grasa

FAT gordo, graso

He is becoming very fat. El está engordando.

This meat is too fat. Esta carne es demasiado grasienta.

fatal fatal, mortal

fatality fatalidad

fatally fatalmente, mortalmente

He has been fatally injured in an automobile accident. El ha sido fatalmente herido en un accidente automovilístico.

FATE destino, suerte

FATHER padre

father-in-law suegro

fatherhood paternidad

fatherland patria

fatherly paternal

fathom braza

fatigue cansancio

faucet canilla, grifo

FAULT culpa, falta, desliz, defecto

to find fault poner faltas

faulty culpable, defectuoso

FAVOR favor, cortesía, servicio

Do me a favor. Hágame un favor.
favor (to) favorecer
favorable favorable
favorite favorito
FEAR miedo, temor
    for fear of por miedo de
fearful miedoso, temeroso
fearfully temerosamente
fearless intrépido
feasible factible, posible
feast fiesta
feat hecho, acción
FEATHER pluma; plumaje
FEATURE rasgo; función; *pl.:* facciones
    What time is the next feature? ¿A qué
        hora empieza la próxima función?
feature (to) representar
    This film features two great stars. Esta
        película presenta dos grandes estrellas.
FEBRUARY febrero
fecundity fecundidad
federal federal
federation confederación
FEE honorarios; derechos, gratificación
    the registration fees los derechos de
        inscripción
    What's the fee? ¿Cuál es el precio?
feeble débil, feble
    feeble-minded irresoluto
feed forraje
FEED (to) alimentar, dar de comer
    The nurse has to feed the baby at 3:00
        P.M. La nodriza tiene que alimentar al
        niño a las 3:00 P.M.
FEEL (to) sentir; tocar
    How do you feel today? ¿Cómo te sientes
        hoy?
    I don't feel hungry. No tengo hambre.
    I feel a little cold. Siento un poco de frío.
    I feel like giving up. Tengo ganas de dejar
        esto.
    I feel sorry for her. Siento pena por ella.
    This material feels rough. Este material es
        áspero.
FEELING tacto; sentimiento, sensibilidad
    I don't want to hurt his feelings. No
        quiero ofenderlo.
feet Véase *foot*
fell (to) caer, derribar
    The woodcutters felled many trees this
        fall. Los leñadores derribaron muchos
        árboles este otoño.
FELLOW sujeto, individuo
    fellow student condiscípulo
    fellow traveler compañero de viaje
    fellow worker compañero de trabajo
    He's a jolly good fellow. El es muy
        bullanguero.
fellowship beca
felt fieltro
    a felt hat un sombrero de fieltro
female hembra
feminine femenino
fence valla, cerca
    to sit on the fence estar a la alternativa
fence (to) hacer esgrima

fencing esgrima
fender salpicadera, guardafango, guardabarros
ferment fermento
ferment (to) fermentar
fermentation fermentación
fern helecho
ferocious feroz
ferry chalán
    ferryboat barca de transbordo
fertile fecundo, fértil
fertility fecundidad
fertilization fecundación
fertilize (to) fertilizar, fecundar
fertilizer abono
festival fiesta, festival
    We went to the music festival. Fuimos al
        festival de música.
festive festivo, alegre
festivity fiesta
feud enemistad
FEVER fiebre
FEW pocos
    a few unos cuantos
    a few days unos pocos días
    I have a few things to do. Tengo algunas
        cosas que hacer.
fewer menos
fiancé novio
fiancée novia
fiber fibra
fickle veleidoso, caprichoso
FICTION ficción; novela
fictitious ficticio
fictive fingido
fiddle violín
fiddler violinista
fidelity fidelidad
    high fidelity (hi-fi) alta fidelidad
FIELD campo; campaña; ramo, especialidad
    field artillery artillería de campaña
    to take the field entrar en campaña
    This is not my field. Esta no es mi
        especialidad.
fierce fiero, feroz
fiery vehemente, furibundo
FIFTEEN quince
fifteenth decimoquinto
fifth quinto
fiftieth cincuentavo
FIFTY cincuenta
fig higo
FIGHT riña, pelea, lucha, conflicto
fight (to) pelear, combatir, reñir
    to fight against odds luchar con desventaja
fighter guerrero, luchador
fighting combate
figuratively figuradamente
FIGURE figura; cifra; precio
    She has a nice figure. Ella tiene una buena
        figura.
figure (to) figurar, calcular, representar
    I can't figure out what he meant. No me
        puedo imaginar lo que él quiso decir.
FILE lima, archivo, fichero, carpeta
    I need a nail file. Necesito una lima para
        las uñas.

You'll find his name in the files.
Encontrarás su nombre en el archivo.

file (to) limar; archivar
I have to file these letters. Tengo que archivar estas cartas.

FILL (to) llenar
Fill 'er up. Llene el tanque.
He already filled out his application. Él ya llenó su solicitud.

filling relleno

FILM película

filter filtro, filtrador

filter (to) filtrar, colar

filth suciedad

filthy sucio

filtrate (to) filtrar

final final, terminal

finally finalmente, en fin

finance (to) financiar

finance(s) hacienda, finanzas

financial monetario, financiero

financially financieramente

FIND (to) hallar, encontrar
to find fault with culpar, censurar
to find out descubrir

finder descubridor

finding descubrimiento

fine multa

FINE fino, bueno, magnífico, excelente
Fine! ¡Muy bien!
He is a very fine person. Es una gran persona.
He is doing fine. Lo está haciendo muy bien.
The weather is fine. Hace buen tiempo.

fine (to) multar

fineness fineza, excelencia

FINGER dedo
index finger dedo índice
little finger meñique
middle finger dedo del corazón
ring finger dedo anular
I have it at my fingertips. Lo tengo en la punta de los dedos.

FINISH (to) acabar, terminar
I have just finished my work. Acabo de terminar mi trabajo.

finishing acabamiento
the finishing touch el último toque

fir abeto, pino
fir tree abeto

FIRE fuego; lumbre
fire alarm alarma de incendios
firearms armas de fuego
fire department servicio de bomberos
fire escape escalera de incendio
fire insurance seguro contra incendio
fireplug boca de agua
to set fire to prender fuego a
Don't let the fire go out. No deje apagarse el fuego.
The house is on fire. La casa está ardiendo.

fire (to) incendiar; disparar; despedir; dejar cesante
He has been fired from his job. El ha sido despedido de su trabajo.

firecracker cohete

fireman bombero

fireplace chimenea; hogar

fireproof incombustible, a prueba de fuego

firewood leña

fireworks fuegos artificiales

firing acción de disparar
firing line línea principal de batalla; línea de fuego
firing squad pelotón de fusilamiento

FIRM seguro, firme

firmly firmamente

firmness firmeza

FIRST primero
at first al principio
at first glance a primera vista
first aid primeros auxilios
first class de primera clase
first cousin primo hermano
first gear primera velocidad
first-rate excelente, de primera clase
on the first of next month el primero del mes que viene
the first time la primera vez
Bring us some soup first. Tráiganos primero un poco de sopa.

firstly primeramente

FISH pez, pescado
fish market pescadería

fish (to) pescar

fishbone espina de pescado

fisherman pescador

fishhook anzuelo

fishing pesca
fishing boat barca pesquera
fishing rod caña de pescar
to go fishing ir de pesca

fishmonger pescadero

FIST puño

fit acceso, ataque
He did it in a fit of anger. Lo hizo en un acceso de ira.
She almost had a fit. Ella casi tuvo un ataque.

FIT apto, idóneo, adecuado, conveniente, a propósito
if you think fit si a Ud. le parece
to see fit juzgar conveniente

FIT (to) ajustar, adaptar, entallar; caer bien, sentar bien
to fit into encajar en
It fits me badly. Me sienta mal.
That dress fits you well. El vestido le sienta a Ud. bien.
That would fit the case. Eso sería lo propio.

fitness aptitud

fitting (to be) sentar bien, venir bien

FIVE cinco

fix apuro, aprieto
to be in a fix estar en un aprieto

FIX (to) fijar, arreglar, componer, reparar
We must fix this up. Tenemos que arreglar esto.

fixation fijación

flabbergasted pasmado

FLAG bandera, pabellón
flagrant flagrante
flake pedacito, escama
   soap flakes hojuelas de jabón
flaky escamoso
FLAME llama
flank lateral, de costado
flank (to) flanquear
flannel franela
flap falda; ala *(de sombrero)*
flap (to) batir, sacudir
   to flap the wings aletear
flare llamarada, fulgor
flare (to) encender, lucir
   She flared up. Ella se enojó.
FLASH destello; relámpago
   flash of lightning relámpago
   flash of the eye vistazo
flashlight linterna
flashy de relumbrón
flat apartamento; llanura
   We had a flat on the road. Tuvimos una
     reventión en el camino.
FLAT lano, chato, insípido, soso
   flat-footed de pies achatados
   flat-nosed chato
   flat tire llanta plana
flatly horizontalmente; de plano
   He flatly denied it. Lo negó de plano.
flatten (to) allanar, aplastar, aplanar
flatter (to) adular, lisonjear
flatterer lisonjero, adulator
flattery adulación, lisonja
FLAVOR sabor, gusto
flavor (to) sazonar, condimentar
flaw defecto, imperfección
flawless entero, sin tacha
flax lino
flaxen de lino
   flaxen-haired blondo
flea pulga
fleck mancha
flee (to) huir, fugarse
fleet armada, flota
FLESH carne; pulpa
   flesh and blood carne y hueso
   flesh colored encarnado
flexibility flexibilidad
flexible flexible
flier volador, aviador
FLIGHT vuelo; fuga
fling (to) tirar, arrojar
   to fling open abrir de repente
flint piedra de chispa; pedernal
flip (to) lanzar, soltar
flippant petulante
flirt (to) coquetear, flirtear
flirtation coquetería
float flota
float (to) flotar
flock manada; congregación, multitud
FLOOD inundación, diluvio
flood (to) inundar
FLOOR piso, suelo
   He lives on the third floor. Vive en el
     tercero piso.

You have the floor. Ud. tiene la palabra.
floorwalker vigilante
flop fracaso
   The play was a complete flop. La obra fué
     un fracaso completo.
florist florista
flour harina
flourish rasgo
FLOW (to) fluir, manar, correr
FLOWER flor
   flower bed maciso
   flower girl florista
   flower stand jardinera
   flower vase florero
flowery florido, ornado
fluency fluidez, facundia
fluent fecundo; fluído; fluente
   He is fluent in four languages. El habla
     cuatro lenguas con fluidez.
fluently con fluidez
   He speaks Russian fluently. El habla el
     ruso con fluidez.
fluff pelusa, lanilla
fluffy blando, mullido
   Her hair is fluffy. Su cabello es sedoso.
fluid fluído
flunk (to) reprobar
   to flunk an exam reprobar un examen
fluorescent fluorescente
flush rubor, sonrojo
flush (to) derramarse
flute flauta
fly mosca
FLY (to) volar
   They are flying to New Orleans
     tomorrow. Ellos volarán hacia Nueva
     Orleans mañana.
flyer volador, aviador
foam espuma
focus foco
FOG niebla, neblina
foggy brumoso
   The weather is very foggy today. Hoy está
     nublado.
fold pliegue, doblez
FOLD (to) doblar, plegar
folder carpeta
folding plegable
   folding bed cama replegable
   folding chair silla plegadiza
foliage follaje, fronda
folk gente, nación
   folks parientes
FOLLOW (to) seguir
   as follows como sigue
   to follow in one's tracks seguir a uno
   to follow up perseguir
follower seguidor; acompañante
following siguiente
   Observe the following points: Observe los
     puntos siguientes:
folly tontería, locura
fond aficionado, afectuoso
   I am very fond of him. Estoy encariñada
     con él.
fondle (to) mimar, acariciar

fondly afectuosamente
fondness cariño
FOOD alimento, comida
FOOL tonto, necio, bufón
fool (to) engañar
foolish tonto, disparatado
foolishness tontería
foolproof simple
FOOT (*pl:* **feet**) pie; medida lineal
   on foot a pie
   to put one's foot down tomar una
     resolución decidida
   to put one's foot in it hacer una plancha
   This table is six feet long. Esta mesa tiene
     seis pies de largo.
football futbol
footnote nota al pie de una página
footprint huella
footstep pisada
footwear calzado
FOR para; por
   for example por ejemplo
   for that reason por tanto
   for the first time por primera vez
   for the present por ahora
   for the time being por el momento
   to work for a living trabajar para comer
   The house is for rent. La casa está por
     alquilar.
   This is for her. Esto es para ella.
   What for? ¿Para qué?
forbid (to) prohibir
forbidden prohibido
force fuerza
force (to) forzar, obligar
ford vado
ford (to) vadear
forearm antebrazo
forecast pronóstico; previsión
forecast (to) proyectar
foreground primer plano
forehead frente
foreign extraño, extranjero, ajeno
   foreign-born nacido en el extranjero
   foreign office ministerio de negocios
     extranjeros
foreigner extranjero, forastero
foreman capataz
foresee (to) prever
forest monte, bosque, selva
foretell (to) predecir, pronosticar
forever por siempre
   forever and ever por siempre jamás
FORGET (to) olvidar
   to forget oneself desmedirse
forgetful olvidadizo
forgetfulness olvido
FORGIVE (to) perdonar
FORK tenedor
FORM forma, figura, hoja
   in due form en debida forma
   Please fill out this form. Por favor llene
     esta forma.
form (to) formar
formal formal; ceremonioso; oficial
   formal dress traje de etiqueta

He is a very formal person. Es una
   persona muy ceremoniosa.
formality formalidad, ceremonia
formation formación
FORMER primero; aquél, aquélla, aquéllos,
   aquéllas
   the former and the latter el primero y el
     último; esto y aquello
   Shakespeare and Cervantes were two
     great writers; the former was
     English, the latter was Spanish.
     Shakespeare y Cervantes fueron dos
     escritores famosos; éste era español, y
     aquél era inglés.
formerly antiguamente, en otros tiempos
formidable formidable
formula fórmula
formulate (to) formular
forsake (to) dejar, abandonar
fort fuerte, castillo
forth delante, adelante
   and so forth y así de lo demás
forthcoming futuro, próximo
fortieth cuarentavo
fortification fortificación
fortify (to) fortificar
fortunate afortunado
fortunately afortunadamente
FORTUNE fortuna, suerte
   to tell fortunes echar las cartas
fortuneteller adivino
FORTY cuarenta
forward adelante, en adelante, hacia adelante
   to go forward seguir adelante
   to look forward anticipar
FORWARD (to) remitir, reexpedir
foster (to) criar, nutrir, alentar
   foster child niño adoptivo
   foster home casa de crianza
foul sucio, impuro, inmundo
found (to) fundar, establecer
foundation fundación, fundamento, base
founder fundador
FOUNTAIN fuente, fontana
   fountain pen pluma fuente
FOUR cuatro
   four-cornered cuadrangular
   four-wheeled de cuatro ruedas
FOURTEEN catorce
fourteenth catorceavo
fourth cuarto
fowl gallo, volatería, aves de corral
fox zorra, zorro
foxy zorruno, astuto
fraction fracción
fracture rotura
fragile frágil
fragment fragmento, trozo
fragrance fragancia; perfume, aroma
fragrant fragante
frail frágil
FRAME marco; armazón, entramado,
   estructura
   frame of mind estado de ánimo
frame (to) encuadrar, poner en un marco
frank franco, sincero

frankness franqueza
frantic frenético
fraternity fraternidad
fraternize (to) fraternizar
fraud fraude
freckle peca
  freckled-faced pecoso
FREE libre; gratis; franco; vacante; atrevido
  admission free entrada libre
  free on board (f.o.b.) libre a bordo
  free of charge gratis
  free trade libre cambio
  free will libre albedrío
  Let me know as soon as you're free.
    Avíseme en cuanto esté libre.
free (to) libertar, librar
FREEDOM libertad
freely libremente
freeze (to) helar, congelar
freight carga, flete
  by freight como carga
  freight car vagón de carga
  freight train tren de mercancias
French francés
  French-fried potatoes papas fritas
  French-like a la francesa
frenetic frenético
frequency frecuencia
frequent frecuente
frequent (to) frecuentar
frequently frecuentemente
FRESH fresco, nuevo, reciente
  fresh water agua fresca
  He's very fresh. El es muy fresco.
  I want to go out for some fresh air.
    Quiero salir a tomar el fresco.
friar fraile
friction fricción
FRIDAY viernes
fried frito
FRIEND amigo, amiga
  a close friend un amigo íntimo
friendliness amistad
FRIENDLY amistoso; amigable
  He is a very friendly person. Es una
    persona muy amigable.
friendship amistad
fright susto, espanto
frighten (to) asustar, espantar
frightful espantoso, horroroso
frightfully terriblemente
frivolity frivolidad, trivialidad
frivolous frívolo, trivial, vano
frog rana
frolic travesura
FROM de, desde, a causa de, según
  from a distance desde lejos
  from here to there de aquí hasta allí
  from memory de memoria
  from now on de hoy en adelante
  from then on desde entonces
  I learned it from her. Lo supe por ella.
  Where are you from? ¿De dónde es Ud.?
FRONT anterior, delantero, de frente; faz,
  audacia
  front room cuarto del frente

front view vista de frente
  in front of frente a
  This is the front of the building. Este es el
    frente del edificio.
frost escarcha; hielo
frost (to) escarchar
frosty escarcha
frown ceño; entrecejo
frown (to) fruncir el ceño
frozen congelado
  frozen food alimento congelado
FRUIT fruta
  fruit tree árbol frutal
  Give me some fruit. Déme fruta.
frustrate (to) frustrar
frustration frustración
FRY (to) freír
frying pan sartén
fudge dulce de chocolate
FUEL combustible
  fuel oil aceite combustible
fugitive fugitivo
fulfill (to) cumplir, realizar
  He did not fulfill his promise. No cumplió
    su promesa.
fulfillment cumplimiento
FULL lleno, completo, amplio, abundante
  full-blooded de pura raza
  full dress uniforme de gala
  full length de cuerpo entero
  full moon luna llena
  full stop punto final
  in full swing en plena operación
  He paid in full. Pagó completamente.
  The roses are in full bloom. Las rosas
    están abiertas.
  There's a full house tonight. Hay una
    concurrencia plena esta noche.
fully completamente
  I fully realize . . . Comprendo
    completamente . . .
fume vapor, gas, emanación
fumigate (to) fumigar
FUN broma, diversión, chacota
  for fun en broma
  to have fun divertirse
  to make fun of somebody burlarse de
    alguien
  I had a lot of fun at the party. Me divertí
    mucho en la fiesta.
function función
function (to) funcionar
fund fondo
fundamental fundamental
funds fondos
funeral fúnebre; s: funeral; entierro
funnel embudo; chimenea *(barco)*
FUNNY divertido, cómico
  funny business picardía
  This is a very funny joke. Este es una
    chiste muy divertido.
FUR piel
furious furioso
furnace horno
FURNISH (to) amueblar; suplir; proveer
  Furnished apartment for rent.
    Apartamento amueblado para alquiler.

FURNITURE muebles, mobiliario
  a piece of furniture un mueble
furrow surco
FURTHER más lejos; más allá; además, aún
  further on más adelante
  I must further say... Y además de eso
      debo decir...
furthermore además
fury furia
fuse espoleta, fusible
  fuse plug tapón
  We've blown a fuse. Fundimos un fusible.
fuss bulla, alboroto
  He made a big fuss over it. El hizo un gran
      alboroto de ello.
fuss (to) encocorar
FUTURE futuro
  in the future en lo sucesivo, en adelante, en
      lo futuro
  in the near future en un futuro próximo
fuzzy velloso

G

gag burla, guasa
gaiety jovialidad, alegría
gain ganancia, beneficio
gain (to) ganar, lograr, aumentar
  to gain ground ganar terreno
gale viento fuerte
gall hiel, bilis
  gall bladder vesícula biliar
gallant galante, cortés
gallery galería
gallon galón
gallop galope
gallows horca
galvanize (to) galvanizar
gamble (to) jugar por dinero
GAME juego; partida; caza
  a game of chess una partida de ajedrez
  game bird ave de caza
  The game is up. Se ha levantado la caza.
gamekeeper guardamontes
gang ganga, cuadrilla
gangplank plancha
gap abertura; vacío
gape (to) bostezar; boquear
GARAGE garaje
garbage basura
GARDEN jardín
gardener jardinero
gardening jardinería
gargle (to) gargarizar
garland guirnalda
garlic ajo
garment vestido; vestidura
garnish (to) guarnecer, adornar, ataviar
garrison guarnición
garter liga, jarretera
GAS gas; gasolina
  gas station gasolinera
gasoline gasolina
GATE puerta; entrada
gatekeeper portero
gateway entrada

GATHER (to) reunir, juntar, acumular
  to gather dust cubrirse de polvo
  to gather strength recuperarse
gathering asamblea; reunión, acumulación
gauze gasa
GAY alegre, festivo
gaze (to) mirar con fijeza
gear engranaje
  gear shift palanca de cambio de marcha
  in gear encajado
  out of gear desencajado
  to put in gear engranar
gelatine gelatina
gem gema, joya
gender género
genealogy genealogía
GENERAL general; s: general
  in general en general
generality generalidad
generalize (to) generalizar
generally generalmente
generation generación
generosity generosidad
generous generoso
genial genial
genius genio
genteel cortés, gentil
GENTLE suave; amable; delicado
GENTLEMAN caballero
  He is a perfect gentleman. Es todo un
      caballero.
  gentlemanlike caballeroso
gentleness docilidad, dulzura, amabilidad
gently dulcemente, suavemente; amablemente
GENUINE genuino, auténtico
geographical geográfico
geography geografía
geometric geométrico
geometry geometría
germ yema, embrión
German alemán
gesture gesto, ademán
GET (to) adquirir, obtener, conseguir, recibir
  to get ahead adelantarse
  to get away partir; marcharse
  to get back volver; regresar
  to get home llegar a casa
  to get in entrar
  to get married casarse
  to get off apearse; bajar
  to get on montar; subir
  to get out salir
  to get up levantarse
  Can we get through? ¿Podemos pasar?
  Can you get the work under way? ¿Puede
      empezar con el trabajo?
  He got away with it easily. Salió de eso
      fácilmente.
  He got into the habit of being late. Se
      acostumbró a llegar tarde.
  He got on the train at Rochester. Subió al
      tren en Rochester.
  He got the better of the bargain. Llevó
      ventaja en el asunto.
  I have (got) to remember that. Tengo que
      recordar eso.

I want to get rid of these old books. Quiero deshacerme de estos libros viejos.
Let's get to the point. Vamos al grano.
She can't get over it. No puede recuperarse de eso.
She wants to get even with him. Quiere vengarse de él.
The phone got out of order. Se descompuso el teléfono.
This gets on my nerves. Esto me fastidia.
We got behind in our work. Nos quedamos atrás con nuestro trabajo.
ghost espectro, fantasma
giant gigante
giddy vertiginoso
GIFT regalo, obsequio
gifted talentoso
She is very gifted musically. Ella tiene mucho talento para la música.
giggle (to) reírse
gild (to) dorar
gilt dorado
ginger jengibre
gingerbread pan de jengibre
gipsy gitano
girdle faja
GIRL chica, niña, muchacha; sirvienta
What a charming girl! ¡Qué muchacha tan encantadora!
girl friend amiga
GIVE (to) dar
to give a gift regalar, hacer un regalo
to give in ceder, acceder
to give up desistir; darse por vencido
He gave away his secret. Divulgó su secreto.
He gave himself up to the police. Se rindió a la policía.
Please give me back my pencil. Por favor devuélvame mi lápiz.
She gave birth to a son. Dió a luz un niño.
giver donante
GLAD contento, feliz
I am very glad to see you. Me alegro mucho de verlo a Ud.
gladden (to) alegrar
gladiolus gladiolo
gladly de buena gana
I'll do it gladly. Lo haré con mucho gusto.
glamor encanto, embeleso
glance ojeada, vistazo
at first glance a primera vista
glance (to) echar un vistazo, dar una ojeada
I want to glance at the paper. Quiero echar un vistazo al periódico.
glare liso; resplandor
glare (to) relumbrar, brillar
glaring deslumbrador, evidente
GLASS vidrio; vaso
drinking glass vaso
looking glass espejo
Please give me a glass of water. Hágame el favor de darme un vaso de agua.
glasses anteojos, lentes

glassware cristalería
gleam destello, fulgor
glee alegría, gozo, júbilo
glide (to) resbalar, planear
glider planeador
glimmer vislumbre, luz trémula
glimmer (to) rielar, centellear
glimpse ojeada, vistazo
to catch a glimpse dar un vistazo
glitter brillo, resplandor
glitter (to) brillar, resplandecer
globe globo
gloom obscuridad, tristeza
gloomy triste, sombrío
What a gloomy day! ¡Qué día tan triste!
glorious glorioso, magnífico
glory gloria
to be in one's glory estar un sus glorias
gloss lustre, brillo, barniz
glossary glosario, nomenclator
GLOVE guante
to handle with kid gloves tratar con miramiento
glow (to) brillar
glue cola
glue (to) encolar; pegar con cola
glutton glotón
gnat jején
GO (to) ir
to go away irse, marcharse
to go back volver; regresar
to go down bajar
to go forward ir adelante
to go out salir
to go up subir
to go with acompañar
to go without pasarse sin
After the death of her husband, she went to pieces. Después del fallecimiento de su esposo, quedó destrozada.
Don't go away! ¡No se vaya Ud.!
Don't go out of your way! ¡No se moleste!
Go ahead! ¡Adelante!
Go on with your work. Continué con su trabajo.
I don't go for that. No me gusta eso.
I don't know how to go about it. No sé manejarlo.
I have to go through this once more. Tengo que examinar esto otra vez.
It went all wrong. Fué un fracaso.
I went to bed early last night. Me acosté temprano anoche.
Let him go! ¡Que se vaya!
Let's go! ¡Vámonos!
She is going for a walk. Fué a dar un paseo.
That goes without saying. Está sobreentendido.
The baby doesn't want to go to sleep. El niño no quiere dormirse.
This style of hat is going out of fashion. Este tipo de sombrero está pasandose de moda.
We are going halves. Vamos a medias.
goal meta, fin, objeto

to reach one's goal alcanzar el objetivo
goat cabra
God Dios
  for God's sake por Dios
  God willing si Dios quiere
godchild ahijado
goddaughter ahijada
goddess diosa
godfather padrino
godmother madrina
godson ahijado
GOLD oro
  gold plate baño de oro
golden de oro, dorado
golf golf
GOOD buen(o)
  for good para siempre
  good enough suficiente
  good evening buenas tardes
  good-for-nothing no sirve para nada
  Good Friday viernes santo
  good-looking bien parecido
  good morning buenos días
  good-natured afable
  good night buenas noches
  good-tempered de buen genio
  good will buena voluntad
  in good time a tiempo
  Be good! ¡Sé buena!
  He's too good. Se pasa de bueno.
  We had a good time at the party. Pasamos
    un buen rato en la fiesta.
goods mercancía
goose (*pl:* **geese**) ganso
gorgeous espléndido
gospel evangelio
gossip chismosería
gossip (to) chismear, murmurar
govern (to) gobernar; dirigir
government gobierno
governor gobernador; regulador
GOWN traje de mujer; vestidura
grab (to) asir, agarrar, arrebatar
grace gracia; favor; merced
graceful gracioso, agraciado
gracious bondadoso, afable, cortés
graciously benignamente; cortésmente
grade grado; graduación; calificación
  grade crossing paso a nivel
grade (to) clasificar, graduar
gradual gradual, graduado
gradually gradualmente
graduate (to) graduar, aumentar, graduarse
graduation graduación
grain grano
grammar gramática
grammatical gramatical
granary granero
GRAND gran, grandioso, magnífico,
  espléndido
grandchild nieto
granddaughter nieta
grandfather abuelo
grandmother abuela
grandparents abuelos
grandson nieto

grant concesión
grant (to) conceder, otorgar
  granted that supuesto que
  to take for granted dar por sentado
granulated granulado
grape uva
grapefruit toronja
grapevine parra
graph gráfica
grasp (to) empuñar, asir; comprender, percibir
grasping codicioso
GRASS hierba; césped; pasto
grasshopper saltamontes
grate (to) rallar
  grated cheese queso rallado
grateful agradecido
gratefully agradecidamente, gratamente
grater rallador, raspador
gratis gratis, de balde
gratitude agradecimiento
gratuity gratificación
grave grave; *s:* sepultura, sepulcro
gravel cascajo, grava
graveyard cementerio
gravity gravedad
gravy salsa, jugo
GRAY gris, cano
  gray-haired canoso
GREASE grasa
grease (to) engrasar, lubricar
greasy grasiento
GREAT gran, grande; admirable; excelente
  a great deal mucho
  a great man un gran hombre
  a great many muchos
  a great while un largo rato
  Great! Estupendo! Magnífico!
great-grandfather bisabuelo
  great-great-grandfather tatarabuelo
great-grandmother bisabuela
  great-great-grandmother tatarabuela
greatly muy; mucho; en gran parte
greatness grandeza; magnitud
greed codicia
greedily vehementemente
greedy codicioso
GREEN verde, crudo; inexperto
greengrocer verdulero
greenhouse invernadero
GREET (to) saludar
greeting salutación
gregarious gregario
greyhound galgo
griddle tortera
griddlecake tortita de harina
GRIEF pesar, dolor, pena
grievance injusticia; perjuicio
grieve (to) afligir, lastimar
grievous penoso, doloroso, lastimoso
grievously penosamente
grill (to) asar en parrillas
grim torvo, ceñudo
  grim-faced malencarado
grimly horrible; espantoso
grin mueca, sonrisa
GRIND (to) moler, amolar

grinding granulación
grindstone molino
grip empuñamiento, agarro
grizzled tordillo
groan gemido
groan (to) gemir
GROCER abacero; bodeguero; abarrotero
GROCERIES comestibles; abarrotes
   I have to buy some groceries. Tengo que comprar comestibles.
GROCERY STORE abacería, ultramarinos, tienda de comestibles
groom mozo; palafrenero
groom (to) cuidar los caballos
groove ranura
gross grueso; craso; *s:* gruesa
   by the gross por gruesa
   gross amount importe total
   gross weight peso bruto
grouchy mal humorado
GROUND tierra, suelo, terreno, razón
   ground floor piso bajo
   ground forces fuerzas terrestres
   to gain ground ganar terreno
   He had many grounds for divorce. Tuvó muchas razones para divorciarse.
ground (to) fundar; establecer; poner en tierra
   The planes were grounded on account of the bad weather. Los aviones no pudieron salir a causa del mal tiempo.
group grupo
group (to) agrupar
grove arboleda, boscaje
GROW (to) crecer, producir, cultivar
   to grow better ponerse mejor; mejorar
   to grow late hacerse tarde
   to grów old envejecer
   to grow worse ponerse peor, empeorar
   She'll grow out of this (whim). Este capricho le pasará con la edad.
   Their baby has grown so much. El bebé ha crecido muchísimo.
   We are growing vegetables in our garden. Estamos cultivando legumbres en nuestro jardín.
growl (to) gruñir
grownup adulto
growth crecimiento, desarrollo
grudge rencor
   He is carrying a grudge against me. El guarda rencor contra mí.
gruesome horrible
grumble regaño, refunfuñadura
grumble (to) refunfuñar, rezongar
GUARANTEE garantía, caución
guarantee (to) garantizar
guaranty garantía
guard guardia, guarda
   on guard alerta
   to be off one's guard estar desprevenido
guard (to) guardar, vigilar
   to guard against guardarse de
guardian guardián
   guardian angel ángel custodio
Guatemalan guatemalteco
guess conjetura, suposición

   Let me make a guess. Déjeme adivinar.
GUESS (to) adivinar, conjeturar, suponer
   to guess right adivinar
   I guess so. Supongo que sí.
guide guía
guide (to) guiar
guidebook guía de viajero
guild gremio, corporación
guilty culpable
   He is pleading not guilty. El se declara inocente.
guitar guitarra
gulf golfo
gully cárcava
gulp trago
gulp (to) tragar
gum goma, encía
   chewing gum chicle
gun arma de fuego; cañon; fusil; escopeta; revólver
gunpowder pólvora
gush chorro
gust ráfaga, golpe
   a gust of wind un golpe de aire
gutter canalón
gymnasium gimnasio
gymnastics gimnasia
gypsy gitano

H

haberdasher camisero, mercancero
haberdashery camisería, mercería
HABIT hábito, costumbre
   habit-forming enviciador
   to be in the habit of estar acostumbrado a
habitual habitual, acostumbrado
habitually habitualmente
hail granizo; saludo
hail (to) granizar; vitorear; vocear
HAIR pelo, cabello; vello
   hairbrush cepillo para el cabello
   haircut corte de pelo
   hair dye tintura para el pelo
   hairpin horquilla
hairy peludo, velludo
HALF medio; mitad
   half-and-half mitad y mitad
   half-hour media hora
   half past two las dos y media
   half year semestre
half brother hermanastro
half sister hermanastra
halfway a medio camino, equidistante
HALL vestíbulo; salón
Hallowe'en víspera de Todos los Santos
hallucination alucinación
hallway vestíbulo
halo halo, nimbo
halt (to) cojear, renguear
   Halt! ¡Alto!
ham jamón
   ham and eggs huevos con jamón
hamburger hamburguesa
hamlet aldea
hammer martillo

mer (to) martillar
o hammer (away) at a subject machacar
mmock hamaca
ND mano; manecilla
y hand a mano
rsthand de primera mano
rom hand to mouth de manos a boca
andmade hecho a mano
and to hand mano a mano
a hand entre manos
ffhand de repente
n hand a la mano
n the other hand por otra parte
o have one's hands full tener mucho que
    hacer
o shake hands darse la mano
ands off! ¡No tocar!
ands up! ¡Manos arriba!
He has a hand in the business. Tiene mano
    en el asunto.
He's my right-hand man. El es mi mano
    derecha.
He washed his hands of the affair. Se lavó
    las manos como Pilatos.
d (to) pasar
o hand over entregar
dbag cartera, bolsa
dbook manual
dcuff esposas
dful puñado
dicap impedimento
dicraft mano de obra
NDKERCHIEF pañuelo
dle mango, asa
dle (to) manejar, manipular
dsome hermoso, guapo, elegante
dwriting escritura
dy manuable
NG (to) colgar, suspender
o hang around rondar
o have a hang-over tener una cruda
would like to hang up my coat. Quisiera
    colgar mi abrigo.
ger colgante; gaucho de ropa; colgador;
    percha
oat hanger perchero
PPEN suceder, acontecer
whatever happens suceda lo que suceda
What happened? ¿Qué pasó?
opening suceso, acontecimiento
opily afortunadamente
PPINESS dicha, felicidad
PPY feliz, contento
lappy birthday! ¡Feliz cumpleaños!
Happy New Year! ¡Feliz año nuevo!
am happy to do it. Me alegro de hacerlo.
Many happy returns! ¡Que las tenga Ud.
    muy felices!
They lived happily. Vivían felices.
bor puerto
RD duro, difícil
ard labor trabajo forzado
ard luck mala suerte
ard of hearing duro del oído
ard work trabajo difícil
o rain hard llover a cántaros

to work hard trabajar duro
Don't be hard on him. No sea duro con él.
It is hard to understand. Es difícil para
    comprender.
harden (to) endurecer
hardly apenas, difícilmente
hardness dureza
hardware ferretería, quincalla
    hardware store ferretería
hardy fuerte, robusto
hare liebre
HARM mal, prejuicio, daño
    It does not do any harm. Es inofensivo.
        No hace ningún daño.
harm (to) perjudicar, ofender, herir
harmful dañoso, nocivo
harmless inofensivo
harmonica filarmónica
harmonious armónico, armonioso
harmonize (to) armonizar
harmony armonía
harness aparejo, arnés
harp arpa
harpsichord clavicordio
HARSH áspero, tosco, desagradable
harshness aparejo, arnés
harvest cosecha
harvester máquina de segar
hash carne y papas molidas cocinadas juntas
HASTE prisa
    in haste de prisa
hasten (to) acelerar, precipitar
hastily precipitadamente
hasty pronto, apresurado
HAT sombrero
    Hats off! ¡Descubrirse!
    He put his hat on and left. Se pusó el
        sombrero y salió.
hatbox sombrerera
hatch (to) empollar, incubar
hatchet hachita
hate, hatred odio, aborrecimiento
hate (to) odiar, aborrecer
hateful odioso, maligno
haughty arrogante; vano; entonado
haul (to) arrastrar
haunt (to) rondar, frecuentar
haunted habitado por fantasmas
    This house is haunted. Esta casa está
        encantada.
HAVE (to) tener; haber
    there had been había habido
    there has been ha habido
    there should have been habría habido
    to have a mind to tener ganas de
    to have an eye on vigilar, observar
    to have in mind tener en cuenta
    to have to tener que
    to have to deal with habérselas con
    Had I been there, I would have seen him.
        Si yo hubiera estado allí, lo habría
        visto.
    He has broken his leg. Se rompió una
        pierna.
    I don't have any more. No tengo más.
    I haven't any more. No tengo más.

If I had been you, I wouldn't have done it. De haber sido Ud., no lo hubiera hecho.

I have to go now. Tengo que irme ahora.

It might have happened. Pudo haber sucedido.

I will have the maid take the parcel. Haré que la criada lleve el paquete.

We had better ask. Sería mejor que preguntemos.

What will you have? ¿Qué desea Ud.?

hawk gavilán

hay heno; pasto

haystack haz de pasto

hazard azar, albur

hazard (to) arriesgar, exponer

hazardous arriesgado

haze niebla, bruma

hazel avellano

hazy anieblado, brumoso, confuso

HE él

HEAD cabeza; jefe

from head to foot de pies a cabeza

heads or tails cara o cruz

the head of the government el jefe de gobierno

He is head over heels in love with her. Está loco por ella.

He is off his head. Es loco.

head (to) mandar, dirigirse

Where are you heading? ¿En qué dirección vas?

headache dolor de cabeza

headline título, encabezamiento

headquarters cuartel general; oficina principal

heal (to) curar, remediar

to heal up cicatrizarse

healing curativo

HEALTH salud; sanidad

health resort lugar de curas

to be in good health estar bien de salud

Your health! ¡A su salud!

healthful sano, saludable

healthfully saludablemente

healthy sano; fuerte; saludable

heap montón; multitud

in heaps a montones

heap (to) amontonar, colmar

HEAR (to) oír

to hear from saber de

to hear it said oír decir

to hear of saber de

Have you heard the latest news? ¿Ha oido Ud. la última noticia?

What did you say? I can't hear a thing. ¿Qué dijo? No oigo nada.

hearing oído

hearsay rumor; fama

hearse carro fúnebre

HEART corazón

after one's own heart de todo el gusto de uno

by heart de memoria

heart and soul en cuerpo y alma

to have no heart no tener corazón

to take to heart tomar a pecho

He put his heart into it. Puso su corazó en ello.

He said it from his heart. Lo dijo de to corazón.

He's still very young at heart. El es jov de corazón.

She has heart trouble. Tiene una enfermedad del corazón.

heartbreak dolor

heartbroken el corazón roto

hearten (to) animar, alentar

hearth hogar, fogón

heartily sinceramente

heartless sin corazón, cruel

hearty cordial

HEAT calor

The heat is terrible this summer. Hace calor terrible este verano.

heat (to) calentar

heater calentador

heating calefacción

central heating calefacción central

heave elevación

heave (to) alzar, levantar, elevar

HEAVEN cielo

Heavens! ¡Cielos!

heavenly celestial

heavily pesadamente

HEAVY pesado

a heavy rain una lluvia fuerte; aguacero

heavy-hearted triste

It's a heavy job. Es un trabajo pesado.

Hebrew hebreo

hectic hético; agitado

We had a hectic morning. Tuvimos una mañana muy agitada.

hedge seto

heed (to) prestar atención

HEEL talón; tacón

high heels tacones altos

low heels tacones bajos

rubber heels tacones de goma

to be at the heels of perseguir estrechamente

heifer novilla

HEIGHT altura, colmo

heir heredero

heir apparent heredero forzoso

heiress heredera

helicopter helicóptero

HELL infierno

hellish infernal

HELLO! ¡Hola!

helmet yelmo

HELP ayuda, asistente

by the help of con ayuda de

It's very hard to get help in the countr Es muy difícil encontrar sirvientes e el campo.

HELP (to) ayudar, asistir, servirse, remedi

Can I help you? ¿En qué puedo servirle'

I can't help it. No lo puedo remediar.

Please help yourself. Tenga la bondad d servirse.

helper asistente, ayudante

ful útil, provechoso
less desvalido
lessly irremediablemente
dobladillo
(to) dobladillar
isphere hemisferio
lock cicuta
orrhage hemorragia
N gallina
ceforth de aquí en adelante; en lo futuro
R la, le; a ella, de ella; su
did not see her. No la ví.
have to speak to her. Tengo que hablar
con ella.
ll tell her. Le diré a ella.
his is her book. Es su libro.
hierba
hato, multitud
RE aquí, acá
round here cerca de aquí
ear here cerca de aquí
an we phone from here? ¿Se puede
telefonear de aquí?
ome here. Ven acá.
ere I am. Aquí estoy.
ere it is. Aquí está.
eabouts por aquí
eby por la presente
hereby certify that . . . Por la presente
certifico que . . .
editary hereditario
edity herencia
ein aquí dentro
eto a este fin
etofore en otro tiempo
eunder en virtud de esto
ewith junto con esto
itage herencia
mit ermitaño
o héroe
oic (al) heroico
oine heroína
oism heroísmo
ring arenque
RS suyo(s); suya(s); de ella; el suyo; lo(s)
suyo(s); la(s) suya(s)
friend of hers una amiga suya
re you her cousin? ¿Es Ud. primo de
ella?
his record player is hers. Este fonógrafo
es el suyo (de ella).
RSELF ella misma; sí misma; se; sí
y herself sola; por sí; por su cuenta
he herself says it. Ella misma lo dice.
he talks too much about herself. Habla
demasiado de sí.
itant indeciso, vacilante
itate (to) vacilar
itation vacilación, titubeo
(to) tajar, cortar
ernate (to) invernar
cough, hiccup hipo
o have the hiccups hipar, tener hipo
den escondido
e cuero, piel

hide (to) esconder, esconderse
hide-and-seek juego del escondite
hideous horrible, espantoso
HIGH alto, elevado; caro; sumamente,
altamente
high noon pleno mediodía
high pressure alta presión
high-priced caro
high school escuela secundaria
high sea alta mar
in high spirits alegre
It is six feet high. Tiene seis pies de alto.
It's high time to begin. Es ya hora de
empezar.
Their prices are very high. Sus precios son
muy caros.
highball whisky con hielo y agua
highbrow petulante
higher más alto; superior
highland región montañosa
highly altamente, sumamente; muy
He is a highly intelligent person. Es una
persona sumamente inteligente.
The food is highly seasoned. La comida
está muy picante.
highness alteza
Your Royal Highness Su Alteza Real
highway carretera
hilarious alegre
HILL colina, cerro
HIM le, lo, a él
I don't know him. No lo conozco.
It belongs to him. Pertenece a él.
I told him. Le dije.
HIMSELF el mismo, sí mismo; se, sí
by himself solo; por sí; por su cuenta
he is fooling himself. Se está engañado a sí
mismo.
He wants it for himself. Lo quiere para sí.
hinder (to) impedir, estorbar
hindrance impedimento; estorbo; obstáculo
hinge gozne
HINT indirecta, sugestión
hint (to) insinuar
to hint at aludir a
hip cadera
HIRE (to) alquilar
He is going to hire a chauffeur. Va a
emplear un chofer.
HIS su, sus; suyo, suya; el suyo, la suya, los
suyos, las suyas; de él
an acquaintance of his un conocido suyo
That's his brother. Es su hermano.
You see these houses; this one is his. Ve
estas casas; ésta es la suya.
hiss, hissing silbido, siseo
hiss (to) silbar, sisear
historian historiador
historic histórico
historical histórico
hit golpe, choque
a lucky hit golpe de fortuna
to make a hit dar golpe
The play was a hit. La obra fué un exitazo.
hit (to) golpear, pegar, acertar
to hit the target dar en el blanco

hitchhike (to) parar a automóviles

hive colmena

hoarse ronco

hoax engaño; burla

hobby manía; chifladura
Painting is his hobby. La pintura es su afición.

hoe azada, azadón

hog puerco, cerdo

hoist (to) alzar, elevar

HOLD (to) tener; coger; agarrar, asir; caber, contener, desempeñar; celebrar; conservar; guardar; sostener
to hold a conversation sostener una conversación
to hold a meeting celebrar una reunión
to hold back contener
to hold hands estar mano a mano
to hold one's own mantenerse firme
to hold up asaltar
He is holding on to his job. Se prende de su trabajo.
Hold on! ¡Para!

holder tenedor, poseedor
cigarette holder boquilla

holdup asalto

HOLE agujero, hoyo, cavidad

HOLIDAY día festivo, fiesta
The Fourth of July is a holiday in the United States. El Cuatro de julio es un día festivo en los EE.UU.

holidays vacaciones; asueto

holiness santidad

hollow vacío, hueco; s: cavidad, depresión

holly acebo

HOLY santo, pío, puro
Holy Communion Sagrada comunión
Holy Father Santo Padre
Holy Ghost Espíritu Santo
holy water agua bendita
Holy Week semana santa

homage homenaje

HOME hogar; casa; domicilio
at home en casa
home town pueblo natal
He is going back home. Regresa a su casa.
I feel at home here. Me siento a gusto aquí.
She stays home all day. Está en su casa todo el día.
What is your home address? ¿Cuál es la dirección de su domicilio?

homely feo, inculto

homemade casero, hecho en casa
This is a homemade cake. Este es un pastel hecho en casa.

homework tarea

homonym homónimo

Honduran hondureño

honest honrado

honestly honradez

HONEY miel; se emplea también como voz de cariño en el sentido de "vida mía," "corazón"

honeymoon luna de miel

honeydew melón

honor honor, honra
on my honor por mi fe
I give you my word of honor. Le doy m palabra de honor.

honor (to) honrar

honorable honorable, honrado

honorary honorario, honorífico
He is the honorary president. Es el presidente honorario.

hood capucha; cubierta del motor
Little Red Riding Hood La capecita roja

hoodlum rufián

hoof pezuña, casco

hook gancho; anzuelo
The phone is off the hook. El teléfono e descolgado.

hop salto, brinco

hop (to) saltar, brincar

HOPE con la esperanza

HOPE (to) esperar, tener esperanza
to hope against hope esperar lo imposib
I hope not. Espero que no.
I hope so. Así lo espero.
We hope to see you again. Esperamos volver a verle.

hopeful lleno de esperanzas, optimista

hopeless desahuciado, sin remedio

horizon horizonte

horizontal horizontal

horn cuerno; bocina; corneta

horrible horrible, terrible

horrify (to) horrorizar

horror horror

HORSE caballo
on horseback a caballo
horsepower caballo de vapor
horse race carrera de caballos
to go horseback riding montar a caballo

hose calceta, medias; manguera

hosiery calcetería

hosiery store tienda de medias y calcetines

hospitable hospitalario

HOSPITAL hospital

hospitality hospitalidad

host hospedero; huésped

hostage rehén, prenda

hostess huéspeda
air hostess aeromoza

hostile hostil, enemigo

HOT caliente, cálido, ardiente
hot-headed exaltado
hot water agua caliente
to be burning hot estar que quema
It's very hot today. Hace mucho calor h

HOTEL hotel, palacio

HOUR hora, horas
He arrived half an hour later. Llegó media hora después.
I saw him two hours ago. Lo ví hace do horas.

hourly a cada hora

HOUSE casa; hogar; residencia
apartment house casa de apartamentos
boarding house casa de huéspedes
He lives in the corner house. Vive en es casa que hace esquina.

old casa, familia
ehold **furniture** menaje de casa
ehold **utensils** utensilios de casa
aid criada
arming fiesta para celebrar el estreno
de una casa
ife ama de casa; madre de familia
ork quehaceres domésticos
, alojamiento
bertizo
ómo; qué, cuánto
do you do? ¿Cómo está Ud.?
early? ¿Cuándo? ¿A qué hora?
far? ¿A qué distancia?
late? ¿Hasta qué hora?
long? ¿Cuánto tiempo?
many? ¿Cuántos?
much? ¿Cuánto?
so? ¿Cómo así?
soon?—The latest . . . ¿Cuándo?—A
más tardar . . .
r como quiera que; de cualquier modo;
sin embargo
o) aullar; gritar
llido, grito
o alboroto
er vendedor ambulante
tiz, tinte
azo
) abrazar
inmenso, enorme
scara; casco
o) canturrear, zumbar
humano; mortal
an being ser humano
an race género humano
e humanitario
ism humanidad
itarian humanitario
ity humanidad
e humilde
húmedo
fy (to) humedecer
ity humedad
ate (to) humillar
ation humillación
ty humildad
ing zumbido, susurro
humor
ous humorista, chistoso, jocoso
RED cien, ciento
edth centésimo
ER hambre
RY (to be) tener hambre
not hungry. No tengo hambre.
caza
o) cazar; seguir; perseguir
cazador
g caza
o hunting ir a la caza
ss cazadora
nan cazador
zarzo, obstáculo
ane huracán
d precipitado
Y prisa

to be in a hurry tener prisa, estar de prisa
HURRY (to) apresurar
   to hurry after correr detrás
   to hurry up darse prisa
   Hurry back! ¡Apresúrate a volver!
   Hurry up! ¡Date prisa!
   I'm in a great hurry. Tengo mucha prisa.
   There's no hurry. No corre prisa.
   Why such a hurry? ¿Por qué tanta prisa?
HURT (to) lastimar, herir; ofender
   to hurt one's feelings apenar a uno
   My feet hurt me. Me lastiman los pies.
HUSBAND esposo
hush (to) silenciar
husky cascarudo, cortezudo, fornido
hussy tunante
hut choza, cabaña
hydrant boca de riego
hydraulic hidráulico
hygiene higiene
hymn himno
hyphen guión
hypnotize (to) hipnotizar
hyprocisy hipocresía
hypocrite hipócrita
hysteria histeria
hysterical histérico

I

I yo
   It's I. Soy yo.
   I was the one who phoned. Fuí yo el que
   telefoneó.
   So do I. Yo también.
ICE hielo
   ice box nevera, refrigerador
   ice water agua enfriada
   ice cream helado
icing capa de azúcar para pasteles
icy helado, frío
IDEA idea
ideal ideal
idealism idealismo
idealist idealista
idealize (to) idealizar
identical idéntico
identification identificación
identify (to) identificar
identity identidad
idiom modismo, idiotismo
idiomatic idiomático
idiot idiota
idle ocioso, desocupado, perezoso
idleness ociosidad
idler holgazán
idol ídolo
idyl idilio
idyllic idílico
IF si
   even if aun cuando
   if not si no
   if by any chance si por casualidad
   if I may con su permiso
   if you like si Ud. quiere

if you please si Ud. gusta
ignorance ignorancia
ignorant ignorante, inculto
IGNORE (to) pasar por alto; no hacer caso
  She ignored him. Ella no le hizo caso.
ILL enfermo, mal, malo
  ill at ease intranquilo
  ill breeding falta de educación
  ill-tempered de mal genio
  ill will mala voluntad
illegal ilegal
illegible ilegible
illegitimacy ilegitimidad
illegitimate ilegítimo
illiteracy analfabetismo
illiterate analfabeto
ILLNESS enfermedad
illogical ilógico
illuminate (to) iluminar, alumbrar
illumination iluminación, alumbrado
illusion ilusión
illustrate (to) ilustrar
illustration ejemplo, ilustración
image imagen
imaginary imaginario
imagination imaginación
IMAGINE (to) figurar, imaginar
  Just imagine! ¡Imagínese!
imbecile imbécil
imitate (to) imitar
imitation imitación
immature inmaturo; imperfecto
immediate inmediato, próximo
IMMEDIATELY inmediatamente, en seguida
immense inmenso
immerse (to) sumergir
immigrant inmigrante
immigrate (to) inmigrar
immigration inmigración
imminent inminente
immobile inmóvil
immoderate inmoderado, excesivo
immoral inmoral
immorality inmoralidad
immortal inmortal
immortality inmortalidad
immune inmune
immunity inmunidad
immunization inmunización
immunize (to) inmunizar
impact impacto
  This movie had a great impact. Esta
    película causó una gran impresión.
impartial imparcial
impartiality imparcialidad
impartially imparcialmente
impatience impaciencia
impatient impaciente
impatiently impacientemente
imperative imperativo
imperceptible imperceptible
imperfect imperfecto, defectuoso
imperfection imperfección
imperfectly imperfectamente
imperial imperial
imperious imperioso

impersonal impersonal
impersonally impersonalmente
impertinence impertinencia
impertinence impertinencia
impertinent impertinente
impetuous impetuoso
impious impío
implant (to) plantar
implicate (to) implicar
implicit implícito
implied implícito
implore (to) implorar
IMPLY (to) atribuir, envolver
impolite descortés
impoliteness descortesía
import (to) importar; interesar
  import duty derechos de entrada
importance importancia
IMPORTANT importante
importation importación
importer importador
importunate importuno
impose (to) imponer, importunate
imposing imponente, abusivo
impossibility imposibilidad
IMPOSSIBLE imposible
impresario empresario
IMPRESS (to) impresionar
impression impresión
  to have the impression tener la impr
impressive imponente, grandioso
imprison (to) encarcelar, aprisionar
improbable improbable
IMPROPER impropio
IMPROVE (to) mejorar, perfeccionar,
    adelantar, progresar, aliviarse
  The patient is improving. El pacient
    mejorando.
improvement mejorada, adelantado, pr
    alivio
  That's a great improvement. Eso es
    gran mejora.
improvise (to) improvisar
imprudence imprudencia
imprudent imprudente
impulse impulso
impulsive impulsivo
impure impuro
impute (to) imputar
IN en; de; por; con; durante; de
  in fact en efecto
  in front en frente
  in general en general
  in good condition en buen estado
  in reality en realidad
  in spite of a pesar de
  in the middle of en medio de
  in the morning por la mañana
  in turn por turno
  in vain en vano
  in writing por escrito
  He died in his sleep. Murió durmien
  He is in-and-out. Sale y entra.
  He is in here. Está aquí adentro.
  He is in Madrid. Está en Madrid.
  He is not in. No está.

e will come in a month. Vendrá de aquí a un mes.

am in to no one. No estoy para nadie.

his is the best hotel in Barcelona. Es el mejor hotel de Barcelona.

Vrite it in ink. Escríbalo con tinta.

bility ineptitud, inhabilidad, incapacidad

ccessible inaccesible

ccuracy inexactitud

ccurate inexacto

ction inactividad

ctive inactivo

dequate inadecuado

nity inanición

ppropriate inadecuado, impropio

rticulate inarticulado

SMUCH AS tanto como; hasta donde

aasmuch as I know hasta donde yo sé

bound traffic tráfico de entrada

und de entrada

pable incapaz

apacity incapacidad

arnate (to) encarnar

ssant incesante

ssantly incesantemente

CH pulgada

ithin an inch of a dos dedos de

dent incidente, casualidad

dental incidental

dentally incidentalmente

ination inclinación, propensión

ine (to) inclinar, doblar

ude (to) incluir

CLUDED inclusive, incluso

verything included todo incluído

usive inclusivo

gnito incógnito

herent incoherente

COME renta, ingreso

ncome tax impuesto sobre rentas

ming entrante

mparable incomparable

mpatible incompatible

mpatibility incompatibilidad

mpetence incompetencia

COMPLETE incompleto

mprehensible incomprensible

nsiderate irreflexivo, desconsiderado

nsistence, inconsistency incompatibilidad, inconsistencia

nvenience inconveniencia, molestia

CONVENIENCE (to) incomodar, molestar

don't want to inconvenience you. No quiero molestar a Ud.

nvenient inconveniente; incómodo, molesto

orporate (to) incorporar

mith & Sons, Inc. Smith e Hijos S.A.

orrect incorrecto

rease aumento

alary increase aumento de salario

CREASE (to) aumentar

redibility incredibilidad

redible increíble

redibly increíblemente

redulity incredulidad

incriminate (to) incriminar

inculcate (to) inculcar

incumbent obligatorio; s: beneficiado

incurable incurable

incurably incurablemente

INDEBTED endeudado, entrampado, lleno de deudas, obligado, reconocido

I am very much indebted to him. Le estoy muy obligado.

indecency indecencia

indecent indecente

indecision indecisión

INDEED verdaderamente, realmente, de veras, a la verdad

Indeed? ¿ veras?

No indeed! ¡De ninguna manera!

Yes indeed! ¡Claro que sí!

indefinite indefinido

independence independencia

Independence Day 4 de julio (Dia de la Independencia en los EE. UU.)

independent independiente; acomodado, libre

He is very independent. Es muy independiente.

index índice, lista, indicador, manecilla

index finger dedo índice

Indian indio

Indian summer veranillo de San Martín

indicate (to) indicar

indication indicación

INDIFFERENCE indiferencia

indifferent indiferente

indifferently indiferentemente

indigestion indigestión

indignant indignado

indignation indignación

indignity indignidad

indirect indirecto

indirectly indirectamente

indiscreet indiscreto

indiscreetly indiscretamente

indiscretion indiscreción

indiscriminate promiscuo

indiscriminately indistintamente

INDISPENSABLE indispensable

indispensably indispensablemente

indisposed indispuesto; de mala disposición

indisposition indisposición

indisputable incontestable, indisputable

indistinct indistinto, obscuro, vago

individual solo, único, individual

individualist individualista

individuality individualidad

individualize (to) individualizar

individually individualmente

indivisible indivisible

indolence indolencia

INDOORS dentro, en casa

indorsement endoso, respaldo

induce (to) inducir, incitar

INDULGE (to) dar rienda, dar rienda suelta a, darse gusto; entregarse a

He indulges in drinking. Se entrega a la bebida.

indulgence indulgencia; complacencia

indulgent indulgente

indulgently indulgentemente
industrial industrial
industrialize (to) industrializar
industrious industrioso, diligente
industriously industriosamente
INDUSTRY industria; laboriosidad
inebriated ebrio, borracho
ineffective ineficaz
INEFFICIENT ineficaz
inept inepto, absurbo
ineptitude ineptitud
inequality injusticia
inert inerte
inevitable inevitable
inexact inexacto
inexactly inexactamente
inexcusable inexcusable, imperdonable
inexhaustible inagotable
inexorable inexorable
inexperience inexperiencia
inexperienced inexperto, sin experiencia
infallible infalible
infamous infame, infamente
infancy infancia
INFANT infante, niñito, criatura
infantry infantería
infatuated infatuado
    He is infatuated with her. El está muy
        enamorado de ella.
infection infección
infectious infeccioso
infer (to) inferir, colegir, indicar
inference inferencia
INFERIOR inferior
inferiority inferioridad
infinite infinito
infinity infinidad, infinito
infirm enfermizo
inflame (to) inflamar
inflate (to) inflar, hinchar
inflation inflación
inflection inflexión, acento
inflexible inflexible
influence influencia
influence (to) influir
influential influyente
influenza influenza
INFORM (to) informar, hacer saber
INFORMATION información, informe
    Can you give me some information?
        ¿Puede Ud. darme un informe?
    Where is the information desk? ¿Dónde
        queda la oficina de información?
informer delator, denunciador
infrequent raro, no frecuente
infrequently raramente
infuriate (to) irritar
infuriated furioso
ingenious ingenioso
ingeniously ingenuamente
ingenuity ingeniosidad, ingenio
ingoing entrante
    ingoing traffic tráfico de entrada
ingredient ingrediente
inhabit (to) habitar, ocupar
inhabitant habitante

inhabited poblado, habitado
inhale (to) inhalar, aspirar
inherit (to) heredar
inheritance herencia
inhibit (to) inhibir
inhibition inhibición
inhospitable inhospitalario
inhuman inhumano
initial inicial, incipiente
initiate (to) iniciar
initiation iniciación
initiative iniciativo
inject (to) inyectar
injection inyección
INJURE (to) injuriar, agraviar; dañar, hace
    daño, lastimar
injurious nocivo, dañino, perjudicial
injury daño, avería; perjuicio, mal
injustice injusticia
INK tinta
inkwell tintero
inlaid embutido
inland interior; tierra adentro
    inland navigation navegación fluvial
inn posada, fonda
innate innato
inner interior
innkeeper posadero, ventero
innocence inocencia
innocent inocente
innovate (to) innovar
innumerable innumerable
inoculate (to) inocular
inoculation inoculación
inoffensive inofensivo
inopportune inoportuno
INQUIRE (to) preguntar, averiguar,
    informarse
    I want to inquire about your prices.
        Quiero informarme de sus precios.
inquiry pregunta; consulta
inquisitive inquisitivo
    She is very inquisitive. Ella es muy
        curiosa.
INSANE loco, demente
    insane asylum asilo para dementes
insanity locura
INSCRIBE (to) inscribir, grabar, apuntar
inscription inscripción, letrero
insect insecto
insecticide insecticida
insecure inseguro
insecurity inseguridad
insensible insensible, impasible
inseparably inseparablemente
INSERT (to) insertar, introducir
insertion inserción
INSIDE dentro, interior, interno
    inside out al revés, de dentro afuera
    on the inside por dentro
    towards the inside hacia dentro
    I'll wait for you inside. Le espero dentr
insidious insidioso
insidiously insidiosamente
insight discernimiento
insignia insignia

insignificance insignificancía
insignificant insignificante
insincere falto de sinceridad
insincerely sin sinceridad
insincerity falta de sinceridad
insinuate (to) insinuar, indicar, sugerir
insinuation insinuación
insipid insípido
insipidity insipidez
INSIST (to) insistir, persistir
insistence insistencia
insofar as en cuanto a
insolence insolencia
insolent insolente
insolently insolentemente
inspect (to) reconocer, inspeccionar
inspection inspección
inspector inspector
inspiration inspiración
INSPIRE (to) inspirar, insinuar
install (to) instalar, colocar
installation instalación
installment plazo, abono
   to pay by installments pagar a plazos
INSTANCE ejemplo, caso, instancia
   for instance por ejemplo
   in this instance en este caso
   the first instance desde el principio
instant instante
instantaneous instantáneo
INSTEAD en vez; en lugar de
   **He brought a newspaper instead of a
      book.** Llevó un periódico en lugar de
      un libro.
INSTINCT instinto
instinctively instintivamente
INSTITUTE instituto
institute (to) instituir
institution institución, instituto
instruct (to) instruir, enseñar
instruction instrucción, enseñanza
instructive instructivo
instructor instructor
INSTRUMENT instrumento
instrumental instrumental
instrumentalist instrumentista
insufficiency insuficiencia
insufficiently insuficientemente
insult insulto
insult (to) insultar
insulting insultante
insuperable insuperable
insupportable insoportable
INSURANCE seguro
   fire insurance seguro contra incendio
   insurance company compañía de seguros
   life insurance seguro de vida
insure (to) asegurar, garantizar
intact intacto
integral íntegro
integrally integralmente
integrate (to) integrar
integrity integridad
intellect intelecto
intellectual intelectual
INTELLIGENCE inteligencia

INTELLIGENT inteligente
intelligible inteligible
INTEND (to) intentar, tener intención de,
      proponerse
   to be intended for tener por objeto
intended prometido, futuro
intense intenso, fuerte
intensely intensamente
intensity intensidad
intensive intensivo
   an intensive course un curso intensivo
intensively intensivamente
intent atento
intention intención
intentional intencional
intentionally intencionalmente
   He did it intentionally. Lo hizo
      intencionalmente
interborough municipal, interseccional
intercede (to) interceder
intercept (to) interceptar
intercession intercesión
interchange (to) alternar, cambiar
interchangeable intercambiable
INTEREST interés, provecho
   What's the rate of interest? ¿Cuál es el
      tipo de interés?
interest (to) interesar
   It doesn't interest me. No me interesa.
interested interesado
   to become interested interesarse
interesting interesante
interfere (to) interponerse, interferir
   I don't want to interfere in the matter. No
      quiero interponerme en el asunto.
interference interferencia
INTERIOR interior, interno
interlock (to) trabar, engranar
interlocutor interlocutor
interlude intermedio
intermediary intermediario
intermediate intermedio
   This is the intermediate course. Es el
      curso intermedio.
INTERMISSION entreacto, intermedio
intern interno
INTERNAL interno
   internal revenue rentas provenientes
internally internamente
international internacional
internationally internacionalmente
interpose (to) interponer
interpret (to) interpretar
interpretation interpretación
interpreter intérprete
interrogation interrogación
interrupt (to) interrumpir
interruption interrupción
intersection intersección
   street intersection bocacalle
interval intervalo
intervene (to) intervenir, interponerse
intervention intervención
interview entrevista, conferencia
interview (to) entrevistar
intestines intestinos

53

intimacy intimidad
INTIMATE íntimo
  an intimate friend un amigo íntimo
intimately íntimamente
intimidate (to) intimidar
INTO en, dentro
  Let's go into this store. Entremos en esta
    tienda.
  The book has been translated into
    French. El libro fué traducido al
    francés.
intolerable intolerable
intolerant intolerante
intoxicate (to) intoxicar
intoxicated borracho
intoxicating embriagante
intoxication embriaguez; intoxicación
intricate intrincado, enredado
intrigue intriga, trama
intriguing intrigante
INTRODUCE (to) introducir; presentar
  Allow me to introduce my brother.
    Permítame que le presente mi
    hermano.
INTRODUCTION introducción; presentación
introductory de introducción
introvert introvertido
INTRUDE (to) inmiscuirse, introducirse
intruder intruso
intrusion intrusión
intuition intuición
intuitive intuitivo
inundate (to) inundar
invade (to) invadir
invader invasor
invalid nulo; *s.*: inválido
invalidate (to) invalidar, anular
invalidity nulidad
invaluable inestimable
invariable invariable
invariably invariablemente
invasion invasión
invent (to) inventar
invention invención
inventor inventor
INVENTORY inventario
invert (to) invertir, transponer
INVEST (to) invertir, interesar, colocar
investigate (to) investigar, inquirir
investigation investigación
investment inversión
investor inversionista
invincible invencible
invisibility invisibilidad
invisible invisible
INVITATION invitación
invite (to) convidar, invitar
invoice factura
invoke (to) invocar
involuntary involuntario
involve (to) comprometer, implicar; enredar
involved complicado
invulnerable invulnerable
inward interior, interno
inwardly internamente
iodine yodo

Irish irlandés
irksome fastidioso
IRON hierro, fierro; plancha
  iron in the fire asunto entre manos
  wrought iron fierro forjado
  He has an iron will. Tiene una voluntad de
    hierro.
iron (to) planchar
ironical irónico
ironing planchado
  ironing board tabla de planchar
ironically irónicamente
irony ironía
irradiate (to) irradiar, iluminar
irrational irracional
irreducible irreducible, irreductible
irrefutable irrefutable
IRREGULAR irregular
irregularity irregularidad
irregularly irregularmente
irrelevant ajeno, inaplicable
irresolute irresoluto
irresolutely irresolutamente
irrespective of sin consideración a,
    irrespectivamente
irresponsible irresponsable
irreverent irreverente
irrevocable irrevocable
irrigate (to) regar, irrigar
irritate (to) irritar, exasperar
irritation irritación
irruption irrupción
ISLAND isla
isle isla
isolate (to) aislar, seperar
isolated solitario, retirado
ISSUE edición, tirada; asunto de que se trata
  Don't make an issue of it. No haga de eso
    una montaña.
  I want to buy the last issue of this
    magazine. Quiero comprar el último
    número de esta revista.
  What was the issue under discussion?
    ¿Cuál fué el asunto de la discusión?
issue (to) publicar; dar a luz; emitir
  The government issued some bonds. El
    gobierno emitió algunos bonos.
IT ello, él, ella; lo, la, le
  He said it. Lo dijo.
  I don't get it. No doy en ello.
  I have it. Lo (o la) tengo.
  Is it not so? ¿No es así?
  Isn't it so? ¿No es verdad?
  It is raining. Llueve.
  That's it. Eso es.
  What time is it? ¿Qué hora es?
Italian italiano
italic itálico
itch sarna; picazón
itch (to) picar
item ítem, artículo
itinerary itinerario, ruta
ITS su, sus; de él, de ella, de ello
  It has its advantages. Tiene sus ventajas.
  The dog broke its leash. El perro rompió
    su correa.

ITSELF sí, sí mismo; ello mismo
  by itself por sí
  It works by itself. Trabaja por sí solo.
ivory marfil
ivy hiedra

J

jack gato *(mec.);* sota *(baraja)*
jacket chaqueta; camisa; cubierta *(para un libro)*
jail cárcel
  jailbird malhechor
JAM compota, conserva; apuro; aprieto.
  a traffic jam un enredo de tránsito
  I am in a jam. Estoy en un aprieto.
janitor portero
JANUARY enero
Japanese japonés
jar jarro, tarro
jaw quijada
jealous celoso
jealousy celos
jellied gelatinoso
jelly jalea
jerk tirón, vibración
jerk (to) sacudir, traquetear
jest broma
jest (to) bromear
jester bufón
jet azabache
  jet black negro como el azabache
  jet plane avión a reacción
Jew judío
jewel joya, alhaja
jewelry joyería
jewelry store joyería
Jewish judío *(adj.)*
jigger medida
JOB tarea, empleo, trabajo
  He has a very good job. Tiene una buena colocación.
  What a job! ¡Qué trabajo!
JOIN (to) juntar, unir, ensamblar, añadir, asociar, afiliarse, ingresar en
  He joined a political party. Se afilió a un partido político.
  Why don't you join the party? ¿Por qué no te unes a la fiesta?
JOINT coyuntura, articulación, empalme, junta, juntura, ensambladura
  joint commission comisión mixta
  joint property propiedad indivisa
  joint responsibility responsabilidad solidaria
  joint-stock company compañía por acciones
JOKE broma
joke (to) bromear, embromar
joker burlón, bromista
jolly alegre, divertido, jovial
jostle (to) empellar, rempujar
jot pizca, ápice
journal diario, revista
journalism periodismo
journalist periodista

journey viaje
jovial jovial
JOY alegría, felicidad
joyful alegre, festivo
judge juez
judge (to) juzgar
judgment juicio
judicial judicial
judiciary judiciario, judicial
jug jarrita
JUICE jugo, zumo
  Please bring me an orange juice. Traígame un jugo de naranja, por favor.
juicy jugoso
JULY julio
jumbo colosal
jump salto, brinco
  at one jump de un salto
JUMP (to) saltar
  He always jumps to conclusions. Siempre llega a conclusiones con demasiada rapidez.
jumper saltador; blusa de obrero
junction junta, unión
JUNE junio
jungle maraña, jungla
JUNIOR más joven; hijo *(Jr.)*
  John Smith, Jr. Juan Smith, hijo
  junior high school escuela preparatoria
junk hierro viejo
juridical jurídico
jurisdiction jurisdicción
jurisprudence jurisprudencia
juror jurado *(individuo)*
jury jurado *(institución)*
JUST justo, legal
  It is not just. No es justo.
JUST justamente; exactamente; solamente; simplemente; no más que
  just as I came in en el mismo instante en que yo entraba
  just as I said exactamente como dije
  just now ahora mismo
  I just arrived. Acabo de llegar.
  I just wanted to say hello. Yo solamente quería decir buenos días.
  It is just two o'clock. Son las dos en punto.
  Just a moment! ¡Un momentito!
  Just as you please. Como Ud. guste.
  This is just what I want. Esto es exactamente lo que quiero.
justice justicia
justifiable justificable
justification justificación
justify (to) justificar
juvenile juvenil
  juvenile delinquency delincuencia juvenil
juxtaposition yuxtaposición

K

keel quilla
KEEN afilado; agudo; astuto
  He is very keen on seafood. Le gustan mucho los mariscos.

keenness agudeza, perspicacia
KEEP (to) guardar; tener; dirigir; repetir
  to keep away mantener alejado
  to keep back detener
  to keep from impedir; abstenerse
  to keep house cuidar de la casa
  to keep in mind recordar
  to keep late hours acostarse tarde
  to keep one's hands off no meterse en
  to keep one's word mantener la palabra
  to keep track of no perder de vista
  He keeps telling me the same thing.
    Continuó repitiéndome lo mismo.
  I cannot keep awake. No puedo
    mantenerme despierto.
  I can't keep up with you. No puedo
    seguirle.
  I kept on doing it. Continué haciéndolo.
  Keep after him. No lo sueltes.
  Keep out! ¡Entrada prohibida!
  Keep quiet! ¡Cállate!
  Please keep an eye on the baby. Por favor,
    vigile al niño.
  She keeps her house very clean. Tiene su
    casa muy limpia.
  She kept me company while I was
    waiting. Me hizo compañía mientras
    que esperaba.
  The bell kept ringing. El timbre siguió
    sonando.
keeper guardián
keeping cargo, custodia
keepsake regalo, recuerdo
kennel perrera
kernel almendra, pepita
kerosene kerosina
kettle marmita, caldera
kettledrum timbal
KEY llave; tecla *(mus.);* principal
  key rack taquilla
  key ring llavero
  These are the key ports. Estos son los
    puertos principales.
keyboard teclado
keyhole ojo de la cerradura
keynote nota tónica
kick puntapié, patada, coz
KICK (to) patear, cocear
  to kick out echar a puntapiés
KID cabrito; niño
  kidskin piel de cabrito
kidnap (to) plagiar, secuestrar
kidney riñón
KILL (to) matar
killer matador
kilo kilo
kin parentela
  the next of kin el pariente próximo
KIND clase, calidad
  a kind of una especie de, una clase de
  of the kind semejante
  two of a kind dos de la misma clase
  It's a kind of orange. Es una especie de
    naranja.
  There is nothing of the kind. No hay nada
    de eso.

  What kind of fruit is that? ¿Qué clase de
    fruta es esta?
KIND bueno, amable, bondadoso
  kind-hearted de buen corazón
  It is very kind of you. Es muy amable de
    Ud.
kindergarten jardín de niños
KINDLY bondadosamente
  He spoke very kindly of you. El habló
    amablemente de tí.
  Kindly do it. Tenga la bondad de hacerlo.
kindness bondad, favor
KING rey
  He lives like a king. Vive como un rey.
kingdom reino
kinsman pariente
kiosk kiosco
KISS beso
kiss (to) besar
kit equipo
  traveling kit estuche de viaje
  tool kit caja de herramientas
KITCHEN cocina
kitchenette cocina pequeña
kite cometa
  to fly a kite elevar una cometa
kitten gatito
knack talento, don
knead (to) amasar, sobrar
  to knead the dough amasar la masa
KNEE rodilla
  knee joint articulación de la rodilla
  to be on one's knees estar arrodillado
kneecap rodillera
kneel (to) arrodillarse
KNIFE cuchillo
  knife sharpener afilador
knight caballero
  knight errant caballero andante
knit (to) tejer
knitting trabajo de punto
  knitting needle aguja de medias
knob bulto, botón
  door knob llamador
knock golpe; llamada *(a la puerta),* choque
  We heard a knock at the door. Oímos una
    llamada en la puerta.
KNOCK (to) golpear, tocar, llamar *(a la*
    puerta)
  to knock down derribar
  to knock off some work *(fam.)* rebajar,
    ejecutar prontamente un trabajo
  He was knocked out. Quedó fuera de
    combate.
knot nudo
KNOW (to) saber, conocer
  to know better saber hacerlo mejor
  to make known dar a conocer
  very well known muy bien conocido
  Do you know him? ¿Le conoce?
  Do you know what? ¿Sabe Ud. una cosa?
  Do you know what happened? ¿Sabe lo
    que pasó?
  God knows! ¡Sabe Dios!
  How should I know? ¿Qué sé yo?
  I know it! ¡Ya lo sé!

Not that I know of. No que yo sepa.
Who knows? ¿Quién sabe?
knowledge conocimiento
  to my knowledge que yo sepa
  to the best of my knowledge según mi leal
    saber y entender
knuckle coyuntura, nudillo
  pigs' knuckles pata de puerco

L

label etiqueta, rótulo
label (to) clasificar
labor trabajo
  Labor Day fiesta del trabajo en los EE.UU.
    (el primer lunes de septiembre)
labor (to) trabajar
laboratory laboratorio
laborer jornalero, trabajador
laborious laborioso
lace encaje
lack falta, escasez, carencia, necesidad
lack (to) carecer, necesitar
ladder escalera, escalá
ladle cucharón
LADY señora; dama
  a lady doctor una doctora
  a lady friend una amiga
  ladies señoras
  ladies and gentlemen señoras y caballeros
  ladies' man mujeriego
  lady of the house dueña de la casa
ladylike delicado
lagoon laguna
lake lago
lamb cordero
  lamb chops chuletas de cordero
lame cojo, lisiado, defectuoso
  to be lame cojear
lameness cojera
lament (to) lamentar
lamentation lamento, lamentación
lamp lámpara
LAND tierra; terreno; país
  We'll go by land. Iremos por tierra.
land (to) desembarcar; aterrizar
landing desembarco, aterrizaje; meseta;
    descanso *(escalera)*
  The plane made a forced landing. El
    avión hizo un aterrizaje forzoso.
landlady propietaria; dueña, patrona
landlord propietario; dueño, patron, casero
landowner terrateniente
landscape paisaje
landslide derrumbe
lane senda, vereda
language lenguaje; idioma
languid lánguido
languish (to) languidecer
languor languidez
lantern farol, linterna
lap falda; piernas
  The baby is sitting on his mother's lap. El
    niño está sentado en las piernas de su
    madre.
lapel solapa

lapse lapso, curso, intervalo
  in the lapse of time con el transcurso del
    tiempo
larceny ratería, hurto
lard manteca de puerco, grasa
LARGE grande
  at large en libertad; suelto; en general; en
    conjunto
  on a large scale en grande
largely grandemente, liberalmente
lark alondra
larva larva
larynx laringe
lash látigo
LAST último, pasado
  at last al fin, al cabo, por fin
  last but not least último en orden pero no
    en importancia
  Last Judgment Juicio Final
  lastly al fin, finalmente, por último
  last night anoche
  last week la semana pasada
  last year el año pasado
  He was the last one to arrive. Fué el
    último en llegar.
last (to) durar
  How long does the picture last? ¿Cuánto
    tiempo dura la película?
lasting duradero, durable
latch aldaba, picaporte
LATE tarde; tardo, último, difunto
  late arrival recién llegado
  late in the year a fines de año
  of late recientemente
  the late president el presidente anterior
  to be late llegar tarde
  to grow late hacerse tarde
  Better late than never. Más vale tarde que
    nunca.
  How late? ¿Hasta qué hora?
lately recientemente; últimamente
  I have not seen him lately. No lo he visto
    recientemente.
lateness tardanza
LATER más tarde
  later on después
  sooner or later tarde o temprano
lateral lateral
LATEST último
  at the latest a más tardar
  latest style última moda
  What is the latest news? ¿Cuál es la última
    noticia?
lather espuma de jabón
Latin latino; latín *(idioma)*
latitude latitud
LATTER (the) éste, último
  the former and the latter éste y aquél
laudable laudable
LAUGH risa
LAUGH (to) reír
  to laugh out loud reír a carcajadas
  to laugh up one's sleeve reírse entre sí
  He burst out laughing. Se echó a reír.
  He makes me laugh. Me hace reír.
  Why are you laughing at her? ¿Por qué se
    rie de ella?

laughable risible, divertido
laughter risa
launch (to) echar al agua
launder (to) lavar y planchar la ropa
laundress lavandera
LAUNDRY lavandería; ropa lavada
  I have to send these clothes to the laundry. Tengo que mandar esta ropa a la lavandería.
  I have to take care of my laundry. Tengo que atender mi ropa.
laurel laurel
lavatory lavatorio
lavender lavanda
lavish pródigo, gastador
lavish (to) prodigar
lavishly prodigamente
LAW ley; jurisprudencia; derecho; código
  law school escuela de derecho
lawful legal, lícito
lawfully legalmente
lawless ilegal
lawn césped
  lawn mower cortadora de césped
lawsuit pleito
lawyer abogado
lax laxo, flojo
laxative laxativo
laxity laxitud
LAY (to) poner, colocar
  to lay aside poner a un lado
  to lay eggs poner huevos
  to lay hands on sentar la mano a
  to lay hold of asri, coger
  to lay off quitar al trabajo
  to lay the blame on echar la culpa a
layer capa
laying colocación, postura *(de huevos)*
layout plan, disposición, arreglo
lazily perezosamente
laziness pereza
lazy perezoso
lead plomo
lead primacía; dirección
  She played the lead in that play. Ella desempeñó el papel principal en esa obra.
LEAD (to) conducir, guiar, dirigir
  to lead astray descarriar
  to lead the way mostrar el camino
  to lead up to conducir a
  He is leading a new life. El lleva una vida nueva.
leader lider, caudillo, conductor
  He is a political leader. El es un lider político.
leadership dirección
leading principal, capital
  leading article editorial
  leading man cabecilla, jefe
LEAF hoja
leaflet hojilla
league liga, confederación
leak fuga, escape
leak (to) gotear, hacer agua
leakage escape, fuga

leaky llovedizo
lean flaco, magro
LEAN (to) inclinar, apoyarse
  to lean back retreparse, recostarse
  to lean over reclinarse
leaning inclinación, propensión, tendencia
leap salto, brinco
  leap year año bisiesto
leap (to) saltar, brincar
LEARN (to) aprender; enterarse de; tener noticia de; saber
  to learn by heart aprender de memoria
  I just learned about it today. No lo supe hasta hoy.
learned sabio; docto; erudito
learning saber, erudición
lease arriendo, contrato de arrendamiento
lease (to) arrendar, dar en arriendo
leash correa
LEAST mínimo, el mínimo, menos
  at least a lo menos, al menos
  least of all lo de menos
  not in the least de ninguna manera
  the least possible lo menos posible
  It's the least you can do. Es lo menos que puede Ud. hacer.
LEATHER cuero
LEAVE licencia, permiso, despedida
  leave of absence licencia
  He is on leave. Tiene licencia.
LEAVE (to) dejar, abandonar, salir, irse
  to leave behind dejar atrás
  to leave out in the cold dejar colgado
  to take leave despedirse
  He left his work undone. Dejó su trabajo sin terminarlo.
  Leave me in peace. Déjeme en paz.
  They left him in the lurch. Le dejaron plantado.
lecture conferencia; disertación; regaño
  to give a lecture dictar una conferencia
lecture (to) disertar, discutir
lecturer conferenciante
ledger libro mayor
leek puerro
LEFT izquierdo
  left hand mano izquierda
  left-handed zurdo
  on the left side al lado izquierdo
  to the left a la izquierda
  Turn left. Dé vuelta a la izquierda.
LEG pierna, pata
  on its legs en pie, firmemente
legacy legado, herencia
legal legal
legalize (to) legalizar
legally legalmente
legation legación
legend leyenda; letrero
legislation legislación
legislator legislador
legislature legislatura
legitimate legítimo
LEISURE ocio, holganza, comodidad
  at leisure despacio
  leisure hours horas libres

to be at leisure estar desocupado
leisurely despacio
lemon limón
lemonade limonada
LEND (to) prestar, dar prestado
  to lend a hand arrimar el hombro
  to lend an ear dar oídos; prestar atención
LENGTH largo, longitud, duración de tiempo
  at length al fin, finalmente
  at full length a lo largo, a todo lo largo
lengthen (to) alargar, estirar, prolongar
lengthwise a lo largo
lenient indulgente
Lent cuaresma
lentil lenteja
LESS menos; menor; inferior
  less and less de menos en menos
  more or less más o menos
  He is less interesting than his brother. El es menos interesante que su hermano.
lessen (to) reducir, disminuir, rebajar
LESSON lección
LET (to) dejar, permitir; arrendar, alquilar. *(Se usa también como auxiliar para formar el subjuntivo imperativo.)*
  to let go soltar
  House to let. Casa para alquilar.
  I let it go at that. Lo dejo pasar.
  I'll let you know. Le avisaré.
  Let her go. Que se vaya.
  Let me alone! ¡Déjame en paz!
  Let me in. Déjeme entrar.
  Let's see. Veamos.
  Let them stay! ¡Que se queden!
  Let us go. (Let's go.) Vamos.
LETTER carta; letra
  letterbox buzón
  letter of credit carta de crédito
  registered letter carta registrada
  special-delivery letter carta por entrega especial
letterhead membrete
lettuce lechuga
LEVEL plano, llano; igual, parejo nivelado, allanado; nivel
  level crossing paso a nivel
  to be on the level jugar limpio
level (to) nivelar; planear
lever palanca; manecilla
lewd lujurioso, lascivo
lexicon léxico
liability riesgo, responsabilidad
LIABLE sujeto, expuesto a; propenso a, capaz de
liberal liberal
  liberal arts artes liberales
liberate (to) libertar, librar
liberation liberación
liberty libertad
librarian bibliotecario
library biblioteca
LICENSE licencia, permiso
  driving license licencia de manejar
licensee persona que tiene licencia
licit lícito
lick (to) lamer

licorice regaliz
lid tapa, tapadera
lie mentira
LIE (to) mentir; reposar, acostarse, echarse
  He is lying down. Está acostado.
  He lied to her. Le mintió.
lieutenant teniente
LIFE vida
  lifeboat bote salvavidas
  life insurance seguro sobre la vida
  lifesaver salvavidas
  life sentence sentencia de prisión perpetua
  I never heard of such a thing in my life. En mi vida no he oído tal cosa.
lifelong de toda la vida
lifetime curso de la vida, toda la vida
lift acción de levantar
LIFT (to) alzar, levantar
  to lift up alzar
LIGHT luz; claridad
  electric light luz eléctrica
  in the light of a la luz de
  in this light desde este punto de vista
  Put the light on. Encienda la luz.
  Turn the light off. Apague la luz.
  The lights went out. Se apagaron las luces.
LIGHT liviano, ligero; claro
  light complexion tez blanca
  light-headed ligero de cascos
  light reading lectura amena
light (to) encender, alumbrar, iluminar
  to light the fire encender el fuego
lighten (to) aligerar, quitar peso; iluminar, alumbrar; relampaguear
lighter encendedor
lighthouse faro
lighting alumbrado, iluminación
lightly ligeramente, levemente
lightness ligereza
lightning relámpago, rayo
  lightning rod parrayos
lightweight de poco peso
LIKE parecido, semejante, igual, equivalente
  in like manner del mismo modo
  to be like ser semejante
  I have never seen anything like it. Nunca he visto nada como eso.
  She is not like her sister. Ella no es como su hermana.
LIKE (to) querer, gustar, agradar
  to like someone tener simpatía por
  As you like. Como Ud. quiera.
  Do you like it? ¿Le gusta?
  I'd like some ice cream. Quisiera helado.
  I don't like it. No me gusta.
  I like it. Me gusta.
  I like red wine better than white wine. Me gusta el vino tinto más que el vino blanco.
  She does not like me. Ella no me quiere.
  This is what I like best. Esto es lo que me gusta más.
  What would you like to eat? ¿Qué le gustaría a Ud. comer?
likely probable; probablemente
  He is likely to make an error. Es propenso de equivocarse.

likeness semejanza, igualdad
likewise igualmente, asimismo
LIKING afición, gusto, simpatía
   to your liking a su gusto
lilac lila
lily lirio
Lima bean haba
limb miembro; piernas
lime limón; cal
limelight luz de calcio
limit límite
limit (to) limitar; restringir
limitation limitación
limited limitado; restricto
   Jones Company Ltd. Jones, compañía de responsabilidad limitada
limp débil, blando; *s:* cojera
limp (to) cojear
limpid límpido
LINE línea
   What's your line? ¿Cuál es su profesión?
line (to) rayar, trazar líneas
   to line up alinear, alinearse
LINEN tela de hilo; ropa blanca
   linen goods géneros de lino
linger (to) demorarse, dilatarse
lingerie ropa blanca
lingual lingual
lining forro
link eslabón; enlace
link (to) unir, enlazar, eslabonar, encadenar
lion león
lip labio
lipstick lápiz para los labios
liquid líquido
liquor licor
lisp (to) cecear, balbucear
LIST lista
   list price precio de tarifa
list (to) registrar, poner en lista
LISTEN (to) escuchar
   to listen in escuchar a hurtadillas
   He likes to listen to the radio. Le gusta escuchar el radio.
   Listen to me. Escúcheme.
listener escuchador, oyente
literal literal, al pie de la letra
literally literalmente
literary literario
literature literatura
litter litera
LITTLE pequeño, poco, insignificante
   a little un poco, un poquito
   a little child un muchachito
   a little dog un perrito
   a little while ago hace poco
   little boy chico, chiquillo
   little by little poco a poco
   little finger dedo meñique
   little girl chica, chiquilla
   very little muy poco
   He knows a little about everything. Sabe un poco de todo.
live vivo, viviente
   live bait carnada viva
   livestock ganado

live wire alambre cargado
LIVE (to) vivir, pasar, subsistir
   to live from hand to mouth vivir al día
   to live up to one's promise cumplir lo prometido
   He lives on milk. Se alimenta de leche.
livelihood vida
liveliness vivacidad, animación
livelong todo, entero
lively vivo, vivaz, animado
liver hígado
LIVING vida, mantenimiento
   living language lengua viva
   living room salón, estancia
   the cost of living el precio de la vida
   the living los vivos
   to make a living ganarse la vida
   I am making a living by writing. Escribo para ganarme la vida.
lizard lagarto
LOAD carga
   I had quite a heavy load to carry. Tuve que llevar una carga muy pesada.
load (to) cargar, recargar
loaf pan, panecillo
   loaf of bread hogaza de pan
loaf (to) holgazanear
loafer flojo, holgazán
loan préstamo; prestación
loathe (to) detestar, abominar
loathsome repugnante
lobby paso, pasillo, vestíbulo
lobster langosta
local local; regional
   local train tren de servicio ordinario
locate (to) situar, colocar
   I cannot locate him. No puedo localizarlo.
located situado
LOCATION sitio, localidad, situación, posición
   This house has a very good location. Esta casa está muy bien situada.
lock cerradura; esclusa; bucle
LOCK (to) cerrar con llave
   to lock up encarcelar
   I locked myself out. Se me cerró la puerta.
   She locked me in by mistake. Ella me encerró por equivocación.
locker cajón, gaveta
locket relicario
locomotive locomotora
locust langosta
lodge (to) alojar, hospedar, colocar
lodging posada, hospedería
lofty elevado, eminente, excelso
log leño, palo, tronco
   logbook diario de navegación
   log cabin cabaña
logic lógica
logical lógico
lone solitario, solo
loneliness soledad
LONESOME, LONELY solitario, triste
LONG largo
   all day long todo el santo día
   a long-distance phone call una conferencia a larga distancia

a long time ago hace mucho tiempo
It's five inches long. Tiene cinco pulgadas de largo.
LONG a gran distancia; mucho; mucho tiempo
as long as mientras
long ago mucho tiempo ha
not long ago no hace mucho
not long before I left poco antes de irme
How long ago? ¿Cuánto tiempo hace?
How long are you going to remain here? ¿Cuánto tiempo se va a quedar aquí?
How long is it since you last saw him? ¿Cuánto hace que no lo ha visto?
long for (to) anhelar, suspirar por
longer más largo; más tiempo
How much longer do you plan to stay? ¿Cuánto tiempo más piensas estar?
I no longer work. Ya no trabajo.
longevity longevidad
longhand escritura corrida
longing anhelo
longitude longitud
LOOK cara, aspecto; mirada, ojeada
LOOK (to) ver, mirar, examinar
good looking guapo
to look after cuidar
to look alike parecerse
to look for buscar, esperar
to look forward to esperar
to look into examinar, estudiar
to look over repasar, revisar
He did not dare look me in the face. No se atrevió a mirarme a la cara.
He looked down upon his in-laws. Despreció a sus parientes políticos.
I have to look up a word in the dictionary. Tengo que buscar una palabra en el diccionario.
It looks like snow. Parece que va a nevar.
Look! ¡Mire!
Look in the mirror! ¡Mírate al espejo!
Look out! ¡Cuidado!
Please look me up when you come to New York. Por favor, no dejes de ponerte en contacto conmigo cuando vengas a Nueva York.
looking glass espejo
lookout vigía, vigilancia
to be on the lookout estar a la mira
loom (to) telar
loop gaza, lazo, vuelta
loophole abertura
loose suelto, desatado
to turn loose dar rienda suelta
The boy is running loose. Este muchacho anda suelto.
loosen (to) desatar, soltar
lord señor, amo
the Lord el Señor
LOSE (to) perder
to lose heart desanimarse
to lose one's speech perder el habla
Don't lose sight of him. No lo pierdas de vista.

He lost his temper once more. Se encolerizó de nuevo.
He nearly lost his life. Estuvo a punto de perder la vida.
He's lost his mind. Ha perdido la razón.
I don't have any time to lose. No tengo tiempo que perder.
We lost track of her. La perdimos de vista.
loss pérdida
She is at a loss. No sabe que hacer.
lot lote, terreno
LOT (a) mucho
He has a lot of money. Tiene mucho dinero.
I have a lot to do. Tengo mucho que hacer.
lotion loción
lottery lotería
LOUD ruidoso, fuerte, alto
a loud laugh risotada
He spoke in a very loud voice. Habló en voz muy alta.
This is a very loud color. Es un color muy fuerte.
lounge vestíbulo, tocador
louse (*pl:* lice) piojo, cáncano
lousy piojoso, miserable
lovable digno de ser amado, amable, afectuoso
LOVE amor, cariño
love affair intriga amorosa
love-making galanteo
He is madly in love with her. Está locamente enamorado de ella.
LOVE (to) amar, querer
I love you. Te quiero. Te amo.
loveliness encanto
lovely encantador, precioso, hermoso
lover amante, aficionado
He is a music lover. Es un amante de música.
loving afectuoso, cariñoso
LOW bajo, de poca altura
low spirits abatimiento
lower más bajo, inferior
the lower classes (of society) la clase baja (de la sociedad)
Speak a little lower, please. Hable un poco más bajo, por favor.
lower (to) bajar, rebajar, arriar *(bandera)*; abatir
You'll have to lower your prices. Tendrá que rebajar sus precios.
loyal leal, fiel
loyalty lealtad, fidelidad
lubricate (to) lubricar
LUCK suerte, fortuna
bad luck mala suerte
good luck buena suerte
He has no luck. No tiene suerte.
luckily afortunadamente
LUCKY afortunado
She is very lucky. Tiene mucha suerte.
luggage equipaje
lukewarm tibio, templado
lull (to) arrullar, adormecer

She lulled the baby to sleep. Adormeció al niño.
lullaby arrullo
lumber madera aserrada
lumberyard maderería
luminous luminoso
lump masa, bulto; terrón
  a lump of sugar un terrón de azúcar
lunatic loco
LUNCH, luncheon almuerzo
  Have you had your lunch? ¿Ha almorzado Ud. ya?
lunch (to) almorzar
lung pulmón
lurch sacudida
lure (to) inducir
lust lujuria
luxe lujo
  de luxe lujoso
luxurious lujurioso
luxury lujo
  He lives in luxury. Vive en el lujo.

M

macaroni macarrones
macaroon almendrado
macerate (to) macerar
machine máquina
machinery maquinaria
machinist maquinista
mackerel escombro
MAD loco
  to go mad volverse loco
madam señora
MADE hecho, fabricado
  made-up artificial
  homemade hecho en casa
madness locura
Madrilenian madrileño
magazine revista
magic mágico; magia
magician mago, mágico
magistrate magistrado
magnanimous magnánimo
magnet imán
magnetic magnético
magnificent magnífico
magnify (to) aumentar
  magnifying glass lupa
mahogany caoba
MAID doncella; criada
  maid of honor dama de honor
maiden virginal; s: virgen
  maiden name apellido de soltera
MAIL correo; correspondencia
  by air mail por correo aéreo
  by return mail a vuelta de correo
  What time does the mail leave? ¿A qué hora sale el correo?
mail (to) echar al correo; enviar por correo
  Have you mailed my letter? ¿Ha echado Ud. mi carta al correo?
mailbox buzón
mailman cartero
MAIN principal, esencial, mayor

the main floor la planta baja
the main issue la cuestión principal
the main office la casa matriz
the main point el punto esencial
the main street la calle mayor
mainly principalmente; sobre todo
maintain (to) mantener; sostener; conservar
maintenance mantenimiento; conservación, entretenimiento, reparación
majestic majestuoso
majesty majestad
major comandante
MAJOR mayor, más importante, principal
majority mayoría
make hechura; forma, figura; fábrica
  What make is this car? ¿De qué marca es este coche?
MAKE (to) hacer, fabricar, producir; ocasionar; constituir; dar
  to make a good salary ganar un buen sueldo
  to make a hit producir sensación
  to make a living ganarse la vida
  to make a mistake equivocarse
  to make a stop detenerse
  to make both ends meet vivir con lo que gana
  to make friends granjearse amigos, hacer amigos
  to make fun of burlarse de
  to make happy poner alegre
  to make haste apurarse
  to make headway adelantar
  to make into convertir
  to make known dar a conocer
  to make one's way avanzar
  to make possible hacer posible
  to make ready preparar
  to make room hacer lugar
  to make sad poner triste
  to make tired cansar
  to make use of hacer uso de
  Don't make it hard for me. No me cause tanto trabajo.
  He made the best of it. Sacó el mejor partido de ello.
  I cannot make it out. No puedo comprenderlo.
  I cannot make up my mind. No puedo decidirme.
  It makes no difference to me. No me importa.
  She made a fool of him. Lo puso en ridículo.
  They made up. Se reconciliaron.
make-believe (to) fingir
maker fabricante
make-up cosmético
male macho, varón
malediction maldición
malice malicia
malicious malicioso
malignant maligno, perverso
malt malta
MAN hombre
  an honest man un hombre de bien

a statesman un hombre de estado, un
   estadista
man and wife marido y mujer
young man joven
He's a man of the world. Es hombre de
   mundo.
MANAGE (to) administrar; gestionar;
   arreglar
   Can you manage? ¿Puede arreglárselas?
management administración, dirección
manager administrador; director; gerente
mandate mandato; encargo
mane crin, melena
maneuver maniobra
manger pesebre
mangle (to) mutilar
manhood naturaleza humana
mania manía
maniac loco (s.)
manicure manicuro
manicurist manicurista, manicura
manifest manifiesto, proclama
manifest (to) manifestar
manifold múltiple, vario
manipulate (to) manipular
mankind humanidad
manly varonil
mannequin maniquí
MANNER manera, modo
   after this manner de este modo
   in a manner de cierto modo
   He has no manners. No tiene buenos
      modales.
manor fuedo; hacienda
mansion mansión
manual manual
   manual work trabajo manual
manufacture fabricación, manufactura
manufacture (to) manufacturar, fabricar
manufacturer fabricante
manure abono (para agricultura)
manuscript manuscrito
MANY muchos, muchas
   a great many muchísimos
   as many otros tantos
   as many as tantos como
   many-sided variado
   many things muchas cosas
   many times muchas veces
   How many? ¿Cuántos?
map mapa, carta geográfica
maple maple
marble mármol; bola (de mármol o vidrio
   para jugar)
MARCH marzo
march marcha
march (to) marchar, desfilar
   to march up avanzar
mare yegua
margarine margarina
margin margen, orilla
marginal marginal
marine marino
maritime marítimo
MARK marca, seña, señal
mark (to) señalar, marcar

The price has been marked down. El
   precio fué rebajado.
MARKET mercado
   market price precio corriente
   There is an open market for these goods.
      Hay mercado libre para estos artículos.
marketing compra o venta en el mercado
marquis marqués
MARRIAGE matrimonio
   marriage license licencia de matrimonio
married casado
   married couple matrimonio
   to get married casarse
marrow médula, meollo
MARRY (to) casar, casarse
   She married a foreigner. Se casó con un
      extranjero.
   The judge married them. El juez los unió
      en matrimonio.
marsh pantano
marshal mariscal
martial marcial
martyr mártir
marvel maravilla, prodigio
marvel at (to) admirarse
marvelous maravilloso
masculine masculino
mask máscara
   masked ball baile de máscaras
Mass misa
mass montón, bulto
   mass production producción en serie
massage masaje
massage (to) sobar, dar masaje
massive macizo, sólido
mast mástil
master amo, dueño; principal
   master copy original
   master key llave maestra
   Master of Arts (M.A.) maestro en
      humanidades
masterpiece, masterwork obra maestra
MATCH fósforo, cerilla; partida, compañero,
   pareja, alianza
   matchbox fosforera
   This is a good match. Este es un buen
      partido.
match (to) hacer juego; casar
   I want a bag to match my shoes. Quiero
      una bolsa que haga juego con mis
      zapatos.
matchless incomparable
mate consorte, compañero
material material, tela
materialist materialista
materialize (to) materializar
materially materialmente
maternal materno
maternity maternidad
   maternity hospital casa de maternidad
mathematics matemáticas
matinée matiné, función de tarde
matron matrona, ama de llaves, directora
MATTER materia; cosa; asunto; cuestión
   a matter of course cosa natural
   an important matter un asunto importante

as a matter of fact en realidad
I need more information on the matter.
   Necesito más información sobre el
   asunto.
It's no laughing matter. No es cosa de
   risa.
Nothing's the matter. No es nada.
What's the matter? ¿Qué pasa?
What's the matter with you? ¿Qué tiene
   Ud.?
matter (to) importar
   It doesn't matter. No importa.
mattress colchón
mature maduro
   He is a mature person. Es una persona
   madura.
mature (to) madurar
maturity madurez
mawkish asqueroso
maxim máxima
maximum máximo
MAY mayo
   May day primero de mayo
MAY poder, ser posible
   Be that as it may. Suceda lo que suceda.
   If I may say so. Si me es lícito decirlo.
   I may go to the party. Es posible que vaya
   a la fiesta.
   It may be. Puede ser.
   It may be true. Podrá ser verdad.
   May I? ¿Me permite Ud.?
   May I come in? ¿Puedo entrar?
maybe tal vez
mayonnaise mayonesa
mayor alcalde
maze laberinto
ME me, mí
   Come with me. Venga conmigo.
   Do it for me. Hágalo por mí.
   Do me the favor. Hágame el favor.
   He came to see me. Vino a verme.
   It makes no difference to me. Me es
   indiferente.
   You're telling me! ¡Me lo cuenta a mí!
meadow prado, pradera
meager magro, flaco
meal comida
mean humilde; bajo; vil; despreciable;
   perverso
mean (to) querer decir; significar; dar a
   entender
   He means well. Tiene buenas intenciones.
   What do you mean? ¿Qué quiere Ud.
   decir?
meaning intención, sentido
   What's the meaning of that? ¿Qué
   significa eso?
meaningless sin sentido
MEANS medio; medios; recursos
   by all means absolutamente
   by no means de ningún modo
   by some means de alguna manera
   by this means por este medio
meantime, meanwhile entretanto
   in the meantime mientras tanto
measles sarampión

measurable mensurable
MEASURE medida
   beyond measure sin medida
   in some measure en cierto modo
   standard measure medida patrón
   to take measures tomar las medidas
   necesarias
measure (to) medir
   to measure up to ponerse a la altura de
measurement medida
   The dressmaker took her measurements.
   La costurera tomó sus medidas.
MEAT carne; vianda
   meat ball albóndiga
   meat market carnicería
mechanic mecánico (obrero)
mechanical mecánico
mechanically mecánicamente
mechanism mecanismo
medal medalla
meddle (to) entremeterse
mediate (to) mediar, intervenir
medical médico (adj.)
MEDICINE medicina, remedio
medieval medioeval
mediocrity mediocridad
meditate (to) meditar
meditation meditación
medium mediano, medio
   medium-sized de tamaño mediano
   I would like my steak medium-rare.
   Quisiera mi biftec medio cocido.
medley mezcla
meek manso
MEET (to) encontrar, encontrarse, conocer;
   pagar; hacer frente a; reunirse;
   combatir
   to go to meet salir al encuentro; ir a recibir
   to meet expenses hacer frente a los gastos
   to meet halfway encontrarse a medio
   camino
   to meet with encontrarse con
   Glad to meet you. Me alegro de conocerle.
   I hope to meet you again. Espero tener el
   gusto de verle otra vez.
   Till we meet again. Hasta otro día.
meeting mitin; reunión
melancholy melancolía; melancólico
mellow maduro; suave; meloso
melody melodía
melon melón
MELT (to) derretir; disolver; fundir
member miembro
membership calidad de miembro, socio
membrane membrana
memoir memoria
memorable memorable
memorandum (memo) memorándum
   memo(randum) book memorándum
memorial conmemorativo
   Memorial Day 30 de mayo, día de los
   veteranos del ejército en los EE.UU.
memorize (to) aprender de memoria, recordar
memory memoria, recuerdo
menace amenaza
MEND (to) remendar; componer; enmendar;
   corregir

mental mental
mentality mentalidad
mentally mentalmente
mention (to) mencionar
  Don't mention it. No hay de qué.
menu menú, lista de platos
mercantile mercantil
mercenary mercenario
merchandise mercancía
merchant comerciante
merciful misericordioso
merciless despiadado
mercury mercurio
mercy misericordia
  at the mercy of a la merced de
MERE puro; mero, mera
  by mere chance por pura casualidad
  He is a mere child. Es un mero niño.
merely solamente, simplemente
merge (to) unir, fundir
meridian meridiano, meridiana
merit mérito
merit (to) merecer
meritorious meritorio
mermaid sirena *(pez)*
MERRY alegre, feliz, festivo
  merry-go-round tiovivo
  Merry Christmas! ¡Feliz Navidad!
mess cantina de oficiales; confusión; lío
  What a mess! ¡Qué lío!
message mensaje, recado
  May I leave a message? ¿Podría dejar un
    recado?
messenger mensajero
messy desordenado
metal metal
metallic metálico
meter metro; medido, contador
  gas meter contador de gas
method método
methodical metódico
methodically metódicamente
metric métrico
  metric system sistema métrico
Mexican mexicano
mezzanine entresuelo
microscope microscopio
mid medio
MIDDAY mediodía
MIDDLE medio; centro; intermedio
  about the middle of August a mediados de
    agosto
  in the middle en el centro
  middle-aged entrado en años
  Middle Ages Edad Media
  middle class clase media
  middle-sized de mediana estatura
midget enanillo
midnight medianoche
midshipman guardiamarina
midst medio, centro, rigor, fragor
  in our midst en medio de nosotros
  in the midst of en medio de
midstream el medio de una corriente

midsummer solsticio de verano
midway medio camino; en medio del camino
midwife partera
might poder, fuerza
mighty fuerte, potente
migrate (to) emigrar
MILD suave; moderado, leve, ligero;
    apacible, manso
mildew añublo, moho
mile milla
mileage mileaje, longitud en millas
military militar
MILK leche
  milk diet régimen lácteo
  milk tooth diente de leche
milkman lechero
milky lácteo
mill molino; fábrica
miller molinero
millinery sombrería
million millón
millionaire millonario
millstone muela
mimic mimo
mimic (to) remedar, imitar
mince (to) picar
  mincemeat carne picada
  mince pie pastel relleno de frutas y especias
MIND mente, entendimiento, pensamiento
  of one mind unánimes
  to have in mind pensar en; tener presente
  to have on one's mind tener en la mente
  I'll keep it in mind. Lo recordaré.
MIND (to) atender; tener cuidado
  I don't mind. Me es igual.
  Never mind. No importa.
mine mina
MINE mío(s), mía(s); el mío, la mía; los
    míos, las mías
  a friend of mine un amigo mío
  your friends and mine sus amigos y los
    míos
  This book is mine. Este libro es mío.
miner minero
mineral mineral
mingle (to) mezclar
miniature miniatura
minimize (to) reducir al mínimo
minimum mínimo
  at the minimum lo menos, el mínimum
mining minería
minister ministro
ministry ministerio
mink visón
minor menor; secundario
minority minoría
minstrel trovador, cantor
mint menta
minuet minué
minus menos
minute minuto
  any minute de un momento a otro
  minute hand minutero
  Just a minute, please. Un minuto, por
    favor.
  Wait a minute! ¡Aguarde un momento!

minutes minuta
miracle milagro
miraculous milagroso
MIRROR espejo
mirth júbilo, alegría
mirthful alegre
misbehave (to) portarse mal
misbehavior mal comportamiento
misbelief error; incredulidad
miscellaneous misceláneo
mischief mal, daño, agravio
mischievous travieso
misconception mala equivocación
miser avaro
miserable miserable, infeliz
misery miseria
MISFORTUNE desgracia
mishap contratiempo
misinterpret (to) interpretar mal
mislead (to) despistar
misplace (to) colocar mal
misprint errata, error de imprenta
mispronounce (to) pronunciar mal
misrepresent (to) desfigurar
MISS señorita
MISS echar de menos; perder; errar;
     extrañar
   to miss one's mark errar el blanco
   to miss the point no comprender el
     verdadero sentido
missing extraviado
   to be missing faltar
mission misión
missionary misionero
missive misiva
misspell (to) deletrear mal
mist niebla, neblina
MISTAKE equivocación, error, errata
   to make a mistake equivocarse
MISTAKE (to) equivocar, errar
   I am mistaken. Estoy equivocado.
MISTER (Mr.) señor
mistletoe muérdago
mistress señora; querida
mistrust desconfianza
mistrust (to) desconfiar
misunderstand (to) entender mal
misunderstanding concepto falso;
     equivocación; malentendido
misuse (to) maltratar
mitten mitón
MIX (to) mezclar; confundir
   I am all mixed up. Estoy confundido.
mixer mezclador
mixture mexcla, mixtura
moan quejido, gemido
moan (to) gemir, lamentarse
mob chusma, multitud
mobile movible
mobilize (to) mobilizar
mobilization movilización
mock ficticio, falso, imitado
mock (to) burlar
mockery burla
mode modo, manera
model modelo, muestra

model (to) modelar
moderate moderado, quieto, tranquilo
moderate (to) moderar; reprimir; templar;
     modificar
moderately moderadamente; módicamente
moderation moderación
moderator moderador, árbitro
MODERN moderno
   modern languages lenguas vivas
modernize (to) modernizar
modest modesto
modesty modestia
modify (to) modificar
moist húmedo, mojado
moisten (to) humedecer
moisture humedad
mold molde; matriz; modelo
mold (to) moldear
molding moldura
mole dique
MOMENT momento
   at any moment al momento
   for the moment por el momento
   I saw him a moment ago. Lo ví hace un
     momento.
   Just a moment! ¡Un momento!
momentarily momentáneamente
momentous trascendental, importante
monarch monarca
monarchy monarquía
monastery monasterio
MONDAY lunes
monetary monetario
MONEY dinero, moneda
   money order libranza postal
   He is short of money. Anda mal de dinero.
   I got my money's worth out of it. Le
     saqué provecho a mi dinero.
monk monje
monkey mono
monologue monólogo
monopoly monopolio
monosyllable monosílabo
monotonous monótono
monotony monotonía
monster monstruo
monstrous monstruoso, grotesco
MONTH mes
   last month el mes pasado
   next month el mes que viene
   What day of the month is it? ¿Qué día del
     mes es hoy?
monthly mensual
monument monumento
monumental monumental
MOOD disposición de ánimo; humor
   in a bad mood de mal humor
   I am not in the mood to go out. No tengo
     ganas de salir.
moody caprichoso
MOON luna
moonlight luz de la luna
moor páramo
moor (to) amarrar
mooring amarra
mop frazada (para limpiar el suelo)

mop (to) fregar
moral moral, ético
morale moral, estado de ánimo
morals conducta, moralidad, ética
morbid morboso
MORE más
  more or less más o menos
  no more no más
  once more una vez más
  the more . . . the better cuanto más . . .
    tanto mejor
  I don't have any more. No tengo más.
  Would you like some more coffee?
    ¿Quiere Ud. más café?
moreover además
MORNING mañana
  tomorrow morning mañana por la mañana
  Good morning! ¡Buenos días!
morsel bocado
mortal mortal; ser humano
mortality mortalidad
mortally mortalmente
mortar mortero
mortgage hipoteca
mortification mortificación
mortify (to) mortificar
mortuary mortuorio, funerario
mosquito mosquito, mosco
moss musgo
mossy musgoso
MOST lo más, los más; el mayor número; la
    mayor parte
  at most a lo más
  for the most part generalmente, en su
    mayor parte
  most of the time las más de las veces
  most of us casi todos nosotros
mostly principalmente
moth polilla
  moth ball bola de naftalina
  moth-eaten apolillado
MOTHER madre
  mother-of-pearl nácar
  mother tongue lengua madre
motherhood maternidad
mother-in-law suegra
motherly maternal, materno
motion movimiento, moción
motive motivo, motriz
MOTOR motor
motorcycle motocicleta
motto mote
MOUNT monte; montaje, soporte; trípode
mount (to) montar
  to mount guard montar la guardia
mountain montaña
  mountain chain sierra; cadena de montañas
mountainous montañoso
mourn (to) lamentar
mournful triste, fúnebre
mourning lamento
  in mourning de luto
mouse ratón
mousetrap ratonera
mouth boca
mouthful bocado

movable móvil, movible
MOVE (to) mover, moverse, mudar de casa,
    mudarse, trasladar, poner en otro sitio
  She was moved to tears. Ella se conmovió
    hasta las lágrimas.
  They moved to the East Side. Se mudaron
    en el lado este.
movement movimiento; maniobra; evolución
mover movedor
movies cine
moving conmovedor; mudanza
mow (to) segar
Mr. señor
Mrs. señora
MUCH mucho
  as much tanto
  as much . . . as tanto . . . como
  much the same casi lo mismo
  this much more esto más
  too much demasiado
  He has so much work. Tiene tanto trabajo.
  He is very much a businessman. Es todo
    un hombre de negocios.
  How much? ¿Cuánto?
  Thank you very much. Muchísimas
    gracias.
  This is much more important. Esto es
    mucho más importante.
mud barro, fango, lodo
muddy turbio
muffin panecillo
muffled sordo
  a muffled noise un ruido sordo
muggy húmedo
mule mulo, mula
multiple múltiple
multiplication multiplicación
multiply (to) multiplicar, multiplicarse
mumble (to) gruñir; refunfuñar
mumps paperas
municipal municipal
munitions municiones
mural mural
murder asesinato, homicidio
  first degree murder homicidio
    premeditado
murder (to) asesinar
murderer asesino
murmur murmuración
murmur (to) murmurar
muscle músculo
muscular muscular
museum museo
mushroom seta, hongo
music música
musical musical, músico
musically musicalmente
musician músico
muslin muselina
mussel mejillón
MUST tener que; haber que; deber
  I must confess. Debo reconocer.
  I must go. Tengo que irme.
  It must be. Debe ser.
  It must be late. Debe de ser tarde.
mustache bigote, mostacho

mustard mostaza
mute mudo
mutilate (to) mutilar
mutiny insubordinación
mutton carnero
mutual mutuo
mutually mutuamente
MY mi, mis
  my books mis libros
MYSELF yo mismo(a); me, a mí, mí mismo(a)
  I saw it myself. Yo mismo lo ví.
mysterious misterioso
mystery misterio
myth mito, fábula

N

nail uña; clavo
nail (to) clavar
nailbrush cepillo para las uñas
naïve ingenuo, cándido
naked desnudo
NAME nombre, título
  by the name of llamado
  name day día del santo
  surname apellido
name (to) nombrar; designar
nameless anónimo
namely es decir; a saber
nap siesta
nape nuca
napkin servilleta
narcotic narcótico
narrate (to) narrar
narration narración
narrative relato
NARROW estrecho; angosto
  narrow escape escapada
  narrow-minded apocado
narrow (to) estrechar, reducir
nasal nasal
nastily puercamente
nasty sucio; ofensivo
NATION nación
national nacional
nationality nacionalidad
nationalization nacionalización
nationalize (to) nacionalizar
nationally nacionalmente
native nativo; oriundo
  native country país natal
NATURAL natural, nativo
  natural history historia natural
  That's very natural. Eso es muy natural.
naturalize (to) naturalizar
naturalization naturalización
naturally naturalmente
nature naturaleza, natural
  good nature buen humor
  good-natured man bonachón
naughty perverso, desobediente
nausea náusea
nautical náutico
naval naval
  naval officer oficial de marina

navel ombligo
navigable navegable
navigator navegante
navy armada; marina de guerra
NEAR cerca de; cerca
  near here por aquí cerca
  It's quite near. Está muy cerca.
nearby cerca; a la mano
nearer más cerca
nearest lo más cerca
nearly casí, cerca de
nearsighted miope
NEAT esmerado, pulcro, limpio, nítido
  She is always very neat. Ella está siempre muy pulcra.
neatly nítidamente
neatness aseo, pulcritud
necessarily necesariamente, forzosamente
necessary necesario
  to be necessary hacer falta; ser necesario
necessitate (to) necesitar
necessity necesidad
  of necessity por necesidad
neck cuello, garganta, pescuezo
  neck and neck parejos *(en una carrera)*
necklace collar, gargantilla
necktie corbata
NEED (to) hacer falta; necesitar
  to be in need estar necesitado
  to be in need of tener necesidad de
  He need not go. No es necesario que él vaya.
  It need not be done. No hay que hacerlo.
needful necesario
needle aguja
  needle point punta de aguja
needlework costura
negative negativo; negativa
  He gave me a negative answer. Me dió una respuesta negativa.
neglect descuido, negligencia
neglect (to) descuidar
negligee bata
negligent negligente
negotiate (to) negociar, cambiar, agenciar
Negro negro
NEIGHBOR vecino
  next-door neighbor vecino de al lado
NEITHER ni; ningún; ninguno de los dos; ninguno
  neither he nor she ni él ni ella
  neither . . . nor ni . . . ni
  neither one ni el uno ni el otro
  neither this one nor that one ni uno ni otro
  Neither will I do it. Yo tampoco lo haré.
nephew sobrino
nerve nervio; vigor, audaz
  He had the nerve to tell it to me. Tuvo la audacia de decírmelo.
nervous nervioso
  nervous system sistema nervioso
nervously nerviosamente
nest nido
nestle (to) abrigar
net red, malla; neto, limpio
  net produce producto neto

net profit beneficio líquido
net weight peso neto
etwork sistema
radio network sistema radiodifusor
eurasthenic neurasténico
eurotic neurótico
euter neutro
eutral neutral, neutro; indiferente
eutrality neutralidad
EVER nunca, jámas
never again nunca más
Better late than never. Más vale tarde que
  nunca.
evermore jamás
evertheless a pesar de eso
EW nuevo, moderno, novicio
New Year año nuevo
What's new? ¿Qué hay de nuevo?
ewly nuevamente, recién
newlyweds recién casados
EWS noticia, noticias
Do you know the news? ¿Sabe Ud. la
  noticia?
The news came over the radio. La radio
  dió la noticia.
ewsboy vendedor de periódicos
ewspaper diario, periódico
ewsstand puesto de periódicos
EXT siguiente; próximo
next to al lado de, junto
the next day al día siguiente; al otro día
the next page la página siguiente
(the) next time la próxima vez
(the) next week la semana entrante
to be next seguir en turno
What next? ¿Y ahora qué?
Who's next? ¿Quién sigue?
ibble (to) mordisquear
ICE bonito, lindo; gentil, amable,
  simpático, agradable
She is a very nice girl. Es una muchacha
  muy agradable.
icely delicadamente
ick muesca
in the nick of time en el momento
ickel níquel; moneda de 5 centavos
  (EE.UU.)
ickname apodo, mote
iece sobrina
IGHT noche
at night, by night de noche
last night anoche
late at night a altas horas de la noche
tomorrow night mañana por la noche
tonight esta noche
Good night! ¡Buenas noches!
aightgown camisón, camisa de dormir
aightingale ruiseñor
aightmare pesadilla
aighttime noche
aimble vivo, listo, ágil
INE nueve
INETEEN diez y nueve
nineteenth décimonono
ainetieth nonagésimo

NINETY noventa
ninth nono, noveno
NO no; ninguno, ningún, ninguna
by no means de ningún modo
no longer ya no
no matter no importa
no matter how much por mucho que
no more no más
no one nadie
no other ningún otro
No admittance. No se permite la entrada.
No, indeed! ¡Por supuesto que no!
No smoking. No se permite fumar.
There is no water. No hay agua.
There's no hurry. No corre prisa.
This is no use. Es inútil.
nobility nobleza
noble noble
NOBODY nadie, ninguno
nobody else nadie más, ningún otro
Nobody doubts it. Nadie lo duda.
Nobody has come. Ninguno ha venido.
nod cabeceo
nod (to) cabecear; mover; inclinar la cabeza
  en sentido afirmativo
NOISE ruido; sonido
to make a noise hacer ruido
noiseless silencioso, sin ruido
noisy ruidoso
nominate (to) nombrar, designar
nomination nombramiento
nominee nombrado
nonconformist disidente, inconforme
NONE nadie, ninguno, nada
none of that nada de eso
none of us ninguno de nosotros
I have none. Yo no tengo ninguno.
This is none of your business. Esto no es
  asunto suyo.
nonsense tontería, disparate
noodle tallarín, fideo
nook rincón
NOON mediodía
at noon a mediodía
NOR ni
normal normal, regular
normally normalmente
north norte
northeast nordeste
northern del norte
northwest nordoeste
Norwegian noruego
NOSE nariz
nostril fosa nasal, ventana de la nariz
NOT no; ni, ni siquiera
if not si no
not any ningún, ninguno
not at all de ninguna manera
not a word ni una palabra
not even ni siquiera, ni aun
not one ni uno solo
not quite no del todo
not yet todavia no
Certainly not. Ciertamente que no.
He did not come. No vino.
notable notable

notary public notario
note nota; apunte; anotación
  bank note billete de banco
  musical note nota musical
  to take note tomar nota
note (to) notar; marcar; distinguir
  to note an exception marcar la excepción
notebook libreta, libro de apuntes
noteworthy notable
NOTHING nada, ninguna cosa
  for nothing de balde, gratis
  nothing doing nada de eso
  nothing much poca cosa
  nothing special nada de particular
  I know nothing about it. No sé nada de
    eso.
  It's nothing. No es nada.
  Nothing is worth that much trouble. No
    vale la pena preocuparse tanto.
  That's nothing to me. Eso no me importa.
NOTICE aviso, nota, observación
  on short notice con poco tiempo de aviso
  notice to the public aviso al público
  Have you read the notice? ¿Ha leído el
    anuncio?
notice (to) advertir, notar
  Did you notice anything strange? ¿Notó
    Ud. algo raro?
notify (to) notificar
notion noción; idea
  notion department mercería
notwithstanding no obstante, aun cuando
NOUN nombre; substantivo
nourish (to) alimentar
nourishment alimento; nutrición
novel novela
novelist novelista
novelty novedad
NOVEMBER noviembre
NOW ahora, bien, ya
  now and then, now and again de vez en
    cuando
  right now ahora mismo
  until now hasta ahora
  Is it ready now? ¿Ya está hecho?
  Let's go now. Vámonos ahora.
  Now then, tell me. Pues bien, dígame.
nowadays hoy día
nowhere en ninguna parte
nucleus núcleo
nude desnudo, nudo
nuisance incomodiad, molestia
null nulo, inválido
  null and void nulo
nullify (to) anular, invalidar
numb aterido
NUMBER número
  a number of varios
number (to) numerar
numbering numeración
numeral numeral, numerario
numerous numeroso
nun monja
nuptial nupcial
NURSE enfermera
nurse (to) criar; cuidar de

nursemaid niñera, nana
nursery cuarto de los niños; plantel
nut nuez
nutcracker cascanueces
nutrition nutrición
nymph ninfa

O

oak roble
oar remo
oat avena
  oatmeal harina de avena
oath juramento
obedience obediencia
obedient obediente
obey (to) obedecer
obituary obituario
OBJECT objeto, cosa, sujeto, propósito
object (to) oponer
objection objeción, reparo
objective objetivo
obligation obligación
  to be under obligation deber favores a un
obligatory obligatorio
OBLIGE (to) obligar, agradecer
  I am deeply obliged to him. Le agradezc
    mucho.
  You will very much oblige me . . . Ud. m
    hará un gran favor . . .
obliging servicial, condescendiente
oblique oblicuo
obliterate (to) borrar
oblivious olvidadizo
obnoxious ofensivo, odioso
  He is a very obnoxious person. Es una
    persona desagradable.
obscure obscuro
obscure (to) obscurecer
observant observador, vigilante
observation observación
observatory observatorio
observe (to) observar
observer observador
obsession obsesión
obstacle obstáculo
obstinacy obstinación
obstinate terco, obstinado
obstruct (to) obstruir
obstruction obstrucción
obtain (to) obtener
obvious obvio, evidente
obviously evidentemente
OCCASION ocasión, caso; acontecimiento;
    oportunidad
  as occasion requires en caso necesario
  on the occasion of en ocasión de
  to take advantage of the occasion
    aprovechar la ocasión
occasional ocasional; accidental; casual; poc
    frecuente
occasionally a veces, de vez en cuando
occident occidente
occidental occidental
occult oculto
occupancy ocupación

occupant ocupante
occupation ocupación, empleo
occupied ocupado
occupy (to) ocupar, emplear
  to be occupied with ocuparse en
occur (to) ocurrir, suceder
occurrence ocurrencia, suceso
ocean océano
O'CLOCK contracción de la expresión: of the
  clock *(según el reloj)*
  at nine o'clock a las nueve
OCTOBER octubre
oculist oculista
ODD impar; raro; suelto
  an odd volume un tomo suelto
  odd number un número impar
  It's very odd. Es muy extraño.
odds diferencia
  odds and ends retazos
  The odds are against him. La suerte está
    en contra de él.
ODOR olor, aroma
OF de
  a glass of wine un vaso de vino
  a little of everything de todo un poco
  of course naturalmente
  of himself por sí mismo
  to think of pensar en
  I don't know what has become of him. No
    sé que ha sido de él.
  I'm short of money. Estoy escaso de dinero.
  It's ten of one. Faltan diez para la una.
  That's very kind of you. Ud. es muy
    amable.
OFF lejos, a distancia, fuera; sin
  a day off un día libre
  off and on de vez en cuando
  off the coast cerca de la costa
  off the track despistado
  ten miles off a diez millas de aquí
  to be well off disfrutar de una posición
    desahogada
  His story was a little off color. Su historia
    fué de mal gusto.
  Take it off the table. Quítelo de la mesa.
  Take your hat off. Descúbrase.
  The cover is off. Está destapado.
  The deal is off. No va el asunto.
  The off-season rates are cheaper. Los
    precios de la estación muerta son más
    baratos.
  The plane took off at 8:00 A.M. El avión
    salió a las ocho de la mañana.
offend (to) ofender
offended (to be) resentirse, enfadarse
offense ofensa, agravio
offensive ofensivo, desagradable; ofensiva
offer oferta, ofrecimiento, propuesta
offer (to) ofrecer, sacrificar
offering ofrecimiento, ofrenda
offhand improvisado, de repente
  I can't tell you offhand. No puedo decirle
    de repente.
OFFICE oficio; oficina; despacho; puesto;
  cargo; consulta
  office hours horas de oficina

  office work trabajo de oficina
  to be in office tener un empleo
officer oficial
official oficial; funcionario
officially oficialmente
offspring progenie
OFTEN muchas veces, frecuentemente, a
  menudo
  as often siempre que
  not often rara vez
  How often? ¿Cuántas veces?
  It happens very often. Sucede a menudo.
oil aceite; petróleo; óleo
  oil painting pintura al óleo
  olive oil aceite de oliva
ointment ungüento
OLD viejo, antiguo
  old age vejez
  old fashioned pasado de moda
  old maid solterona
  old man viejo
  to be old enough tener bastante edad
  to be twenty years old tener veinte años
  We're old friends. Somos viejos amigos.
olive oliva
  olive oil aceite de oliva
  olive tree olivo
omelet tortilla de huevos
omission omisión
omit (to) omitir
ON sobre, encima de, en; a, al, con, bajo,
  por; puesto, comenzado
  and so on y así sucesivamente; etcétera
  on an average por término medio
  on credit fiado
  on foot a pie
  on my arrival a mi llegada
  on my part por mi parte
  on my word bajo mi palabra
  on Saturday el sábado
  on that occasion en aquella ocasión
  on the contrary por el contrario
  on the left a la izquierda
  on the table sobre la mesa
  on the train en el tren
  on time a tiempo
  on the whole por lo general
  He did it on purpose. Lo hizo a propósito.
  He entered with his hat on. Entró con su
    sombrero puesto.
  The show is on. Ya ha empezado la
    función.
ONCE una vez; en otro tiempo
  all at once de una vez; en seguida
  at once cuanto antes; en seguida
  for once una vez siquiera
  once and for all una vez por todas
  once in a while de vez en cuando
  once more otra vez más
  Once upon a time there was . . . Había una
    vez . . . Erase una vez
ONE un; uno; solo; único
  each one cada uno
  one after the other uno tras otro
  one at a time uno por uno
  one by one uno a uno

one day un día
one hundred cien, ciento
one-sided parcial, injusto
that one ése
the blue one el azul
the little one el chiquillo
this one éste
with one accord de acuerdo común
Give me just one. Déme uno nada más.
One does not always think of the consequences. Uno no siempre piensa en las consecuencias.
This is a good one. Este es uno bueno.
onion cebolla
ONLY sólo, único; solamente; únicamente
not only . . . but no sólo . . . sino
Adults only. Sólo para adultos.
He is the only child. Es el hijo único.
ooze (to) sudar
opaque opaco
OPEN abierto; libre; franco
in the open a campo raso
open air aire libre
open-hearted ingenuo, sincero
How late does the store stay open? ¿Hasta qué hora está abierta la tienda?
You've left the window open. Ud. ha dejado abierta la ventana.
OPEN (to) abrir
to open up hacer accesible
Open the window. Abra la ventana.
opening abertura, inauguración
openly abiertamente, públicamente
opera ópera
opera house teatro de la ópera
operate (to) operar, hacer funcionar
to be operated on operarse
operation operación
to undergo an operation operarse; someterse a una operación
operator operario; maquinista; telefonista
opinion opinión
in my opinion a mi modo de ver
Everyone is of that opinion. Es la opinión de todos.
He holds a contradictory opinion. Piensa de lo contrario.
opponent antagonista, contendiente
opportune oportuno
opportunity oportunidad
oppose (to) oponer, resistir
opposite opuesto
opposition oposición
oppress (to) oprimir
oppression opresión
optic óptico
optimism optimismo
optimistic optimista
option opción
optional facultativo
OR o, u
Do you want a pencil or a pen? ¿Quiere un lápiz o una pluma?
oracle oráculo
oral oral, verbal
orally verbalmente

ORANGE naranja
orange-colored anaranjado
orange juice jugo de naranja
orangeade naranjada
oration oración
oratory oratoria
orchard huerto
orchestra orquesta
ORDER orden; pedido
in good order en buen estado
in order that a fin de
till further orders hasta nueva orden
He sent us an order for books. Nos mandó un pedido de libros.
order (to) ordenar, hacer un pedido
orderly ordenado, bien arreglado
ordinal ordinal
ordinance ordenanza
ordinarily ordinariamente
ORDINARY ordinario, vulgar
organ órgano
organic orgánico
organism organismo
organization organización
ORGANIZE (to) organizar
orient oriente
orient (to) orientar
oriental oriental
origin origen, principio
original original
originality originalidad
originate (to) originar
ornament ornamento
orphan huérfano
orphanage orfanato
orthodox ortodoxo
orthopedist ortopédico
oscillate (to) oscilar
ostentation ostentación
ostentatious ostentoso
OTHER otro, otra, otros, otras
the other day el otro día
the others los otros
Give me the other one. Déme el otro.
otherwise de otra manera; también
OUGHT deber
I ought to go. Debo ir.
You ought not to. Ud. no debe.
ounce onza
OUR nuestro, nuestra, nuestros, nuestras
our friends nuestros amigos
OURS nuestro, nuestra, nuestros, nuestras, el nuestro, la nuestra, etc.
He's an old acquaintance of ours. Es un antiguo conocido nuestro.
Their car is newer than ours. Su automóvil es más nuevo que el nuestro.
OURSELVES nosotros mismos, nosotras mismas; nos
OUT fuera, afuera
out of breath sin aliento
out of date anticuado
out of doors fuera de casa
out of order descompuesto
out of place fuera de lugar
out of print agotado

out of respect for por respeto a
out of season fuera de estación
out of style fuera de moda
out of the way apartado
out of work sin trabajo
to look out mirar hacia fuera, estar alerta, cuidarse de
Get out of the way! ¡Afuera!
He is out. Está afuera.
I am glad that work is out of the way. Me alegro haber salido de ese trabajo.
Out with it! ¡Fuera con ello!
She sings out of tune. Canta fuera de tono.
This store is out of my way. No paso por esa tienda.
We are out of sugar. No tenemos más azúcar.
utbound de salida
utcast desechado
utcome resultado
utdoor(s) fuera de casa; al aire libre
outdoor sports juegos al aire libre
utfit equipo
She has a new outfit. Ella tiene un nuevo equipo.
uting paseo; caminata
utlast (to) sobrevivir a
utlaw proscrito
utlet salida; desagüe
utline perfil, contorno, bosquejo, resumen, croquis
utline (to) bosquejar, delinear
utlook prespectiva
utput producción, rendimiento
utrage atropello, ultraje
utrageous atroz
OUTSIDE externo, exterior; fuera, afuera
on the outside externo
utspoken franco
OUTSTANDING sobresaliente, notable
He is an outstanding person. Es una persona sobresaliente.
utward externo
outward bound de ida
val oval
ven horno
OVER sobre; encima; al otro lado de; más de; por; en
all over por todas partes
all over the world por todo el mundo
over again otra vez
over and over repetidas veces
overnight durante la noche
I'll be over in an hour. Estaré dentro de una hora.
She looked all over the place without finding him. Recorrió todo el lugar sin encontrarlo.
The work is over. Se terminó el trabajo.
They are staying over the week end. Pasan el fin de semana.
veralls zahones, zafones, overoles, combinaciones
verboard al mar
Man overboard! ¡Hombre al agua!
vercast nublado

overcoat gabán, abrigo
overcome (to) vencer; superar
overdo (to) excederse
overflow (to) rebosar
overhead arriba en lo alto
overlook (to) dominar, olvidar
Just overlook the error. Pase por alto el error.
overproduction superproducción
overrate (to) encarecer
overseas ultramar
overseer inspector
oversight inadvertencia, descuido
oversize extragrande
oversleep (to) dormir demasiado
overtake (to) alcanzar
overtime fuera del tiempo estipulado
They get paid time and a half for overtime. El tiempo extra se paga a tanto y medio.
overwhelm (to) abrumar
overwhelming irresistible
overwork trabajo excesivo
overwork (to) trabajar demasiado
OWE (to) deber; adeudar
owing to the circumstances debido a las circunstancias
to be owing ser debido
owl buho, lechuza
OWN propio, mismo; real; el suyo, la suya
my own self yo mismo
He did it on his own. Lo hizo espontáneamente.
He killed his own brother. Mató a su propio hermano.
This is your own. Esto es suyo.
own (to) poseer, ser dueño de, tener
owner amo, dueño, propietario
ox (*pl:* **oxen**) buey
oxygen oxígeno
oyster ostra, ostión

P

pace paso; portante
pacify (to) pacificar
pack bulto, lío, paca
I have twenty packs of cigarettes to declare at customs. Tengo veinte paquetes de cigarrillos que declarar en la aduana.
PACK (to) empacar, empaquetar; hacer el baúl; arreglar el equipaje
I must pack tonight. Tengo que arreglar mi equipaje esta noche.
package bulto, paquete
packing embalaje
We have a lot of packing to do. Tenemos mucho que empacar.
pact pacto
pad conjincillo, almohadilla, bloc
padding guata
paddle remo, zagual
paddle (to) impeler, manosear
paddock dehesa
pagan pagano

PAGE página; paje
pail cubo, balde
PAIN dolor, pena
 in pain con dolor
 to be in pain tener dolor
painful penoso, dolorido
 to be painful doler
painfully dolorosamente
painless indoloro, sin dolor
painstaking cuidadoso, industrioso
paint pintura; color
 Wet paint. Pintura fresca.
PAINT (to) pintar, colorar
 to paint the town red andar de picos pardos
paintbrush brocha, pincel
painting pintura; cuadro
PAIR par, pareja
 a pair of scissors un par de tijeras
 a pair of shoes un par de zapatos
pajamas pijama
palace palacio
palate paladar
pale pálido, descolorido
 to turn pale palidecer
paleness palidez
palette paleta
palm palma, palmera
 palm tree palmera
palsy parálisis
pamper (to) atracar
pamphlet folleto, volante
PAN cazuela, cacerola
 frying pan sartén
Panamanian panameño
pancake panquec
pane vidrio, cristal de ventana
panel panel; tablero
panic pánico
pansy pensamiento
pant (to) anhelar, palpitar
pantomine mímica
pantry despensa
pants pantalones
PAPER papel; ensayo; periódico
 writing paper papel de escribir
 Have you read today's paper? ¿Ha leído el
  periódico de hoy?
paperweight pisapapel
par equivalencia, paridad
 par value valor a la par
 to be on a par with estar al par de
parachute paracaídas
parade parada
paradise paraíso
paradox paradoja
paraffin parafina
paragraph párrafo; punto y aparte
parallel paralelo
paralysis parálisis
paralyze (to) paralizar
paramount superior, supremo
parasite parásito
parasol sombrilla, parasol
PARCEL paquete, bulto
 parcel post servicio de paquetes postales

Send it by parcel post. Mándelo como
 paquete postal.
pardon perdón, gracia
 I beg your pardon! ¡Perdone Ud!
pardon (to) perdonar, absolver
 Pardon me! ¡Perdone Ud!
parentage parentela
parenthesis (pl.: —es) paréntesis
parents padres
parish parroquia
Parisian parisiense
PARK parque
park (to) estacionar
 parking place estacionamiento
parkway autopista
parliament parlamento
parliamentary parlamento
parlor sala de recibo
parrot loro, papagayo
parsley perejil
parson cura
PART parte; lugar; papel (teatro)
 a great part of la mayor parte de
 for one's part en cuanto a uno
 parts of speech partes de la oración
 to do one's part cumplir con su obligación
part (to) partir, dividir
 to part the hair hacerse la raya
 I have to part from you. Tengo que
  despedirme de ustedes.
partial parcial
partially parcialmente
participant participante, partícipe
participate (to) participar
particle partícula
PARTICULAR particular, peculiar
 in particular en particular
 Do you have anything in particular to
  say? ¿Tiene algo que decir en
  particular?
particularly particularmente
parting separación, división
 to be at the parting of the roads haber
  llegado al cruce
partisan parcial; s: partidario
partition partición; división, separación
partly en parte, en cierto modo
partner socio
partnership compañía; sociedad; consorcio
partridge perdiz
PARTY partido, partida, fiesta
 party line línea de teléfonos agrupados
 He is a member of a strong political
  party. Es miembro de un partido
  político muy fuerte.
 What a lovely party! ¡Qué fiesta tan
  agradable!
pass paso; pase
 passbook libro de cuenta
 passkey llave maestra
PASS (to) pasar, aprobar, ser aprobado
 to pass away fallecer
 to pass by pasar por alto
 to pass for ser reputado por
 to pass judgment pronunciar sentencia
 to pass over atravesar

He finally passed his examination. Al fin
  fué aprobado.
He passes for an American. Pasa por
  americano.
Please pass the salt. Páseme la sal, por
  favor.
We passed through Reno. Pasamos por
  Reno.
passage pasaje
passenger pasajero, viajero
passer-by transeúnte
passing que pasa; paso; pasada
passion pasión
passionate apasionado
passive pasivo; inerte
passport pasaporte
PAST pasado
  in the past en otros tiempos, anteriormente
PAST más allá de
  It is half-past seven. Son las siete y media.
  It is past ten o'clock. Son más de las diez.
paste pasta
pastime pasatiempo; distracción
pastry pasteles, pastas
pasture pastura, pasto
pat palmada
patch remiendo
patch (to) remendar
patent patente, manifiesto
  patent leather charol
paternity paternidad; linaje
PATH senda, sendero
pathetic patético
patient paciente
patiently pacientemente
patriot patriota
patriotic patriótico
patriotism patriotismo
patrol patrulla, ronda
patron patrón
patronage patrocinio
patronize (to) patrocinar, proteger; tratar con
  condescendencia; ser parroquiano de
  (colloq.)
PATTERN modelo; patrón; muestra; molde
pause pausa, hiato
pave (to) pavimentar, empedrar
  to pave the way abrir el camino
pavement pavimento
pavillion pabellón
paw pata, zarpa
pawn (to) empeñar
  in pawn en prenda
pawnbroker prestamista, prendero
pawnshop casa de empeños
pay paga, sueldo, salario
  payday día de pagos
  payroll nómina
PAY (to) pagar; prestar; hacer
  to pay a call hacer una visita
  to pay a compliment hacer un cumplido
  to pay attention prestar atención
  to pay by installments pagar a plazos
  to pay cash pagar al contado
  to pay dearly costarle caro a uno
  to pay in full pagar totalmente

  to pay off pagar por completo
  to pay on account pagar a cuenta
  to pay one's respects presentar sus respetos
payment pago, paga
pea guisante, chícharo
peace paz
peaceful pacífico
peacefully tranquilamente
peach durazno, melocotón
peacock pavo real
peak pico, cima
peal repique, estruendo
peal (to) repicar, retronar
peanut cacahuate, maní
pear pera
pearl perla
peasant campesino
pebble guijarro, china
peck (to) picotear; picar
peculiar raro; extraordinario; peculiar
peculiarity peculiaridad, particularidad
pedagogy pedagogía
pedal pedal
peddler buhonero
pedestal pedestal
pedestrian caminante, pedestre, peatón
pedigree linaje
peek (to) atisbar
peel cáscara, corteza
peel (to) pelar, mondar
peeling peladura
peerless sin par, incomparable
peevish malhumorado
peg clavija, estaca
pen pluma
penal penal
penalty pena; multa
penance penitencia
pencil lápiz
  pencil sharpener sacapuntos
penetrate (to) penetrar; taladrar
penetration penetración
peninsula península
penitent contrito; *s:* penitente
penniless sin dinero
penny un centavo
pension pensión
pensive pensativo
penury penuria, miseria
PEOPLE gente, pueblo
  many people mucha gente
  people say . . . dice la gente . . .
  the Spanish people el pueblo español
pep espíritu
pepper pimienta
perceive (to) percibir
percentage porcentaje
perception percepción
percolator colador, filtro
perennial perenne, permanente
perfect perfecto, completo
  Perfect! ¡Muy bien!
perfection perfección
perfidious perfidia
perforate (to) perforar

perform (to) ejecutar; poner por obra; llevar algo a cabo; desempeñar; representar

PERFORMANCE ejecución; actuación; funcionamiento, rendimiento, representación, función

    When does the performance start? ¿A qué hora empieza la función?

performer ejecutante

PERFUME perfume, fragancia

perfume (to) perfumar

PERHAPS quizá; tal vez; acaso

PERIOD período; punto final

periodical periódico

periodically periódicamente

perish (to) perecer

perishable perecedero

perjury perjurio

permanence permanencia

permanent permanente

permanently permanentemente

permission permiso, licencia

permit (to) permitir

permute (to) permutar

peroxide peroxido

perpetual perpetuo

perplexed perplejo

persecute (to) perseguir

persecution persecución

persevere (to) perseverar

persist (to) insistir, empeñarse, obstinarse

persistent persistente

PERSON persona

    in person en persona

    in the person of en lugar o representación de

    He is a very nice person. Es persona muy agradable.

personage personaje

personal personal

    personal effects bienes o efectos personales

    personal property bienes muebles

personality personalidad

personally personalmente

personify (to) personificar

personnel personal; *s:* empleados, tripulantes

perspective perspectiva

perspire (to) sudar

persuade (to) persuadir, inducir

persuasion persuasión

persuasive persuasivo

pertinent pertinente

perturb (to) perturbar

Peruvian peruano

pervade (to) penetrar, llenar

perverse perverso

pessimist pesimista *(persona)*

pessimistic pesimista

pest pestilencia, plaga

pet animal domesticado y mimado

    pet shop tienda de animales domésticos

    She has a monkey for a pet. Tiene un mono domesticado.

pet favorito, domesticado

    pet name epíteto cariñoso

    English literature is his pet subject. La literatura inglesa es su materia favorita.

pet (to) mimar, acariciar

petal pétalo

petition petición, instancia

petroleum petróleo

petticoat enaguas

petty insignificante, trivial, sin importancia

    petty cash dinero para gastos menudos

    petty thief ladronzuelo

pew banco de iglesia

phantom fantasma, espectro

pharmacist farmacéutico

pharmacy farmacia

phase fase

pheasant faisán

phenomenon fenómeno

philosopher filósofo

philosophy filosofía

PHONE *(telephone)* teléfono

    I have to make a phone call. Tengo que telefonear.

    Just a minute; the phone is ringing. Un momento, que suena el teléfono.

    What's your phone number? ¿Qué número tiene su teléfono?

    Where is the phone? ¿Dónde está el teléfono?

PHONE (to) telefonear

    Phone me one of these days. Telefonéeme un día de éstos.

    Can I phone from here? ¿Puedo telefonear de aquí?

phonetics fonética

phonograph fonógrafo

photo foto, retrato

photograph fotografía

photograph (to) fotografiar, retratar

    to be photographed retratarse

photographer fotógrafo

photography fotografía

photostatic fotostática

phrase frase

physical físico

physician medico

physics física

physiology fisiología

piano piano

pick pico

pick (to) picar; escoger

    to have a bone to pick with someone habérselas con uno

    to pick a quarrel buscar camorra

    to pick up alzar, levantar; acelerar; tomar incremento; restablecerse

    I'll pick you up at six o'clock. Vendré a recogerle a las seis.

picket piquete

pickle encurtido, pepinillo

    pickled herring arenques salados

pickpocket carterista

picnic jira, partida de campo

pictorial pictórico

PICTURE retrato, foto, cuadro, pintura, grabado

    to be in the picture figurar en el asunto

    to be out of the picture no figurar ya para nada

ture (to) imaginar, figurar
o picture oneself imaginarse
ture book libro con láminas
ture gallery pinacoteca
turesco pintoresco
pastel; empanada
o have a finger in the pie meter cuchara
  en el asunto
CE pedazo, trozo, pieza
a piece of furniture un mueble
iece goods géneros que se venden por
  piezas
et me give you a piece of advice.
  Permítame dar a Ud. un consejo.
r muelle, pila
rce (to) taladrar, agujerear
ty santidad
puerco
eon paloma
ment pigmento
tail coleta, trenza
e pila, montón
e (to) amontonar, acumular
The work is piling up on me. Tengo un
  montón de trabajo.
grim peregrino, romero
l píldora
lar columna, pilar
low almohada, cojín
lowcase funda de almohada
ot piloto
pilot light mechero encendedor
ot (to) timonear, gobernar, dirigir
ple grano, barro
N alfiler, prendedor, broche
to pin down acosar
to pin one's faith on confiar absolutamente
  en
ch pellizco, pizca
ch (to) pellizcar; oprimir
to pinch one's self privarse de lo necesario
to be in a pinch hallarse en un aprieto
e pino
pine cone piña
pine grove pinar
pine needle pinocha
pine tree pino
eapple piña
head cabeza de alfiler
k rosado
t pinta (aproximadamente ½ litro)
oneer explorador; promotor
ous pío
pe pipa; tubo, caño; tubería, cañería
pipeline oleoducto
rate pirata
stol pistola, revólver
t hoyo; hueso de ciertas frutas; platea
  (teatro)
ch brea, alquitrán; tono
His voice has a very high pitch. Su voz es
  muy alta.
cher jarro, cántaro
fall hoyo, trampa

pitiful lastimoso
pitiless despiadado
PITY lástima, piedad, compasión
  out of pity por compasión
  to have pity tener piedad
  It's a pity! ¡Es lástima!
  What a pity! ¡Qué lástima!
pity (to) compadecer
  I pity her. La compadezco.
PLACE lugar, sitio, parte, local
  in place en su lugar
  in place of en lugar de
  in the first place en primer lugar
  in the next place luego; en segundo lugar
  out of place fuera de lugar
  to take place tener lugar
  We'' meet at the usual place. Nos
    encontraremos en el lugar de
    costumbre.
place (to) colocar, poner
placid plácido
plague plaga
plaid manta escocesa
plain llano
PLAIN llano; simple; sencillo; franco
  a plain dress un vestido sencillo
  plain food alimentos sencillos
  plain speaking hablando con franqueza
  plain truth la pura verdad
plainly claramente
plaintiff demandante
PLAN plan; plano, proyecto
  He is making plans for his trip. Está
    haciendo proyectos para su viaje.
plan (to) proyectar; hacer planes; pensar
  When do you plan to leave? ¿Cuándo
    piensa Ud. irse?
plane plano, llano; s: aeroplano, avión
planet planeta
plank tablón, tablazón
PLANT planta; factoría
plant (to) plantar, sembrar
plantation hacienda, plantación
planter sembrador, colono, hacendado
plaster yeso
plastic plástico
  plastic surgery cirugía plástica
plate plato; plancha; lámina, placa
  a plate of soup un plato de sopa
  soup plate plato hondo
  dinner plate plato llano
plateau meseta
plated plateado
  silver-plated plateado
platform plataforma; andén; tribuna
plausible plausible
PLAY juego; drama, representación; función,
  obra
  fair play juego limpio
PLAY (to) jugar; tocar; representar
  to play a game jugar una partida
  to play a joke hacer una broma
  to play a part representar un papel
  to play a trick on someone hacer una mala
    jugada

to play cards jugar a los naipes
to play the fool hacerse el tonto
to play tricks hacer suertes
to play upon words jugar con las palabras; hacer retruécanos
What instrument do you play? ¿Qué instrumento toca Ud.?
playbill cartel *(teatro);* programa
player jugador; actor
playful juguetón
playgoer aficionado al teatro
playground patio de recreo, campo de deportes
playhouse teatro
playmate compañero de juego
playwright dramaturgo
plea argumento; ruego; súplica; alegato
plead (to) rogar; suplicar; alegrar; defender una causa
to plead guilty confesarse culpable
to plead not guilty declararse inocente
pleasant agradable; grato; simpático
please (to) gustar; agradar; complacer; dar gusto
He was quite pleased. Quedó bastante complacido.
I'm pleased. Estoy satisfecho.
It doesn't please me. No me agrada.
It pleases me. Me place. Me agrada.
Please. Por favor.
Please tell me. Hágame el favor de decirme.
Pleased to meet you. Mucho gusto en conocerle.
pleasing agradable
PLEASURE placer; gusto
at your pleasure como le plazca
pleasure ground parque; jardín de recreo
with pleasure con mucho gusto
pleat plisado
pledge prenda, promesa
pledge (to) prometer
to pledge one's word empeñar su palabra
plentiful copioso, abundante
The food is plentiful. La comida es abundante.
plenty abundancia
PLENTY copioso, abundante
There is plenty of work. Hay mucho trabajo.
pliable flexible, doblegable
pliers tenacillas
PLOT complot, intriga; solar; trama
plow, plough arado
plow, plough (to) arar
pluck (to) coger, arrancar, desplumar
plug enchufe
fireplug bomba de incendio
plug (to) atarugar, tapar
plum ciruela
plum pudding budín inglés
plumber plomero
plumbing plomería; instalación de cañerías
plump gordo, rollizo
plunder pillaje, saqueo

plunder (to) saquear, expoliar
plunge (to) zambullir, sumergir
plural plural
plus más
plywood madera tercera
poach (to) escalfar
poached eggs huevos escalfados
pocket bolsillo
pocket money dinero de bolsillo
pocketbook cartera, bolsa
poem poema
poet poeta
poetic poético
poetry poesía
POINT punto; punta
on the point of a punto de
point by point punto por punto
point of honor cuestión de honor
point of view punto de vista
to the point al grano
point (to) señalar, apuntar
to point out indicar, señalar
pointed puntiagudo; agudo
pointer indicador, índice
poise porte, aplomo, reposo
poison veneno
poison (to) envenenar
poisoning envenamiento
poisonous venenoso
poke (to) picar, atizar
to poke the fire atizar el fuego
poker atizador
polar polar
pole polo; poste, palo
police policía *(la)*
policeman policía *(un)*
police station comisaría
policy política; norma, sistema, costumbre; póliza
insurance policy póliza de seguro
This is the policy of the house. Este es sistema de la casa.
Polish polaco
polish pulimento, lustre
shoe polish betún
polish (to) pulir, lustrar
polite cortés
political político
politician político
politics política
poll lista electoral; votación
polluted contaminado
pond laguna, charca
ponder (to) pesar, estudiar
pony jaca, caballito
poodle perro de lanas
pool piscina, charco
POOR pobre
pop (to) soltar, espetar
Pope papa
poppy adormidera, amapola
populace pueblo
popular popular
popularity popularidad
populate (to) poblar

ulation población
ulous populoso
rch vestíbulo, portal, porche
re poro
k puerco, cerdo; carne de puerco
ork chops chuletas de puerco
t puerto
table portátil
ter mozo, portero
tion porción, parte
trait retrato
ortrait painter retratista
se postura, posición
se (to) colocar, proponer
sition posición
sitive positivo, absoluto, explícito,
    categórico
sitively positivamente, ciertamente
sess (to) poseer
ssessive posesivo
ssessor poseedor
ssibility posibilidad
ssible posible
as soon as possible cuanto antes
ssibly posiblemente, quizá
ST poste, pilar; correo; puesto; guarnición
post card tarjeta postal
post office correo, oficina de correos
post-office box apartado de correos
st (to) pegar
to post a bill pegar un anuncio
stage franqueo
stage stamp sello, estampilla
stal postal
ster cartel, correo
sterior posterior
sterity posteridad
stman cartero
stmaster administrador de correos
stpaid porte pagado; franco de porte
stpone (to) diferir, aplazar
stscript postdata
stulate (to) postular
sture postura
t marmita, puchero, olla
tato papa, patata
fried potatoes patatas fritas, papas fritas
mashed potatoes puré de patatas
tential potencial, posible
tentiality potencialidad, capacidad
ultry aves de corral
poultry yard corral; gallinero
und libra
pound weight peso de un libra
ur (to) derramar; verter; vaciar; llover a
    cántaros
verty pobreza
WDER polvo; pólvora
face powder polvos para la cara
powder box polvera
tooth powder polvo dentífrico
WER poder, fuerza, potencia, energía
civil power autoridad civil
electric power energía eléctrica
horsepower caballo de fuerza
power of attorney poder

the Great Powers las Grandes Potencias
powerful poderoso, fuerte
practicable practicable
practical práctico, positivo
practical joke burla; chanza
practically prácticamente; en la práctica
He is practically dead. Está casi muerto.
practice práctica; uso; costumbre
I lack practice. Me falta la práctica.
PRACTICE (to) practicar; ejercer
praise alabanza, elogio
praise (to) elogiar, alabar, encomiar
PRAY (to) rezar, orar
prayer rezo, oración, plegaria
prayer book devocionario
preach (to) predicar
precarious precario
precaution precaución
precede (to) anteceder, preceder
precedent precedente
precept precepto
precinct recinto, distrito
precious precioso
precipice precipicio
precipitate (to) precipitar; acelerar
precise preciso, exacto
precisely precisamente, exactamente
precision precisión
precocious precoz
predecessor predecesor
predicament situación difícil; dificultad;
    apuro
predict (to) predecir
prediction predicción
predispose (to) predisponer
predominant predominante
predominate (to) predominar
preface prefacio, prólogo
prefer (to) preferir; elevar; exaltar; adelantar
preferable preferible
preferably preferiblemente; preferentemente
preference preferencia
preferential preferente
pregnant encinta
prejudice prevención; prejuicio; preocupación
to be prejudiced against something tener
    prejuicio contra algo
prelate prelado
preliminary preliminar, introductorio
prelude preludio
premature prematuro
premeditate (to) premeditar
premeditation premeditación
premise premisa
premises asertos; aserciones anteriores
on the premises en el lugar
premium premio, interés
premonition prevención, presentimiento
preoccupied preocupado
preparation preparación
prepare (to) preparar
prepay (to) pagar adelantado
preposition preposición
prerequisite requisito previo
PRESCRIBE (to) prescribir, recetar
prescription prescripción, receta

presence presencia
  presence of mind presencia de ánimo
PRESENT presente; regalo; obsequio
  at present al presente, ahora
  for the present por ahora
  in the present al presente, actualmente
  present day actual
  the present month el actual, el corriente
    mes
  to give a present hacer un regalo, regalar
  to be present asistir, estar presente
present (to) presentar, dar a conocer, regalar
  He presented her with a fur-coat. Le
    regaló un abrigo de pieles.
presentation presentación
presentiment presentimiento
presently luego, ya, dentro
preservation preservación
preserve (to) preservar; conservar
  preserved fruit frutas conservadas
preside (to) presidir
presidency presidencia
president presidente
PRESS prensa, imprenta
  the press la prensa
press (to) apretar; prensar; planchar;
  apremiar; instar
pressing urgente, apremiante
pressure presión, urgencia
presume (to) presumir, suponer
presumption presunción, suposición
presumptuous presuntuoso, presumido
pretend (to) fingir, pretender
pretense pretexto, excusa; pretensión;
  apariencia
  under false pretenses con falsas
    apariencias
  under pretense of so pretexto de
pretension pretensión
preterit pretérito
pretext pretexto
pretty bello, bonito, lindo
pretty algo, un poco, algún tanto; bastante
  pretty good bastante bueno
  pretty much casi
  pretty much the same parecido; casi lo
    mismo
  pretty near bastante cerca
  pretty tired algo cansado
  pretty well medianamente
  You made a pretty mess of the business.
    Ud. hizo un verdadero enredo del
    asunto.
prevail (to) reinar; prevalecer; predominar
  to prevail over vencer, triunfar
  to prevail upon persuadir, convencer
prevalent prevalente
prevent (to) prevenir, impedir
prevention prevención
previous previo
  previous to antes de
  previous question cuestión previa
  I was unable to come because of a
    previous engagement. No pude venir
    debido a un compromiso previo.
previously previamente; de antemano

prey presa
PRICE precio
  at any price a toda costa
  price list lista de precios; tarifa
  to set a price on one's head poner a prec
    la cabeza de uno
priceless sin precio
prick aguijón, picadura
prick (to) punzar, picar, pinchar
pride orgullo, dignidad
  to take pride in preciarse de
priest sacerdote, cura
primarily principalmente; en primer lugar
primary primario, primero, principal,
    elemental; en los EE.UU., mitin de
    electores para elegir candidatos
  primary color color elemental
  primary school escuela primaria
prime principio, principal
  He is in the prime of life. Está en la flor
    su vida.
primer cartilla
primitive primitivo, primordial
primordial primordial
prince príncipe
princely semejante; como un príncipe
princess princesa
principal principal
principally principalmente
principle principio
  as a matter of principle por cuestión de
    principios
  in principle en principio
  on general principles por regla general
print impresión; estampa; tipo de molde
  in print impreso, publicado
  out of print agotado
  small print tipo menudo
print (to) estampar; imprimir
  printed by impreso por
  printed matter impresos
printer impresor
printing tipografía, imprenta, impresión
prior anterior, precedente, previo
  prior to antes de
priority prioridad
prison cárcel, prisión
prisoner preso, prisonero
privacy retiro, reserva, retrete
PRIVATE privado; particular; personal;
    confidencial; reservado; secreto;
    soldado raso
  in private en secreto
  private affair asunto de carácter privado
  private hearing audiencia secreta
  private office despacho particular
  private school escuela particular
  private secretary secretario particular
privately privadamente, secretamente
privilege privilegio, gracia
PRIZE premio, presa, botín
pro en favor, por
probability probabilidad
probable probable
probably probablemente
probation prueba, ensayo

y probidad
m problema
matic problemático
dure proceder, procedimiento
ed (to) seguir, proseguir, proceder
us **proceed to business.** Vamos a poner
   manos a la obra.
CESS procedimiento, método; proceso;
   curso; causa
he **process of** en vía de
he **process of time** en el curso del
   tiempo
ssion cortejo, procesión
aim (to) proclamar, promulgar, publicar
amation proclama, proclamación
re (to) lograr, obtener
gal pródigo
gy prodigio
ce (to) producir, rendir
cer productor
ct producto
ction producción
ctive productivo
ne profano
ss (to) profesar
ssion profesión
ssional profesional
ssionally profesionalmente
FESSOR profesor
ciency pericia, habilidad
cient experto, perito
e perfil
t provecho, beneficio, lucro
t (to) aprovechar, servir
profit by sacar provecho de
table provechoso; útil; lucrativo
und profundo
GRAM programa
GRESS progreso, adelanto
ess (to) progresar; adelantar; hacer
   progresos
ession progresión
essive progresivo
bit (to) prohibir, impedir
ohibited by law prohibido por la ley
bition prohibición
ct proyecto, plan
ct (to) proyectar; idear; arrojar; despedir
fic prolífico
ng (to) prolongar
ngation prolongación
inent prominente, saliente
be prominent sobresalir, ser prominente
iscuous promiscuo
ise promesa
ise (to) prometer
ote (to) promover, ascender; fomentar
  has been promoted. Ha sido ascendido.
otion promoción, ascenso; fomento
ey made a big sales promotion.
   Hicieron una gran promoción de
   ventas.
apt pronto
aptly pronto, prontamente
aptness prontitud
ulgate (to) promulgar

pronoun pronombre
pronounce (to) pronunciar
pronunciation pronunciación
proof prueba; evidencia; demostración
  to proofread leer y corregir pruebas
  There are pretty strong proofs of it.
    Existen pruebas bastante claras de ello.
propaganda propaganda
propagation propagación
propeller hélice
PROPER propio; conveniente; adecuado;
   correcto
  proper name nombre propio
properly propiamente, apropiadamente;
   correctamente
  This was properly done. Esto estuvo bien
   hecho.
property propiedad
  property owner propietario
prophecy profecía
prophesy (to) predecir, profetizar
prophet profeta
PROPORTION proporción
  in proportion en proporción
  out of proportion desproporcionado
proportion (to) proporcionar
proposal propuesta, proposición
propose (to) proponer
  He proposed to her. El le propuso
   matrimonio.
proprietor dueño, propietario
prosaic prosaico
prose prosa
prosecute (to) enjuiciar, procesar
prosecution prosecución
prosecutor acusador
prospect perspectiva; vista; probabilidad
  This looks like a very good prospect. Esto
   parece un buen prospecto.
prosper (to) prosperar
prosperity prosperidad
prosperous próspero
protect (to) proteger
protection protección
protector protector
protest protesta
protest (to) protestar
Protestant protestante
protocol protocolo
protrude (to) sobresalir
proud orgulloso
prove (to) establecer, probar; resultar
proverb refrán, proverbio
PROVIDE (to) proveer
  provided that con tal que
  to provide oneself with proveerse de
providence providencia
province provincia
provincial provinciano
provisions provisiones, víveres, comestibles
provoke (to) provocar; excitar; incitar
prudence prudencia
prudent prudente
prudish gazmoño
prune ciruela, pasa
pry (to) espiar; observar

to pry into fisgar, curiosear
to pry into a secret arrancar un secreto
psychological psicológico
psychology psicología
PUBLIC público
  in public en público
  public health higiene pública; salubridad
      pública
  public utility empresa de servicio público;
      utilidad pública
  "Notice to the Public" "Aviso al Público"
publication publicación
publicity publicidad
publish (to) publicar
publisher editor
publishing house casa editorial, casa editora
pudding pudín
puff resoplido, soplo
  powder puff borla para empolvarse
  puff of wind ráfaga
PULL (to) tirar de; tirar hacia; arrastrar
  to pull apart despedazar
  to pull in tirar hacia uno
  to pull out (off) arrancar
  to pull through salir de un apuro
  to pull up desarraigar
  Pull yourself together. Compóngase.
  You're pulling my leg. Me está tomando el
      pelo.
pulpit púlpito
pulse pulso
pump bomba
pumpkin calabaza
pun juego de vocablos
punch punzón, ponche
punch (to) punzar
punctual puntual
punctuate (to) puntuar
punctuation puntuación
puncture pinchazo
punish (to) castigar
punishment castigo
pupil alumno; pupila
puppet títere, muñeco
puppy perrillo
purchase compra
purchase (to) comprar
purchaser comprador
PURE puro
purée puré
purely puramente, meramente, simplemente
purgatory purgatorio
purify (to) purificar
purple púrpura, cárdeno
PURPOSE propósito; fin; objeto; intención
  for the purpose a propósito; al caso
  on purpose a propósito
  to no purpose inútilmente
  With what purpose? ¿Con qué fin?
purse bolsa, bolsillo
pursuant to de acuerdo con
pursue (to) perseguir
pursuit persecución
push impulso, empuje, aprieto
PUSH (to) empujar, apremiar
  to push back rechazar
  to push down oprimir; abatir

to push oneself forward abrirse cam
Don't push me! ¡No me empuje!
PUT (to) poner, colocar
  to put away poner aparte
  to put in order arreglar, ordenar
  to put off diferir, aplazar
  to put on vestir
  to put to a vote poner a votación
  to put to bed acostar
  to put to sleep poner a dormir
  to put together juntar
  to put two and two together atar cal
  to put up for sale poner en venta
  He cannot put up with his mother-i
      * No puede tolerar a su suegra.
  He had another bed put in his room
      Mandó poner otra cama en su cu
  He put on weight. Se puso gordo.
  He puts me in a spot. Me pone en u
      aprieto.
  Please put out the lights. Apague la
      por favor.
  Put on your hat! ¡Cúbrase!
  Put the book back. Ponga el libro en
      lugar.
  The doctor has put me on a diet. El
      médico me ha puesto a régimen.
  We have to put an end to it. Tenemo
      terminarlo.
puzzle enigma; rompecabezas
puzzled (to be) estar perplejo

Q

quack charlatán
QUAINT curioso, raro
  This is a very quaint place. Es un lu
      muy curioso.
qualification calificación
qualify (to) calificar
QUALITY calidad, cualidad
QUANTITY cantidad
quarrel disputa, pendencia
quarrelsome pendenciero
quart cuarto de galón (aproximadamen
      litro)
QUARTER cuarto (¼); moneda de 25
      centavos (EE.UU.); bario, cuart
  a quarter of an hour un cuarto de ho
  headquarters cuartel general
  It's a quarter after six. Son las seis
      cuarto.
  It's a quarter to five. Son las cinco m
      cuarto.
quartermaster comisario ordenador
queen reina
queer extraño, raro
  a queer person un tipo raro
quench (to) apagar
  to quench one's thirst apagar su sed
query pregunta
QUESTION pregunta; cuestión
  question mark signo de interrogación
  to ask a question hacer una pregunta
  to be a question of tratarse de
  to be out of the question no haber ni
      pensar

May I ask you a question? ¿Me permite
    que le haga una pregunta?
That's a fair question. Esta es una
    pregunta legal.
What's the question? ¿De qué se trata?
estionable discutible
estionnaire cuestionario
JICK pronto, rápido, presto
quick-tempered de mal genio
icken (to) vivificar; acelerar
ickly prontamente, rápidamente; con
    presteza
Come quickly. Venga pronto.
JIET quieto, tranquilo; s: quietud,
    tranquilidad
to keep quiet callarse
iet (to) calmar, tranquilizar
ietly quietamente, tranquilamente
ilt edredón, covertor, colcha
ince membrillo
inine quinina
JIT (to) dejar, pasar, cesar de, desistir de
to quit work dejar de trabajar
Let's call it quits. Aquí suspendemos.
JITE bastante, más bien, muy
quite good bastante bueno
quite soon bastante de prisa
quite difficult harto difícil
quite well done muy bien hecho
She seems quite different! ¡Parece otra!
iver (to) temblar
iz prueba
ota cuota
otation citación; cita; texto citado;
    cotización
quotation marks comillas
ote (to) citar

R

bbi rabí, rabino
bbit conejo
ACE carrera, raza
race horse caballo de carrera
race track pista
ck bastidor; rambla
clothes rack perchero
ck (to) atormentar, agobiar
to rack one's brains devanarse los sesos
cket baraúnda
diance brillo, esplendor
diant radiante, radiado
diantly con brillo
diate (to) emitir, irradiar
diator calorífero
dical radical
dically radicalmente
ADIO radio
to listen to the radio escuchar la radio
dio broadcast difusión radial
dio broadcasting radiodifusión
diogram radiograma
dio program programa radial
dio station radioemisora, emisora
dish rábano
dium radio

rag trapo, andrajo
rage rabia; ira; furor
rage (to) rabiar, enfurecerse
ragged andrajoso, harapiento
raid incursión
raid (to) invadir
rail baranda, riel
railing baranda, barandilla
railroad ferrocarril
    railroad car vagón ferroviario
    railroad crossing paso a nivel
railway ferrocarril
RAIN lluvia
    rain or shine que llueva o no
RAIN (to) llover
    It looks as if it's going to rain. Parece que
        va a llover.
rainbow arco iris
raincoat impermeable
raindrop gota de agua
rainfall aguacero; cantidad de lluvia que cae
        durante tiempo determinado
rainstorm aguacero, temporal
rainy lluvioso
RAISE aumento
RAISE (to) levantar, alzar, elevar, aumentar,
        subir, criar, cultivar
    to raise an objection objetar; poner una
        objeción
    to raise a question suscitar una cuestión
    to raise a row armar un alboroto
    to raise money reunir dinero
raisin pasa
rake rastrillo
rake (to) rastrillar
ramble (to) vagar, divagar
ranch hacienda
rancor rencor
random azar; casualidad
    at random a la ventura; al azar
range alcance, radio de acción; cadena
    mountain range sierra, cordillera
rank grado; hilera, posición
    rank and file la tropa
rank (to) clasificar, tener un grado superior
ransack (to) escudriñar
ransom rescate
rape violación; rapto
rape (to) violar, desflorar
rapid rápido
rapidity rapidez
rapture rapto; arrobamiento
RARE raro, precioso
    I like my steak rare. Me gusta el biftec
        poco cocido.
rarely raramente, rara vez
rarity rareza
rascal granuja, pícaro
rash temerario, arrebato; sarpullido
    She had a terrible skin rash. Tenía una
        erupción terrible.
raspberry frambuesa
rat rata
RATE tarifa; precio
    at any rate de todos modos

at the rate of a razón de
rate of exchange tipo de cambio
rate of interest tipo de interés
What are your rates? ¿Cuáles son sus precios?
RATHER más bien; un poco; algo
rather than más bien que
I'd rather go than stay. Preferiría ir que quedarme.
It's rather expensive. Es un poco caro.
I would rather not. Preferiría no.
ratio proporción, razón
ration ración
rational racional
rationalize (to) racionalizar
rationally racionalmente
rationing racionamiento
rattle sonajero, cascabel
rattle (to) hacer sonar; atolondrar
rave (to) delirar, desvariar
to rave about delirar por
raven cuervo
ravish (to) arrebatar; encantar
ravishing arrebatador
RAW crudo
in a raw state en bruto
raw materials materias primas
raw meat carne cruda
rawhide de cuero duro
ray rayo
rayon rayón
razor navaja
electric razor rasuradora eléctrica
razor blade hoja de afeitar
safety razor manquinilla de afeitar
reach alcance; extensión; distancia
beyond one's reach fuera del alcance de uno
within one's reach al alcance de uno
REACH (to) alcanzar; llegar a, llegar hasta
to reach out one's hand extender la mano
I was unable to reach you by telephone. No pude comunicarme con Ud. por teléfono.
react (to) reaccionar
reaction reacción
reactionary reaccionario
READ (to) leer; descifrar
to read proofs corregir pruebas
I can read your mind. Puedo leer su pensamiento.
I have to read this translation over. Tengo que leer esta traducción otra vez.
I read myself to sleep. Me duermo leyendo.
The text reads thus. El texto dice así.
readable legible
reader lector
reading lectura
reading room sala de lectura
READY listo, pronto, preparado, dispuesto
Everything is ready. Todo está listo.
ready-made confeccionado; ya hecho
ready-made clothes ropa hecha
REAL real, verdadero
real estate bienes raíces

It was a real pleasure. Fué un verdadero placer.
realism realismo
realistic natural, vivo
reality realidad
realization realización, comprensión
REALIZE (to) darse cuenta; hacerse cargo, llevar a cabo, realizar, obtener
to realize a danger darse cuenta del peli
to realize a profit obtener un beneficio; lograr un provecho
I can't realize what has happened. No doy cuenta de lo que ha pasado.
REALLY en verdad, realmente, verdaderamente
Really! ¡De veras!
reap (to) segar, cosechar
reaper segador; segadora mecánica
reappear (to) reaparecer
rear parte posterior
REAR de atrás, trasero, posterior
rear admiral contralmirante
rear guard retaguardia
REASON razón, juicio, causa
by reason of con motivo de
for this reason por esto
without reason sin razón
reason (to) razonar, raciocinar
reasonable razonable; módico
reasonably razonablemente
reasoning razonamiento
rebel rebelde
rebel (to) rebelarse
rebellion rebelión
rebellious rebelde, refractario
RECALL (to) recordar; anular; revocar
to recall to mind recapacitar
recapture (to) represar
receipt recibo, cobranza
receipt book registro de recetas
on receipt of al recibo de
to acknowledge receipt acusar recibo
RECEIVE (to) recibir, admitir, hospedar
receiver receptor; recibidor, recipiente
RECENT reciente
recently recientemente
reception recepción, acogida
receptive receptivo
recess depresión, suspensión
recipe receta de cocina
recipient recipiente
reciprocal recíproco, mutuo
reciprocally recíprocamente
reciprocate (to) alternar, ser recíproco
reciprocity reciprocidad
recital recitación, relación
recitation recitación
reckless temerario
recklessly temerariamente
reckon (to) contar, enumerar
reckoning cuenta
reclaim (to) reclamar
reclamation reclamación
recline (to) reclinar, recostar
recognition reconocimiento
RECOGNIZE (to) reconocer

recollect (to) recordar
recollection recuerdo
recommend (to) recomendar
recommendation recomendación
reconcile (to) reconciliar
reconciliation reconciliación
reconstruct (to) reedificar
RECORD registro, acta; disco, record;
    constancia; comprobante
    on record registrado
record (to) grabar
recorder registrador, archivero
    tape recorder grabadora de sonido
records datos, memoria, archivo, anales
RECOVER (to) recobrar, recuperar
recovery restablecimiento, recuperación
recreate (to) crear de nuevo; recrear
recreation recreación, recreo
recruit recluta, novicio
rectify (to) rectificar, corregir
recuperate (to) restablecerse, recuperarse
RED rojo; colorado; encarnado
    Red Cross Cruz Roja
    red-handed cojido en el hecho
    redhead pelirroja
    red-hot candente
    red pepper pimentón
    red tape burocracia
    red wine vino tinto
redeem (to) redimir, desempeñar
reduce (to) reducir, minorar; rebajar
reduction reducción, rebaja
reed caña, cañuela
reef arrecife
reel carrete; tambor; película de cine
re-enforce (to) reforzar, fortalecer
refectory refectorio
REFER (to) referir, remitir, dirigir, recurrir
    to refer to recurrir a; acudir
referee árbitro
reference referencia
    in reference to respecto de
    reference book libro de referencia
    reference mark llamada
referendum referéndum, plebiscito
refill (to) rellenar, reenvasar
refine (to) refinar, purificar
refined fino, culto
    He is a very refined person. Es una
    persona muy fina.
refinement cortesía; cultura; esmero
refinery refinería
reflect (to) reflejar; reflexionar
    to reflect upon desprestigiar
reflection reflejo; reflexión
reflex reflejo
reflexive reflexivo
reflexively reflexivamente
reform reforma
reform (to) reformar, reformarse
refrain (to) refrenarse; abstenerse de
refresh (to) refrescar, renovar
    a refreshing drink refresco
    to refresh one's memory recordar
refreshment refresco
refrigerator refrigeradora, nevera

refuge refugio, asilo
refugee refugiado, asilado
refund devolución, restitución
refund (to) restituir, reintegrar
refusal negativa
refuse (to) rehusar
refute (to) refutar, rebatir
regain (to) recobrar, recuperar
REGARD consideración, respeto
    in regard to en cuanto a, respecto a
    in this regard en este respecto
    with regard to con respecto a
    without any regard for sin hacer caso de
regard (to) estimar, considerar, mirar
regarding relativo a, respecto de,
    concerniente a
regardless of a pesar de
regards recuerdos, memorias, afectos
    to give one's regards dar memorias
    With my best regards. Con mis amistosos
    saludos
regime régimen
regiment regimiento
region región
register registro
register (to) inscribir, registrar
    registered letter carta certificada
REGRET pesar, pena, remordimiento
regret (to) sentir, deplorar, lamentar
    I regret it. Lo siento.
    I regret that . . . Siento que . . .
regretful pesaroso
regular regular, normal
regularity regularidad
regularly regularmente
regulate (to) regular, regularizar
regulation reglamento, regla, regulación,
    reglamentación
rehearsal ensayo
rehearse (to) ensayar
reign reinado
reign (to) reinar
reinforce (to) armar, reforzar
    reinforced concrete hormigón armado
reinforcement armadura
reiterate (to) reiterar
reject (to) rechazar, recusar, rehusar
rejoice (to) alegrar, regocijarse
rejoicing regocijo
rejoin (to) reunirse con; volver a la compañía
relapse recaída, reincidencia
relapse (to) recaer, reincidir
RELATE (to) relatar, contar, narrar
    everything relating to cuanto se relaciona
    con
    to be related estar emparentado;
    relacionarse
relation relación; referencia; narración
    in relation to con relación a, respecto a
relationship relación
relative relativo; pariente
relax (to) relajar, aflojar, mitigar
relaxation flojedad, descanso
RELEASE (to) soltar, relevar, exonerar,
    descargar
reliability confianza

reliable digno de confianza
relic reliquia; vestigio
relief alivio, socorro; relevo
relieve (to) aliviar, socorrer, auxiliar
religion religión
religious religioso
religiously religiosamente
relinquish (to) abandonar, dejar
relish gusto, apetencia
relish (to) saborear, gustar de
reluctance renuencia, mala gana, disgusto
  with reluctance de mala gana
reluctant maldispuesto
reluctantly de mala gana
rely on (to) confiar en, contar con
REMAIN (to) quedar, restar, faltar
  to remain silent callar, guardar silencio
  to remain undone quedar sin hacer
remains restos, sobras
REMARK observación; advertencia; nota
  to make a remark hacer una observación
remarkable notable, interesante
remarkably notablemente
remedy remedio
remedy (to) remediar
REMEMBER (to) recordar, acordarse, tener
     presente; mentar
  I don't remember. No me acuerdo.
  Remember me to him. Déle mis recuerdos.
remembrance memoria, recuerdo
remind (to) recordar
reminder recordatorio, recuerdo; advertencia
remit (to) remitir; enviar
remittance remesa; giro; letra de cambio
remnant remanente
REMORSE remordimiento
remote remoto, apartado
removable removible
removal remoción; acción; desposición
remove (to) mudar; trasladar; cambiar;
     deponer; destituir
remunerate (to) remunerar
render (to) volver, poner, hacer
  to render assistance prestar auxilio
  to render justice hacer justicia
renew (to) renovar, rehacer
renewal renovación, renuevo
renounce (to) renunciar, rechazar
renovate (to) renovar, rehacer
renovation renovación
RENT renta, alquiler
  for rent se alquila
rent (to) alquilar, arrendar
reorganization reorganización
repair reparación, prórroga
  Closed for repairs. Cerrado por
     reparaciones.
repair (to) reparar, componer
repay (to) pagar, recompensar
repeal (to) derogar, revocar
repeat (to) repetir, repasar, ensayar
repeated repetido, reiterado
repeatedly repetidamente
repel (to) repeler, resistir
repellent repelente
repent (to) arrepentirse

repertory repertorio; colección
repetition repetición
repetitious redundante
replace (to) reemplazar
replica replegado
reply respuesta, contestación
reply (to) contestar, responder
REPORT relación; informe; parte
  to give a report dar un informe
  He gave a complete report of the
     situation. Hizo un informe de la
     situación.
report (to) informar; dar parte; denunciar
  it is reported se dice; corre la voz
  to report on the progress of dar cuenta de
     la marcha de
  He had to report to headquarters. Tuvo
     que presentarse al cuartel.
reporter repórter
reprehensible reprensible
represent (to) representar
representation representación
representative representante; agente; diputad
reprimand (to) reprender
reprint reimpresión
reproach censura, reproche
reproach (to) reprochar, censurar
reproduce (to) reproducir
reproduction reproducción
reprove (to) reprobar, culpar, censurar
reptile reptil
republic república
repugnant repugnante
repulsion repulsión
reputable honroso
reputation reputación, fama
request súplica, ruego, petición
  at the request of, by request of en
     demanda de
request (to) pedir, rogar
require (to) requerir
requirement requisito, estipulación
rescue rescate, salvamento
rescue (to) rescatar, salvar, librar
research investigación
resemblance semejanza, parecido
resemble (to) parecerse a
  She resembles her mother. Se parece a su
     madre.
resent (to) resentirse de, ofenderse por
resentful resentido, agraviado
reservation reservación
  I have a hotel reservation for next week.
     Tengo una reservación en el hotel para
     la semana entrante.
reserve reserva
  without reserve sin reserva; sin excepción
  Speak without reserve. Hable con
     franqueza.
reserve (to) reservar; guardar
reserved reservado, circunspecto
reservoir depósito
reset (to) montar de nuevo
reside (to) residir, morar
residence residencia
resident residente

ntial residencial
idential section barrio residencial
a (to) dimitir; renunciar
esign oneself renunciarse
ation dimensión; renuncia; resignación
(to) resistir; rechazar; oponerse;
  negarse a
ance resistencia
te resuelto
ition resolución
e (to) resolver
t concurso, concurrencia
mer resort concurso de verano
nd (to) repetir, repercutir
rce recurso
ECT respecto; respeto
ll respects en todos sentidos
very respects en todo sentido
espect to tocante a, con respecto a
ome respect en cierto sentido
his respect a este respeto
h due respect con todo respeto
h respect to tocante a; con respeto a
ct (to) respetar
ctable respetable
cted considerado
ctful respetuoso
ctive to respectivo a
ation respiración, respiro
e tregua; espera; pausa
ndent resplandeciente
nd (to) responder; corresponder;
  obedecer
ndent respondiente; demandado
nse respuesta
nsibility responsabilidad
your responsibility bajo su
  responsabilidad
nsible responsable
hold you responsible for it. Lo haré a
  Ud. responsable de ello.
' resto, descanso, reposo
est en reposo
hout rest sin descanso
est will do him good. Le sentará muy
  bien un descanso.
.o) reposar, descansar
ave to rest for a while. Tengo que
  descansar un rato.
urant restaurante
al sosegado, tranquilo
ation restitución
ss inquieto
e (to) restaurar; reponer
ain (to) refrenar; reprimir
ction restricción
oom servicio sanitario, retrete
  resultado, resulto
(to) resultar
esult in venir a parar
e (to) resumir; reasumir
AIL venta al por menor; menudeo
ail price precio al menudeo
(to) vender al por menor
a (to) retener; conservar

retaliate (to) vengarse
reticence reticencia
retire (to) retirarse, jubilar
  I am going to retire now. Voy a dormir.
  He will retire from business next year. Va
  a retirarse de los negocios el año que
  viene.
retired retirado; apartado
  retired life vida retirada
  to put on the retired list dar el retiro
retort (to) replicar
retrace (to) seguir, repasar
  to retrace one's steps volver sobre sus
  pasos
retract (to) retractar; retirar
retreat retiro; retrata
retrospect mirada retrospectiva
RETURN vuelta, regreso, regresa, respuesta
  by return mail a vuelta de correo
  in return a cambio
  return trip viaje de vuelta
  Many happy returns! ¡Feliz cumpleaños!
RETURN (to) volver, regresar, devolver
  to return a book devolver un libro
  to return a favor corresponder a un favor
  He just returned home. Acabó de regresar
  a casa.
reveal (to) revelar, divulgar
revelation revelación
revenge (to) vengar, vindicar
revenue rentas públicas
revere (to) reverenciar, venerar
reverence reverencia
reverent reverente
reverse inverso, invertido; opuesto; contrario
  The car is in reverse. El coche está en
  reverso.
reverse (to) invertir
reversible versátil, reversible
revert (to) retroceder
REVIEW revista; examen; análisis; revisión
review (to) revisar, pasar revista, revistar
revise (to) revisar
  revised version traducción corregida
revision revisión
revival renacimiento; representación de obras
  antiguas
revive (to) hacer revivir, resucitar
revocation revocación
revoke (to) revocar
revolt rebelión
revolt (to) rebelarse
revolting odioso, repugnante
revolution revolución
revolve (to) girar; dar vueltas
revolver revólver
REWARD premio, recompensa
reward (to) recompensar
rhetoric retórica
rheumatism reuma, reumatismo
rhyme rima, verso, poesía
  without rhyme or reason sin ton ni son
rhyme (to) rimar
rhythm ritmo, cadencia
rib costilla

ribbon cinta
RICE arroz
  chicken and rice arroz con pollo
rich rico
  This food is very rich. Esta comida es muy buena.
richly ricamente
rid desembarazar, librar
  to be rid of estar libre de
  to get rid of salir; desembarazarse
riddance libramiento; zafada
riddle acertijo, adivinanza, enigma
RIDE paseo en coche; paseo a caballo
  I'll give you a ride. Le daré una vuelta.
  Let's go for a ride. Vamos a pasear en coche.
RIDE (to) cabalgar, montar a caballo; ir en coche; pasear en automóvil
  to ride horseback montar a caballo
rider caballero; jinete; persona que va en coche o bicicleta
ridge cordillera
ridiculous ridículo
riding paseo a caballo o en coche
  riding horse caballo de silla
rifle rifle
RIGHT *(s.)* derecho
  by right por derecho
  to be in the right tener razón
  to have a right tener derecho
  to keep to the right seguir por la derecha
  to the right a la derecha
RIGHT derecho; recto; justo; correcto; adecuado
  at the right time a buen tiempo
  right or wrong bueno o malo
  the right man el hombre adecuado
  the right time la hora exacta
  to be right tener razón
  Is this right? ¿Está bien esto?
  It's not right. No es justo.
  It's right. Está bien. Es justo.
RIGHT bien, rectamente, justamente, correctamente, propiamente, mismo
  all right bien, conforme
  right along sin cesar
  right away inmediatamente, en seguida
  right here aquí mismo
  right in the middle en plena actividad
  right now ahora mismo, al instante
  Go right ahead. Siga todo derecho.
rightful legítimo
rightly rectamente
rigid rígido
rigor rigor; inflexibilidad
rim borde
rind hollejo, corteza
RING anillo; arena
  bullring plaza de toros, ruedo
  ring finger dedo anular
  Give me a ring tomorrow. Déme una llamada mañana.
RING (to) tocar, sonar
  The telephone is ringing. Suena el teléfono.
rink patinadero

rinse (to) enjuagar; aclarar
riot motín
rioter alborotador
rip (to) rasgar; romper
RIPE maduro
ripen (to) madurar
RISE subida, alza
  sunrise salida del sol
RISE subir, ascender, levantarse; salir; sublevarse; alzar; aumentar
risk riesgo
risk (to) arriesgar
ritual ritual, ceremonial
rival rival
RIVER río
roach cucaracha
ROAD camino
  main road camino principal
  to be on the road viajar de pueblo en pueblo
roam (to) vagar, andar errante
roar (to) rugir, bramar
roast asado
  roast beef carne de res asada, rosbif
  roast chicken pollo asado
roast (to) asar
ROB (to) robar
  I was robbed of my money. Me robaron dinero.
robber ladrón
robbery robo
robe manto, túnica; bata
robust robusto, vigoroso
rock roca, peña, peñasco
rock (to) mecer
rocket cohete, volador
rocking chair mecedora
rocky rocoso, peñascoso, rocalloso
rod vara, varilla
rogue bribón, pícaro, pillo
roguish picaresco
roll rollo, lista; panecillo
roll (to) rodar, arrollar, enrollar
  to roll up enrollar
roller rodillo, tambor
  roller skate patín de ruedas
Roman romano
romance romance, novela
  romance languages lenguas romances
romantic romántico
ROOF techo
ROOM cuarto, pieza, habitación, lugar, espacio
  inside room cuarto interior
  to make room hacer lugar
  There's no room for doubt. No cabe duda
  There's not enough room. No hay suficiente espacio.
roommate compañero (a) de cuarto
rooster gallo
ROOT raíz
root (to) arraigar
rope cuerda, cordel
  to be at the end of one's rope estar sin recursos
rosary rosario

ose rosa
osebud pimpollo, capullo
osebush rosal
osy rosado
ot (to) pudrirse
otary giratorio, rotativo
otate (to) girar; dar vueltas; alternar
otation rotación, giro, turno
otten podrido, putrefacto
ouge colorete
OUGH áspero, rudo, tosco, grosero
  a rough guess a ojo
  rough copy borrador
  rough diamond diamante en bruto
  rough sea mar alborotado
ound tanda; vuelta
OUND rendondo; alrededor, a la redonda
  all year round todo el año
  a round table una mesa redonda
  roundabout a la redonda
  round number número redondo
  round sum suma redonda
  round trip viaje de ida y vuelta
  three miles around tres millas a la redonda
ound (to) redondearse, dar vuelta
  to round up recoger; juntar
ouse (to) despertar, animar, excitar
out rota, derrota
oute ruta, vía, camino, curso, itinerario
outine rutina
OW fila, hilera
  in a row en fila
  She was seated in the third row. Estaba
    sentada en la tercera fila.
ow riña
ow (to) remar
owboat bote de remos
oyal real
oyalty soberanía, realeza
ub (to) frotar, raspar, restregar
  to rub away (off) quitar frotando
  to rub out borrar
  Don't rub it in! ¡No me lo recuerdes!
RUBBER goma, caucho
  rubber band goma, elástico
  rubber cement pasta de caucho y azufre
  rubbers chanclos, zapatos de goma
ubbing fricción
ubbish basura
uby rubí
udder timón, remo
ude rudo, brusco, descortés, tosco,
  chabacano
udeness descortesía, grosería
uffle (to) rizar, fruncir
RUG alfombra, tapete
uin ruina, caída, devastación
uin (to) arruinarse, decaer
uinous ruinoso
RULE regla, norma; reinado, dominio
  as a rule por lo general
  rules and regulations reglamento
  to be the rule ser la regla
  These are the rules of the game. Estas son
    las reglas del juego.
ule (to) gobernar, mandar, rayar; disponer,
  determinar, establecer una regla

ruler gobernante; regla
rum ron
rumor rumor
run carrera, curso, marcha
  in the long run a la larga
RUN (to) correr; andar, funcionar
  to run across tropezar con
  to run after perseguir
  to run a race correr una carrera
  to run away escapar, huir
  to run into chocar con, topar con
  to run over derramarse, atropellar
  to run the risk of correr el riesgo de
  to run up and down correr de una parte a
    otra
  to run wild desenfrenarse
  He feels run down. Se siente agotado.
  He was running a great danger. Estaba
    corriendo un gran peligro.
  We are running short of merchandise. Se
    nos escasea la mercancía.
  We ran out of gas. Se nos acabó la
    gasolina.
runner corredor
running corriente
  running board estribo (tren, coche)
  running expenses gastos corrientes
  running water agua corriente
  three days running tres días seguidos
runway pista
rupture rompimiento
rural rural, campesino
rush prisa, precipitación
  I am in a rush. Tengo mucha prisa.
RUSH (to) ir de prisa; apresurarse
  to rush in entrar precipitadamente
  to rush through ejecutar de prisa
  He just rushed out. Salió a escape.
Russian ruso
rust moho, herrumbre
rust (to) enmohecer, aherrumbrarse
rustle (to) susurrar
rusty mohoso, herrumbroso
rye centeno

S

sack saco
sacred sagrado
sacrifice sacrificio
sacrifice (to) sacrificar
SAD triste
sadden (to) entristecer
saddle silla de montar
  saddle horse caballo de silla
saddle (to) ensillar
sadly tristemente
sadness tristeza
safe caja fuerte, caja de caudales
SAFE seguro, salvo, ileso; sin peligro; sin
  riesgo
  safe and sound sano y salvo
safeguard salvaguardia
safeguard (to) guardar, proteger
safely seguramente, sin peligro
SAFETY seguridad, protección

for safety's sake para mayor seguridad
safety belt cinturón de seguridad
safety razor maquinilla de afeitar
safety zone zona de seguridad
sail vela; buque de vela, velero
sail (to) darse a la vela, zarpar, navegar
sailboat bote de vela
sailing salida; navegación
  sailing orders orden de salida
sailor marinero, marino
saint santo
  Saint Valentine's Day día de San Valentín
    (14 de febrero)
SAKE causa, motivo, amor, bien,
  consideración
  for God's sake por Dios
  for mercy's sake por misericordia
  for the sake of por causa de
  for the sake of brevity por brevedad
  for the sake of peace por amor a la paz
  for your sake por Ud., por su bien
salad ensalada
SALARY sueldo, salario
SALE venta
  auction sale almoneda, subasta
  for sale de venta
salesclerk vendedor, dependiente
salesgirl vendedora
salesman vendedor
saleswoman vendedora
salmon salmón
salt sal
  salt mine mina de sal
  salt shaker salero
  salt water agua de mar
salt (to) salar
salted salado
salutary saludable
salutation salutación
salute (to) saludar
SAME mismo, propio, igual
  all the same todo es uno
  much the same casi lo mismo
  the same lo mismo, el mismo, la misma,
    los mismos, las mismas, otro tanto
  the same as lo mismo que
  It's all the same to me. Me es igual.
sample muestra
sample (to) sacar una muestra
sanction sanción
sanctity santidad
sanctuary santuario
sand arena
  sandpaper papel de lija
sandal sandalia, abarca
sandwich emparedado
sandy arenoso
sane sano
sanitarium sanatorio
sanitary sanitario
sanitation saneamiento
sanity cordura, juicio sano
sap savia; zapa
sarcasm sarcasmo
sarcastic sarcástico
sardine sardina

satin raso
satire sátira
satisfaction satisfacción
satisfactorily satisfactóriamente
satisfactory satisfactorio
satisfied satisfecho
satisfy (to) satisfacer
saturate (to) saturar
SATURDAY sábado
sauce salsa
saucer platillo
sausage salchicha, chorizo
savage salvaje; silvestre
save salvo, excepto; sino, a menos que, a no
  ser que
SAVE (to) salvar, librar; economizar, ahorrar
  to save face guardar las apariencias
savings ahorros, economías
savings bank caja de ahorros
savior salvador
savor sabor
savory sabroso, apetitoso
saw sierra, serrucho
sawdust aserrín
SAY (to) decir, recitar
  it is said se dice
  that is to say es decir, esto es
  to say the least por lo menos
saying dicho, proverbio; adagio; refrán
  as the saying goes según el adagio
scaffold andamio
scald (to) escaldar
SCALE escala; platillo *(de una balanza)*,
  balanza, báscula; escama
  on a large scale en gran escala
  on a small scale en pequeña escala
scales pesa, báscula
scallop venera
scalp cuero, cabelludo
scandal escándalo
scandalize (to) escandalizar
scandalous escandaloso
scant (to) escatimar
scanty escaso
scar cicatriz
SCARCE raro, escaso
scarcely ápenas, escasamente, con dificultad
scarcity escasez
scarecrow espantajo
scarf bufanda, chalina
scarlet escarlata
scatter (to) esparcir, regar
scatterbrain cabeza de chorlito
scene escena
scenery vista, paisaje
scent aroma, olor
schedule programa; cuadro, lista; horario
  The plane won't leave on schedule. El
    avión no saldrá de acuerdo con el
    horario.
schedule (to) hacer el programa
  **The plane is scheduled to arrive at
    twelve.** La hora de llegada del
    aeroplano es a las doce.
scheme plan, proyecto, designio; ardid, treta
scholar escolar, letrado

olarship beca
olastic escolástico
HOOL escuela
choolbook texto de escuela
choolmate condiscípulo
choolroom aula
choolteacher maestro de escuela
nce ciencia
ntific científico
ntist hombre de ciencia
sors tijeras
ld (to) regañar
op pala; excavación; cuchara
pe alcance
rch (to) quemarse
ORE muesca, veintena; tantos, partitura
    (música)
n that score a ese respecto
cores of people mucha gente
Vhat's the score? ¿Cuál es la cuenta?
re (to) marcar los tantos; llevar la cuenta;
    apuntarse uno un tanto, ganar un tanto
o score a point ganar un tanto
rn desdén, desprecio
rn (to) despreciar, desdeñar
rnful despreciativo, desdeñoso
t, Scotsman escocés
tch, Scottish escocés
ur (to) fregar, estregar
amble (to) arrebatar, hojear
crambled eggs huevos revueltos
ap fragmento, pedacito
ape (to) raspar
atch rasguño, arañazo, raspadura, raya
atch (to) rascar, rasguñar, arañar; rayar
eam (to) chillar, gritar
een biombo, mampara; tela metálica,
    rejilla; pantalla; cortina, barrera
een (to) cribar, cerner; ocultar
ew tornillo, rosca
ewdriver destornillador
ibble (to) escribir de prisa
iptures Escritura
ub (to) fregar, estregar
uple escrúpulo
upulous escrupuloso
utinize (to) escudriñar
lptor escultor
lpture escultura
A mar, océano
at sea en el mar
eyond the sea allende al mar
o be seasick estar mareado
Ve'll go by sea. Iremos por mar.
 captain capitán de buque
gull gaviota
l sello; foca
l (to) sellar; lacrar
m costura
man marinero
mstress costurera
plane hidroavión
port puerto de mar
rch busca, búsqueda; pesquisa,
    investigación; registro
n search of en busca de

search (to) buscar; registrar; explorar;
    indagar, inquirir, investigar
  to search after indagar, preguntar por
  to search for buscar, procurar
SEASON estación; temporada; sazón
  a season ticket un billete de abono por
      temporada
  in season en sazón
  out of season fuera de sazón
  to be in season ser de la estación
season (to) sazonar; condimentar
seasonable oportuno
seasoning condimento
SEAT asiento, sitio
  back seat asiento trasero
  front seat asiento delantero
  to take a seat tomar asiento
  Have a seat! ¡Tome Ud. asiento!
  Is this seat taken? ¿Está tomado este
      asiento?
seclude (to) apartar
seclusion reclusión
SECOND segundo, secundario
  on second thought después de pensarlo
      bien
  second class de segunda clase
  secondhand usado
  second-rate segunda categoría
  second year el segundo año
  She lives on the second floor. Ella vive en
      el segundo piso.
  The car is in second gear. El coche está en
      segunda velocidad.
  Wait a second! ¡Espere un instante!
secondary secundario
secondly en segundo lugar
secrecy secreto, reserva
secret secreto
  in secret en secreto
secretary secretario
  private secretary secretario particular
section sección, división
secure seguro, firme
secure (to) asegurar, conseguir
securely seguramente, firmemente
security seguridad, aseguramiento
seduce (to) seducir
SEE (to) ver
  to see about averiguar
  to see a thing through llegar uno hasta el
      cabo de una cosa
  to see fit creer conveniente
  to see the point caer en cuenta
  to see one's way clear ver el modo de hacer
      algo
  He saw me home last night. Me acompañó
      a casa anoche.
  I have to see a friend off. Tengo que ir a
      despedirme de una amiga.
  I'll see to it. Voy a cuidarme de ello.
  It was worth seeing. Aquello era digno de
      verse.
  Let's see. A ver.
  See? ¿Sabe? ¿Comprende?
  Seeing is believing. Ver y creer.
  See page . . . Véase la página . . .

See you later. Hasta luego.
We see each other quite often. Nos vemos con frecuencia.
seed semilla, simiente
seeing vista, visión
seek (to) buscar
to seek after tratar de obtener
seem (to) parecer, figurarse
It seems . . . Parece . . .
It seems to me . . . Me parece . . .
segregate (to) segregar
seize (to) agarrar; coger, prender; apoderarse de; darse cuenta de, comprender
to be seized with sobrecogerse
SELDOM rara vez, raramente
select selecto, escogido
select (to) elegir, escoger
selection selección
SELF mismo, por sí mismo; sí, se
by himself por sí mismo
herself ella misma, se
himself él mismo, se
itself ello mismo, se
my other self mi otro yo
myself yo mismo, me
oneself uno mismo, se
ourselves nosotros mismos, nos
themselves ellos mismos, se
yourself tú mismo, te; usted mismo
yourselves vosotros mismos, os
He only thinks of himself. No piensa más que en sí mismo.
I'll do it myself. Yo mismo lo haré.
I shave myself. Yo mismo me afeito.
Wash yourself. Lávate.
You're fooling yourself. Te estás engañando a tí mismo.
self-centered egocéntrico
self-confidence confianza en sí mismo
self-conscious consciente de sí mismo
self-control imperio sobre sí mismo
self-defense defensa propia
self-determination autonomía, independencia
self-evident patente
selfish egoísta
selfishness egoísmo
self-made man hombre que se ha hecho por sus propios esfuerzos
self-possession serenidad
self-preservation propia conservación
self-reliance confianza en sí mismo
self-respect respeto a sí mismo
self-sufficient suficiente en sí mismo, apto
SELL (to) vender
to sell at auction vender en pública subasta
to sell for cash vender al contado
to sell in bulk vender a ojo
to sell on credit vender a crédito
to sell retail vender al por menor
to sell wholesale vender al por mayor
He is sold on the idea. Está convencido.
The merchandise is sold out. La mercancía está vendida.
seller vendedor
semester semestre
semiannual semestral

semicircle semicírculo
semicolon punto y coma
seminar curso de estudio superior para un grupo de estudiantes
seminary seminario; colegio
senate senado
senator senador
SEND (to) enviar, despachar, mandar, exped
to send away despedir; echar a la calle
to send back devolver
to send for enviar por
to send in hacer entrar
to send word mandar recado
Did you send for me? ¿Me ha mandado Ud. llamar?
Send it to my house. Mándemelo a casa.
sending despacho
senior mayor, de mayor edad, más antiguo; estudiante del último año en un coleg
Jones, Sr. Jones padre
sensation sensación; excitación
sensational sensacional
SENSE sentido
common sense sentido común
the senses los sentidos
to be out of one's senses haber perdido el juicio
to make sense tener sentido
sense (to) sentir
sensibility sensibilidad
sensible sensato, razonable
sensibly cuerdamente, sensatamente
sensitive sensitivo, sensible
sensual, sensuous sensual
sentence oración; sentencia
sentence (to) sentenciar, condenar
sentiment sentimiento
sentimental sentimental
separate separado, aparte
under separate cover por separado
separate (to) apartar, separar
separately separadamente
separation separación
SEPTEMBER septiembre
sequence serie, orden de sucesión
serene sereno
serenity serenidad
sergeant sargento
serial de serie, de orden; por partes, por entregas; en episodios, en serie
SERIES serie
in series en serie
World Series famosa competencia de beisbol
SERIOUS serio; grave
seriously seriamente, gravemente
seriousness seriedad, gravedad
sermon sermón
servant criado, sirviente; criada, sirvienta
SERVE (to) servir
to serve as servir de
to serve notice notificar; hacer saber; dar aviso
to serve one's turn bastar, ser suficiente
to serve the purpose venir al caso
It serves you right. Bien se lo merece.

service servicio
  at your service servidor; a sus órdenes
  to be of service ser útil; servir
session sesión
SET juego, surtido
  set of china servicio de porcelana
  set of dishes vajilla
  set of teeth dentadura
  tea set juego de té
SET (to) poner, colocar, instalar, asentar, establecer; ponerse *(astro)*
  to set a price on fijar precio a
  to set aside dar de mano, apartar
  to set back atrasar
  to set free poner en libertad
  to set in order arreglar, poner en orden
  to set one's mind on aplicarse a
  to set on fire pegar fuego a
  to set out partir
  to set the table poner la mesa
  to set to work poner manos a la obra
  The sun sets in the west. El sol se pone en el oeste.
setback retroceso
setting puesta de un astro; escenario
SETTLE (to) arreglar, ajustar, saldar *(un asunto)*, establecerse, fijar *(su residencia)*, establecerse; posarse, asentarse
  to settle an account saldar una cuenta
  to settle down asentarse
  to settle upon dar en dote
settlement acuerdo, arreglo; colonia, caserío; colonización
set-up arreglo
SEVEN siete
SEVENTEEN diecisiete
seventeenth diecisieteavo
seventh séptimo
seventieth setentavo
SEVENTY setenta
SEVERAL varios, distinto
  several times varias veces
severe severo
severity severidad
sew (to) coser
sewer cloaca
sewing costura
sewing machine máquina de coser
sex sexo
shabby usado, gastado
SHADE sombra; matiz, tinte
shadow sombra *(proyectada por un objeto)*; aparecido
  not a shadow of a doubt ni sombra de duda
shady sombreado, umbroso
shake sacudida, temblor; apretón de manos
shake (to) sacudir; temblar; estrechar; cabecear; mover
  to shake hands darse la mano
  to shake in one's shoes temblar de miedo
  to shake one's head mover la cabeza
  to shake with laughter desternillarse
SHALL 1. auxiliar para formar el futuro de las primeras personas singular y plural

(Véase WILL para las reglas de las segundas y terceras personas)
I shall go tomorrow. Iré mañana.
We shall do it. Lo haremos.
2. *Se usa para expresar promesa o determinación.*
He shall not come again. No volverá nunca.
shallow bajo, somero, vadoso
shame vergüenza
  Shame on you! ¡Qué vergüenza!
shame (to) avergonzar
shameful vergonzoso
shameless desvergonzado, sin vergüenza
shampoo champú
shampoo (to) dar champú, lavar la cabeza
SHAPE forma, figura, molde
shape (to) formar, dar forma
share porción, parte; acción
share (to) partir, repartir; participar, tomar parte en
  to share alike tener una parte igual
shareholder accionista
shark tiburón
sharp aguda puntiaguda, afilado, cortante
  a C-sharp un do sostenido
  a sharp answer una respuesta áspera
  a sharp curve una curva muy pronunciada
  a sharp pain un dolor punzante
  at two o'clock sharp a las dos en punto
  sharp-witted perspicaz
sharpen (to) afilar, aguzar
sharpener amolador, afilador
sharply prontamente
shatter (to) destrozar, hacer pedazos, hacer añicos, romperse, hacerse añicos
shave afeitada
SHAVE (to) afeitar, rasurar; afeitarse, rasurarse
shaving afeitada, rasura
  shaving brush brocha de afeitar
  shaving cream crema de afeitar
shawl chal, mantón
SHE ella
  she-cat gata
  she-goat cabra
sheaf gavilla, haz
shear (to) tonsurar, rapar; esquilar; trasquilar
shears tijeras grandes; cizallas
sheath vaina
shed cobertizo; cabaña; barraca
shed (to) verter, quitarse; derramar
sheep oveja, carnero
sheer puro, claro
sheet sábana; hoja, pliego
shelf estante, anaquel
shell concha; cáscara; granada
shelter refugio, abrigo, asilo
shelter (to) guarecer; albergar; refugiar; poner al abrigo; poner a cubierto
shepherd pastor
sherbet sorbete
sheriff jefe de la policía de un condado
sherry vino de Jerez
shield escudo, resguardo, defensa
shield (to) defender, amparar, resguardar

93

shift cambio; tanda
shift (to) cambiar
SHINE (to) brillar; limpiar, lustrar, dar lustre
  The sun shines. El sol brilla.
shining brillante, radiante, reluciente
shiny lustroso, brillante
SHIP buque, barco, vapor
  merchant ship buque mercante
ship (to) embarcar; enviar, despachar
shipmate camarada de a bordo
shipment embarque; envío, despacho;
  cargamento
shipping envío, despacho
shipwreck naufragio; desastre
shipyard astillero
SHIRT camisa
  shirt store camisería
  sport shirt camisa de deporte
shiver escalofrío, temblor
SHIVER (to) tiritar, temblar
shock choque, sacudida; sobresalto, emoción
shock (to) sacudir, dar una sacudida; chocar,
  ofender; conmover; escandalizar
shocking espantoso; horrible; chocante
SHOE zapato; herradura
  a pair of shoes un par de zapatos
  patent-leather shoes zapatos de charol
  shoelaces cordones para los zapatos
  shoe polish betún; crema para los zapatos
  shoe store zapatería
  I should not like to be in her shoes. No me
    gustaría estar en su pellejo.
  These shoes are too tight. Estos zapatos
    me aprietan mucho.
  Would you like a shoeshine? ¿Quiere que
    le limpien los zapatos?
shoeblack limpiabotas
shoemaker zapatero
shoot (to) tirar, disparar, fusilar
  He shot at his enemy. Disparó contra su
    enemigo.
  He was shot and killed during the war.
    Fué muerto a tiros durante la guerra.
shooting tiro, tiroteo
  shooting star estrella fugaz
SHOP tienda, almacén
  to open a shop poner tienda
shop (to) hacer compras; ir de tiendas
  to go shopping ir de compras
shore costa
  **They go to the seashore during the
    weekends.** Van a la playa durante los
    fines de semana.
SHORT corto; bajo; breve; escaso
  a short time ago hace poco
  for short para abreviar
  in a short while dentro de poco
  in short en suma
  on short notice con poco tiempo de aviso
  short circuit corto circuito
  short cut atajo
  short story cuento corto
  to be short estar escaso
  I am short of money. Estoy escaso de
    dinero.
shortage merma

shortcake torta de fruta
shorten (to) acortar, abreviar
shortening acortamiento; disminución;
  manteca
shorthand taquigrafía
shortly presto; en breve
shorts calzoncillos
shortsighted miope
shot tiro; disparo; balazo
  within gunshot a tiro de fusil
SHOULD 1. auxiliar para formar el
  condicional de las primeras personas
  singular y plural *(Véase WOULD para
  las reglas de las segundas y terceras
  personas.)*
  If I should come, he would meet me. Sí yo
    viniera, iría a recibirme.
  2. deber
  I should go. Yo debería ir.
  The window should be left open. Debe
    dejarse abierta la ventana.
  Things are not as they should be. No están
    las cosas como deberían.
  We should do it. Nosotros deberíamos
    hacerlo.
  You should tell him. Ud. debería decirle.
shoulder hombro
  shoulder blade omoplato
  shoulder strap dragona
  shoulder to shoulder hombro a hombro
shout grito
shout (to) gritar; vocear
shove pala
shove (to) empellar
SHOW exposición; espectáculo; función;
  apariencia; ostentación; boato
  showcase vitrina
  show window escaparate, vidriera
  That was a very good show. Fué un buen
    espectáculo.
SHOW (to) mostrar, enseñar; demostrar,
  probar
  to show off hacer alarde
  to show someone in hacer entrar
  to show to the door acompañar a la puerta
  to show up presentarse, parecer
  Can you show us how to do it? ¿Puede
    mostrarnos cómo se hace?
  The maid showed us in. La criada nos hizo
    entrar.
shower aguacero; ducha
  shower *(party)* fiesta para dar regalos
  to take a shower darse una ducha
shred (to) picar, desmenuzar
shrewd perspicaz, sagaz, astuto
shrill agudo; penetrante
shrimp camarón
shrine relicario
shrink (to) encogerse; contraerse; mermar
  to shrink from amilanarse; huir de;
    apartarse de
shroud mortaja; cubierta
shrub arbusto
shudder (to) estremecerse; temblar
shuffle (to) barajar *(barajas);* arrastrar *(pies)*
SHUT (to) cerrar, encerrar

to shut in encerrar
to shut out cerrar la puerta a uno; excluir
to shut up hacer callar
utter cerrador; persiana; obturador
Y tímido, corto
y off (to) asustarse
CK malo, enfermo
to feel sick sentirse enfermo
to feel sick at (to) one's stomach tener
    náuseas
He is very sick. Está muy malo.
kness enfermedad
seasickness mareo
DE lado, costado
on all sides por todos lados
on the other side of the street al otro lado
    de la calle
on this side de este lado
(the) wrong side out al revés
leboard aparador
lelong lateral, de lado
lewalk acera, pavimento
le with (to) unirse con, poner ser de parte de
ve cedazo, tamiz, criba
't (to) cerner, cribar
h suspiro
h (to) suspirar
GHT vista, aspecto
at first sight a primera vista
to be a sight parecer un adefesio
What a sight! ¡Qué espectáculo!
htseeing acto de visitar puntos de interés
gn seña, señal; letrero, rótulo; aviso
gn (to) firmar
Please sign the check. Tenga la bondad de
    firmar el cheque.
gnal señal, seña
signal light fanal, faro
signal corps cuerpo de señales
gnal (to) señalar, distinguir
gnatory firmante, signatorio
gnature firma, rúbrica
gnboard tablero de anuncios
gnificance significación, importancia
gnificant significado, expresivo
gnpost señal
ence silencio
ence (to) hacer callar
Silence means consent. Quien calla otorga.
ent silencioso, callado
to be silent callarse
ently silenciosamente
k seda
silkworm gusano de seda
ly necio, tonto
LVER plata, monedas de plata
silver paper papel plateado
silver-plated plateado
silver wedding bodas de plata
versmith platero
verware vajilla de plata
milar similar, semejante
milarity semejanza
milarly semejantemente
mmer (to) hervir a fuego lento

SIMPLE simple, sencillo
simple-minded cándido
simpleton simplón
simplicity sencillez
simplify (to) simplificar
simply sencillamente; puramente;
    simplemente
simulate (to) simular, fingir
simultaneous simultáneo
sin pecado, culpa
SINCE hace, desde entonces, después; puesto
    que, ya que
ever since desde que
I have not seen him since last year. Hace
    un año que no lo veo.
Since I don't smoke, I don't buy tobacco.
    Puesto que no fumo, no compro
    tabaco.
sincere sincero
sincerely sinceramente
sincerely yours su seguro servidor (S.S.S.)
sincerity sinceridad
SINFUL pecaminoso
SING (to) cantar
to sing out of tune desafinar
singer cantante, cantor
singing canto
SINGLE solo; soltero
single room habitación individual
He did not say a single word. No dijo ni
    una sola palabra.
singular singular
sink lavado; fregadero
sink (to) hundir, echar a pique
sinner pecador
sip sorbo
sip (to) tomar a sorbos
SIR señor, caballero
Dear Sir: Muy señor mío:
siren sirena
sissy afeminado
SISTER hermana
sister-in-law cuñada
SIT (to) sentar, sentarse
to sit by sentarse al lado de
to sit down at the table sentarse a la mesa
to sit still estar quieto
Let's sit down here. Sentémonos aquí.
Sit down in this armchair. Siéntese Ud. en
    esta butaca.
site sitio, situación
sitting room sala
situate (to) situar; fijar
situation situación
SIX seis
SIXTEEN dieciséis
sixteenth décimo sexto
sixth sexto
sixtieth sesentavo
SIXTY sesenta
SIZE tamaño, medida, talla
What size do you wear? ¿Qué talla usa
    Ud.?
What size is it? ¿De qué tamaño es?
sizzle (to) chamuscar
sizzling steak biftec acabado de freír

skate patín
  ice skate patín de hielo
  roller skate patín de ruedas
skeleton esqueleto
skeptic escéptico
skeptical escéptico
sketch bosquejo, dibujo
sketch (to) bosquejar, esbozar
ski ski
ski (to) patinar con skis
skid (to) patinar
skill destreza, habilidad
skillful diestro, experto, hábil
skim (to) desnatar; espumar; rasar
  skim milk leche desnatada
SKIN piel
skinny flaco
skip (to) saltar, omitir
  Skip it! ¡Olvídalo!
SKIRT falda
skull cráneo
SKY cielo, firmamento
  sky-blue azul celeste
skyscraper rascacielos
slacks pantalones
slam (to) cerrarse de golpe
  Please don't slam the door. Por favor, no
  tire la puerta.
slander calumnia
slang caló, jerga
slant declive
slap palmada, bofetada
slap (to) dar una bofetada
slate pizarra
slaughter matanza
slaughterhouse matadero
slave esclavo
slavery esclavitud
slay (to) matar
sled trineo pequeño
sleep sueño
  I need some sleep. Necesito dormir un
  poco.
SLEEP (to) dormir
  to go to sleep irse a dormir, acostarse
  to sleep soundly dormir profundamente
sleeping car coche dormitorio
sleepwalker sonámbulo
sleepy soñoliento
  to be sleepy tener sueño
sleeve manga
  sleeveless sin mangas
sleigh trineo
slender delgado, esbelto
slice tajada, rebanada
slice (to) rebanar; cortar en rebanadas
slide tapa corrediza; plano inclinado, falla
slide (to) resbalar, deslizarse
slight ligero, leve
slightly ligeramente
slim delgado; delicado
sling honda
slip resbalón; deslizamiento; fondo
  slip of the pen error de pluma
  slip of the tongue lapsus linguae
SLIP (to) resbalar, resbalarse; deslizar

  to slip away escabullirse, deslizarse
  to slip one's mind irse de la memoria
slipper zapatilla, babucha
slippery resbaladizo, resbaloso
slit rajar, hender
slope pendiente, declive, inclinación
sloppy mojado
slot muesca, ranura
SLOW lento, despacio; lentamente
  to be slow atrasar; ser lento
  My watch is slow. Mi reloj atrasa.
slowly lentamente, despacio
  Drive slowly. Conduzca despacio.
  Go slowly. Vaya despacio.
slowness lentitud, morosidad
sluggish perezoso
slum barrio bajo
slumber sueño ligero
slumber (to) dormitar
slur (to) menospreciar, farfullar
sly astuto
SMALL pequeño, chico, menor
  small change suelto
  small talk chistes
smallness pequeñez
smallpox viruelas
SMART inteligente, listo, vivo; elegante
smash (to) romper, quebrar
smear (to) untar, tiznar
smell olfato, olor
smell (to) oler
smile sonrisa
smile (to) sonreír
  to smile at (on, upon) sonreír
smoke humo; cigarrillo
  Have a smoke. Sírvase un cigarrillo.
smoke (to) humear; fumar
  No smoking. Se prohibe fumar.
smoker fumador
smoking acción de fumar
  No smoking allowed. Se prohibe fumar.
smoky humeante
smooth liso, llano, suave
  smooth surface superficie lisa
  smooth-tongued meloso, lisonjero
  smooth wine vino suave
smother (to) ahogar, sofocar
smug presumido
smuggle (to) pasar de contrabando
snack bocadillo
  to have a snack tomar un bocadillo
snail caracol
snake serpiente, culebra
snap chasquido, estallido
snap (to) chasquear
  to snap off abrirse de golpe
snapshot instantánea
snare trampa, armadijo
snatch (to) arrebatar, agarrar
sneak in (to) entrarse a hurtadillas
sneer (to) echar una mirada despectiva
sneeze estornudo
sneeze (to) estornudar
sniff (to) olfatear *(perros);* aspirar
snip (to) tijeretear
snob snob

snore (to) roncar
SNOW nieve
   snow-white níveo
snow (to) nevar
snowball pelota de nieve
snowfall nevada
snowflake copo
snowstorm tormenta de nieve
snowy nevado
snuff (to) olfatear; despabilar
snug cómodo, abrigado
SO así, tal; de modo que; pues; tanto
   and so forth y así sucesivamente
   at so much a yard a tanto la yarda
   if so si es así
   Mr. So-and-So el señor Fulano de tal
   not so good as no tan bueno como
   so far as I know que yo sepa
   so many tantos, tantas
   so much tanto
   so much the better tanto mejor
   so much the worse tanto peor
   so-so así, así
   so that para que, de modo que
   so then conque
   so to speak por decirlo así
   ten dollars or so cosa de diez dólares
   He is rich and so is she. El es rico y ella también.
   I am so sorry! ¡Lo siento tánto!
   I hope so. Así lo espero.
   Is that so? ¿De veras?
   I think so. Lo creo.
   So be it. Así sea.
   That is so. Así es. Eso es.
soak (to) empapar
soap jabón
sob sollozo
sob (to) sollozar
sober sobrio
sociable sociable
social social
   social work labor social
socialism socialismo
society sociedad
sock calcetín
socket portalámpara
   eye socket órbita
soda soda
   soda fountain fuente de soda
   soda water gaseosa; agua de Seltz
sofa sofá
SOFT blando; suave
   soft-drink refresco
   soft-boiled eggs huevos pasados por agua
soften (to) ablandar
softly blandamente
softness suavidad
soil tierra
soil (to) ensuciar
solar solar
soldier soldado
sole suela; planta
SOLE único, solo
   He is the sole heir. El es el único heredero.
solemn solemne

solemnity solemnidad
solicit (to) solicitar
solicitude solicitud
solid sólido
   solid color color entero
solidify (to) solidificar
solidity solidez
solidly sólidamente
solitary solitario
solitude soledad
soloist solista
soluble soluble
solution solución
solve (to) resolver
SOME algo de; un poco; alguno; unos; unos cuantos
   at some time or other un día u otro
   for some reason por algo
   in some way en algo
   Bring me some cigars. Tráigame unos puros.
   Give me some water. Déme agua.
   He owes me some two hundred dollars. Me debe unos dos cientos dólares.
   Here are some of his books. Aquí estan algunos de sus libros.
   I have some left. Me sobra algo.
   Some (people) think so. Hay quienes piensan así.
SOMEBODY alguien, alguno
   somebody else algún otro
SOMEHOW de algún modo
SOMEONE alguien, alguno
SOMETHING alguna cosa, algo
   something else otra cosa; alguna otra cosa
SOMETIME algún día, en algún tiempo
   Call me up sometime. Llámame alguna vez.
SOMETIMES algunas veces, a veces
   He is sometimes late. A veces llega tarde.
SOMEWHAT algún tanto, un poco
   He is somewhat busy. Está algo ocupado.
SOMEWHERE en alguna parte
   somewhere else en alguna otra parte
SON hijo
son-in-law yerno
SONG canto, canción
songbook cancionero
SOON presto, pronto, prontamente; a poco
   as soon as tan pronto como
   as soon as possible lo más pronto posible
   sooner or later tarde o temprano
   the sooner the better mientras más pronto mejor
   How soon will you finish? ¿Cuánto tiempo tardará Ud. en terminar?
   I'll see you soon. Hasta muy pronto.
soothe (to) aliviar, calmar, tranquilizar
sophisticated sofisticado
sordid vil, bajo
sore llaga, dolor
SORE dolorido, enconado; resentido
   sore throat mal de garganta
sorrow pesar, tristeza
   to my sorrow con gran sentimiento mío
sorrowful pesaroso, afligido

SORRY triste; afligido
  to be sorry sentir
  I feel sorry for her. La compadezco.
  I'm very sorry. Lo siento muchísimo.
  You will be sorry. Le pesará.
SORT clase, especie; manera, forma
  all sorts of people toda clase de gentes
  a sort of una especie de
  nothing of the sort nada de eso
  What sort of person is he? ¿Qué tal
    persona es?
soul alma; espíritu
  upon my soul por vida mía
sound sonido; son; sonda
SOUND sano, robusto, bueno
  safe and sound sano y salvo
  sound judgement juicio cabal
  sound sleep sueño profundo
sound (to) sonar, resonar
soundproof prueba de sonido
soup sopa
  soup plate sopero, plato hondo
  vegetable soup sopa de legumbres
SOUR agrio, ácido
  sour cream crema agria
source fuente
  to know from a good source saber de
    buena tinta.
SOUTH sur, sud
  the South Pole el polo sur
southeast sudeste
southern meridional
southwest sudoeste
souvenir recuerdo
sovereign soberano
sow (to) sembrar
sowing siembra
SPACE espacio, lugar, intervalo
  Please type it double-spaced. Escríbalo a
    doble espacio.
  There is no space left. Ya no hay lugar.
space (to) espaciar; interlinear
spacious espacioso, amplio, vasto
spade laya, pala; espada *(baraja)*
  to call a spade a spade llamar al pan pan y
    al vino vino
spaghetti spaghetti
Spaniard español
Spanish español
  Spanish American hispanoamericano
  Do you speak Spanish? ¿Habla Ud. el
    castellano?
spank (to) zurrar
SPARE disponible, sobrante; de respeto, de
  repuesto
  spare money dinero de reserva
  spare parts repuestos
  spare room cuarto de sobra
  spare time horas de ocio
  spare tire neumático de repuesto
spare (to) ahorrar, economizar; escatimar; ser
  frugal; perdonar
  I was spared the trouble of doing it. Me
    ahorré la molestia de hacerlo.
  They have money to spare. Tienen dinero
    de sobra.

  They spared his life. Le perdonaron la
    vida.
sparingly escasamente, parcamente,
  frugalmente, rara vez
spark chispa
  spark plug bujía
spark (to) echar chispas; chispear
sparkle centelleo, destello
sparrow gorrión
SPEAK (to) hablar
  to speak for hablar en favor de; hablar de
    parte de alguien
  to speak for itself ser evidente
  to speak one's mind decir uno lo que
    piensa
  to speak out hablar claro
  to speak to hablar a
  to speak up hablar, decir
speaker orador
spear lanza
spearmint menta verde
SPECIAL especial, particular
  special delivery entrega inmediata; entrega
    urgente
  special delivery stamp sello de urgencia
specialist especialista
specialize (to) especializar; tener por
  especialidad; estar especializado
specially especialmente, particularmente;
  sobre todo
specialty especialidad
species especie
specifically específicamente
specify (to) especificar
specimen espécimen, muestra
spectacle espectáculo
spectator espectador
speculate (to) especular, meditar
speculation especulación
speculative especulativo
SPEECH habla, palabra, discurso, disertación
  to make a speech pronunciar un discurso
speechless mudo, sin habla
speed velocidad, rapidez
  at full speed a toda velocidad
  speed limit velocidad máxima
speed (to) acelarar, apresurar, dar prisa;
  apresurarse, darse prisa
speedy veloz, rápido
spell (to) deletrear
spelling deletreo; ortografía
  spelling book cartilla
SPEND (to) gastar; expender; consumir;
  agotar
  to spend the night pasar la noche
  to spend time emplear el tiempo
  I'll spend the winter in Florida. Pasaré el
    invierno en la Florida.
spender gastador
spendthrift pródigo
sphere esfera
spice especia
spick-and-span flamante
spicy picante
spider araña
spill (to) derramar, esparcir

pin giro, vuelta; barrena

pin (to) hilar; girar, dar vueltas; tornear

pinach espinaca

pinal espinal

pindle huso, broca

pine espinazo, espina dorsal

piral espiral

pirit espíritu

pirited brioso, vivaz

piritual espiritual

pit asador, espeto, espetón; saliva

pit (to) escupir

pite rencor, despecho

in spite of a pesar de

piteful rencoroso

plash salpicadura, chapoteo

plash (to) salpicar, chapotear

pleen esplín

plendid espléndido, magnífico

Splendid! ¡Espléndido!

plice (to) ayustar

plendor esplendor

plit hendido, partido; dividido

SPLIT (to) hender, partir; dividir

  to split hairs pararse en pelillos

  to split one's sides with laughter desternillarse de risa

  to split the difference partir la diferencia

  to split up repartir, dividir

POIL (to) echar a perder, dañar, estropear; estropearse, dañarse, echarse a perder; pudrirse

  to spoil a child mimar demasiado a un niño

ponge esponja

onsor fiador; padrino; patrocinador

onsor (to) patrocinar, fomentar, apadrinar; costear un programa de radio

pontaneity espontaneidad

pontaneous espontáneo

ool carrete, carretel

POON cuchara

  teaspoon cucharilla, cucharita

  tablespoon cuchara

oonful cucharada

PORT deportivo, de deporte

  sport shirt camisa de deporte

orts deportes

ortsman deportista

POT mancha; borrón; sitio, lugar, paraje; apuro; aprieto

  on the spot allí mismo, en el mismo lugar

  He has a spot on his coat. Tiene una mancha sobre su saco.

  This is a very good spot for fishing. Aquí está un lugar muy bueno para pescar.

otless inmaculado

ouse esposo, esposa

rain torcedura, distensión

rain (to) torcerse, distenderse

ray rociada, rocío; espuma del mar

ray (to) pulverizar, rociar

rayer pulverizador

read difusión

PREAD (to) propalar, difundir; divulgar; esparcir; desparramar; tender; extender; desplegar; abrir; untar

She spreads peanut butter on rye bread. Unta pasta de cacahuete en pan de centeno.

The news is spreading very quickly. La noticia se esparce rápidamente.

Who spread this rumor? ¿Quién difundió este rumor?

SPRING primavera; manantial, fuente; salto, resorte, muelle

  bedspring bastidor

spring (to) saltar, brincar

  to spring at lanzarse sobre; saltar

sprinkle (to) rociar; polvorear

sprout (to) brotar

spur espuela

  on the spur of the moment impulsivamente

spy espía

spy (to) espiar

squad escuadra; pelotón

squadron escuadrón; escuadra, flotilla

squander (to) malgastar

SQUARE cuadrado; plaza

  square deal equidad

  to get square with vengarse de

squash calabaza

squeak (to) chirriar, rechinar

squeeze (to) exprimir, apretar

  to squeeze out hacer salir

squirrel ardilla

stab puñalada

stab (to) apuñalar, dar de puñaladas

stable estable; s: establo

stack niara, rima

stadium estadio

STAFF palo, asta; báculo, bastón; bastón de mando; jalón de mira; personal; plana mayor, estado mayor

  editorial staff cuerpo de redacción

  office staff personal de oficina

  staff officer oficial de estado mayor

stag ciervo, venado; hombre solo

  a stag party una fiesta de hombres solos

stage etapa; escenario, tablas

  by stages por etapas

stage (to) representar, poner en escena

stagecoach diligencia

stagnant estancado

stain mancha

stain (to) manchar

  stained glass vidrio de color

stainless limpio, inmaculado

  stainless steel acero bruñido

stair escalón, peldaño

staircase escalera

stake estaca, piquete

  at stake comprometido

  His honor is at stake. Le iba en ello el honor.

stake (to) estacar, poner estacas; jugar, aventurar, arriesgar

  to stake all jugarse el todo por el todo

stale añejo, rancio

stall casilla de establo

stammer (to) tartamudear

STAMP sello, estampilla; timbre

  postage stamp sello de correo

stamp (to) estampar, sellar; poner un sello
stand puesto; tribuna; mesita; velador,
    estante, pedestal, soporte
   newsstand puesto de periódicos
STAND (to) poner derecho, colocar, poner de
    pie, ponerse, estar de pie; resistir,
    hacer frente; aguantar, sufrir, pararse
   to stand a chance tener probabilidades
   to stand by atenerse a
   to stand for estar por, favorecer
   to stand in line hacer cola
   to stand in the way cerrar el paso
   to stand off mantenerse a distancia
   to stand one's ground resistir
   to stand on one's feet valerse de sí mismo
   to stand out resaltar, sobresalir
   to stand out of the way hacerse a un lado
   to stand still no moverse; estarse quieto
   to stand the test pasar la prueba
   to stand together mantenerse unidos
   to stand up levantarse, ponerse de pie
   to stand up for sacar la cara por
   He stood me up. Me plantó.
   I am standing. Estoy de pie.
   I can't stand him. No lo puedo aguantar.
   Stand by! ¡Prepárese!
   Stand back! ¡Atrás!
   Stand up! ¡Levántese!
standard norma; tipo; pauta; patrón;
    estandarte
   standard of living nivel de vida
   standard price precio corriente
   gold standard patrón de oro
standing en pie, erecto
standpoint punto de vista
star estrella, astro
   the Stars and Stripes las Estrellas y las
    Barras (la bandera americana)
starch almidón
starch (to) almidonar
stare (to) clavar la vista
   to stare one in the face echar en cara
stark tieso, rígido
start principio, comienzo; partida, salida,
    arranque
   to get a good start tomar la delantera
START (to) comenzar, principiar; partir;
    salir; ponerse en marcha; arrancar
   to start off partir, ponerse en marcha
   to start out principiar a
   to start up salir de repente
startle (to) espantar, alarmar
starvation hambre, inanición
starve (to) morir de hambre
STATE estado, condición, situación
   in a state of en estado de
state (to) decir; expresar, declarar, manifestar;
    afirmar
statement declaración, manifestación,
    exposición, relación; informe,
    memoria; cuenta, estado de cuenta
stateroom camarote
statesman estadista, hombre de estado
static estático
STATION estación; situación, puesto
   police station estación de policía

railroad station estación de ferrocarril
   station master jefe de estación
stationary estacionario, fijo
stationery papel para cartas, efectos de
    escritorio
stationery store papelería
statistics estadística
statue estatua, imagen
stay estancia; permanencia; residencia
STAY (to) quedar, quedarse; parar; detenerse
    hospedarse; aplazar; suspender
   to stay away estar ausente; no volver
   to stay in quedarse en casa
   to stay in bed guardar cama
   He's staying at the Waldorf Astoria. Para
    en el Waldorf Astoria.
   I stayed up all night. Velé toda la noche.
   You'd better stay away from this. Mejor
    te mantienes lejos de esto.
steadfast constante; determinado
steadily constantemente, con constancia
steady firme; fijo; estable; constante
steak biftec
steal (to) robar
   They've stolen my watch. Me han robado
    el reloj.
steam vapor
steamboat vapor
steam engine máquina de vapor
steamer buque de vapor
steamship buque de vapor
   steamship line compañía de vapores
steel acer
steep empinado, escarpado
steer (to) guiar, conducir, gobernar
steering wheel rueda del timón, volante
stem tallo; raíz (gram.)
stenographer taquígrafo
stenography taquigrafía, estenografía
STEP paso; escalón, peldaño
   flight of steps tramo
   step by step paso a paso
   to be in step llevar el paso
   to be out of step no llevar el paso
   Watch your step. Mire Ud. donde pisa.
step (to) dar un paso, pisar, andar, caminar
   to step aside hacerse a un lado
   to step back retroceder
   to step down bajar, descender; disminuir
   to step forth avanzar
   to step in entrar, visitar; meterse, intervenir
   to step on pisar
   to step out salir
   to step up subir
   Do not step on the grass. No pisar el pasto
stepbrother hermanastro, medio hermano
stepchild hijastro
stepdaughter hijastra
stepfather padrastro
stepladder peldaño
stepmother madrastra
stepsister hermanastra
stepson hijastro
sterile estéril
sterilize (to) esterilizar
stern austero, severo; popa

stew guisado, estofado
  beef stew guisado de res
steward camarero
stewardess camarera
STICK palo, garrote; bastón
stick (to) apuñalar; clavar, hincar; pegar; fijar,
    prender, perseverar
  to stick by solidarizarse con, apoyar
  to stick out sacar; asomar
  to stick up atracar
  to stick up for defender
  He sticks to his ideas. Se mantiene en sus
    ideas.
sticky pegajoso
STIFF tieso, duro, rígido, estirado, afectado;
    ceremonioso; fuerte; caro
  stiff collar cuello planchado
  stiff neck tortícolis
  stiff-necked terco, obstinado
  He is a very stiff person. El es una persona
    muy rígida.
stiffen (to) endurecer(se), atiesar(se), arreciar,
    enconarse, obstinarse
stiffness rigidez, dureza
STILL quieto, inmóvil, tranquilo
  still life naturaleza muerta
  still water agua estancada
  to stand still estarse inmóvil
  Be still! ¡Cállate!
STILL aun, aún; todavía; hasta ahora; no
    obstante
  She's still sleeping. Está durmiendo
    todavía.
stillness calma, quietud
stimulate (to) estimular
sting aguijón; picadura
sting (to) picar; pinchar
stingy avaro
stink (to) heder
stipulate (to) estipular
stipulation estipulación
stir (to) agitar; revolver
  to stir the fire atizar el fuego
  to stir up conmover, excitar
stirrup estribo
stitch puntada; basta
stitch (to) coser, embastar, bastear
STOCK surtido, existencias, mercancías;
    acción; valores, acciones; caja; raza
  stock company sociedad anónima
  stock market bolsa
  in stock en existencia
  out of stock agotado
stocking media, calceta
stomach estómago
STONE piedra; hueso (de unas frutas)
stool taburete, banqueta
stoop (to) agacharse; humillarse
stop parada
STOP (to) parar, pararse, detener, detenerse;
    hacer alto; quedarse
  to stop at detenerse en; poner reparo
  to stop over detenerse durante el viaje;
    quedarse
  to stop payment suspender el pago
  to stop raining dejar de llover

to stop short parar en seco
to stop talking dejar de hablar
Stop! ¡Alto!
Stop a minute. Deténgase un instante.
Stop that now! ¡Basta!
stoppage tupido
storage almacenaje
STORE tienda
  department store almacenes, tienda de
    variedades, bazar
  What time do the stores open? ¿A qué
    hora abren las tiendas?
stork cigüeña
storm tempestad, tormenta
stormy tempestuoso
STORY historia, cuento, historieta; embuste;
    piso
  as the story goes según se dice
  detective story cuento de detectives
  short story cuento corto
  storyteller narrador de cuentos; embustero
    (colloq.)
stout corpulente, gordo
stove estufa
STRAIGHT derecho, recto
  straight line línea recta
  Go straight ahead. Vaya todo seguido.
straighten (to) enderezar, poner en orden
straightforward derecho; recto; franco;
    íntegro, honrado
strain tensión; esfuerzo
STRAIN (to) colar; cansar; esforzarse
  to strain the voice forzar la voz
  Don't strain yourself. No se canse Ud.
strainer colador
strait estrecho
strand costa; cordón, cuerda
STRANGE extraño, raro; desconocido
  strange face cara desconocida
strangeness extrañeza, rareza
stranger extraño, desconocido, extranjero
strap correa
strategic estratégico
strategy estrategia
straw paja
  straw hat sombrero de paja
  This is the last straw. Es el colmo.
strawberry fresa
  strawberry shortcake pastel de fresas con
    crema
streak rayo (luz); lista, raya
stream corriente de agua; río; arroyo
  against the stream contra la corriente
  downstream corriente abajo
  upstream corriente arriba
streamline líneas aerodinámicas
STREET calle
  street crossing cruce de calle
  street intersection bocacalle
streetcar tranvía
STRENGTH fuerza, vigor
  on the strength of fundándose en
  to gain strength cobrar fuerzas
strengthen (to) fortalecer, reforzar
strenuous extenuante
stress acento

STRESS (to) acentuar, dar énfasis
stretch (to) estirar, extender, ensanchar; dar de sí
   to stretch oneself desperezarse
   to stretch out estirar, alargar
stretcher camilla
strict estricto, rígido; exacto
strictly estrictamente, exactamente
stride paso largo
stride (to) andar a trancos
strike huelga
STRIKE (to) golpear, pegar, chocar
   to strike against chocar con
   to strike a match encender un fósforo
   to strike at atacar, acometer
   to strike back dar golpe por golpe
   to strike home dar en el vivo
   to strike one as funny hacer gracia
   to strike out borrar, tachar
striking que sorprende, sorprendente; llamativo
string cuerda, cordel
string bean habichuela
strip tira; lonja; lista
strip (to) desnudar, quitar
stripe lista, raya, banda
stripe (to) rayar
strive (to) esforzarse
stroke golpe; ataque
   stroke of a pen plumada, plumazo
stroll paseo, vuelta
   to go for a stroll dar una vuelta
stroll (to) pasear(se)
stroller vagabundo, paseador
STRONG fuerte, poderoso
stronghold fortificación
structure estructura
struggle disputa, contienda, pugna, lucha
struggle (to) luchar
stub tocón, cepa
stubborn obstinado, terco
stubborness obstinación
STUDENT estudiante
studio estudio
studious estudioso
study estudio
study (to) estudiar
STUFF tela, paño, género; cosa, chismes, muebles
   I have so much stuff to carry. Tengo muchísimas cosas que llevar.
stuff (to) henchir, llenar, rellenar
   stuffed crabs cangrejos rellenos
stumble (to) tropezar
stump tocón, cepa
stun (to) aturdir
stunning magnífico, excelente
   You look stunning in that dress. Luces espléndida con ese vestido.
stupefaction estupefacción
stupefied estupefacto
stupendous estupendo
stupid estúpido
   to be stupid ser estúpido
stupidity estupidez
stupor estupefacción, estupor

sturdy fuerte, robusto
stutter (to) tartamudear
STYLE estilo, modo, moda
   This is the new style. Esta es la nueva moda.
subconscious subconsciente
subdue (to) someter, extirpar, subyugar
subject sujeto, materia, asunto, tema
subject (to) sujetar, someter
subjective subjetivo
subjugate (to) subyugar
subjunctive subjuntivo
sublet (to) subarrendar
sublime sublime
submarine submarino
submission sumisión
submit (to) someter, someterse
subordinate subordinado
subscribe (to) subscribir(se)
subscriber abonado, subscriptor
subscription subscripción; cantidad subscrita
subsequent subsiguiente, ulterior
subsequently posteriormente, subsiguientemente
subside (to) apaciguarse
subsistence existencia, subsistencia
substance substancia
substantial substancial
substantiate (to) verificar, justificar
substantive substantivo
substitute substituto
substitution substitución
subtitle subtítulo; título de escena cinematográfica
subtle sutil, delicado
subtract (to) quitar, restar, substraer
SUBURB suburbio, arrabal
SUBWAY subterráneo, metro
SUCCEED (to) suceder; salir bien; tener buen éxito
   to succeed in tener buen éxito en; lograr
success éxito, buen resultado
   I wish you a lot of success. Le deseo mucho éxito.
successful próspero
successfully con buen resultado
successiv sucesivo
successor sucesor
succinct sucinto, breve
succotash mezcla de maíz y habas
SUCH tal, semejante
   in such a way de tal modo
   no such (a) thing no hay tal
   such as tal como
   It's such an interesting story. Es una historia tan interesante.
suck (to) chupar, mamar
sucker lechón, chupador
SUDDEN súbito, apresurado
   all of a sudden de repente
suddenly súbitamente, repentinamente, de pronto
sue (to) demandar; poner pleito
suede gamuza
suffer (to) sufrir
suffering sufrimiento, padecimiento

office (to) bastar, ser suficiente
efficient suficiente
affix sufijo
suffocate (to) sofocar, asfixiar
SUGAR azúcar
  sugar bowl azucarero
  sugar cane caña de azúcar
  sugar mill igenio
suggest (to) sugerir, insinuar
suggestion sugestión
suicide suicidio
  to commit suicide suicidarse
SUIT traje; causa, pleito; palo
  ready-made suit traje hecho
  suit made to order traje a la medida
  to bring suit entablar juicio
SUIT (to) cuadrar, convenir, acomodar; venir,
        ir bien, sentar; satisfacer; agradar
  to suit one's self hacer uno lo que le guste
suitable adecuado, apropiado
suitably adecuadamente, convenientemente
suitcase maleta, valija
SUITE serie, juego, acompañamiento
  suite of rooms serie de piezas
sulfur (sulphur) azufre
sulk (to) amorrar
sullen hosco, adusto, murrio
sultan sultán
sum suma
  in sum en suma
  sum total suma total
summarize (to) resumir
summary sumario
SUMMER verano
  summer resort lugar de veraneo
  summertime estío
summit cima, cumbre, cúspide
summon (to) citar, emplazar, requerir,
        convocar
summons citación
sum up (to) resumir, recapitular
sumptuous suntuoso
SUN sol, luz de sol
  sun bath baño de sol
  to take a sun bath tomar un baño de sol
sunbeam rayo de sol
sunburn quemadura de sol
sunburned, sunburnt tostado por el sol
  to get sunburned tostarse por el sol
sundae helado con nata batida y frutas
SUNDAY domingo
sunlight luz del sol
sunny de sol, asoleado; alegre, risueño
sunrise salida de sol, amanecer
sunset puesta de sol
sunshine luz solar
  in the sunshine al sol
sunstroke insolación
superb soberbio, grandioso
superficial superficial
superfluous superfluo
superintendent superintendente
superior superior
superiority superioridad
supermarket supermercado
supernatural sobrenatural

superstition superstición
superstitious supersticioso
supervise (to) supervisar
supper cena
  to have supper cenar
supplement suplemento
supply abastecimiento; surtido; oferta
  supply and demand oferta y demanda
SUPPLY (to) abastecer, proveer, surtir
  The army supplies the soldiers with
        uniforms. El ejército provee a los
        soldados de uniformes.
support apoyo, sostén; sustento, manutención
  in support of en favor de
support (to) sostener, apoyar; mantener
supporter mantenedor, defensor
suppose (to) suponer
  He is supposed to be rich. Se cree que es
        rico.
  He is supposed to be there tomorrow.
        Debo estar allí mañana.
supposition suposición, supuesto
suppress (to) suprimir
suppression supresión
supreme supremo, sumo
  Supreme Court Corte Suprema
SURE cierto, seguro
  to be sure estar seguro
  Be sure to . . . No deje de . . .
surely seguramente, ciertamente,
        indudablemente
surety garantía, seguridad
surface superficie
surge oleada
surgeon cirujano
surgery cirugía
surgical quirúrgico
surname apellido
surprise sorpresa, extrañeza
surprise (to) sorprender
surprising sorprendente
surprisingly sorprendentemente
surrender rendición, entrega
surrender (to) rendir(se), entregar(se), ceder
surround (to) cercar, rodear
surrounding circunvecino
surroundings inmediaciones, alrededores;
        medio ambiente
survey examen, estudio; inspección;
        levantamiento
survey (to) examinar, estudiar; reconocer,
        inspeccionar; levantar un plano
survival supervivencia
survive (to) sobrevivir
survivor sobreviviente
susceptible susceptible
suspect persona sospechosa
suspect (to) sospechar
suspend (to) suspender
suspenders tirantes
suspicion sospecha
suspicious sospechoso, desconfiado, suspicaz
sustain (to) sostener, aguantar
swallow trago, golondrina
swallow (to) tragar
swamp pantano, ciénaga

swan cisne
swap (to) cambiar, permutar
swarm enjambre
swarm (to) enjambrar, pulular, bullir, hormiguear
swear (to) jurar, tomar, prestar juramento
  to swear by jurar por; poner confianza implícita en
sweat sudor
sweat (to) sudar
sweater suéter, chaqueta de punto
Swedish sueco
sweep (to) barrer
SWEET dulce, bonito, lindo, amable
  sweet potato batata, camote
  to have a sweet tooth ser goloso
  She's very sweet. Ella es muy dulce.
sweetheart querido(a); novio(a)
sweetness dulzura
swell excelente, magnífico, estupendo
swell (to) hinchar, subir, crecer
swelling hinchazón
SWIFT rápido, veloz
swiftly velozmente, rápidamente
SWIM (to) nadar
  Can you swim? ¿Sabe Ud. nadar?
swimmer nadador
swimming natación
swimming pool piscina, alberca
swindle (to) petardear, estafar
swine marrano, puerco
swing columpio, balanceo, oscilación
  in full swing en pleno apogeo
swing (to) columpiar, mecer; oscilar
Swiss suizo
switch interruptor, apagador; conmutador, cambiavía, aguja de cambio; cambio
switch (to) azotar, fustigar; desviar, apartar; cambiar
switchboard cuadro de distribución; cuadro conmutador
sword espada
syllable sílaba
symbol símbolo
symmetrical simétrico
sympathetic afín, simpático, que simpatiza
sympathize (to) simpatizar
sympathy simpatía
symphonic sinfónico
symphony sinfonía
  symphony orchestra orquesta sinfónica
symptom síntoma
synagogue sinagoga
synonym sinónimo
synthetic sintético
syrup jarabe, almíbar
system sistema
systematic metódico, sistemático

T

TABLE mesa; tabla
  table of contents índice
  to clear the table levantar la mesa
  to set the table poner la mesa
  to sit down at the table sentarse a la mesa

tablecloth mantel
tablespoon cuchara
tablet tabla, tableta, pastilla; lápida
tableware servicio de mesa
tack puntilla; hilván, tachuela
tack (to) clavar con tachuelas
tackle aparejo
  fishing tackle avíos de pescar
tackle (to) agarrar, asir
tact tacto
tactful cauto, mañoso
tactics táctica
tactless falta de tacto
tag herrete, marbete, marca
tail cola
  tail light farol trasero
  Heads or tail? ¿Cara o cruz?
tailor sastre
  tailor made de sastrería
take toma; cogida
TAKE (to) tomar; coger; asir, agarrar; considerar
  breath-taking emocionante (que corta el aliento)
  to take a bath bañarse
  to take a bite comer algo
  to take account of tomar en cuenta
  to take advantage of aprovecharse
  to take advice dar caso, tomar consejo
  to take a fancy to prendarse de
  to take after parecerse
  to take a liking to coger cariño a
  to take a look at echar un vistazo
  to take a nap echarse la siesta
  to take an oath prestar juramento
  to take apart desarmar (una máquina)
  to take a picture sacar un retrato
  to take a step dar un paso
  to take a stroll dar una vuelta
  to take a trip hacer un viaje
  to take away quitar, llevarse
  to take a walk dar un paseo
  to take back retractarse
  to take care of cuidar de
  to take chances correr el riesgo
  to take charge of encargarse de
  to take down tomar nota de
  to take effect surtir efecto
  to take for granted dar por sentado
  to take from quitar de
  to take to heart tomar a pecho
  to take into consideration tener en cuenta
  to take it easy no apurarse
  to take it out on desquitarse con otro
  to take leave despedirse
  to take note tomar nota
  to take notice advertir
  to take off despegar (un avión)
  to take one's clothes off quitarse la ropa
  to take one's shoes off descalzarse
  to take one's time tomarse el tiempo
  to take out sacar
  to take pains cuidar, esmerarse
  to take part tomar parte
  to take place suceder, ocurrir
  to take possession of apoderarse

to take refuge refugiarse
to take time tomar tiempo
to take up a subject abordar un tema
to take upon oneself encargarse de
to take up room ocupar espacio
Don't take it that way. No lo tome Ud. en
  ese sentido.
He took it as a joke. Lo tomó a broma.
I'll take a copy of this magazine. Tomaré
  un ejemplar de esta revista.
I'll take you up on that. Le cojaré la
  palabra.
Let's take a taxi. Tomemos un taxi.
Take it easy. Tómelo con calma.
Take it or leave it. Tómelo o déjelo.
Take my word for it. Créame Ud.
Take your hat off. Descúbrase.
talcum talco
TALE cuento; chisme
  fairy tale cuento de hadas
talent talento; capacidad; ingenio
talented talentoso
talk conversación; charla; discurso; comidilla;
  rumor
  Let's have a talk. Vamos a platicar juntos.
TALK (to) hablar, platicar, charlar, conversar;
  decir
  to talk back replicar
  to talk to hablar a
  He talked her out of it. La disuadió.
  He talks nonsense. Dice disparates.
  Let's talk it over. Vamos a discutirlo.
  She talked me into it. Me convenció.
  We talked business. Hablamos de
    negocios.
talkative locuaz
TALL alto, grande
tallness altura, estatura
tame domesticado, amansado, dócil
tame (to) domar, domesticar
tan atezado, tostado; color de canela; café
  claro
tan (to) curtir, atezarse, tostarse
tangerine tangerino
tangle (to) enredar, embrollar
tank tanque, cisterna; depósito
tap canilla, espita
tap (to) horadar; tocar o golpear suavemente
tape cinta; tira de tela o de papel o de metal
  adhesive tape esparadrapo, tela adhesiva
  tape measure cinta para medir
tapestry tapiz, tapicería
tar alquitrán, brea
tardy tardío, moroso, lento
target blanco, objetivo
  to hit the target dar en el blanco
tariff tarifa
tarnish (to) deslustrar, manchar, empañar
tart acre, ácido, picante; *s:* tarta
task tarea, faena, labor
taste gusto, sabor
  in bad taste de mal gusto
  in good taste de buen gusto
  to have a taste for tener gusto por
TASTE (to) gustar, saborear, probar; saber a,
  tener gusto a

Taste it. Pruébelo.
The soup tastes of onion. La sopa sabe a
  cebolla.
tasteful sabroso, de buen gusto
tasteless insípido; de mal gusto
tavern taberna
TAX impuesto, contribución
  income tax impuesto sobre la renta
  tax collector recaudador de impuestos
  tax rate tarifa de impuestos
tax (to) cobrar impuestos; imponer
  contribuciones
taxable sujeto a impuestos
taxation imposición
taxi, taxicab taxi; coche *(de alquiler)*
taxpayer contribuyente
TEA té
  tea bag paquete de té
TEACH (to) enseñar, instruir
teacher maestro
teaching enseñanza
teacup taza para té
teakettle olla para calentar agua
TEAM pareja, tronco; equipo
  teamwork trabajo coordinado
teapot tetera
tear lágrima
tear (to) desgarrar, rasgar, romper
  to tear down demoler
  to tear one's hair arrancarse los cabellos
  to tear to pieces despedazar
  to tear up arrancar
tease (to) tomar el pelo
teaspoon cucharita
teaspoonful cucharadita
technical técnico
technique técnica
tedious aburrido, cansado
teeth dientes *(pl. de "tooth")*
telegraph telégrafo
telegraph (to) telegrafiar
TELEPHONE teléfono
  telephone booth cabina telefónica
  telephone call llamada telefónica
  telephone directory guía telefónica,
    directorio telefónico
  telephone exchange central telefónica
  telephone operator telefonista
  You're wanted on the telephone. Le
    llaman por teléfono.
  What's your telephone number? ¿Qué
    número tiene su teléfono?
  Where's the telephone? ¿Dónde está el
    teléfono?
TELEPHONE (to) telefonear
  Can we telephone from here? ¿Se puede
    telefonear desde aquí?
telescope telescopio
television televisión
TELL (to) decir, contar, relatar; referir
  to tell a story contar un cuento
  Do what you are told. Haz lo que se te
    mande.
  Please tell me. Dígame, por favor.
  Tell it to him. Cuénteselo a él.
  Tell it to the Marines. A otro perro con ese
    hueso.

Who told you so? ¿Quién le dijo eso?
temper genio, carácter
   bad temper mal genio
   to lose one's temper perder la paciencia
temperament temperamento
temperature temperatura
tempest tempestad
temple templo; sien
temporarily provisionalmente, temporalmente
temporary provisorio, temporal, interino
temporize (to) contemporizar
tempt (to) tentar
temptation tentación
tempting tentador
TEN diez
tenacious tenaz, porfiado
tenacity tenacidad
tenant inquilino
tendency tendencia
TENDER tierno
   tender-hearted compasivo
tenderly tiernamente
tennis tenis
   tennis court cancha de tenis
tenor tenor; contenido
tense tenso
tension tensión
tent tienda de campaña
tentative tentativa
tenth décimo
tepid tibio, templado
TERM término; plazo, especificaciones,
   condiciones, estipulaciones
   in terms of en concepto de
   on no terms por ningún concepto
   to be on good terms with estar en buenas
      relaciones con
   to bring to terms imponer condiciones
   to come to terms llegar a un acuerdo,
      convenir
   On what terms? ¿En qué términos?
TERMINAL término, estación terminal, final
   de trayecto; terminal, borne
terminal terminal, final, último
terminus término, fin
terrace terraza
terrible terrible, espantoso
   How terrible! ¡Qué espantoso!
terribly espantosamente, terriblemente
territory territorio
terror terror, espanto
TEST prueba, ensayo, examen, análisis
test (to) ensayar, probar, analizar
testify (to) atestiguar, testificar, declarar
testimony testimonio
text texto
textbook libro de texto
texture textura
THAN que
   fewer than menos que
   more than that más que eso
   She's older than I. Ella es mayor que yo.
THANK (to) agradecer, dar las gracias
   Thank you. Gracias.
thankful agradecido
thanks gracias

   thanks to gracias a
THAT *(dem.)* ese, esa; aquel, aquella;ése,
   ésa, eso; aquél, aquélla, aquello
   and all that y cosas por el estilo
   that is to say es decir
   that man ese hombre
   that's how así es como es
   that way por allí
   that woman esa mujer
   Let it go at that. Déjelo correr.
   That may be. Es posible.
   That's all. Eso es todo.
   That's it. Eso es.
   That's something else *(again).* Eso ya es
      otro cantar.
   That's that. Eso es lo que hay.
   That's the one. Ese es.
THAT *(pron. rel.)* que, quien, el cual, la cual
   that which el que
   the books that are widely read los libros
      que se leen mucho
THAT *(adv.)* tan, así de
   not that far no tan lejos
   that big así de grande
   that many tantos
   that much tanto
THAT *(conj.)* que, para que
   in order that para que; de modo que
   save that salvo que
   so that de modo que; de suerte que; para
      que
   Tell them that you are not coming.
      Dígales que Ud. no viene.
thaw (to) deshelar, derretir(se)
THE el, la, lo; los, las
   the sooner the better cuanto más pronto,
      tanto mejor
   The less you speak, the better. Cuanto
      menos hable Ud., mejor.
   **The more she spoke, the more they were
      convinced.** Mientras más hablaba, más
      los convencía.
theater teatro
theatrical teatral
theft hurto, robo
THEIR su, suyo, suya; de él, de ella; sus,
   suyos, suyas; de ellos, de ellas
   These are their books. Estos libros son los
      suyos.
THEIRS el suyo, la suya; los suyos, las
   suyas; de ellos, de ellas
   an acquaintance of theirs un conocido
      suyo
THEM los, las; ellos, ellas
   I'll give them to you. Se los daré.
theme tema, asunto
themselves ellos mismos, ellas mismas; sí
   mismos
THEN entonces; en aquel tiempo; a la sazón
   and then y entonces
   but then si bien es cierto que
   by then para entonces
   just then entonces mismo
   now and then de cuando en cuando
   And what then? ¿Y entonces qué?
theology teología

theoretical teórico
theory teoría
THERE allí, allá, ahí
  over there por allí; allá
  there in Spain allá en España
  there is hay
  Go there. Vaya allá.
  I was there. Yo estuve allí.
  Put it there. Ponlo ahí.
  She lives there. Ella vive allí.
  There! ¡Toma! ¡Vaya!
  There she goes. Ahí va.
  There you are. Eso es todo.
thereabouts por ahí, por allí, cerca de allí
thereafter después de eso, conforme
thereby con eso, de tal modo
therefore por esto, por lo tanto, por
    consiguiente
therein allí, dentro
thereupon sobre de él, por lo tanto
thermometer termómetro
THESE estos, estas; éstos, éstas
thesis tesis
THEY ellos, ellas
THICK espeso; tupido, denso; grosero,
    grueso
  thick-headed torpe
  three inches thick tres pulgadas de espesor
thickness grueso, espesor, grosor
thief ladrón
thigh muslo
thimble dedal
THIN flaco; delgado, esbelto
THING cosa, objeto
  above all things sobre todas las cosas
  as things stand como están las cosas
  no such thing no hay tal
THINK (to) pensar; creer, opinar
  as you think fit como Ud. quiera
  to think it over pensarlo
  to think nothing of no dar importancia a
  to think of pensar en, pensar de
  to think twice reflexionar mucho
  I don't think so. Creo que no.
  I think so. Creo que sí.
thinness delgadez, flacura
THIRD tercero
  a third person un tercero
  thirdly en tercer lugar
thirst sed
  to be thirsty tener sed
THIRTEEN trece
thirteenth décimotercio
thirtieth treintavo
THIRTY treinta
THIS este, esta; éste, ésta; esto
  this and that esto y aquello
  this morning esta mañana
  this one and that one éste y aquél
thorn espina
thorough entero, cabal, minucioso, perfecto
thoroughfare vía pública, calle, carretera
  No thoroughfare. Se prohíbe el paso.
thoroughly enteramente, cabalmente
THOSE esos, esas; aquellos, aquellas; ésos,
    ésas; aquéllos, aquéllas

THOUGH aunque; sin embargo; no obstante;
    si bien; bien que
  as though como si
  even though aun cuando
thought pensamiento
  to give thought to pensar en
thoughtful pensativo, precavido; atento,
    considerado
  It's very thoughtful of you. Ud. es muy
    atento.
thoughtfully cuidadosamente, con precaución
thoughtfulness reflexión, meditación,
    atención, previsión
thoughtless inconsiderado, descuidado,
    insensato
thoughtlessly descuidadamente, sin reflexión
THOUSAND mil, millar
thousandth milésimo
thread hilo
thread (to) enhebrar
threat amenza
threaten (to) amenazar
THREE tres
threefold triple
threshold umbral, tranco
thrift economía, frugalidad
thrifty frugal, económico
thrill emoción, estremecimiento
thrill (to) emocionarse, estremecerse, temblar
thriller obra policíaca
thrive (to) medrar, prosperar
THROAT garganta
  sore throat dolor de garganta
  I have a sore throat. Me duele la garganta.
throne trono
THROUGH continuo, directo
  a through train un tren directo
THROUGH a través, de parte en parte, de un
    lado a otro; enteramente,
    completamente; por, por entre, a
    través, por medio de, por conducto de,
    mediante
  through and through enteramente
  through his influence mediante su
    influencia
  through the door por la puerta
  through the strainer a través del colador
  through the trees por entre los árboles
  to be through haber terminado
  I am through with this. No tengo más que
    ver con esto.
  I'm wet through and through. Estoy
    mojado hasta los huesos.
throughout durante todo, en todo, a lo largo
    de; de parte a parte; desde el principio
    hasta el fin; en todas partes
THROW echar, tirar
  to throw away tirar, arrojar
  to throw light on aclarar
  to throw out echar fuera, arrojar
thumb pulgar
thumbtack chinche
thunder trueno
thunder (to) tronar
  It's thundering. Truena.
thunderbolt rayo, centella

thunderclap tronada
thundershower aguacero con truenos y relámpagos
thunderstorm tronada
THURSDAY jueves
THUS así; de este modo; en estos términos; como sigue
    thus far hasta aquí, hasta ahora
ticker indicador eléctrico automático de cotizaciones y noticias
TICKET billete, boleto
    round-trip ticket billete de temporada
    ticket agent taquillero, boletero
    ticket window taquilla
tickle (to) hacer cosquillas
tickling cosquillas
ticklish cosquilloso, quisquilloso; delicado, difícil
TIDE marea
    high tide pleamar, plenamar
    low tide bajamar
tidy limpio, aseado
TIE lazo; atadura; nudo; traviesa; corbata
    family ties lazos de familia
tie (to) atar, amarrar
    to tie up impedir
    I was tied up at the office, and so I could not come. Estuve ocupado en la oficina por lo que no pude venir.
tie-up paralización *(de la industria, tráfico, etc.)*
tiger tigre
tight apretado; muy ajustado, bien cerrado
    This dress is very tight. Este traje está muy ajustado.
tighten (to) apretar
tights calzas atacadas
tile azulejo, losa, baldosa; teja
    tile roof tejado de tejas
TILL hasta, hasta que
    till further notice hasta nueva orden
    till now hasta ahora
till (to) cultivar, laborar, labrar
timber madera
TIME tiempo; hora; vez; época
    a long time ago hace mucho tiempo
    any time a cualquier hora
    at no time jamás
    at the proper time en el momento oportuno
    at the same time al mismo tiempo
    at this time ahora, al presente
    at this time of the day a estas horas
    at times a veces
    for the time being por ahora
    from time to time de vez en cuando
    in an hour's time en una hora
    in no time en un instante
    one at a time uno a la vez
    on time a tiempo
    some time ago tiempo atrás
    spare time tiempo desocupado
    the first time la primera vez
    time and again una y otra vez
    to take time tomarse tiempo
    Be on time. Sea puntual.
    Have a good time! ¡Que se divierta!

I have plenty of time. Tengo tiempo de sobra.
It's been a long time. Hace mucho tiempo.
There's no time to waste. No hay tiempo que perder.
Time is money. El tiempo es oro.
What time is it? ¿Qué hora es?
We had a good time. Pasamos un buen rato.
timely oportunamente; a buen tiempo
timid tímido
timidity timidez
timing regulación de tiempo
tin lata
    tin can lata
    tin foil hoja de estaño
    tin plate hoja de lata
tincture tintura
    tincture of iodine tintura de yodo
tinsel oropel
tint tinte
tint (to) teñir, colorar
tiny chiquitico, menudo
tip punta, extremidad, cabo; propina; soplo, delación
tip (to) ladear, inclinar; dar una propina; prevenir, precaver, delatar
    to tip off soplar
tipsy chispado
tiptoe punta del pie
    on tiptoe en puntillas
tire neumático, llanta
    flat tire pinchazo, neumático desinflado
tire (to) cansar, aburrir
    to tire out reventar de cansancio
tired cansado
    tired out reventado de cansancio
    to become tired cansarse
tiredness cansancio, fatiga
tireless incansable, infatigable
tiresome tedioso, cansado
tissue tejido; gasa; tisú
    tissue paper papel de seda
title título
    title page portada
TO a, para, de, por, hasta que
    from house to house de casa en casa
    good to eat bueno para comer
    in order to a fin de, para
    letters to be written cartas por escribir
    ready to go listo para marcharse
    the road to Washington la carretera de Washington
    to and fro de un lado a otro
    to be done por hacerse
    to give to dar a
    to go to ir a
    to speak to hablar a
    to this day hasta ahora
    He is a friend to the poor. Es amigo de los pobres.
    He was ambassador to Spain. Fué embajador en España.
    I have something to do. Tengo algo que hacer.
    I have to go. Tengo que irme.

I'm going to New York. Voy a Nueva
  York.
It belongs to him. Pertenece a él.
It costs three to four dollars. Cuesta de
  tres a cuatro dólares.
It's five to three. Son las tres menos cinco.
It's time to leave. Es hora de partir.
toad sapo
toast (to) tostar; brindar por
toaster tostador, parrilla
tobacco tabaco
  tobacco shop estanco, cigarrería, tabaquería
today hoy
  a week from today de hoy en ocho días
toe dedo del pie
TOGETHER juntos, juntamente, a un
      tiempo, simultáneamente
  to call together reunir, congregar
  together with junto con, en compañía de
  Let's go together. Vamos juntos.
toil trabajo, pena; angustia, fatiga, afán
toil (to) trabajar asiduamente, afanarse
toilet excusado, retrete; tocado
  toilet paper papel higiénico
  toilet set juego de tocador
token señal, recuerdo, ficha
  as a token of en señal de
tolerable tolerable
tolerance tolerancia
tolerant tolerante
tolerate (to) tolerar
toll peaje
  toll bridge puente de peaje
toll (to) apagar, tocar *(campana)*
tomato tomate
  tomato juice jugo de tomate
tomb tumba, sepulcro
tombstone piedra sepulcral
tomcat gato
TOMORROW mañana
  day after tomorrow pasado mañana
  tomorrow afternoon mañana por la tarde
  tomorrow morning mañana por la mañana
  tomorrow night mañana por la noche
  tomorrow noon mañana al mediodía
ton tonelada
tone tono
tone down (to) suavizar el tono
tongs tenazas, alicates
TONGUE lengua, espiga
  to hold one's tongue callarse
  tongue-tied con frenillo
tonic tónico
tonight esta noche, a la noche
tonsil amígdala
TOO demasiado; también, además
  not too good no muy bueno
  one dollar too much un dólar de más
  too many demasiados, muchos
  too much demasiado, excesivo
  He's too good. Es muy bueno.
  I am only too glad to do it. Lo haré con
    muchísimo gusto.
  It's too bad. Es lástima.

It's too early yet. Es demasiado temprano
  aún.
That's too little. Eso es muy poco.
That's too much. Eso es demasiado.
Are you going too? ¿Va Ud. también?
You have gone a little too far. Ud. se ha
  excedido un poco.
tool herramienta, instrumento
TOOTH, teeth diente
  toothache dolor de muelas
  toothbrush cepillo de dientes
  tooth paste pasta dentífrica
  toothpick palillo, mondadientes
TOP cima, cumbre; copa, la parte superior, la
      parte de arriba, superficie; cabeza,
      pináculo; trompo
  at the top a la cabeza, en la cumbre
  at top speed a todo correr
  from top to bottom de arriba abajo
  from top to toe de pies a cabeza
  on top of encima de, sobre
  the top of the mountain la cumbre de la
    montaña
  top hat chistera, sombrero de copa
top (to) sobrepujar, aventajar, exceder, llegar
      a la cima
  to top off coronar, rematar, dar cima
topcoat gabán
topic asunto, materia, tema
torch antorcha
torment tormento
torpedo torpedo
  torpedo boat torpedero
torrent torrente
torrid tórrido
  torrid zone zona tórrida
tortoise tortuga
  tortoise shell carey
torture tortura, tormento
torture (to) torturar, atormentar
toss (to) tirar, lanzar
  to toss aside echar a un lado
  to toss up jugar a cara o cruz
tot chiquitín
total total
  sum total suma total
totally totalmente
touch contacto
  in touch with en relación con, en
    comunicación con
TOUCH (to) tocar
  Don't touch! ¡No tocar!
touching patético, conmovedor
touchy quisquilloso
tough duro, fuerte; difícil, penoso
toughen (to) endurecer(se)
toughness endurecimiento, rigidez
tour viaje, gira
tour (to) recorrer, viajar por
touring turismo
  touring agency agencia de turismo
  touring car coche de turismo
  touring guide guía de turismo
tourist turista
tournament torneo
tow (to) remolcar

TOWARD(S) hacia, para con, tocante
  his attitude towards me su actitud para
    conmigo
  to go toward (*a place*) ir hacia (*un lugar*)
towel toalla
  bath towel toalla de baño
  face towel toalla para la cara
  hand towel toalla para las manos
tower torre
TOWN ciudad, pueblo
  home town ciudad natal
  town hall ayuntamiento
toxic tóxico
toy juguete
TRACE indicio, huella, pista
trace (to) trazar; seguir la pista
TRACK huella; vía, rieles; andén
  off the track desviado
traction tracción
tractor tractor
TRADE comercio, negocio
  trade mark marca de fábrica
  trade name razón social
  trade union sindicato
trading comercio
tradition tradición
traditional tradicional
traffic circulación; tránsito, tráfico
  The traffic is very slow. El tránsito es muy
    lento.
tragedy tragedia
tragic trágico
trail rastro, pista
trail (to) arrastrar, remolcar
trailer carro remolcado
TRAIN tren
  train conductor cobrador
train (to) entrenar, adiestrar, instruir
training preparación, entrenamiento
traitor traidor
tramp vago, vagabundo
tranquil tranquilo
transaction desempeño, gestión
transatlantic transatlántico
transcribe (to) transcribir, copiar
transcript trasunto
transfer transferencia, traspaso; transbordo
transfer (to) transferir, transbordar; trasladar
transform (to) transformar(se)
transformation transformación
transfusion transfusión
  blood transfusion transfusión de sangre
transgress (to) transgredir, violar
transient transeúnte
transit tránsito; trámite
transition tránsito, transición
translate (to) traducir
translation traducción
translator traductor
transparent transparente
transport transporte
transport (to) transportar
transportation transporte
transpose (to) transponer
trap trampa
  to be caught in the trap caer en la trampa

trap (to) atrapar
trash basura
TRAVEL viaje
travel (to) viajar
traveler viajero, viajante
tray bandeja, charola
treacherous traidor, alevoso
treachery traición
tread pisada
tread (to) pisar, pisotear
treason traición
treasure tesoro
treasurer tesorero
treasury tesorería
  Treasury Department Ministerio de
    Hacienda
treat solaz, placer
treat (to) tratar, convidar, invitar
  to treat a patient tratar a un enfermo
  to treat well dar buen trato
treatment trato, tratamiento
treaty tratado
TREE árbol
tremble (to) temblar
trembling temblor
tremendous tremendo, inmenso
trench zanja; trinchera
trend tendencia, giro, rumbo
trespass (to) violar, traspasar
TRIAL prueba, ensayo; juicio
  on trial a prueba
triangle triángulo
tribe tribu
tribunal tribunal
TRICK treta, artificio, jugada, artimaña;
    truco; juego de manos; maña; destreza
  He played a trick on me. Me hizo una
    jugarreta.
  That'll do the trick. Eso va a resolver el
    problema.
trick (to) engañar, trampear
tricky falso, tramposo
trifle friolera, bagatela
trim (to) adornar; podar, cortar ligeramente
trimming adorno, decoración
trinket bujería, chuchería
trio trío
TRIP viaje; traspié, tropezón, zancadilla
  one-way trip viaje de ida
  round trip viaje de ida y vuelta
  to take a trip hacer un viaje
trip (to) tropezar, hacer una zancadilla
triple triple
triumph triunfo
triumph (to) triunfar
triumphant triunfante
trivial trivial
trolley car tranvía
troop tropa; compañía (*de actores*)
trophy trofeo
tropics trópicos
tropic(al) tropical
trot (to) trotar
TROUBLE preocupación, pena; dificultad;
    molestia; apuro, aprieto; disgusto,
    desavenencia; mal, enfermedad

not to be worth the trouble no valer la
  pena
to be in trouble estar en apuro
to cause trouble causar molestia
I am sorry to give you so much trouble.
  Siento darle a Ud. tanta molestia.
I have stomach trouble. Tengo mal de
  estómago.
It's no trouble at all. No es ninguna
  molestia.
trouble (to) molestar, importunar; preocupar,
  afligir
  Don't trouble yourself. No se moleste Ud.
troublesome molesto, embarazoso, importuno
trousers pantalones
trout trucha
truck camión
TRUE cierto, exacto, verdadero, fiel
  He is a true friend. Es un amigo
    verdadero.
  It's true. Es verdad.
truly verdaderamente, sinceramente
  Very truly yours Sinceramente; De Ud.
    atto. y SS.
trump triunfo *(naipes)*
trump (to) matar con un triunfo *(en los
  naipes)*
trumpet trompeta, clarín
trunk tronco; cofre; baúl
  swimming trunks calzones para bañarse
TRUST confianza, fe
  in trust en depósito
  on trust al fiado
trust (to) tener confianza, confiar, fiar
  He trusted his secret to his brother.
    Confió su secreto a su hermano.
  I don't trust him. No me fío de él.
  I trust him. Le tengo confianza.
trustworthy digno de confianza
TRUTH verdad
  the plain truth la pura verdad
  He is not telling the truth. No dice la
    verdad.
truthful verídico, verdadero
truthfulness veracidad
TRY (to) probar, tratar de, esforzarse
  to try hard hacer lo posible por
  to try on clothes probarse ropa
  He tried his luck. Probó su fortuna.
  Try to do it. Trate de hacerlo.
tryout prueba de la capacidad
tub cuba, batea, palangana
  bathtub tina
tube tubo
TUESDAY martes
tug (to) arrastrar
  tugboat remolcador
tuition precio de la instrucción; enseñanza
tulip tulipán
tumble (to) caer; voltear
tumult tumulto
tuna (tunafish) atún
TUNE tonada, tono, melodía
  to be out of tune desafinar
tune (to) afinar, entonar, sintonizar
  to tune in sintonizar

tunnel túnel
turf césped
Turk turco
turkey pavo
Turkish turco
turmoil tumulto
TURN turno; vuelta, giro, favor
  by turns por turnos
  in turn a su turno
  to take turns turnarse
  It's my turn now. Ahora me toca a mí.
TURN (to) dar vuelta; girar, volver, doblar,
  torcer; ponerse, volverse
  to turn a cold shoulder to desairar
  to turn against predisponer en contra
  to turn around dar vuelta a
  to turn back volver atrás
  to turn down rehusar
  to turn into convertir en, cambiar en
  to turn off cerrar la llave *(del gas, vapor,
    etc.)*
  to turn off the light apagar la luz
  to turn off the water cortar el agua
  to turn one's back on voltear la espalda a
  to turn on the light encender la luz
  to turn on the water dejar correr el agua
  to turn out to be resultar
  to turn over transferir, entregar; volcar,
    tumbarse, volver
  to turn sour agriarse
  to turn to recurrir a
  to turn up aparecer, poner más alto;
    resultar, acontecer
  to turn upside down poner patas arriba
  My head turns. Se me va la cabeza.
  Please turn the page. A la vuelta de la
    página. Voltéese.
  The road turns to the left. El camino
    tuerce hacia la izquierda.
  This is the turning point. Esto es el punto
    decisivo.
turnip nabo
turnover vuelta
  apple turnover una clase de pastel de
    manzana
turnpike camino de peaje
turnstile torniquete
turpentine trementina
turtle tortuga
tutor tutor, preceptor
tuxedo smoking
tweezers tenacillas
twelfth duodécimo
TWELVE doce
twentieth vigésimo
TWENTY veinte
twice dos veces
twilight crepúsculo
twin gemelo, mellizo
  twin brother hermano gemelo
  twin brothers mellizos
twinkle (to) centellear, chispear
twist (to) torcer, retorcer
twitter (to) gorjear los pájaros
TWO dos

a two-volume novel una novela de dos
  volúmenes
two by two dos a dos
two-sided de dos lados
twofold doble
type tipo
  Do you have something of this type?
  ¿Tiene algo de este tipo?
type (to) escribir a máquina
  I have to type a letter. Tengo que escribir
  una carta a máquina.
typewriter máquina de escribir
  portable typewriter máquina de escribir
  portátil
  typewriter ribbon cinta para la máquina de
  escribir
typical típico
typist mecanógrafa
tyrannical tiránico
tyranny tiranía
tyrant tirano

U

ugly feo
ulcer úlcera
ultimate último, final
umbrella paraguas
umpire árbitro
unable incapaz
  I was unable to go. Me fué imposible ir.
unabridged íntegro, completo
unaccompanied solo
unaccustomed desacostumbrado
unacquainted desconocido
  to be unacquainted with no conocer
unanimous unánime
unapproved desaprobado
unaware desprevenido, de sorpresa,
  inadvertidamente, sin pensar
  to be unaware of no saber
unbalanced desequilibrado
unbearable insoportable
unbutton (to) desabrochar
unceasingly incesantemente
uncertain incierto
uncertainty incertidumbre
unchangeable inmutable
UNCLE tío
unclean sucio
uncomfortable incómodo, molesto,
  indispuesto
  to feel uncomfortable estar incómodo
uncommon excepcional, extraño
unconcerned indiferente
unconditional absoluto
unconquered invicto
unconscious inconsciente
uncontrolled sin freno
unconventional despreocupado
uncouth tosco
uncover (to) destapar
undeniable innegable
UNDER bajo, debajo (de); menos de
  under age menor de edad
  under arms bajo las armas

under consideration en consideración
under contract bajo contrato
under cover a cubierto
under obligation deber favores
under one's nose en las barbas de uno
under penalty of so pena de
under the circumstances en las
  circunstancias
under the table debajo de la mesa
under way en camino
underclothes ropa interior
underestimate (to) menospreciar
undergo (to) someterse a, pasar por; sufrir
  to undergo an operation operarse
undergraduate estudiante que no se ha
  graduado aún
underground subterráneo
underline (to) subrayar
underneath bajo, debajo (de)
underpaid mal pagado
undersell (to) vender a bajo precio o a menor
  precio que
UNDERSTAND (to) comprender, entender;
  estar de acuerdo
  Do you understand Spanish? ¿Entiende
  Ud. español?
  That's easy to understand. Eso es fácil de
  comprende.
understanding entendimiento, modo de ver;
  acuerdo, inteligencia
  to come to an understanding llegar a una
  inteligencia
understood entendido, sobreentendido,
  convenido
  to be understood sobreentenderse
  That's understood. Está entendido.
understudy reemplazo
undertake (to) emprender; comprometerse a
undertaker empresario de pompas fúnebres
undertaking empresa; compromiso, promesa
undertone voz baja
undervalue (to) subestimar
underwear ropa interior
underworld bajo mundo
undignified indecoroso
undisturbed imperturbado
undivided indiviso
UNDO (to) deshacer, desatar; anular
  to be undone estar perdido
  to leave nothing undone no dejar nada por
  hacer
undress (to) desnudar
undressed desnudo
undue indebido, excesivo
unduly indebidamente
unearth (to) desenterrar
uneasiness malestar, inquietud, desasosiego
uneasy inquieto; molesto; incómodo;
  desasosegado
uneducated indocto, ignorante
unemployed sin empleo
unequal desigual
unequivocal inequívoco
uneven desigual, irregular; impar
uneventful quieto, tranquilo
unexpected inesperado

UNFAIR injusto, doble, falso
unfaithful infiel
unfamiliar poco familiar
unfasten (to) desatar, desligar
unfavorable desfavorable
unfinished sin acabar
unfit inadecuado, impropio; inepto, incapaz
unfold (to) desenvolver, desplegar, descubrir; revelar, mostrar
unforeseen imprevisto, inesperado
unforgettable inolvidable
UNFORTUNATE desgraciado, desdichado
unfortunately por desgracia, desgraciadamente
unfurnished sin muebles, desamueblado, no amueblado
   Unfurnished apartment for rent. Apartamento sin muebles para alquiler.
ungrateful desagradecido, ingrato
unguent ungüento
unhandy incómodo
unhappily desgraciadamente
UNHAPPY infeliz, desdichado
unharmed ileso
unhealthy insalubre
unheard desconocido
   unheard of inaudito
unholy impío
unhurt ileso, indemne
uniform uniforme
   in full dress form de gran uniforme de gala
uniformity uniformidad
unify (to) unificar
unimportant insignificante
uninterrupted continuo
UNION unión, concordia
unique raro, original
unit unidad
unite (to) unirse
unity unidad; unión
universal universal
universe universo
university universidad
unjust injusto
unkind despiadado; tosco, duro
unknown desconocido, ignoto
unlawful ilegal, ilícito
UNLESS a no ser que, a menos que, si no
   I won't come unless you call me. No vendré a menos que tú me llames.
UNLIKE diferente, distinto
unlikely improbable, inverosímil
   This is very unlikely. Esto es muy improbable.
unload (to) descargar
unlock (to) abrir *(una cerradura)*
UNLUCKY desgraciado, desafortunado, de mala suerte
unmarried soltero
unmentionable que no debe mencionarse
unmoved impasible, inmutable, frío
unnatural contranatural, forzado
unnecessary innecesario
unobservant inobservante
unoccupied desocupado

unofficial no oficial
unpack (to) desempaquetar
unpaid no pagado, sin pagar
unpleasant desagradable
unprepared desprevenido, desapercibido
unquestionable indiscutible, indisputable
unreasonable sin razón, desrazonable, irrazonable
unreliable informal
unruly ingobernable, indócil
unsatisfactory inaceptable
unsatisfied descontento
unscrupulous poco escrupuloso
unseen invisible
unselfish desinteresado
unsettled revuelto, turbio, variable, inestable, pendiente
unstable inestable
unsteady instable, inconstante, inseguro
unsuccessful infructuoso, sin éxito, desafortunado
unsuitable impropio, inadecuado
untidy desarreglado, desaseado
untie (to) desatar
UNTIL hasta; hasta que
   Until we meet again. Hasta la vista.
unto a, en, dentro; hacia
untrained indócil, indisciplinado, inexperto
untrimmed sin adornos
untrue falso
unusual raro, extraordinario
unveil (to) descubrir
unwelcome mal acogido
unwell indispuesto
unwilling maldispuesto, renuente
   to be unwilling no estar dispuesto
unwillingly de mala gana
unwind (to) desenredar
unwise imprudente, indiscreto
unworthy indigno
unwritten no escrito, en blanco
UP arriba, en lo alto, hacia arriba; en pie, de pie
   one flight up en el piso de arriba
   this side up este lado hacia arriba
   to go up subir
   to go upstairs subir
   to walk up and down ir de un sitio para otro
   up and down arriba y abajo
   ups and downs altibajos
   up the river río arriba
   up to hasta
   up to anything dispuesto a todo
   up-to-date al día, moderno
   up to date hasta la fecha
   He is up against it. Se halla en apuros.
   She is up to something. Está tramando algo.
   She's not up yet. Todavía no se ha levantado.
   The time is up. Ya es tiempo.
   What's up? ¿Qué pasa?
uphill cuesta arriba
uphold (to) sostener; defender
upholster (to) tapizar

upkeep conservación
uplift (to) levantar, elevar
UPON sobre, encima
  upon my honor a fe mía
  upon my word bajo mi palabra
UPPER superior, alto
  the upper floor el piso de arriba
  upper lip labio superior
uppermost lo más alto
upright vertical; derecho, recto, justo
uprising levantamiento, sublevación
upset (to) trastornar, perturbar, desarreglar
  She is upset about the news. Ella está
      perturbada por las noticias.
upside parte superior; lo de arriba
  upside down patas arriba
upstairs arriba, en el piso de arriba
upstream río arriba
uptown en la parte alta de la ciudad
upwards hacia arriba
uranium uranio
urchin erizo; bribonzuelo
urge impulso, instinto
urge (to) instigar, impeler
urgent urgente
US nos, para nosotros
usage uso
USE uso
  in use en uso
  of no use inútil
  to be of no use no servir
  to make use of hacer uso de
  For internal use. Para uso interno.
  It's no use. Es inútil.
  What's the use? ¿Para qué?
USE (to) usar, servirse de, hacer uso de; soler;
    acostumbrar
  to use one's own judgment obrar uno
    conforme le parezca
  to use up consumar, gastar
  I'm used to it. Estoy acostumbrado.
  I used to see her every day. Solía verla
    todos los días.
used usado
  used clothes ropa usada
USEFUL útil, provechoso
useless inútil, inservible
user consumidor
usher acomodador
usual usual, común, general, ordinario
  as usual como de costumbre
usually usualmente, ordinariamente, de
    costumbre, por lo común, por lo
    general, comunmente
  I usually get up early. Por regla general,
    me levanto temprano.
utensil utensilio
  kitchen utensils batería de cocina
utility utilidad
utilize (to) utilizar
utmost extremo, sumo, mayor
  to the utmost hasta no más
  to do one's utmost hacer una cuanto pueda
utter total, entero
utter (to) proferir, articular
utterly totalmente, completamente

V

vacancy vacante
  There is no vacancy. No hay vacantes.
vacant vacío, desocupado
vacate (to) evacuar, dejar vacío
VACATION vacación
vaccinate (to) vacunar
vaccine vacuna
vacuum vacío
  vacuum cleaner aspirador de polvo
vagabond vagabundo
vague vago
vain vano
  in vain en vano
vainly vanamente
valentine misiva o regalo enviado el día de
    San Valentín *(14 de febrero)*
valet criado
valiant valeroso
valid válido, justo
valise maleta
valley valle
valor valor, fortaleza
valuable valioso
VALUE valor; justiprecio, valuación, aprecio,
    estimación
value (to) valuar, tasar; preciar, apreciar, tener
    en mucho
valve válvula
van furgón de equipajes
  moving van camión de mundanzas
vanilla vainilla
vanish (to) desvanecerse, desaparecerse
vanity vanidad
  vanity set neceser
vanquish (to) vencer
vantage ventaja
vapor vapor, niebla, bruma
variable variable
variation variación
VARIETY variedad
various varios, diverso
varnish (to) barnizar
vary (to) variar
vase vaso, jarrón
vaseline vaselina
vast vasto, inmenso, enorme, grandísimo
vault bóveda, cúpula
veal ternera
  veal cutlet chuleta de ternera
VEGETABLE planta, vegetal, legumbre,
    verdura
  vegetable garden huerta
  vegetable soup sopa de legumbres
vegetarian vegetariano
vegetation vegetación
vehement vehemente
vehicle vehículo
veil velo, mantilla
veil (to) velar, encubrir
vein vena
velvet terciopelo
venerable venerable
venetian blinds persianas, celosías
venison carne de venado

venom veneno
venomous venenoso
ventilate (to) ventilar
ventilation ventilación
venture riesgo, ventura
  at a venture a la ventura
venture (to) aventurar, arriesgar
verb verbo
verdict veredicto, sentencia
verify (to) verificar
versatile versátil
verse verso, poesía
version versión, traducción
  This is the English version. Esta es la
    versión inglesa.
vertical vertical
VERY muy, mucho, mucha
  the very man el mismo hombre
  the very thought el solo pensamiento
  very many muchísimos, muchísimas
  very much mucho, muchísimo
  very much obliged muy agradecido
  very much so en sumo grado
  He came very early in the morning. Vino
    muy de mañana.
  Thank you very much. Muchísimas
    gracias.
  Very well, thank you. Muy bien, gracias.
vessel vasija, vaso; buque
vest chaleco
vestibule vertíbulo
veteran veterano
veterinarian, veterinary veterinario
veto veto
veto (to) poner el veto, prohibir
vex (to) molestar, irritar
vexation molestia, enfado
via por, por la vía de
vibrate (to) vibrar, blandir
vibration vibración
vicar vicario
vice vicio; vice
  vice-consul vicecónsul
  vice-president vicepresidente
vice versa vice-versa
vicinity vecindad
vicious malvado, depravado
  vicious circle círculo vicioso
victim víctima
victor vencedor
victorious victorioso
victory victoria
VIEW vista, perspectiva, panorama
  bird's-eye view vista de pájaro
  in view of en vista de
  point of view punto de vista
  There's a nice view from here. Hay una
    hermosa vista desde aquí.
  What a view! ¡Qué vista!
view (to) mirar, ver, contemplar
vigil vigilia
vigilant vigilante
vigor brío, vigor
vigorous vigoroso
vile vil, bajo
villa casa de campo

VILLAGE aldea, pueblo, pueblecito
villager aldeano
villain villano
vindicate (to) vindicar
vine parra
vinegar vinagre
vineyard viña
vintage vendimia
violate (to) violar
violation violación
violence violencia
violent furioso, violento
violet violeta
violin violín
violinist violinista
violoncello violoncelo
viper víbora
virgin virgen
virtual virtual
virtue virtud
  by virtue of en virtud de
virtuous virtuoso
virus virus
visa visa, visado
visibility visibilidad
visible visible
vision visión
visit visita
  to pay a visit hacer una visita
VISIT (to) visitar
visitor visitante
visual visual
vital vital
vitamin vitamina
vivacious vivo, vivaz
vivid vivo, vívido
vocabulary vocabulario
vocal vocal
  vocal cords cuerdas vocales
vocation vocación
VOICE voz
  in a very loud voice en voz muy alta
  to be in voice estar en voz
  to raise one's voice alzar la voz
  He has a very good voice. Tiene muy
    buena voz.
voice (to) expresar, proclamar
VOID vacío; nulo, inválido
  null and void sin valor ni fuerza
volcano volcán
volt voltio
voltage voltaje
volume volumen; tomo
voluntary voluntario
volunteer voluntario
vomit (to) vomitar
vote voto, sufragio
vote (to) votar
voter votante
vouch (to) atestiguar
  to vouch for responder de
voucher comprobante, recibo
vow voto
vow (to) hacer promesa, hacer voto
vowel vocal
voyage viaje por mar

VULGAR vulgar, común
vulture buitre

W

wade (to) vadear
   to wade through the mud andar por el barro
wafer oblea, barquillo
waffle barquillo
   waffle iron barquillero
wage (to) emprender
   to wage war hacer guerra
wager apuesta
wager (to) apostar
WAGE(S) sueldo, paga, jornal
   daily wages jornal
   monthly wages sueldo mensual, salario
   wage earner jornalero, trabajador
wagon carro, furgón
WAIST cintura
WAIT (to) esperar, aguardar
   to keep waiting hacer esperar
   to wait on atender a, despachar
   Ask him to wait. Dígale que espere.
   Wait for me. Espéreme.
waiter mozo, camarero, mesero
waiting espera
   waiting room sala de espera
waitress moza, camarera
WAKE (to) despertar(se)
   to wake up despertar, llamar
   Wake me (up) at seven. Despiérteme a las siete.
   I woke up at seven. Me desperté a las siete.
WALK paseo, modo de andar
   to take a walk dar un paseo
WALK (to) andar, caminar
   to walk arm in arm ir del brazo
   to walk away marcharse
   to walk down bajar
   to walk out salir
   to walk up subir
   to walk up and down pasearse
   It's too far to walk. Es demasiado lejos para ir andando.
walking paseo, acción de pasear
   to go walking ir de paseo
   walking cane bastón
WALL muro, pared, muralla
   wallpaper papel de empapelar
wallet cartera
walnut nuez
   walnut tree nogal
waltz vals
waltz (to) valsar
wander (to) vagar, perderse, extraviarse, divagar, delirar
wanderer vagabundo
want necesidad, falta, carencia
   for want of por falta de
   to be in want estar necesitado
WANT (to) necesitar, tener necesidad de, querer, desear
   Cook wanted. Se necesita una cocinera.

   Don't you want to come? ¿No quiere Ud. venir?
   What do you want? ¿Qué quiere Ud.?
wanting defectuoso, deficiente; necesitado
   to be wanting faltar
WAR guerra
   War Department Ministerio de la Guerra
   to declare war declarar la guerra
WARD sala, pabellón; barrio, distrito; pupilo
ward off (to) parar, detener, desviar
warden guardián, celador, carcelero, director
wardrobe guardarropa, armario, ropero
   wardrobe trunk baúl, ropero
warehouse almacén, depósito
wares mercancías, mercadería, géneros o artículos de comercio
warfare guerra
warlike belicoso
WARM caliente, cálido, caluroso
   warm water agua caliente
   I am warm. Tengo calor.
   It's warm. Hace calor.
warm (to) calentar
   to warm over recalentar
   to warm up calentarse
warmly calurosamente, cordialmente
warmth calor, ardor
warn (to) advertir, prevenir, avisar
warning advertencia, prevención, aviso; lección, escarmiento
   to give warning prevenir, advertir
warp (to) torcerse, encorvar
warrant autorización, mandamiento
warrant (to) garantir, responder, garantizar
warrior guerrero
warship buque de guerra
wash lavado, ropa sucia; ropa lavada
   washbasin palangana
   washstand lavabo
WASH (to) lavar
   to wash one's hands lavarse las manos
   washing machine máquina de lavar
wasp avispa
waste despilfarro, derroche, desperdicio
WASTE (to) malgastar, desperdiciar; perder, gastar
   to waste one's time perder uno el tiempo
   to waste away malgastar
wastebasket cesto de los papeles, papelera
wastepaper desperdicio de papel
WATCH reloj; guardia
   wrist watch reloj de pulsera
   to be on the watch estar alerta
   to wind a watch dar cuerda a un reloj
WATCH (to) vigilar
   to watch one's step tener cuidado
   to watch out tener cuidado con
   to watch over guardar, vigilar
watchful alerta, vigilante, despierto
watchmaker relojero
watchman vigilante, sereno, guardián
watchword santo y seña; consigna, lema
WATER agua
   drinking water agua potable
   fresh water agua fresca
   hot water agua caliente

lukewarm water agua tibia
mineral water agua mineral
running water agua corriente
soda water agua de soda, gaseosa
soft water agua delgada
toilet water colonia, agua de colonia
to make one's mouth water hacer la boca
    agua
water bag bolsa para agua
water faucet grifo
water front litoral; la sección del puerto
water power fuerza hidráulica
ater (to) regar; mojar, humedecer
aterfall cascada, catarata
atermelon sandía
aterproof impermeable
AVE ola; onda, ondulación
long wave onda larga
short wave onda corta
sound wave onda sonora
wave length longitud de onda
AVE (to) ondular; flotar; hacer señas; agitar
to wave one's hand hacer señas con la
    mano
aver (to) vacilar, titubear; cejar, ceder
avering irresoluto, vacilante
aving ondulación
avy ondulado
ax cera
wax candle vela de cera
wax paper papel encerado
ax (to) encerar
AY camino, vía, ruta, modo, manera
across the way al otro lado
all the way en todo el camino
any way de cualquier modo
by the way a propósito
by way of por la vía de
in no way de ningún modo
in some way or other de un modo u otro
in such a way de tal manera
in this way de este modo
on the way en ruta; de camino
out of the way fuera de camino
the other way around al contrario
this way así
to give way ceder
to have one's way salirse con la suya
under way en camino, en marcha
way off muy lejos
ways and means medios y arbitrios
Do it any way. Hágalo de cualquier modo.
Show me the way. Indíqueme el camino.
E nosotros, nosotras
we Americans nosotros los
    norteamericanos
EAK débil
weak-headed de inteligencia escasa
eaken (to) debilitar
eakness debilidad, flaqueza
EALTH riqueza, bienes
ealthy rico, adinerado
eapon arma
ear uso, desgaste
evening wear traje de noche
wear and tear deterioro natural

WEAR (to) llevar, usar, llevar puesto, poner
to wear down cansar; fastidiar
to wear off gastarse; borrarse
to wear out apurar mucho
to wear well durar
I feel completely worn out. Me siento muy
    cansada.
I like the blouse she's wearing. Me gusta
    la blusa que lleva puesta.
Which dress will you wear tonight? ¿Qué
    vestido te vas a poner esta noche?
weariness cansancio, hastío, aburrimiento
wearing apparel ropa, prenda de vestir
weary cansado, hastiado, fastidiado
weary (to) cansar, hastiar, molestar
WEATHER tiempo
bad weather mal tiempo
nice weather buen tiempo
weather bureau oficina meteorológica
weather conditions condiciones
    meteorológicas
weather forecast predicción del tiempo
weather report boletín meteorológico
How's the weather? ¿Qué tiempo hace?
It looks as if the weather will change.
    Parece que el tiempo va a cambiar.
The weather is bad. Hace mal tiempo.
The weather is clearing up. El tiempo se
    está despejando.
The weather is fine. Hace buen tiempo.
weave (to) tejer, tramar
web tela, tejido
spider web tela de araña
WEDDING boda, nupcias
wedding cake torta de boda
wedding dress traje de boda
wedding present regalo de boda
wedding ring anillo de matrimonio
wedge cuña
WEDNESDAY miércoles
weed maleza, mala hierba
WEEK semana
a week from tomorrow de mañana en ocho
    días
in a week or so en una semana más o
    menos
last week la semana pasada
next week la semana que viene
weekday día de trabajo
I go to the movies every week. Voy al cine
    todas las semanas.
I saw him a week ago. Lo ví hace una
    semana.
week end fin de semana
weekly semanario; semanalmente, por semana
weekly publication semanario
weep (to) llorar
to weep for llorar por, llorar de
WEIGH (to) pesar; levar *(anclas);* reflexionar
to weigh down sobrepujar
WEIGHT peso, carga
gross weight peso bruto
net weight peso neto
to be worth its weight in gold valer su peso
    en oro
weights and measures pesos y medidas

weighty de peso, serio, importante
weird misterioso
welcome bienvenida
WELCOME (to) dar la bienvenida
  You are welcome to it. Está a su disposición.
  You're welcome. No hay de qué. *(Se usa como respuesta a "Thank you.")*
welfare bienestar
  welfare work obra de beneficiencia
well pozo
WELL bien, bueno
  as well as así como
  to be well estar bien
  very well muy bien
  well and good bien está
  well-being bienestar
  well-bred bien educado
  well-done bien hecho
  well enough bastante bien
  well-known bien conocido
  well-timed oportuno
  well-to-do acomodado, rico
  I am quite well. Estoy muy bien.
  I don't feel well. No me siento bien.
  Very well! ¡Está bien!
  Well! ¡Cómo!
  Well, well! ¡Vaya! ¡Qué cosa!
WEST oeste, occidente
western occidental
westward(s) hacia occidente
WET mojado, húmedo
wet (to) mojar
whale ballena
wharf muelle
WHAT qué
  what if y si, y qué importa
  I wonder what time is it? ¿Qué hora será?
  So what? ¿Pues y qué?
  What about? ¿Qué le parece?
  What a surprise! ¡Qué sorpresa!
  What else? ¿Qué más?
  What for? ¿Para qué?
  What if she should refuse? ¿Y si ella rehúsa?
  What of it? ¿Y eso qué importa?
  What's going on? ¿Qué pasa?
  What's that? ¿Qué es eso?
whatever cualquier cosa que, sea lo que fuere
  whatever reasons he may have sean cuales fueran las razones que tenga
  whatever you like lo que Ud. quiera
wheat trigo
wheel rueda
  steering wheel volante
  wheel chair silla de ruedas
wheelbarrow carretilla
WHEN cuando
  Since when? ¿Desde cuándo?
  Until when? ¿De cuándo acá?
whenever cuando quiera, siempre que, en cualquier tiempo que sea
  whenever you like cuando Ud. quiera
WHERE donde, dónde, adonde, en donde, por donde, de donde
  Where are you from? ¿De dónde es Ud.?

Where are you going? ¿Adónde vas?
whereabout(s) en qué lugar, paradero
  I don't know his whereabouts. No sé dónde se encuentra.
whereas considerando
whereby por lo cual, por lo que, con lo cual
wherever dondequiera que
WHETHER si, sea que, que
  whether he likes it or not que quiera o que no quiera
  whether or not de un modo u otro
  I doubt whether he is coming. Dudo que venga.
WHICH cual, que; el cual, la cual, lo cual; los cuales; las cuales
  all of which todo lo cual
  both of which ambos
  Which book? ¿Qué libro?
  Which of these? ¿Cuál de éstos?
  Which way? ¿Por dónde?
whichever cualquiera
WHILE instante, momento, rato
  a little while un ratito
  a little while ago hace poco rato
  for a while por algún tiempo
  once in a while de vez en cuando
  to be worth while valer la pena
while mientras, mientras que, a la vez que
  He came in while I was reading. Entró mientras leía.
whim capricho, fantasía
whimsical caprichoso
whip látigo, azote
whip (to) azotar, dar latigazos; batir
  whipped cream nata batida
whirl giro, rotación
whirl (to) dar vueltas, girar
whirlpool remolino, vorágine
whirlwind torbellino
whisper cuchicheo
whisper (to) cuchichear
  to whisper in someone's ear decir al oído
whistle silbido
whistle (to) silbar
WHITE blanco
  White House Casa Blanca (casa del presidente de los EE.UU.)
  white lie mentirilla
  white of an egg clara de huevo
whiten (to) blanquear
WHO quien, quienes, que; el que, la que, los que, las que
  Who is he? ¿Quién es?
  Who's speaking? ¿Quién habla?
  Who's there? ¿Quién va?
whoever quienquiera, cualquiera
WHOLE todo, entero, integral
  on the whole en conjunto, en general
  the whole todo el
  whole number número entero
  whole-wheat bread pan de trigo entero
wholehearted sincero, de todo corazón; enérgico, activo
wholesale *(al)* por mayor
wholesome sano
  wholesome food alimento sano

y totalmente, enteramente
M a quien, a quienes
  whom is it going? ¿Para quién es?
  om are you looking for? ¿A quién
   busca Ud.?
SE cuyo(s), cuya(s); de quien(es)
  ose book is this? ¿De quién es este
   libro?
 por qué
  why and the wherefore el porqué y la
   razón
 on't know why. No sé por qué.
 y, certainly! ¡Por supuesto!
 y not? ¿Por qué no?
 ed mala, malvado, perverso
 edness maldad, iniquidad
E ancho, vasto, extenso
 inches wide dos pulgadas de ancho
 le open abierto de par en par
 awake muy despierto, alerta, vivo
 n (to) ensanchar, extender, ampliar
 spread divulgado, esparcido
 w viuda
 wer viudo
E esposa, señora, mujer
 eluca
D salvaje; silvestre; descabellado,
  desenfrenado
 rness desierto
L voluntad; testamento
 ainst one's will contra la voluntad de uno
 will a voluntad, a discreción
 l power fuerza de voluntad
L (to) 1. auxiliar para formar el futuro de
  las segundas y terceras personas.
  (Véase SHALL para las reglas de las
  primeras personas.)
 ll you go? ¿Irá Ud.?
 e will forget. Ella olvidará.
 rbo defectivo: querer, desear
 on't do it, but she will. Yo no lo haré,
  pero ella sí.
 ll you do me a favor? ¿Me quiere Ud.
  hacer un favor?
 ll you tell me the time? ¿Me hace Ud. el
  favor de decirme la hora?
 tar, hacer testamento
 willed his estate to his nephews. Hizo
  su testamento en favor de sus sobrinos.
 g dispuesto, gustoso, pronto, inclinado
 d willing Dios mediante
 be willing estar dispuesto, querer
 gly de buena gana, gustosamente
 gness buena voluntad, buena gana
 w sauce
 eping willow sauce llorón
 (to) ganar, vencer, prevalecer, lograr
 win the bet from him. Le gané la
  apuesta.
 ey won two to nothing. Ganaron por dos
  tantos a cero.
D viento
 d instrument instrumento de viento
 nething is in the wind. Se trama algo.
 e wind blows. El viento sopla.

WIND (to) devanar, enrollar
  to wind up concluir, acabar
  to wind a watch dar cuerda a un reloj
windmill molino de viento
WINDOW ventana
  windowpane vidrio de la ventana
  window shade transparente, visillo
  window shutter persiana, solera
windshield parabrisas
  windshield wiper limpiavidrios para
   parabrisas
windy ventoso
  to be windy hacer viento
WINE vino
  red wine vino tinto
  white wine vino blanco
wing ala; bastidor (teatro)
  under one's wing bajo la protección de uno
wink guiño
  not to sleep a wink no pegar los ojos
wink (to) guiñar
winner ganador
WINTER invierno
  winter clothes ropa de invierno
  wintertime invierno
wipe (to) limpiar frontando, secar, enjugar
  to wipe off borrar, cancelar
  to wipe out arrasar, extirpar, destruir
WIRE alambre; telegrama
  barbed wire alambre de púa
  wire fence alambrado
wire (to) telegrafiar
wisdom sabiduría, jucio; sentido común
  wisdom tooth muela del juicio
WISE sabio; juicioso, prudente
  the Wise Men los Tres Reyes Magos
WISH deseo
  to make a wish formar un deseo
  wishbone espoleta (hueso de la suerte)
WISH (to) desear, querer
  I wish you luck. Le deseo suerte.
  We will go wherever you wish. Iremos
   donde quiera.
wistful anhelante
WIT ingenio, agudeza, sal
  to be out of one's wits estar fuera de su
   juicio
witch bruja
witch hazel loción de carpe, hamamelis
WITH con, en compañía de; de
  coffee with milk café con leche
  identical with idéntico a
  the girl with the red dress la chica del
   vestido rojo
  to fill with llenar de
  to speak with caution hablar con prudencia
  to struggle with luchar contra
  to touch with the hand tocar con la mano
  with the exception of a excepción de
  She came with a friend. Vino con un
   amigo.
  That always happens with friends. Eso
   ocurre siempre entre amigos.
withdraw (to) retirar, retirarse, replegarse,
  retractarse de
withdrawal retirada

wither (to) marchitar, deslucir
withhold (to) detener, impedir
WITHIN dentro de; a poco de, cerca de
  from within de adentro
  within a short distance a poca distancia
  within a week dentro de una semana
  within one's reach al alcance de uno
WITHOUT sin; fuera, afuera, por fuera, de
    la parte de afuera
  tea without sugar té sin azúcar
  within and without dentro y fuera
  without doubt sin duda
  without fail sin falta
  without noticing it sin advertirlo
  I did it without thinking. Lo hice sin
    pensar.
witness testigo
  to be a witness of ser testigo de
witness (to) presenciar, ver; declarar,
    atestiguar, dar testimonio, servir de
    testigo
witticism rasgo de ingenio; chiste
witty ingenioso, ocurrente, gracioso, salado
  a witty remark una agudeza
  She's very witty. Es muy salada.
woe dolor, pena
wolf lobo
WOMAN mujer
  woman of the world mujer de mundo
  woman voter electora
  woman writer escritora
WONDER maravilla
  the Seven Wonders of the World las siete
    maravillas del mundo
WONDER (to) sorprenderse, admirarse,
    maravillarse; preguntarse
  to wonder about extrañarse
  to wonder at maravillarse de
  I wonder! ¡Si será cierto!
  I wonder what she wants. ¿Qué querrá?
  I wonder whether it's true. Yo me
    pregunto si será verdad.
  I wonder why? ¿Por qué será?
wonderful estupendo, admirable, maravilloso
wonderland mundo fantástico
WOOD madera; monte, bosque
  wood carving talla en madera
  firewood leña
woodcutter leñador
wooden de madera
woodwork maderaje
WOOL lana
woolen de lana
WORD palabra
  by word of mouth de palabra
  in other words en otros términos
  in so many words en esas mismas palabras
  on my word bajo mi palabra
  to leave word dejar recado
  too funny for words lo más gracioso del
    mundo
  to send word mandar decir
  word for word palabra por palabra
  He gave his word of honor. Dió su palabra
    de honor.

He took the words right out of my mou
    Me quitó la palabra de la boca.
I don't understand a word. No entiend
    palabra.
I should like to have a few words with
    you. Desearía hablar dos palabras c
    Ud.
WORK trabajo, labor; obra
  out of work sin trabajo
  to be at work estar en el trabajo
  work of art obra de arte
WORK (to) trabajar, funcionar; explotar;
    tallar; elaborar, fabricar
  to work out resolver; llevar a cabo; sali
    bien, tener éxito
  The machine doesn't work. La máquin
    no funciona.
worker obrero, trabajador
working trabajo, funcionamiento
  working day día de trabajo
workman obrero, trabajador
workshop taller
WORLD mundo
  all over the world por todo el mundo
  world-wide mundial
  World War Guerra Mundial
worldly mundano
worm gusano
worn-out rendido
  worn-out clothes ropa usada
  I'm worn out. Estoy rendido.
worry preocupación, cuidado, ansiedad
WORRY (to) preocupar(se), inquietar(se)
  to be worried estar preocupado
  Don't worry. No se preocupe.
WORSE peor
  so much the worse tanto peor
  to get worse empeorarse
  to take a turn for the worse empeorar
  worse and worse de mal en peor
  worse than ever peor que nunca
  The situation has changed for the wor
    La situación ha empeorado.
worship culto, adoración
worship (to) adorar, venerar
worst pésimo, malísimo
  at worst en el peor de los casos
  if worst comes to worst si sucediera lo
  the worst lo peor, lo más malo
  to have the worst of it salir perdiendo
WORTH valor, mérito
  to be worth while valer la pena
  He's worth a lot of money. Tiene much
    dinero.
  It's worth the money. Eso vale su prec
  It's worth trying. Vale la pena intentar
  What's it worth? ¿Cuánto vale?
worthless inútil, inservible, sin valor
  to be worthless ser inútil
worth-while que vale la pena
worthy digno, merecedor
WOULD 1. auxiliar para formar las segur
    y terceras personas del condicional
    (Véase SHOULD para las reglas d
    primeras personas.)

He wouldn't go if he could help it. No iría
  si pudiera evitarlo.
It would be possible. Sería posible.
She would like to come. Quisiera venir.
Would you go? ¿Iría Ud.?
  querer.
I wish she would come. Querría que
  viniera.
I would like to ask you a favor. Quisiera
  pedirle un favor.
She wouldn't come. No quiso venir.
Would it be wise to do it? ¿Sería indicado
  hacerlo?
ound herida
ound (to) herir
ap (to) envolver
to be wrapped up in estar envuelto en
wrapping paper papel de envolver
apper envoltura
eath corona
eck naufragio; ruina
eck (to) desbaratar; hacer naufragar;
  arruinar
ench torcedura, llave inglesa
ench (to) arrancar, torcer, dislocar, sacar de
  quicio
to wrench one's shoulder torcerse el
  hombro
estle (to) luchar
estler luchador
etch, wretched infeliz, desventurado
ing (to) torcer, retorcer, estrujar, escurrir
to wring out exprimir, escurrir
inkle arruga
inkle (to) arrugar
to wrinkle one's brow fruncir las cejas
ist muñeca
wrist watch reloj de pulsera
RITE (to) escribir
to write down poner por escrito; anotar
Write clearly. Escriba claro.
iter escritor, autor
ite-up crítica; artículo *(prensa)*
This play had a very good write-up. Esta
  obra tuvo una crítica muy buena.
iting escritura, escrito
in one's own writing de su puño y letra
in writing por escrito
to put in writing poner por escrito
writing desk escritorio
writing paper papel de escribir
RONG incorrecto, falso, erróneo, injusto;
  mal; *s:* mal, daño; injuria, injusticia;
  agravio
the knowledge of right and wrong el
  conocimiento del bien y del mal
to be wrong no tener razón
to do wrong hacer daño
wrong side out al revés
I took the wrong road. Me equivoqué de
  camino.
Something is wrong with him. Le pasa
  algo.
Something is wrong with the engine. El
  motor no funciona bien.
That's wrong. Eso está mal.
You are wrong. Ud. no tiene razón.

X

X-rays rayos X
Xmas abreviación de Christmas

Y

yacht yate
yam batata, ñame
yard yarda, vara; patio; corral
  navy yard base naval
yarn hilo
yawn bostezo
yawn (to) bostezar
YEAR año
  all year round todo el año
  last year el año pasado
  many years ago hace muchos años
  Happy New Year! ¡Feliz año nuevo!
  I am thirty years old. Tengo treinta años.
  It happens once a year. Ocurre una vez al
    año.
  What year did it happen? ¿En qué año
    ocurrió?
yearbook anuario
yearly anual; anualmente, todos los años
yearn (to) anhelar
yeast levadura
yell grito
yell (to) gritar, chillar
YELLOW amarillo
  yellow fever fiebre amarilla
YES sí
YESTERDAY ayer
  day before yesterday anteayer
YET todavía, aún; sin embargo, con todo
  as yet hasta ahora, hasta aquí
  not yet aún no, todavía no
  I don't know it yet. Todavía no lo sé.
yield rendimiento, provecho
yield (to) rendir, producir, ceder
yoke yugo; yunta de bueyes
yolk (egg yolk) yema de huevo
yonder allí, allá
YOU tú; usted, ustedes, vosotros, vosotras; te,
    lo(s), la(s), os; a ti, le(s) a usted(es), a
    vosotros
YOUNG joven; tierno
  to look young verse joven
  young lady señorita
  young man joven
  young people jóvenes
  She is still very young. Todavía es muy
    joven.
youngster jovencito, chiquillo
YOUR tu, tus; su, sus; vuestro(s), vuestra(s);
    de usted(es)
  Here is your book. Aquí está su libro.
YOURS tuyo(s), tuya(s); suyo(s), suya(s);
    vuestro(s), vuestra(s); el tuyo (vuestro,
    suyo); la tuya (vuestra, suya), etc.; de
    ti, de usted, de ustedes, de vosotros
  a friend of yours un amigo tuyo
  Yours sincerely Su seguro servidor (S.S.S.)
  This book is yours. Este libro es tuyo.
YOURSELF tú mismo, usted mismo; te, se

Wash yourself. Lávate.
yourselves ustedes mismos, vosotros mismos; os, se
youth juventud
youthful juvenil
Yuletide Pascua de Navidad

Z

zeal celo, fervor
zealous celoso; entusiasta
zero cero
zest entusiasmo
zinc zinc
zipper cremallera, cierre de relámpago
zodiac zodíaco
zone zona
zoo jardín zoológico
zoological zoológico
zoology zoología

LISTA DE NOMBRES PROPIOS

Adolf Adolfo
Albert Alberto
Alexander Alejandro
Alfred Alfredo
Alice Alicia
Andrew Andrés
Ann, Anne, Anna Ana
Anthony Antonio
Arthur Arturo
Bernard Bernardo
Carmen Carmen
Caroline Carolina
Catherine, Katharine Catalina
Charles Carlos
Charlotte Carlota
Clara, Claire Clara
Edward Eduardo
Elizabeth Isabel
Ellen Elena
Emily Emilia
Emmanuel Manuel
Ernest Ernesto
Eve, Eva Eva
Francis Francisco
Frederic Federico
George Jorge
Helen Elena
Henry Enrique
James Jaime, Diego, Santiago
Jane, Jean Juana
Jennie Juanita
Joe Pepe
Joan Juana
John Juan
Joseph José
Josephine Josefa, Josefina
Julie, Julia Julia
Jules, Julius Julio
Lawrence, Laurence Lorenzo
Leon, Leon León
Leonard Leonardo
Lewis, Louis Luis
Louise Luisa

Margaret, Margery Margarita
Martha Marta
Marie María
Mary María
Maurice Mauricio
Michael Miguel
Paul Pablo
Peter Pedro
Philip Felipe
Ralph Raúl
Raphael Rafael
Raymond Raimundo, Ramón
Richard Ricardo
Robert Roberto
Rosalie Rosalía
Rose Rosa
Rudolph Rodolfo
Susan, Susanna Susana
Theresa Teresa
Thomas Tomás
Vincent Vicente
Violet, Viola Violeta
William Guillermo
Xavier Javier

LISTA DE VOCABLOS GEOGRAFICOS

Africa Africa
Asia Asia
Atlantic Atlántico
Australia Australia
Belgium Bélgica
Bolivia Bolivia
Brazil Brasil
Castile Castilla
Catalonia Cataluña
Central America América Central
Chile Chile
China China
Colombia Colombia
Costa Rica Costa Rica
Cuba Cuba
Dominican Republic República Dominicana
Ecuador Ecuador
Egypt Egipto
El Salvador El Salvador
England Inglaterra
Europe Europa
Germany Alemania
Greece Grecia
Guatemala Guatemala
Havana Habana
Holland Holanda
Honduras Honduras
Hungary Hungría
India India
Ireland Irlanda
Italy Italia
Israel Israel
Japan Japón
Latin America Hispanoamérica
Lisbon Lisboa
London Londres
Madrid Madrid
Mediterranean Mediterráneo
Mexico México

oscow Moscú
Navarre Navarra
Netherlands Países Bajos
New York Nueva York
Nicaragua Nicaragua
North America América del Norte
Norway Noruega
Panama Panamá
Paraguay Paraguay
Pacific Pacífico
Peru Perú
Philippines Filipinas
Poland Polonia
Portugal Portugal
Puerto Rico Puerto Rico
Pyrenees Pirineos
Rome Roma
Rumania Rumanía
Russia Rusia
Scandinavia Escandinava
Scotland Escocia
Seville Sevilla
South America América del Sur
Spain España
Sweden Suecia
Switzerland Suiza
Texas Tejas
Turkey Turquía
United States of America Estados Unidos de
     América
Uruguay Uruguay
West Indies Antillas

ESPAÑOL-INGLÉS

A

to, in, at, on, by, for
  a pie *on foot*
  a veces *at times*
  Voy a Nueva York. *I'm going to New York.*
bajo *down, below, under, downstairs*
bandonar *to abandon, to give up, to leave*
bandono *abandonment*
banico *fan*
barcar *to include, to contain; to extend to*
barrotes *groceries, grocery store*
bastecer *to supply, to provide*
bastecimiento *supply*
bdomen *abdomen*
beja *bee*
biertamente *openly, frankly*
bierto *open*
bogado *lawyer, attorney*
bonado *subscriber; commuter; paying guest*
bonar *to credit to; to guarantee; to fertilize*
  (campo)
bonarse *to subscribe to*
bono *allowance; subscription; commutation
  ticket; fertilizer*
borrecer *to hate*
borrecimiento *hatred*
botonar *to button*
brazar *to hug, to embrace*
brazo *hug*
brelatas *can opener*
breviar *to abbreviate*
breviatura *abbreviation*
bridor *opener*
brigar *to shelter; to protect*
brigo *overcoat; shelter*
bril *April*
brir *to open*
brochar *to fasten*
bsolutamente *absolutely*
bsoluto *absolute*
bsolver *to absolve; to acquit*
bstenerse *to abstain*
bstinencia *abstinence*
bsuelto *absolved, acquitted*
bsurdo *absurd*
buela *grandmother*
buelo *grandfather*
bundancia *abundance*
bundante *abundant*
bundar *to abound*
burrido *bored; tiresome*
burrimiento *boredom*
burrir *to bore; to annoy*
busar *to abuse*
buso *abuse, misuse*
cá *here, this way*
  ¡Ven acá! *Come here!*
cabar *to finish, to end, to have just . . .*
  Acabo de comer. *I've just eaten.*
cademia *academy*
caecer *to happen*
caecimiento *incident*
caparamiento *monopoly*
caparar *to monopolize*
cariciar *to caress; to cherish*

acarrear *to carry; to cause*
acarreo *transportation; carriage*
acaso *by chance, perhaps*
  por si acaso va Ud. allí *if you happen to go
  there*
acaso *chance*
acatarrarse *to catch cold*
acceder *to agree, to consent*
accesorio *accessory*
accidental *accidental*
accidente *accident*
acción *action, act, deed; share, stock*
accionista *stockholder*
aceitar *to oil, to lubricate*
aceite *oil*
aceituna *olive*
acelerador *accelerator*
acento *accent, accent mark*
acentuar *to accent, to accentuate, to
  emphasize*
aceptación *acceptance; approval*
aceptar *to accept*
acerca *about, concerning, in regard to*
acerco *steel*
acertado *fit, proper, apt*
acertar *to succeed; to guess*
ácido *acid*
acierto *skill, tact*
aclaración *explanation*
aclarar *to explain; to clear up*
acoger *to receive; to welcome*
acogida *reception; welcome*
acomodador *usher*
acompañar *to accompany, to escort; to attend*
aconsejable *advisable*
aconsejar *to advise*
acontecer *to happen, to take place*
acontecimiento *event, happening*
acorazado *battleship*
acordar *to agree; to resolve*
acordarse *to remember; to come to an
  agreement*
acostarse *to go to bed; to lie down*
acostumbrar *to accustom, to be accustomed
  (to), to be used to*
acreditar *to credit*
acreedor *creditor*
acta *certificate*
  acta de matrimonio *marriage certificate*
actitud *attitude*
actividad *activity*
activo *active*
acto *act, action, deed*
  en el acto *at once*
actor *actor*
actriz *actress*
actuación *way of acting; record (de una
  persona)*
actual *present, existing*
  el cinco del actual *the fifth of this month*
actualidad *present time*
actualmente *at present, at the present time;
  nowadays*
actuar *to act*
acudir *to rush; to attend*
acuerdo *agreement, understanding*

acusación *accusation*
acusado *defendant*
acusar *to accuse, to prosecute*
adaptar *to adapt, to fit*
adecuado *adequate, fit, suited*
adelantado *anticipated; advance, in advance*
    por adelantado *beforehand, in advance*
adelantar *to advance, to be fast (reloj)*
adelante *ahead, forward*
    de hoy en adelante *from today on*
    en adelante *from now on*
    ¡Adelante! *1. Come in! 2. Go on!*
adelanto *progress; improvement*
adelgazar *to lose weight*
ademán *gesture, motion*
además *moreover, besides, furthermore, too*
adentro *inside, within*
    Vaya adentro. *Go in.*
adeudar *to owe*
adherirse *to join; to stick*
adhesión *adhesion*
adición *addition*
adicional *additional*
adiestramiento *training*
adiestrar *to train*
adinerado *rich, wealthy*
adiós *good-by*
adivinanza *riddle, puzzle; guess*
adivinar *to guess; to foretell*
adjetivo *adjective*
adjuntar *to enclose; to attach*
adjunto *enclosed; attached*
administración *administration, management*
administrador *manager, administrator*
administrar *to administer, to manage*
admirable *admirable*
admiración *admiration, wonder; exclamation*
    mark
admirador *admirer*
admirar *to admire*
admisión *admission, acceptance*
admitir *to admit; to accept; to grant*
adonde *where*
adopción *adoption*
adoptar *to adopt*
adorable *adorable*
adorar *to adore, to worship*
adormecimiento *drowsiness; numbness*
adornar *to decorate, to adorn, to trim*
adquirir *to acquire*
adquisición *acquisition*
adrede *purposely, on purpose*
aduana *customhouse; customs*
aduanero *customs official*
adulador *flatterer*
adular *to flatter*
adulto *adult*
adverbio *adverb*
adversario *adversary, enemy*
adversidad *adversity*
advertencia *warning; notice*
advertir *to warn; to give notice; to let know*
aéreo *aerial; by air*
aeródromo *airport*
aeronáutica *aeronautics*
aeronave *airship*

aeroplano *airplane*
aeropuerto *airport*
afán *anxiety, eagerness*
afanarse *to be uneasy, to be anxious; to work*
    hard
afección *affection, fondness*
afectar *to affect; to concern*
afecto *affection, fondness, love*
afeitar *to shave*
afición *fondness; hobby*
aficionado *fond of; fan; amateur*
afilar *to sharpen*
afiliado *affiliated; member (asociación)*
afiliar *to join, to become a member*
afinidad *affinity; analogy*
afirmación *affirmation, assertion, statement*
afirmar *to affirm, to assert; to fasten*
afirmativamente *affirmatively*
aflicción *affliction; sorrow, grief*
afligirse *to grieve; to worry*
aflojar *to loosen; to become lax*
afortunadamente *fortunately, luckily*
afortunado *fortunate, lucky*
afrenta *affront, insult; outrage*
afrontar *to face*
afuera *out, outside*
    ¡Afuera! *Get out of the way!*
afueras *suburbs*
agacharse *to stoop, to bend down*
agarrar *to grasp, to seize*
agencia *agency*
agenda *notebook, memo book*
agente *agent*
ágil *fast; light*
agitación *agitation, excitement*
agitar *to agitate, to stir, to shake up*
agonía *agony*
agonizar *to be dying*
agosto *August*
agotamiento *exhaustion*
agotar *to exhaust, to drain, to run out of*
agradable *pleasant, agreeable*
agradar *to please; to like*
agradecer *to be grateful, to give thanks*
agradecimiento *gratitude, gratefulness*
agrado *liking; pleasure*
agravarse *to grow worse*
agregar *to add; to collect*
agresión *aggression*
agresor *aggressor*
agriarse *to turn sour*
agricultura *farming, agriculture*
agrietarse *to crack*
agrio *sour*
agrupación *crowd; gathering; association*
agrupar *to bring together, to group*
agua *water*
    agua corriente *running water*
    agua potable *drinking water*
aguacate *avocado, alligator pear*
aguantar *to bear, to endure; to resist*
aguardar *to expect, to wait for*
    ¡Aguarda un momento! *Wait a minute!*
águila *eagle*
aguinaldo *bonus at end of the year*
aguja *needle*

agujerear *to bore; to make holes*
agujero *hole*
ahí *there*
    por ahí *that way*
    ¡Ahí viene! *There he comes!*
ahijado *godchild*
ahogar *to drown; to choke*
ahora *now, at present*
    ahora mismo *right away; just now; this minute*
ahorcar *to hang*
ahorita *in a little while*
ahorrar *to save, to economize; to spare*
ahorro *savings; thrift*
aire *air, wind; aspect, look*
    al aire libre *in the open*
    una corriente de aire *a draft*
ajedrez *chess*
ajeno *of others, other people's*
ajo *garlic*
ajustar *to adjust, to fit, to settle*
al *to the; at the; on; when; upon —ing*
    al contrario *on the contrary*
    al recibir su carta *upon receiving his letter*
    al saberlo *when I learned it*
ala *wing; brim (de un sombrero)*
alabar *to praise*
alacena *cupboard, kitchen closet*
alacrán *scorpion*
alambrado *wire fence; wire net*
alambre *wire*
alarde *ostentation, showing off*
alargar *to lengthen, to stretch, to extend*
alarma *alarm*
alarmarse *to be alarmed*
alba *dawn*
albañil *bricklayer*
albaricoque *apricot*
albóndiga *meat ball*
alborotarse *to become excited*
alboroto *excitement, disturbance*
álbum *album*
alcachofa *artichoke*
alcalde *mayor*
alcance *reach, range, scope; ability; intelligence*
alcanzar *to be sufficient; to reach, to catch; to affect*
alcohol *alcohol*
aldaba *latch*
aldeano *farmer*
alegrar *to make happy*
alegrarse *to rejoice, to be happy, to be glad*
    Me alegro de saberlo. *I'm happy to know it.*
alegre *glad, happy, merry*
alegría *joy, delight, gaiety*
alejar *to remove, to take away*
alemán *German*
alfabeto *alphabet*
alfiler *pin*
alfombra *carpet, rug*
algo *some, something, any, anything; somewhat*
    algo que comer *something to eat*
    por algo *for some reason*
algodón *cotton*

alguacil *constable*
alguien *somebody, someone*
alguno (algún) *some, any*
    alguna costa *anything*
    en alguna parte *anywhere*
alhaja *jewel*
alianza *alliance*
aliento *breath*
alimentación, alimento *food, nourishment, feeding*
alimentar *to feed, to nourish*
alistar *to enlist; to get ready*
aliviar *to lighten; to get better*
alivio *relief, ease*
alma *soul*
almacén *store, shop*
    tener en almacén *to have in stock*
almacenar *to store*
almeja *clam*
almendra *almond*
almidón *starch*
admirante *admiral*
almohada *pillow*
almohadón *bolster*
almorzar *to lunch*
almuerzo *lunch*
alojar *to put up (en un hotel); to lodge*
alquilar *to rent, to hire*
    se alquila *to let*
alquiler *rent, rental*
alrededor *around*
alrededores *outskirts, surroundings*
altavoz *loudspeaker*
alterarse *to become angry, to get annoyed*
altercado *quarrel*
alternar *to alternate*
alternativa *alternative*
alto *high, tall; stop, halt*
    ¡Alto ahí! *Stop here!*
altoparlante *loudspeaker*
altura *altitude, height*
aludir *to allude, to refer to*
alumbrado *lighting; illumination*
alumbrar *to light, to illuminate*
aluminio *aluminum*
alumno *student, pupil*
alza *rise; increase*
alzar *to raise, to lift up*
allá *there, over there; formerly*
    más allá *farther on, beyond*
allí *there, in that place*
    allí mismo *right there, in that very place*
    de allí *from there, from that place*
ama *mistress of the house*
    ama de llaves *housekeeper*
amabilidad *amiability; kindness*
amable *amiable; kind*
    Ud. es muy amable. *That's very kind of you.*
amacener *daybreak, dawn*
amante *loving; s: lover, sweetheart*
    ser amante de *to be fond of*
amar *to love*
amargo *bitter*
amarillo *yellow*
amarrar *to tie, to fasten; to moor (barco)*

ambición *ambition*
ambicioso *ambitious*
ambiente *environment, atmosphere*
ambos *both*
ambulancia *ambulance*
amenaza *menace, threat*
amenazar *to threaten, to menace*
ameno *pleasant, agreeable*
americano *American*
ametralladora *machine gun*
amigo *friend*
amistad *friendship*
amistosamente *in a friendly manner*
amistoso *friendly*
amo *master of the house; lord; boss*
amontonar *to heap, to pile up*
amor *love*
ampliación *enlargement*
ampolla *blister*
amueblar *to furnish*
analfabeto *illiterate*
análisis *analysis*
anciano *old man*
ancla *anchor*
ancho *broad, wide; s: width, breadth*
anchura *width, breadth*
andar *to walk, to go*
    andar a pie *to go on foot*
    ¡Anda! *Go on! Come on!*
    Ando mal de dinero. *I'm short of money.*
andén *platform (ferrocarril)*
anécdota *anecdote*
anemia *anemia*
ángel *angel*
angosto *narrow*
anguila *eel*
ángulo *angle*
angustia *anguish, distress, affliction*
anillo *ring, band*
animal *animal*
animar *to animate; to encourage; to cheer up*
    ¡Animo! *Cheer up!*
ánimo *courage, spirit*
aniversario *anniversary*
anoche *last night*
anochecer *to grow dark*
anormal *abnormal*
anotar *to make notes, to write down*
ansia *anxiety; eagerness; longing*
ansiedad *anxiety*
ansioso *anxious, eager*
ante *before; in the presence of; s: elk skin*
    ante todo *above all*
anteayer *the day before yesterday*
antebrazo *forearm*
antecedente *references; record*
antecesores *ancestors*
antemano *beforehand*
antena *antenna*
antenoche *night before last*
anteojos *glasses*
antepasado *past, last; ancestor*
anterior *previous, anterior, former, preceding*
anteriormente *previously*
antes *before*

antes de tiempo *ahead of time*
anticipación *anticipation*
anticipar *to anticipate; to advance (dinero)*
anticipo *advance payment, advance*
antier *day before yesterday*
antifaz *mask*
antiguamente *formerly, in ancient times*
antigüedad *antiquity; antique*
    tienda de antigüedades *antique shop*
antiguo *antique, ancient, old*
antipatía *antipathy, dislike, aversion*
antiséptico *antiseptic*
antojarse *to desire, to long for, to crave*
antojo *desire; whim; fancy*
anual *yearly, annual*
anunciar *to announce, to advertise*
anuncio *announcement, sign, advertisement, notice*
anzuelo *fishhook; bait*
añadir *to add*
año *year*
    el año pasado *last year*
    el año que viene *next year*
    todo el año *all year around*
    ¡Feliz año nuevo! *Happy New Year!*
apagar *to extinguish, to put out; to turn off (luz); to quench (sed)*
aparador *sideboard, cupboard; stand*
aparato *apparatus, device; ostentation*
aparecer *to appear, to show up, to turn up*
aparentar *to pretend; to affect*
aparentemente *apparently*
apariencia *appearance, looks, aspect*
apartado *separated, distant; s: post-office box*
apartamento *apartment*
    casa de apartamientos *apartment house*
apartar *to separate; to lay aside*
aparte *aside; separately*
apearse *to get off*
apellido *last name, family name, surname*
apenas *scarcely, hardly; as soon as, no sooner than*
apetecer *to long for, to desire*
apetito *appetite*
apio *celery*
aplaudir *to applaud*
aplauso *applause, praise, approbation*
aplazar *to put off, to postpone; to defer, to adjourn*
aplicado *sutdious, industrious, diligent*
aplicar *to apply oneself, to devote oneself (to); to study*
apoderarse *to take possession of*
apodo *nickname*
apostar *to bet; to post (soldados)*
apoyar *to learn; to back up; to support; to defend; to aid*
apreciación *appreciation; estimation*
apreciar *to estimate, to value; to appreciate, to esteem*
aprecio *appreciation; esteem, regard*
apremiante *urgent, pressing*
apremiar *to urge, to press*
aprender *to learn*
apresurarse *to hurry, to hasten*

pretar *to tighten; to press, to squeeze*
prieto *difficulty; fix*
  Estoy en un verdadero aprieto. *I'm in a bad fix.*
prisa *fast, swiftly, promptly*
probación *approval*
probar *to approve, to approve of; to pass (examen)*
  No me aprobaron en historia. *I failed in history.*
provechar *to take advantage (of); to profit; to make use of*
provisionamiento *supply*
proximadamente *approximately*
proximarse *to approach, to come near*
ptitud *aptitude, ability, fitness; qualifications*
puesta *bet, wager*
puntar *to point out; to write down; to aim; to indicate*
puñalar *to stab*
purarse *to hurry; to worry, to exert oneself*
  ¡Apúrese! *Hurry up!*
puro *want, affliction, difficulty*
quel, aquella, aquellos *that, that one, those; the former*
quí *here, in this place*
  de aquí en adelante *from now on*
raña *spider; chandelier*
rbol *tree; mast*
rchivar *to keep on file, to file*
rchivo *file, files, records*
rder *to burn*
rdilla *squirrel*
rena *sand; arena*
rgentino *Argentinean*
rgumento *reason; argument; plot (literatura)*
ritmética *arithmetic*
rma *weapon; arm*
rmario *cabinet, wardrobe*
rmisticio *armistice*
roma *aroma*
rquitecto *architect*
rquitectura *architecture*
rrabal *suburb*
rrancar *to pull out; to tear off*
rrastrar *to drag, to haul*
rreglar *to arrange, to settle; to fix*
rrepentirse *to repent, to regret*
rriba *above; over; upstairs*
  de arriba abajo *from top to bottom, from head to foot*
  patas arriba *upside down*
rrodillarse *to kneel down*
rrojar *to throw, to hurl*
rte *art, skill*
  bellas artes *fine arts*
rtículo *article; clause*
  artículo de fondo *editorial*
rtificial *artificial*
rtista *artist*
rzobispo *archbishop*
s *ace*
sado *roasted; roast meat*
salto *assault, holdup*
samblea *assembly*

asar *to roast*
ascender *to ascend, to climb; to amount to; to be promoted*
ascenso *promotion*
ascensor *elevator*
aseado *clean, neat*
asear *to clean, to make neat*
asegurar *to insure; to secure, to fasten; to affirm, to assert*
aseo *cleanliness, neatness*
aserrar *to saw*
asesinar *to assassinate, to murder*
asesinato *assassination, murder*
asesino *assassin, murderer*
asfalto *asphalt, pavement*
así *so, thus, this way; therefore, so that*
  así, así *so-so*
  Más vale así. *It's better this way.*
asiento *seat, chair; entry; registry*
  Tome Ud. asiento. *Have a seat.*
asignar *to assign, to appoint*
asignatura *subject (escuela)*
asilo *asylum, refuge*
asimismo *likewise, exactly so*
asir *to grasp, to hold, to grip*
asirse de *to take hold of*
asistir *to attend, to assist, to help*
asno *donkey, ass*
asociación *association*
asomarse *to lean out; to look out*
  ¡Prohibido asomarse! *Don't lean out of the window!*
asombro *amazement, astonishment*
aspecto *aspect, appearance, look*
aspirina *aspirin*
astuto *cunning, sly*
asunto *subject; matter, business*
asustar *to frighten*
asustarse *to be frightened*
ataque *attack*
atar *to bind, to fasten, to tie*
atardecer *to grow late*
ataúd *coffin*
atemorizar *to frighten, to intimidate*
atención *attention*
atender *to attend; to pay attention; to look after; to wait on*
atentado *attempt*
atento *attentive, courteous*
aterrizaje *landing*
aterrizar *to land*
atestiguar *to testify*
atinar *to guess right; to hit on*
atleta *athlete*
atlético *athletic*
atmósfera *atmosphere*
átomo *atom*
atornillar *to screw*
atracar *to dock, to moor; to hold up*
atraco *assault, holdup*
atractivo *attractive, appealing; s: inducement*
atraer *to attract*
atrás *behind, backwards; past*
atrasar *to delay, to be slow (reloj)*
atrasarse *to be late, to remain behind*
atravesar *to cross*

atrayente *attractive*
atrever *to dare, to venture*
atrevido *bold, daring; fresh*
atribuir *to attribute, to impute*
atrocidad *atrocity*
atropellar *to run over; to insult; to abuse*
atropello *trampling; abuse, outrage*
atroz *atrocious, outrageous*
atún *tuna fish*
aturdido *bewildered, stunned, dizzy*
aturdir *to stun*
audición *audition*
auditorio *audience*
aumentar *to augment, to enlarge, to increase*
aumento *increase, raise*
aun *still, even*
   aun cuando *although*
   Aun mis hijos me lo dijeron. *Even my
   children told me.*
aún *yet*
   Pedro no ha llegado aún. *Peter has not
   arrived yet.*
aunque *though, even if*
aurora *dawn, daybreak*
ausencia *absence*
ausentarse *to be absent, to be away*
ausente *absent*
auténtico *authentic, genuine*
auto *automobile, car; sentence, edict*
autobús *bus*
automático *automatic*
automóvil *car*
autor *author*
autoridad *authority*
autorización *authority*
autorizar *to authorize*
auxiliar *to aid, to help*
auxilio *help, aid, assistance*
avance *advance, progress*
ave *bird, fowl*
   aves de corral *fowl, poultry*
avena *oats*
avenida *avenue*
aventura *adventure*
aventurarse *to venture, to risk, to take a
   chance*
avergonzarse *to be ashamed*
avería *damage, loss*
averiguar *to inquire, to find out, to
   investigate*
aviación *aviation*
aviador *aviator*
avión *airplane*
avisar *to inform, to notify, to let know; to
   warn*
aviso *notice, advertisement; warning*
   aviso público *public notice*
ayer *yesterday*
ayuda *help, assistance, aid*
ayudante *assistant; adjutant (ejército)*
ayudar *to help, to assist, to aid*
ayuntamiento *city hall*
azahar *orange blossom*
azar *chance, hazard*
   al azar *at random*

azotar *to whip*
azote *whip; whipping, spanking*
azotea *flat roof, terrace, roof garden*
azúcar *sugar*
azul *blue*

B

bacalao *codfish*
bahía *bay*
bailar *to dance*
baile *dance, ball*
baja *fall; depreciation (precio); casualty*
bajar *to go down; to get off; to come down; to
   lower*
bajo *low; under; below*
bala *bullet*
balance *balance (cuenta)*
balde *bucket*
   de balde *free, for nothing*
   en balde *in vain*
banana *banana*
banco *bank; bench*
banda *band, sash, ribbon; gang*
bandeja *tray; basin*
bandera *flag, banner*
bandido *bandit, outlaw*
banquero *banker*
baño *bath; bathroom*
barato *cheap*
barbería *barbership*
barbero *barber*
barca *small boat*
barómetro *barometer*
barranco *ravine, gully*
barrer *to sweep*
barriada *district, suburb, quarter*
barriga *belly (animales)*
barril *barrel*
barrio *district, quarter, suburb*
barro *mud*
báscula *scale (de peso)*
base *base, basis*
básico *basic*
basquetbol *basketball*
bastante *enough, sufficient*
bastar *to be enough, to suffice*
   ¡Basta, ya! *That's enough!*
bastón *cane, stick*
basura *garbage*
bata *robe, gown*
   bata de baño *bathrobe*
   bata de dormir *nightgown*
batalla *battle, combat, fight*
batallar *to battle, to fight*
batallón *battalion*
batería *battery*
   batería de cocina *kitchen utensils*
batir *to beat*
baúl *trunk, chest*
bautizar *to baptize, to christen*
bebé *baby*
beber *to drink*
bebida *drink, beverage*
becerro *calf, calfskin*

belga *Belgian*
belleza *beauty*
bello *beautiful*
bendecir *to bless*
bendición *blessing, benediction*
bentido *blessed;* s: *simpleton*
beneficiar *to benefit, to profit*
beneficio *benefit, profit*
besar *to kiss*
beso *kiss*
bestia *beast*
biberón *nursing battle*
bibliografía *bibliography*
biblioteca *library; bookcase*
bicicleta *bicycle*
bicho *insect, vermin*
bien *well, right*
   Está bien. *All right. O.K.*
   ¡Qué lo pase. Ud. bien! *Good luck to you!*
bienes *property, estate; possessions*
bienestar *well-being, welfare*
bienvenida *welcome*
billete *ticket, bank note*
billetera *wallet, pocketbook*
bisabuela *great-grandmother*
bisabuelo *great-grandfather*
blanco *white; mark, target*
blando *soft, smooth*
bobo *foolish, silly;* s: *fool, simpleton*
boca *mouth*
bocacalle *street intersection*
bocadillo *sandwich; snack*
bocado *mouthful, bite*
bocina *horn* (coche)
boda *wedding*
bodega *grocery store; wine cellar; storeroom; hold*
bofetada *slap in the face*
bola *ball; globe*
boleto *ticket*
bolsa *purse, bag; stock exchange*
bolsillo *pocket*
bomba *bomb; pump; fire engine*
bombón *chocolate candy*
bondad *kindness, goodness*
   Tenga la bondad de servirse. *Please help yourself.*
bonito *pretty; good; graceful*
boquilla *cigarette holder*
bordado *embroidery*
bordar *to embroider*
borde *border, margin*
bordo *board*
   a bordo *on board*
borracho *drunk, intoxicated;* s: *drunkard*
borrador *eraser; rough draft*
borrar *to erase; to cross out*
borrón *stain, blot*
bosque *wood, forest*
bostezar *to yawn*
bote *boat*
   de bote en bote *jammed, packed*
botella *bottle*
botica *drugstore*

boticario *druggist*
botón *button; bud*
botones *bellboy*
boxear *to box*
bravo *brave; wild; rough* (mar)
brazalete *bracelet*
brazo *arm*
breve *brief, short*
   en breve *shortly, in a little while*
brevedad *briefness, brevity*
brigada *bridge*
brillante *brilliant, sparkling;* s: *diamond*
brillar *to shine, to sparkle*
brindar *to toast; to offer, to invite*
brindis *toast* (bebiendo)
brisa *breeze*
brocha *brush*
broche *pin, clasp*
broma *joke*
   en broma *as a joke*
bromear *to joke, to have fun*
bronce *bronze; brass*
bruma *fog, mist*
brusco *rough; rude*
brutal *brutal*
bruto *brutal; rude*
   peso bruto *gross weight*
bueno *good, satisfactory; kind; fit, suited; well; pleasant*
   de buena gana *willingly*
   ¡Buen viaje! *Have a pleasant trip!*
   Tuve un buen día. *I had a pleasant day.*
bujía *candle; spark plug*
bulto *bundle, parcel, package*
bulla *noise; fun*
bullicio *noise, tumult*
buque *ship, steamer*
burla *mockery, sneering*
burlarse *to make fun of*
burlón *joker*
burro *donkey, ass*
buscar *to look for, to seek, to search; to get*
búsqueda *search*
busto *bust*
butaca *easy chair; orchestra seat* (teátro)
buzón *mailbox*

C

¡cá! *oh, no!*
cabalgar *to ride on horseback*
caballería *cavalry*
caballero *gentleman; horseman; knight*
cabaña *hut, cabin*
cabecera *head of a bed or table*
cabello *hair*
caber *to fit into; to have enough room; to contain*
cabeza *head*
   de pies a cabeza *from head to foot*
   Me duele la cabeza. *I've got a headache.*
cabina *cabin*
cable *cable, line*
cablegrafiar *to cable*
cabo *tip, extremity, end; cape; rope; corporal*

llevar a cabo *to accomplish; to carry through*
cabra *goat*
cacahuate *peanut*
cacao *cocoa; cocoa tree*
cacería *hunt, hunting*
cacerola *pan, casserole*
cacharro *pot*
cachetada, cachete *slap in the face*
cachimba *pipe*
cada *each, every*
  cada cual *each one*
  cada hora *every hour*
cadáver *corpse*
cadena *chain*
cadera *hip*
cadete *cadet*
caer *to fall; to drop; to realize*
  Yo caigo en ello. *I catch on. I see. I get it.*
café *coffee; café; brown*
  café solo *black coffee*
cafetera *coffee pot*
caída *fall*
calambre *cramp*
caja *box, case; chest, cash*
  caja fuerte *safe*
  en caja *cash on hand*
cajero *cashier*
cajón *drawer; box, case*
calabaza *pumpkin, squash*
  ¿Te dieron calabazas? *Did you flunk?*
calabozo *cell, dungeon*
calamidad *calamity, misfortune*
calavera *skull*
calcetín *sock*
calcular *to calculate, to estimate*
cálculo *calculus; computation, estimate*
caldo *broth, soup*
  caldo de gallina *chicken broth*
calefacción *heating*
calendario *calendar; almanac*
calentador *heater*
calentar *to warm, to heat*
calentura *fever*
calibre *caliber, gauge*
calidad *quality; condition; capacity*
caliente *warm, hot*
calificación *qualification; mark* (examen)
calificar *to qualify; to rate; to describe; to authorize; to attest*
caligrafía *handwriting, calligraphy*
calma *calm; calmness*
  Tómelo con calma. *Take it easy.*
calmante *sedative*
calmar *to calm, to quiet*
calor *heat, warmth*
  Hace mucho calor. *It's very hot.*
  Tengo calor. *I'm warm.*
calumniar *to slander*
caluroso *warm, hot*
calva *bald head*
calvicie *baldness*
calvo *bald; barren*
calzada *footwear*
calzar *to put on shoes; to wedge*
calzoncillos *shorts*

callado *quiet, silent; discreet; reserved*
callar *to keep quiet, to be silent; to conceal*
  ¡Cállate! *Keep quiet!*
calle *street*
  al otro lado de la calle *across the street*
callejón *alley*
callo *corn, callus*
cama *bed; layer*
  guardar cama *to be confined in bed*
camarada *comrade*
camarera *chambermaid; waitress*
camarero *steward, waiter*
camarote *stateroom, cabin*
cambiar *to exchange; to change*
cambio *exchange, rate of exchange*
camilla *stretcher*
caminar *to walk*
camino *road, way, highway*
camión *truck; bus* (Mex.)
camisa *shirt*
camisería *haberdashery*
camiseta *undershirt*
camisón *nightshirt, nightgown*
campana *bell*
campeón *champion*
campeonato *championship*
campesino *peasant*
campo *field; country; space*
cana *gray hair*
canal *channel; canal*
canario *canary*
canasta *basket; hamper*
cancelar *to cancel, to annul*
cáncer *cancer*
canción *song*
cancha *athletic field*
candado *padlock*
candelero *candlestick*
candidato *candidate*
candidatura *candidacy*
candidez *candor, simplicity*
canela *cinnamon*
cangrejo *crab, crawfish*
canjear *to exchange*
canoa *canoe*
cansado *tired; tedious; annoying*
cansancio *fatigue*
cansar *to tire; to annoy; to bore*
cantante *singer*
cantar *to sing*
cantidad *quantity, amount, sum*
cantina *canteen*
canto *singing; edge*
caña *cane, reed*
cañada *ravine*
cañería *water pipe*
caño *pipe, tube*
caoba *mahogany*
capa *cape, cloak, coat; layer*
capacidad *capacity*
capataz *foreman*
capaz *capable; apt; spacious*
capital *principal, main; capital*
capitán *captain, commander*
capítulo *chapter*
cara *face, front, facade*

cara a cara *face to face*
enchar en cara *to reproach*
arbón *charcoal; carbon*
arcajada *hearty laughter*
arcel *prison, jail*
arecer *to lack*
arestía *scarcity; dearth*
arga *freight, load, cargo, burden*
argado *loaded*
argamento *cargo, load*
argar *to load; to charge; to carry a load*
  cargar en cuenta *to charge to an account*
aricia *caress*
aridad *charity*
ariño *fondness, love, affection*
ariñoso *affectionate, loving*
aritativo *charitable*
arnaval *carnival*
arne *flesh, meat; pulp (fruta)*
  carne asada *roast meat*
arnero *mutton*
arnet *booklet; membership card*
arnicería *butcher shop, meat market*
arnicero *butcher*
aro *dear; expensive*
  cara mitad *better half*
  un amigo caro *a dear friend*
  Es muy caro. *It's very expensive.*
  carpintero *carpenter*
arrera *career, race*
arreta *wagon*
arrete *spool, coil, reel*
arretera *road, highway*
arrillo *cheek*
arro *car*
arta *letter; map, chart; playing card*
  carta de crédito *letter of credit*
  carta de entrega especial *special delivery
    letter*
  carta certificada *registered letter*
  tomar cartas *to take sides*
artel *poster*
artera *wallet, pocketbook*
arterista *pickpocket*
artero *mailman*
artón *cardboard*
asa *house, home; firm, concern*
  casa de huéspedes *boarding house*
asado *married*
asamiento *marriage, wedding*
asar *to marry; to match*
asarse *to get married*
ascanueces *nutcracker*
áscara *peel, shell, bark*
asero *domestic; s: landlord*
asi *almost, nearly*
aso *case, event, accident*
astellano *Castilian; Spanish*
astigar *to punish*
astigo *punishment, penalty*
asual *casual, accidental*
asualidad *chance, coincidence; accident*
  ¡Qué casualidad! *What a coincidence!*
atarata *waterfall*
atarro *cold*

catedral *cathedral*
categoría *category, class*
catolicismo *Catholicism*
católico *Catholic*
catorce *fourteen; fourteenth*
catre *cot*
caudillo *leader*
causa *cause, motive; lawsuit*
causar *to cause*
  causar daño *to do harm*
cautela *caution, prudence*
cauto *cautious, prudent*
cavar *to dig up, to excavate*
caverna *cave, cavern*
cavidad *cavity*
cavilar *to ponder*
caza *hunting; game*
cazador *hunter*
cazar *to hunt, to chase*
cazuela *pot*
cebada *barley*
cebo *bait*
cebolla *onion*
ceder *to grant; to yield, to give in*
cedro *cedar*
cédula *warrant; certificate*
  cédula de identificación *identification
    papers*
ceguera *blindness*
caja *eyebrow*
celda *cell*
celebrar *to celebrate; to praise; to hold; to
    take place*
celos *jealousy*
celoso *jealous*
célula *cell*
cementerio *cemetery*
cemento *cement*
cena *supper, dinner*
cenar *to dine; to have supper*
cenicero *ash tray*
ceniza *ashes*
censura *censorship; reproach*
censurar *to censure, to criticize; to reproach*
centavo *cent*
centenar *a hundred*
centenario *centenary*
centeno *rye*
centígrado *centigrade*
centímetro *centimeter (2.7 cms. = an inch)*
central *central; s: main office*
centro *center, middle, core; social circle, club*
ceñirse *to limit oneself to*
ceño *frown*
cepillar *to brush; to polish*
cepillo *brush*
cera *wax*
cerca *near, close by; about; s: fence*
  por aquí cerca *somewhere around here*
cercanías *vicinity, neighborhood*
cercano *nearby*
cercar *to fence, to surround*
cerciorarse *to ascertain, to make sure*
cerco *fence*
cerdo *pig, hog*

cereal *cereal*
cerebro *brain*
ceremonia *ceremony; formality*
cereza *cherry*
cerilla *match*
cero *zero, nought*
cerrado *closed, shut*
cerradura *lock*
cerrar *to close, to lock, to shut; to turn off*
cerro *hill*
cerrojo *bolt, latch*
certeza *certainty, conviction*
certidumbre *certainty*
certificado *certificate*
certificar *to certify; to register* (carta)
cerveza *beer*
cesante *unemployed; dismissed, fired*
cesar *to cease, to stop*
césped *grass; lawn*
cesta *basket*
cicatriz *scar*
ciclón *cyclone*
ciego *blind*
cielo *sky*
cien, ciento *one hundred; one hundredth*
ciencia *science*
científico *scientific*
cierto *certain*
   ¡Sí, por cierto! *Yes, indeed!*
cifra *number; cipher; code*
cigarrillo *cigarette*
cigarro *cigar*
cigüeña *stork*
cima *summit, top*
cimiento *foundation, base*
cinco *five, fifth*
cincuenta *fifty; fiftieth*
cine *movies, motion picture*
cinta *ribbon; tape; film*
cintura *waist*
cinturón *belt*
circo *circus*
circulación *circulation; traffic*
circular *circular*
círculo *circle; circuit; club*
circunferencia *circumference*
circunstancia *circumstance*
ciruela *plum; prune*
cirujano *surgeon*
cisne *swan*
cita *appointment, date; summons; quotation*
   Deseo hacer una cita con Ud. *I'd like to
      make an appointment with you.*
citar *to cite; to summon*
ciudad *city*
   ciudad natal *home town*
ciudadanía *citizenship*
ciudadano *citizen*
civil *civil, courteous, polite*
civilización *civilization*
civilizar *to civilize*
clara *white of an egg*
claridad *clearness; light; plainness*
claro *clear; intelligible; obvious, evident;
   pure; light;* s: *gap; skylight*
   poner en claro *to make something clear*

¡Claro que no! *Of course not!*
¡Claro que sí! *Of course!*
clase *class; kind; sort; classroom; lesson*
   la clase obrera *the working class*
clavar *to nail; to fasten; to drive in; to pierce;
   to cheat*
clave *key, code*
clavel *carnation*
clavo *nail; clove*
cliente *client, customer*
clientela *patronage*
clima *climate*
clínica *clinic, dispensary*
cloaca *sewer*
cobarde *timid, cowardly;* s: *coward*
cobija *blanket; bed cover*
cobrador *conductor* (áutobus); *collector*
cobrar *to collect; to receive; to charge*
   (precio)
   cobrar ánimo *to take courage*
cobre *copper*
cocer *to cook; to boil; to bake*
cocina *kitchen; cooking*
cocinar *to cook*
cocinero *cook; chef*
coco *coconut*
coche *car, coach, carriage, taxi*
   coche cama *sleeping car*
   coche comedor *dining car*
   coche salón *parlor car*
codo *elbow*
coger *to catch, to take hold of; to gather, to
   seize*
cohecho *bribery*
cohete *rocket*
coincidencia *coincidence*
coincidir *to coincide*
cojear *to limp*
cojera *lameness*
cojo *lame*
cola *tail; line* (gente)
   hacer cola *to stand in line*
colaboración *collaboration*
colaborar *to collaborate*
colar *to strain*
colcha *bedspread*
colchón *mattress*
colección *collection*
coleccionar *to collect*
colecta *collection, collect*
colectar *to collect; to solicit*
colegio *college*
cólera *anger, fit of temper; rage; cholera*
colgar *to hang*
   ¡No cuelgue Ud.! *Don't hang up!*
coliflor *cauliflower*
colilla *cigar or cigarrette stub*
colina *small hill*
colmo *heap; climax; limit*
   ¡Es el colmo! *That's the last straw!*
colocación *situation; employment;
   arrangement*
colocar *to place; to give employment to*
colonia *colony; residential section*
colonial *colonial*
color *color; paint*

color claro *light color*
color vivo *bright color*
de color *colored*
colorado *red*
ponerse colorado *to blush*
colorete *rouge*
columna *column, pillar*
columpiar *to swing*
columpio *swing*
collar *necklace; collar*
coma *comma*
comadre *godmother*
comandante *commander; major*
comarca *territory; district*
combate *combat*
combatiente *fighter*
combatir *to fight*
combinación *combination; slip* (ropa)
combinar *to combine*
combustible *fuel*
comedia *comedy, play*
comediante *comedian*
comedor *dining room*
comensal *boarder*
comentar *to comment*
comentario *comment, commentary*
comentarios del día *news commentary*
comenzar *to begin, to start*
comer *to eat*
ser de buen comer *to have a hearty appetite*
comerciar *to deal, to trade*
comercio *trade, commerce*
cometer *to commit; to make* (una equivocación)
cometido *duty; task; commitment*
comezón *itch, itching*
cómico *comic, comical*
comida *food; meal; dinner*
La comida es muy sabrosa. *The food's very tasty.*
La comida está servida. *Dinner is on the table.*
comienzo *beginning, start*
comillas *quotation marks*
comisaría *police station*
comisario *commissioner*
comisión *commission*
comité *committee*
como *how, like, as well as*
Como Ud. quiera. *As you wish.*
Según y como. *It all depends.*
cómo *what? how?*
¡Cómo no! *Yes, of course!*
¿Cómo no? *Why not?*
cómoda *chest of drawers*
comodidad *comfort; convenience*
cómodo *comfortable; convenient; handy*
compadecer *to pity; to sympathize with*
compañero *companion; comrade; pal*
compañero de cuarto *roommate*
compañía *company; society*
comparación *comparison*
comparar *to compare*
compartir *to share*
compasión *pity, sympathy*
compatible *compatible; consistent with*

compatriota *countryman*
compensación *compensation; reward*
compensar *to compensate; to reward*
competencia *competition; competence*
competente *competent; fit*
competir *to compete; to contend*
complacer *to please; to accommodate*
complacerse *to be pleased*
complaciente *accommodating; agreeable, pleasing*
complemento *complement*
completar *to complete*
completo *full; complete; finished*
por completo *completely*
complicado *complicated*
complicar *to complicate*
cómplice *accomplish*
complot *conspiracy; plot; intrigue*
componer *to repair, to mend, to fix; to manage*
comportamiento *behavior*
comportarse *to behave*
composición *composition*
compositor *composer; typesetter*
compostura *repair; composure; modesty; neatness*
compra *purchase; shopping*
ir de compras *to go shopping*
comprador *buyer, purchaser, customer*
comprar *to buy, to shop*
comprar a crédito *to buy on credit*
comprar al contado *to buy for cash*
comprar usado *to buy secondhand*
comprender *to understand; to include*
¡Se comprende! *That's understood!*
comprendido *understood; included*
comprensible *comprehensible*
comprensión *comprehension, understanding*
comprensivo *comprehensive; understanding*
comprimirse *to restrain oneself, to control oneself*
comprobante *label; proof; voucher*
comprobar *to prove; to verify*
comprometerse *to commit oneself, to become engaged*
compromiso *engagement; date; compromise; commitment*
compuesto *compound*
computar *to compute*
común *common*
de común acuerdo *by mutual consent*
por lo común *generally*
sentido común *common sense*
comunicación *communication*
comunicar *to announce; to communicate; to inform*
comunidad *community*
con *with; by*
con mucho gusto *with great pleasure*
con tal que *provided that*
concebir *to conceive*
conceder *to grant*
concentración *concentration*
concentrar *to concentrate*
concepto *concept, idea*
concernir *to concern*

concesión *concession*
conciencia *conscience; consciousness*
concierto *concert; agreement*
conciliación *conciliation*
conciliar *to conciliate, to reconcile*
conciso *concise*
concluir *to conclude, to finish, to close*
conclusión *conclusion*
concluso *ended, concluded, closed*
concordancia *concordance, harmony,*
    agreement
concordar *to agree*
concretarse *to limit or to confine oneself to a*
    subject; to subject oneself to
    Concrétese a la pregunta. *Stick to the point.*
concreto *concrete*
concurrencia *competition; coincidence;*
    attendance
concurrir *to concur; to attend*
concurso *competition; contest*
concha *shell*
conde *count (título)*
condecoración *decoration, medal*
condena *sentence, penalty*
condenar *to condemn; to convict; to*
    disapprove
condición *condition, state; term*
    a condición que *on condition that*
condicional *conditional*
condimentar *to season (comida)*
condimento *seasoning*
condiscípulo *schoolmate*
condonar *to forgive, to pardon*
conducir *to drive; to conduct; to carry; to*
    lead
conducirse *to behave, to conduct oneself*
conducta *behavior, conduct*
conductor *driver; conductor*
conejo *rabbit*
confeccionar *to make; to prepare*
conferencia *conference; lecture*
    conferencia a larga distancia *long distance*
    call
conferenciante *lecturer*
conferir *to confer, to bestow*
confesar *to confess, to admit*
confesión *confession, acknowledgment*
confianza *confidence; faith; familiarity*
    digno de confianza *reliable*
    en confianza *in confidence*
    tener confianza en *to trust*
confiar *to confide; to entrust; to trust in*
confidencia *confidence*
confidencial *confidential*
confidente *confident*
confirmar *to confirm, to ratify*
confite *candy*
conflicto *conflict; predicament*
conformar *to conform, to fit; to agree; to*
    comply with
conforme *alike; according to; correct; O.K.*
    estar cónforme *to be in agreement*
conformidad *conformity; resemblance*
    de conformidad con *in accordance with*
confort *comfort*
confortable *comfortable*

confortante *comforting*
confortar *to comfort; to cheer*
confundir *to confuse; to mistake*
confundirse *to become confused; to be*
    perplexed
confusión *confusion; perplexity*
confuso *confused*
congelar *to freeze*
congeniar *to be congenial*
congestión *congestion*
congratulación *congratulation*
congregación *congregation*
congregar *to congregate, to assemble*
conjetura *conjecture, guess*
conjugación *conjugation*
conjugar *to conjugate*
conjunción *conjunction*
conjunto *joint, united;* s: *the whole*
    en conjunto *on the whole, altogether*
conmemoración *commemoration*
conmemorar *to commemorate*
conmigo *with myself, with me*
    Venga Ud. conmigo. *Come along with me.*
conmutador *electric switch*
conocer *to know; to be aquainted with*
    dar a conocer *to make known*
conocido *well-known;* s: *acquaintance*
conocimiento *knowledge; acquaintance*
conque *and so; so then; well then*
conquista *conquest*
conquistar *to conquer; to win over*
consciente *conscious*
consecuencia *consequence*
conseguir *to obtain, to get; to attain*
consejero *advisor, counselor*
consejo *advice; council, advisory board*
consentimiento *consent*
consentir *to consent, to agree, to be willing*
conserje *janitor, superintendent*
conserva *preserve; canned food*
conservación *conservation, maintenance*
conservador *preserver; conservative*
conservar *to preserve, to keep, to conserve*
considerable *considerable, large*
consideración *consideration, regard;*
    importance
considerar *to consider, to take into account;*
    to treat well
consigo *with himself; with herself; with*
    oneself; with yourself; with yourselves
consiguiente *consequent, consecutive,*
    consistent; logical
    por consiguiente *consequently*
consistencia *consistence, consistency;*
    stability; solidity; firmness
consistente *consistent; solid; firm*
consistir *to consist, to be composed of*
consolación *consolation*
consolar *to console, to comfort; to cheer*
conspicuo *conspicuous*
constante *constant*
constitución *constitution*
constituir *to constitute*
construcción *construction; building*
construir *to construct, to build*
cónsul *consul*
consulado *consulate*

consulta *consultation*
consultar *to consult; to seek advice*
consultorio *doctor's office*
contabilidad *bookkeeping, accounting*
contado *rare, scarce;* s: *cash*
   por de contado *of course*
   Vendemos solo al contado. *We sell only for cash.*
contador *accountant; meter* (gas, electricidad)
contagiar *to contaminate, to infect*
contagioso *contagious*
contaminar *to contaminate*
contar *to count; to tell*
   ¡Me lo cuenta a mí! *You're telling me!*
   ¿Puedo contar con Ud? *Can I count on you?*
contemplación *contemplation*
contemplar *to contemplate; to consider; to have in mind*
contener *to contain, to hold*
contenerse *to refrain, to restrain oneself*
contenido *contents*
contentar *to please, to satisfy*
contentarse *to be pleased, to be contented*
contento *glad, happy, pleased;* s: *contentment*
contestación *answer, reply*
contestar *to answer, to reply*
   No contestan. *There's no answer.*
contigo *with you; with yourself*
contiguo *contiguous*
continente *moderate;* s: *continent*
continuación *continuation*
continuar *to continue*
continuo *continuous*
   de continuo *continually*
   función continua *continuous performance*
contra *against, contrary to*
contrabando *smuggling*
contradecir *to contradict*
contradicción *contradiction*
contraer *to contract*
   contraer deudas *to run into debt*
contrahacer *to counterfeit*
contrahecho *counterfeit*
contrariar *to contradict; to annoy, to vex*
contrariedad *disappointment*
contrario *contrary, opposite;* s: *opponent*
   al contrario *on the contrary*
contrastar *to contrast*
contraste *contrast*
contrato *contract*
contratar *to engage, to hire; to bargain; to trade; to contract*
contratiempo *disappointment*
contribución *contribution; tax*
contribuir *to contribute*
contrincante *opponent; competitor*
control *control*
controlar *to control*
contusión *contusion, bruise*
convalecencia *convalescence*
convaleciente *convalescent*
convencer *to convince*
conveniencia *convenience; fitness; advantage*
conveniente *convenient; suitable; advantageous*
convenio *pact, agreement*

convenir *to agree; to suit; to be advisable*
   Convengo con Ud. *I agree with you.*
   Eso me conviene. *That suits me.*
   No me conviene. *It won't do.*
convento *convent*
conversación *conversation, talk*
conversar *to converse*
convertir *to convert, to change*
convicción *conviction, belief*
convicto *guilty; convicted*
convidado *invited;* s: *guest*
convidar *to invite; to treat*
cooperación *co-operation*
cooperar *to co-operate*
coordinar *to co-ordinate*
copa *glass* (bebida); *drink*
copia *copy, transcript*
copiar *to copy*
coqueta *coquette, flirt*
coquetear *to flirt*
coraje *courage; anger*
corazón *heart; core* (fruta)
corbata *necktie*
corcho *cork*
cordel *cord, rope*
cordero *lamb*
cordial *affectionate; cordial*
cordillera *mountain range*
cordón *cord; string; lace*
cordura *common sense; judgment*
corona *crown; wreath* (flores)
corral *corral; yard*
correa *leather strap, leash*
corredor *runner; broker*
corregir *to correct*
correo *mail; post office*
   a vuelta de correo *by return mail*
   lista de correos *general delivery*
   por correo aéreo *by air mail*
correr *to run; to flow; to elapse*
correspondencia *correspondence, mail*
   estar en correspondencia *to correspond with*
   llevar la correspondencia *to take care of the mail*
correspondiente *corresponding*
corresponsal *correspondent*
corrida *race; run*
   corrida de toros *bullfight*
corriente *current, present; ordinary; common;* s: *current, stream, draft*
   corriente alterna *alternating current* (A.C.)
   corriente continua *direct current* (D.C.)
   cuenta corriente *current account*
   estar al corriente *to be acquainted with, to be familiar with*
   poner al corriente *to inform, to acquaint with*
   una corriente de aire *a draft of air*
corroborar *to corroborate*
corromper *to corrupt*
corrupción *corruption*
cortar *to cut; to cut off; to shorten*
   Se ha cortado la leche. *The milk has turned sour.*
corte *cut; edge; court; congress*
   corte de pelo *haircut*

cortejar *to court*
cortés *courteous, polite; gentle*
cortesía *courtesy, politeness*
corteza *bark, peel; crust*
cortina *curtain; screen*
corto *short; shy; stupid, backward*
   Es corto de vista. *He's nearsighted.*
cosa *thing; matter*
   como si tal cosa *as if nothing had happened*
   ninguna cosa *nothing*
   Eso es cosa suya. *That's his business.*
   No es cosa de risa. *It's no laughing matter.*
cosecha *harvest, crop; harvesttime*
cosechar *to reap*
coser *to sew*
   máquina de coser *sewing machine*
cosmético *cosmetic*
cosquillas *tickling*
costa *coast, shore; cost, expense*
   a toda costa *at all costs*
costado *flank, side*
costar *to cost*
   cueste lo que cueste *whatever it costs*
costear *to pay the expenses; to sail along the
   coast*
costilla *rib*
costo *cost, expense, price*
costoso *dear, expensive*
costumbre *custom; habit*
   de costumbre *usually*
   tener costumbre de *to be used to*
costura *sewing, needlework; seam*
costurera *seamstress*
cotejar *seamstress*
cotejar *to confront; to check*
cotejo *comparison; collation*
cotidiano *daily, everyday*
cotización *quotation* (precios)
cotizar *to quote* (precios)
coyuntura *articulation; joint; opportunity*
coz *kick*
cráneo *skull*
crear *to create*
crecimiento *increase, growth*
credencial *credential*
crédito *credit; reputation; standing*
   comprar a crédito *to buy on credit*
   dar crédito *to give credit*
   vènder a crédito *to sell on credit*
creencia *belief*
creer *to believe, to think*
   Creo que sí. *I believe so.*
   Ver y creer. *Seeing is believing.*
   Ya lo creo. *Of course!*
crema *cream*
criada *maid servant*
criado *valet*
criatura *creature; infant*
cribar *to sift*
crimen *crime; guilt*
criminal *criminal*
criollo *creole*
crisantemo *chrysanthemum*
crisis *crisis*
cristianismo *Christianity*
cristiano *Christian*

criterio *judgment; opinion*
crítica *criticism*
criticar *to criticize*
crítico *critic*
crónica *chronicle*
cronista *reporter*
cruce *crossing, crossroads*
crucero *crossing, cruiser*
crudo *raw, crude*
cruel *cruel; hard*
crueldad *cruelty*
cruz *cross*
cruzar *to cross; to cruise*
cuaderno *notebook*
cuadra *stable; block* (calle)
cuadrado *square*
cuadrilla *crew*
cuadro *painting; picture; frame, scene* (teatro)
cual *which; what; like, as*
   cada cual *each one*
   por lo cual *for that reason*
   tal para cual *tit for tat*
cualquier, cualquiera *any; anyone, anybody*
   un cualquiera *a nobody*
   Cualquiera puede hacer eso. *Anybody can
   do that.*
cuando, cuando *when*
   cuando means *at least*
   cuando Ud. guste *whenever you wish*
   de vez en cuando *once in a while*
   ¿Hasta cuándo? *Until when?*
cuanto *as much as, as many as*
   cuanto antes *as soon as possible*
   en cuanto a *in regard to*
   por cuanto *whereas, inasmuch as*
cuánto *how much; how long; how far; how*
   ¡Cuánto me alegro! *I'm very glad!*
   ¿Cuánto vale? *How much is it worth?*
cuarenta *forty; fortieth*
cuartel *quarter; barracks*
   cuartel general *headquarters*
cuarto *fourth; quarter; s: room*
   Le daré la cuarta parte. *I'll give you a fourth
   of it.*
cuatro *four; fourth*
cuatrocientos *four hundred*
cubano *Cuban*
cubeta *pail, bucket*
cubierta *cover; deck* (barco)
cubierto *cover; shelter; place at a table*
cubo *bucket; tub*
cubrecama *bedspread*
cubrir *to cover; to roof*
cucaracha *cockroach*
cuchara *spoon*
cucharada *spoonful*
cucharilla, cucharita *teaspoon*
cucharón *ladle*
cuchichear *to whisper*
cuchicheo *whispering*
cuchillo *knife*
cuello *neck; collar*
cuenta *count; account; statement, bill; bead*
   dar cuenta de *to report on*
   darse cuenta *to realize*
cuentagotas *medicine dropper*

cuento *story, tale; gossip*
  cuento corto *short story*
  cuento de hadas *fairy tale*
cuerda *cord, rope; spring* (reloj)
cuerdo *wise, prudent*
cuerno *horn*
cuero *leather; hide; skin*
cuerpo *body; element*
cuervo *crow; raven*
cuesta *slope; hill; grave*
  ir cuesta abajo *to go downhill*
  ir cuesta arriba *to go uphill*
cuestión *question; dispute, quarrel; problem*
cueva *cave*
cuidado *care, attention; anxiety, worry*
  ¡Cuidado! *Be careful!*
  ¡No tenga Ud. cuidado! *Don't worry.*
cuidadoso *careful*
cuidar *to care; to take care; to mind; to look after*
  cuidar de *to take care of*
  ¡Cuídese Ud.! *Take good care of yourself!*
culpa *fault; guilt; sin*
  echar la culpa a *to blame*
  tener la culpa de *to be to blame*
  Es culpa mía. *It's my fault.*
culpable *guilty*
culpar *to accuse, to blame*
cultivar *to cultivate; to improve*
cultivo *farming*
culto *well-read; cultured; polished;* s: *worship; cult; religion*
  Es un hombre culto. *He's a well-read man.*
cultura *culture*
cultural *cultural*
cumpleaños *birthday*
cumplido *courteous, polite; full; abundant;* s: *compliment; attention; courtesy*
cumplimiento *compliment; accomplishment; compliance; fulfillment*
cumplir *to carry out, to fulfill; to expire*
cuna *cradle; lineage*
cuña *wedge*
cuñada *sister-in-law*
cuñado *brother-in-law*
cuota *share; quota*
cura *priest, parson; cure; curing*
curable *curable*
curación *healing; cure*
curar *to cure, to heal*
curiosidad *curiosity; neatness; cleanliness*
curioso *curious*
curso *course, direction; succession; current*
curva *curve*
cúspide *summit; top*
custodia *custody; guard; escort*
custodiar *to guard; to take into custody*
cutis *complexion, skin*
cuyo, cuya, cuyos, cuyas *whose; of which; of whom*

Ch.

chal *shawl*
chaleco *vest*

chalet *chalet, cottage*
chalupa *sloop, launch*
champaña *champagne*
chancear *to joke; to fool*
chantaje *blackmail*
chantajista *blackmailer*
chanza *joke*
chaqueta *jacket, coat*
charco *pond, puddle*
charlar *to chat, to chatter*
charlatán *quack*
charola *tray*
chasco *disappointment*
chasis *chassis*
chato *flat; flat-nosed*
cheque *check*
chica *small, little;* s: *girl*
chicle *chewing gum*
chico *small, little;* s: *boy*
chicos *youngsters*
chiflado *silly, crazy*
chileno *Chilean*
chillar *to scream, to screech; to squeak; to creak*
chillido *scream*
chimenea *chimney; fireplace*
chinche *thumbtack; bedbug; boring person*
chino *Chinese*
chiquero *pigpen*
chiquilla *little girl*
chiquillada *childishness*
chiquillo *little boy*
chiquita *small, tiny;* s: *little girl*
chiquito *small, tiny;* s: *little boy*
chiripa *luck, bargain*
  de chiripa *by mere chance*
chisme *gossip*
chismear *to gossip*
chispa *spark*
chistar *to mutter, to mumble*
chiste *joke*
chistoso *witty, humorous*
chivo *kid, goat*
chocar *to collide; to strike; to shock; to disgust*
chocolate *chocolate*
choque *collision; clash; shock*
chorizo *sausage*
chorro *gush*
choza *hut, hovel*
chuleta *chop, cutlet*
  chuleta de cordero *lamp chop*
  chuleta de puerco *pork chop*
  chuleta de ternera *veal chop*
chupar *to suck; to absorb*
chusco *amusing; funny*

D

dádiva *gift, present*
dadivoso *liberal, generous*
dados *dice*
dama *lady; dame; queen*
damas *checkers*
daga *dagger*
dañado *spoiled; damaged*

dañar *to damage; to hurt; to spoil*
dañino *harmful*
daño *damage; loss; hurt, harm*
  causar daño *to do harm*
dar *to give; to deal* (barajas); *to strike* (hora);
  to hit
  dar a la calle *to face the street*
  dar la mano *to shake hands*
  dar un paseo *to take a walk*
  darse cuenta *to realize*
  darse prisa *to hurry*
  ¡A quién le toca dar? *Whose turn is it to
    deal?*
dato *datum*
de *of; from; for; by; on; to; with*
  de día *in the daytime*
  de noche *at night*
  la casa de mi amigo *my friend's house*
  un día de estos *one of these days*
  un reloj de oro *a gold watch*
  ¿De dónde es Ud.? *Where are you from?*
debajo *under, underneath*
debate *debate*
debatir *to debate, to discuss*
deber *obligation; duty*
deber *to owe; to be obliged; must; ought*
  El debe de haber recido mi carta ya. *He
    must have received my letter.*
debido *due, owing to; on account of; proper*
débil *feeble, weak*
debilidad *feebleness, weakness*
debilitar *to weaken, to debilitate*
débilmente *weakly*
década *decade*
decadencia *decay; decline*
decaer *to decay; to decline*
decano *dean*
decena *ten*
decente *decent; honest; neat*
decepción *disappointment*
decididamente *decidedly*
decidido *decided; firm, determined*
decidir *to decide; to resolve, to determine*
decidirse *to make up one's mind*
décimo *tenth*
décimoctavo *eighteenth*
décimocuarto *fourteenth*
decimonovena *nineteenth*
décimoquinto *fifteenth*
décimoséptimo *seventeenth*
décimosexto *sixteenth*
décimotercero *thirteenth*
decir s: *saying*
decir *to say, to tell*
  querer decir *to mean*
  Dice Ud. bien. *You're right.*
  ¡No me diga! *You don't say!*
decisión *decision; determination*
decisivo *decisive*
declaración *declaration*
declarar *to declare, to state; to testify*
declinar *to decline, to decay*
decoración, decorado *setting*
decorar *to decorate*
decoro *decency; decorum; honor*
decrecer *to decrease*

decreciente *decreasing*
decretar *to decree*
decreto *decree*
dedal *thimble*
dedicar *to dedicate; to devote*
  Se dedica a los negocios. *He's engaged in
    business.*
dedicatoria *dedication*
dedo *finger; toe* (pies)
deducción *deduction*
deducir *to deduce, to gather; to understand*
defecto *fault, defect*
  poner defectos *to find fault*
defectuoso *defective*
defender *to defend*
defensa *defense*
defensiva *defensive*
defensor *defender, supporter; lawyer, counsel*
deferencia *deference, respect, regard*
deficiencia *deficiency*
deficiente *deficient*
déficit *shortage, deficit*
definición *definition; explanation*
definido *definite*
definir *to define; to determine*
definitivamente *definitely*
definitivo *definitive*
deformación *deformation*
deformar *to deform*
deforme *deformed; ugly*
defraudar *to defraud, to swindle*
defunción *death*
degenerado *degenerate*
degradante *degrading*
degradar *to degrade*
dejadez *negligence; slovenliness*
dejado *sloppy; negligent*
dejar *to leave, to let; to quit; to give up*
  dejar de *to stop*
  Déjese enfriar y sírvase. *Cool and serve.*
  No puedo dejar de creerlo. *I can't help
    believing it.*
dejarse *to let oneself go*
del *of the*
  del principio al fin *from beginning to end*
delantal *apron*
delante *before; in front; in the presence of*
delantera *front; start, lead*
delegación *delegation*
delegado *delegate; deputy; proxy*
deleitar *to please, to delight*
deleite *delight, pleasure*
deletrear *to spell*
deletreo *spelling*
delgado *thin, slender*
deliberación *deliberation*
deliberar *to deliberate*
delicado *delicate; dainty; nice; exquisite*
delicia *delight, pleasure*
delicioso *delightful, delicious*
delincuente *delinquent; offender*
delinquir *to transgress; to be guilty*
delirar *to rave; to be delirious*
delirio *delirium; raving; nonsense*
delito *offense; crime*
demanda *claim; demand; request; inquiry*

demandante *plaintiff*
demandar *to demand; to claim; to take legal action*
demarcación *demarcation*
demás *other; remaining*
   los demás *the others*
demasiado *excessive; too; too much*
demencia *insanity, madness*
demente *insane, crazy*
democracia *democracy*
demócrata *democrat*
democrático *democratic*
demoler *to demolish*
demolición *demolition*
demonio *devil, demon*
demora *delay*
   sin demora *without delay*
demorar *to delay; to remain*
demostración *demonstration*
demostrar *to demonstrate, to prove, to show*
denigrante *slanderous*
denigrar *to blacken*
denominación *denomination*
denominar *to name*
denotar *to denote, to indicate*
densidad *density*
denso *dense, thick*
dental *dental*
dentífrico *dentifrice*
   pasta dentífrica *toothpaste*
dentista *dentist*
dentro *within, inside*
   dentro de poco *shortly*
denuncia *complaint; denunciation*
denunciar *to denounce; to inform*
departamento *department; apartment*
dependencia *dependence, dependency; branch office; store*
depender *to depend; to be dependent on*
   depender de *to rely on*
dependiente *clerk; subordinate; dependent (familia)*
deplorable *deplorable; pitiful*
deplorar *to deplore; to be sorry, to regret*
deportar *to deport*
deporte *sport*
deportista *sportsman*
deportivo *sporting*
depositar *to deposit; to place; to entrust*
depositario *trustee; depositary*
depósito *deposit; bond; reservoir; tank (gasoline)*
   en depósito *as a deposit, in bond*
depresión *depression*
deprimir *to depress*
derecha *right; right side; right hand*
   a la derecha *to the right*
derecho *right; straight; s: law; justice; claim; title; right*
   derechos *rights; fees; duties*
   derechos de autor *copyright, royalties*
   Siga derecho. *Go straight ahead.*
deriva *deviation; drift (barco a avión)*
derogar *to annul; to repeal*
derramamiento *spilling; shedding*
derramar *to spill; to shed; to scatter; to spread*

derrame *leakage*
derredor *around; s: circuit*
derretir *to melt, to dissolve*
derribar *to demolish; to knock down; to overthrow*
derrocar *to overthrow*
derrochador *spendthrift*
derrochar *to squander; to waste away; to be extravagant*
derrota *defeat*
derrotero *course*
derrumbamiento *collapse; landslide*
derrumbar *to throw down; to demolish*
desabotonar *to unbutton*
desabrigado *uncovered*
desabrochar *to unbutton, to unfasten*
desacierto *error, blunder*
desacreditar *to discredit*
desacuerdo *disagreement*
desafiar *to challenge; to defy*
desafío *challenge; competition*
desafortunado *unfortunate, unlucky*
desagradable *disagreeable, unpleasant*
desagradar *displease*
desagradecido *ungrateful*
desagrado *displeasure; discontent*
desagraviar *to vindicate; to give satisfaction*
desagravio *vindication; justice*
desaguar *to drain*
desagüe *drainage*
desahogarse *to find relief; to open one's heart*
desahogo *ease; relief*
desahuciar *to give up hope*
desairar *to slight, to snub*
desaire *slight, snub*
desalentar *to discourage*
desaliento *discouragement; dismay*
desalojar *to dispossess, to evict*
desalquilado *vacant*
desalquilar *to move out*
desamparado *abandoned*
desamueblado *unfurnished*
desamueblar *to remove the furniture*
desangrar *to bleed*
desanimado *discouraged; dull*
desanimar *to discourage*
desaparecer *to disappear*
desapercibido *unprepared; unnoticed*
desaprovechar *to misuse*
desarmado *unarmed*
desarmar *to disarm; to dismount; to take apart*
desarme *disarmament*
desarraigar *to uproot; to extirpate*
desarreglado *in disorder, messy; immoderate*
desarrollar *to develop; to grow; to unfold*
desarrollo *development; evolution; growth*
desaseado *unclean; untidy*
desaseo *untidiness, uncleanliness*
desatar *to untie; to loosen*
desatender *to neglect; to disregard; to pay no attention to*
desatento *rude; not attentive*
desatinar *to talk foolishly*
desatino *blunder; nonsense*
desatornillador *screwdriver*

desatornillar *to screw*
desavenencia *disagreement; discord; misunderstanding*
desayunarse *to breakfast*
desayuno *breakfast*
desbarajuste *confusion; disorder*
desbaratar *to upset; to destroy; to spoil, to ruin*
desbarrar *to act or to talk foolishly*
descabellado *crazy; wild, unrestrained*
descalificar *to disqualify*
descalzarse *to take off one's shoes*
descalzo *barefoot*
descansar *to rest*
descanso *rest; landing* (escalera)
   día de descanso *day off*
descarado *impudent*
descarga *unloading; discharge*
descargar *to unload; to discharge; to acquit*
descaro *boldness; impudence*
descarrilamiento *derailment*
descarrilar *to derail*
descartar *to discard; to dismiss*
descendencia *descent*
descender *to descend, to come down; to drop; to decrease*
descendiente *descendant*
descenso *descent; decline; fall*
descifrar *to decipher*
descolgar *to take down; to lift up; to pick up* (teléfono)
descolorido *discolored, faded*
descomponer *to spoil; to break; to disarrange*
descomponerse *to rot, to spoil; to upset, to disturb*
descompuesto *out of order; spoiled; impolite*
desconcertante *confusing, disconcerting*
desconcertar *to disturb; to confuse; to baffle*
desconectar *to disconnect*
desconfianza *distrust*
desconfiar *to distrust, to mistrust*
desconocer *to ignore*
desconocido *unknown; s: stranger*
desconocimiento *ignorance; ingratitude*
desconsiderado *thoughtless, inconsiderate*
desconsuelo *affliction; grief*
descontar *to discount; to deduct; to take for granted*
descontento *displeased, unhappy; s: dissatisfaction; disgust*
descorrer *to draw* (cortina); *to retrace one's steps*
descortés *impolite*
descortesía *rudeness, impoliteness*
descoser *to rip, to unstitch*
descrédito *discredit*
describir *to describe*
descripción *description*
descubierto *discovered; uncovered; s: deficit*
descubrimiento *discovery*
descubrir *to discover; to find out; to disclose*
descuento *discount*
descuidar *to neglect, to overlook*
descuido *carelessness; negligence; omission*
desde *since, after, from*

desde entonces *since then*
desde luego *of course*
desde que *ever since*
desdecirse *to retract*
desdén *disdain, scorn, contempt*
desdeñar *to scorn, to disdain*
desdicha *misfortune, calamity; unhappiness*
desdichado *wretched; unfortunate; unhappy; s: wretch; poor fellow*
deseable *desirable*
desear *to wish, to desire*
desechar *to throw away; to dismiss; to depreciate*
desecho *remainder; refuse; leftovers*
desembarazarse *to rid oneself of, to get rid of*
desembarcadero *wharf, pier, landing place*
desembarcar *to disembark, to go ashore*
desembarco *landing, disembarcation; unloading*
desembarque *landing; unloading*
desembolsar *to pay out, to disburse*
desembolso *expenditure, disbursement*
desembragar *to disengage the clutch*
desempacar *to unpack*
desempeñar *to perform, to accomplish, to carry out; to redeem, to take out of pawn; to free from debt*
desencantar *to disillusion*
desencanto *disillusion*
desengañado *disappointed*
desengañar *to disappoint*
desengaño *disappointment*
desengrasar *to remove the grease; to scour*
desenlace *outcome, result*
desenmascarar *to unmask*
desenrollar *to unwind, to unroll*
desentenderse *to ignore; to pay no attention to*
desentendido *unaware; unmindful*
desenterrar *to dig up*
desenvolver *to unwrap; to unfold; to unravel*
deseo *wish, desire*
deseoso *desirous*
desequilibrado *unbalanced*
desequilibrio *lack of balance*
desertar *to desert*
desertar *deserter*
desesperación *despair; desperation*
desesperado *hopeless; desperate*
desesperarse *to despair, to lose hope*
desfalcar *to embezzle*
desfalco *embezzlement*
desfallecer *to faint; to languish*
desfallecimiento *fainting*
desfigurar *to disfigure; to distort*
desfiladero *defile, gorge*
desfilar *to march, to parade*
desfile *review, parade*
desganarse *to lose interest; to become disgusted*
desgarrar *to tear*
desgastar *to consume; to wear out; to waste*
desgastarse *to wear out*
desgaste *wear and tear; waste*
desgracia *misfortune; sorrow; accident*
desgraciadamente *unfortunately*

desgraciado *unhappy; unfortunate, unlucky;* s: *wretch; poor fellow*
deshabitado *deserted, vacant*
deshabitar *to move out*
deshacer *to undo; to unwrap; to take apart; to melt*
deshacerse *to get out of order*
    deshacerse en lágrimas *to burst into tears*
deshecho *in pieces; destroyed; melted*
deshelar *to melt, to thaw*
desheredar *to disinherit*
deshielo *thaw, thawing*
deshilar *to unravel*
deshilvanado *incoherent; disconnected; unstitched*
deshonesto *dishonest; immodest; indecent*
deshonra *dishonor, disgrace*
deshonrar *to dishonor, to disgrace*
deshonroso *dishonorable; disgraceful*
deshora *wrong time*
desidia *idleness; indolence*
desierto *deserted; solitary;* s: *desert*
designar *to appoint; to designate*
designio *intention, design, purpose*
desigualdad *inequality; unevenness*
desilusión *disillusion*
desilusionar *to disillusion*
desinfectante *disinfecting;* s: *disinfectant*
desinfectar *to disinfect*
desinflar *to deflate*
desinterés *unselfishness*
desistir *to desist*
desleal *disloyal*
deslealtad *disloyalty*
desligar *to untie, to unbind; to free*
desliz *slip, lapse*
deslizar *to slide, to slip; to lapse*
deslumbramiento *glare; bewilderment*
deslumbrar *to dazzle; to bewilder*
desmayarse *to faint*
desmayo *faint*
desmedido *immoderate*
desmejorarse *to grow worse; to decay*
desmemoriado *forgetful*
desmentir *to deny; to contradict*
desmontar *to dismount; to take apart*
desmoralizado *demoralized*
desmoralizar *to demoralize*
desnivel *unevenness*
desnudarse *to undress*
desnudo *naked, nude*
desobedecer *to disobey*
desobediencia *disobedience*
desobediente *disobedient*
desocupación *unemployment; idleness*
desocupado *unemployed*
desocupar *to vacate; to empty*
desoír *to pretend not to hear*
desorden *disorder; excess*
desordenado *disorderly; irregular; unruly*
desorganizar *to disorganize*
desorientar *to confuse*
despachar *to dispatch; to forward; to send; to sell; to wait on; to attend to*
despacho *dispatch; cabinet; office; shipment*
despacio *slowly*
desparramar *to scatter; to squander*

despecho *slowly*
desparramar *to scatter; to squander*
despecho *spite*
despedazar *to tear; to break into pieces*
despegar *to unglue; to detach; to take off*
despegue *take off* (avión)
despeinar *to dishevel*
despejado *clear; cloudless; smart, bright*
despensa *pantry; provisions*
desperdiciar *to waste; to squander*
desperdicio *waste*
desperfecto *defect*
despertador *alarm clock*
despertar *to wake up; to awaken*
despierto *awake; lively*
despilfarrar *to squander; to waste*
despilfarro *waste*
desplazar *to displace*
desplegar *to unfold; to spread; to hoist* (bandera)
desplomarse *to collapse*
despoblado *depopulated*
despojar *to strip*
desposar *to marry*
déspota *despot*
despreciable *contemptible*
despreciar *to despise; to look down on, to have contempt for*
desprecio *contempt, scorn*
desprender *to unfasten; to separate; to get rid of*
desprendido *generous*
despreocupado *unconcerned; unconventional; unprejudiced*
despreocuparse *to ignore; to forget; to pay no attention to*
desproporcionado *disporportionate*
desprovisto *unprovided*
después *after, afterward, later*
desquitarse *to get even*
desquite *revenge*
destacamento *detachment*
destacar *to detach; to emphasize*
destajo *piecework*
destapar *to uncork; to open; to uncover*
destapador *bottle opener*
desterrado *exiled;* s: *exile*
desterrar *to exile*
destinar *to appoint; to allot; to assign; to station; to address to*
destino *destiny; destination; assignment; position*
destreza *skill*
destrozar *to destroy; to smash*
destrucción *destruction*
destruir *to destroy*
desvanecerse *to vanish; to faint; to swell*
desvelar *to keep awake*
desvelo *to keep awake*
desvelo *anxiety*
desventaja *disadvantage*
desventajoso *disadvantageous*
desventurado *unfortunate*
desvergonzado *impudent; unashamed*
desvergüenza *impudence*
desvestirse *to undress*

145

desviación deviation; deflection; detour
desviar to divert; to deviate; to dissuade
desvío deviation; detour
desvivirse to long for; to be dying for
desyerbar to weed
detallar to detail; to retail
detalle detail; retail
   vender al detalle to sell at retail
detallista retailer
detective detective
detención detention; arrest; delay
detener to detain; to retain; to withhold; to stop
detenerse to stop; to pause
detenido under arrest
detenimiento detention, care
deteriorar to deteriorate
deterioro damage, deterioration
determinación determination; daring
determinado determined, resolute
determinar to determine, to decide
determinarse to resolve, to make up one's mind
detestable detestable
detestar to detest, to abhor
detrás behind
deuda debt
deudo relative, kin
deudor debtor
devastación devastation
devastar to devastate, to ruin
devoción devotion
devolver to return
devorar to consume, to devour
devoto devoted; pious
día day
   de día in the daytime
   día festivo holiday
   día laborable working day
diablo devil
diagnóstico diagnosis
diagrama diagram
dialecto dialect
diálogo dialogue
diamante diamond
diámetro diameter
diario daily; diary; daily newspaper
   Nos vemos a diario. We see each other every day.
dibujante designer; draftsman
dibujar to draw, to design, to sketch
dibujo drawing, design
diccionario dictionary
diciembre December
dictado dictation
dictar to dictate; to issue; to pronounce
dicha happiness; luck
   ¡Qué dicha! What luck!
dicho said; s: saying
   Dicho y hecho. No sooner said than done.
dichoso happy; fortunate
diecinueve nineteen; nineteenth
dieciocho eighteen; eighteenth
dieciséis sixteen; sixteenth
diecisiete seventeen; seventeenth
diente tooth; pl: teeth
   cepillo de dientes toothbrush

   diente de leche milk tooth
diestra right hand
diestro skillful
dieta diet
   Estoy a dieta. I'm on a diet.
diez ten; tenth
difamación defamation
difamar to defame
diferencia difference
diferente different
diferir to put off; to differ
difícil difficult, hard
dificultad difficulty
dificultar to make difficult
dificultoso difficult
difundir to diffuse; to divulge; to broadcast
difunto deceased, dead; late; s: dead person
difusión diffusion; broadcasting
digerir to digest
digestión digestion
dignarse to condescend, to deign
dignidad dignity
digno worthy, deserving, dignified
digresión digression
dilación delay
dilatar to delay; to put off; to expand
dilecto loved, beloved
dilema dilemma
diligencia diligence; haste; business; errand
diligente diligent; prompt
diluir to dilute
dimensión dimension
diminutivo diminutive
diminuto small
dimisión resignation
dimitir to resign; to retire
dinamita dynamite
dínamo dynamo
dinero money, currency
   dinero contante ready money
   persona de dinero a well-to-do person
   Ando mal de dinero. I'm short of money.
Dios God
   ¡Por Dios! For heaven's sake!
diploma diploma
diplomacia diplomacy
diplomático diplomatic; s: diplomat
diputado deputy; delegate; representative
dirección address; direction, way; control; management; administration
directamente directly
directivo managing; s: board of directors
dirigente leading, directing; s: leader
dirigir to address; to direct; to guide; to drive
dirigirse to address
discernimiento discernment
discernir to discern; to distinguish
disciplina discipline
disciplinar to discipline
discípulo disciple; pupil
disco disk, record; telephone dial
discordante discordant
discordia discord; disagreement, dissension
discreción discretion
discrepancia discrepancy
discrepar to disagree; to differ from
discreto discreet

disculpa *excuse; apology*
disculpar *to excuse*
discurrir *to wander about; to think over*
discurso *speech*
discusión *discussion*
discutible *debatable*
discutir *to discuss*
diseminar *to disseminate; to scatter*
disensión *dissension, strife*
diseñar *to draw, to design, to sketch*
diseño *drawing; sketch; outline*
disfraz *disguise; mask*
disfrazar *to disguise*
disfrutar *to enjoy*
disfrute *enjoyment*
disgustar *to disgust; to displease; to offend*
disgustarse *to be displeased; to be disgusted;*
    to quarrel
    a disgusto *against one's will*
disidente *dissident*
disimulado *dissembling*
disimular *to dissimulate; to overlook*
disimulo *dissimulation; tolerance*
dislocación *lessening, diminishing*
disminuir *to diminish, to decrease*
disolver *to dissolve; to melt*
dispar *different, unlike; unmatched*
disparar *to shoot; to fire*
disparatar *to talk nonsense; to blunder*
disparate *nonsense; blunder*
disparo *discharge; shot*
dispensar *to excuse; to dispense; to exempt*
    Dispénseme. *Excuse me.*
dispensario *dispensary*
disperso *dispersed; scattered*
disponer *to dispose; to arrange; to provide*
    for; to prepare; to determine
disponible *available*
disposición *disposition; service; state of mind;*
    regulation
    Estoy a su disposición. *I'm at your service.*
dispuesto *disposed; ready; arranged; inclined*
    bien dispuesto *favorably inclined*
disputa *dispute; contest; quarrel*
distancia *distance*
distante *distant, far off*
distar *to be distant, to be far*
distinción *distinction; discrimination;*
    difference
distinguido *distinguished*
distinguir *to distinguish; to discriminate*
distinguirse *to distinguish oneself; to excel*
distintivo *distinctive; s: badge, insigna*
distinto *distinct; different*
distracción *distraction; oversight, absence of*
    mind; entertainment, pastime
    Lo hizo por distracción. *He did it*
    absentmindedly.
distraer *to distract; to entertain*
distraerse *to enjoy oneself, to have fun; to be*
    absent-minded
distraído *absent-minded*
distribución *distribution*
distribuidor *distributing; s: distributor*
distribuir *to distribute; to divide; to allocate*
distrito *district; region*
disturbar *to disturb*

disturbio *disturbance*
disuadir *to dissuade*
divagación *wandering; digression*
divagar *to wander*
diván *couch*
divergencia *divergence*
divergente *divergent*
diversidad *diversity; variety*
diversión *diversion; amusement*
diverso *diverse; various; several*
divertido *amusing, funny, entertaining*
divertir *to distract, to amuse*
divertirse *to amuse oneself; to have a good*
    time, to have fun
    ¡Que se divierta! *Have a good time!*
dividendo *dividend*
dividido *divide*
divinamente *splendidly; divinely; heavenly*
divinidad *divinity*
divino *divine; excellent; heavenly*
divisa *motto; emblem*
divisar *to perceive, to catch sight of*
división *division; partition; compartment*
divorciarse *to divorce*
divorcio *divorce*
divulgar *to divulge; to publish; to disclose*
dobladillo *hem*
doblar *to double; to turn; to fold; to bend*
    doblar la esquina *to turn the corner*
    Doble a la derecha. *Turn to the right.*
doble *double, twofold; two-faced, deceitful*
doblez *fold; crease; duplicity*
doce *twelve; twelfth*
docena *dozen*
    por docena *by the dozen*
dócil *docile; obedient; gentle*
doctor *doctor*
doctrina *doctrine*
documentación *documentation; documents*
documento *document*
dólar *dollar*
dolencia *ailment*
doler *to ache, to hurt. My tooth aches.*
    Me duele una meula. *My tooth aches.*
dolerse de *to be sorry for; to regret; to pity; to*
    complain
dolor *ache, pain; sorrow* (tristeza)
    dolor de garganta *sore throat*
    tener dolor *to have a pain*
doloroso *sorrowful; painful*
domar *to tame, to subdue*
doméstico *domestic*
domicilio *residence; home; address*
dominación *domination*
dominante *dominant*
dominar *to dominate; to master*
dominarse *to control oneself*
domingo *Sunday*
dominio *dominion; command; control*
don *Don; natural gift*
    don de gentes *wordly wisdom; tact*
donación *gift, donation; grant*
donar *to donate; to give*
donativo *donation, gift*
donde *where*
    ¿Por dónde? *Which way?*

dondequiera *anywhere; wherever*
doña *lady; madam*
dorado *gilt, gilded*
dormir *to sleep*
dormirse *to fall asleep*
   Se ha quedado dormido. *He's fallen asleep.*
dormitar *to doze, to be half asleep*
dormitorio *dormitory; bedroom*
dos *two; second*
   entre los dos *between you and me*
   Está a dos pasos de aquí. *It's only a few
      steps from here.*
doscientos *two hundred*
dosis *dose*
dotación *allocation; crew; equipment*
dotar *to give a dowry; to allocate*
dote *dowry; talents; gifts*
drama *drama*
dramático *dramatic*
dramatizar *to dramatize*
droga *drug*
droguería *drugstore*
ducha *shower* (baño)
duda *doubt*
   sin lugar a dudas *without any doubt*
dudar *to doubt*
dudoso *doubtful; uncertain*
duelo *duel; affliction; grief; mourning*
duende *ghost*
dueña *owner; landlady; mistress*
dueño *owner; landlord; master*
dulce *sweet; gentle;* s: *candy*
dulcería *candy store*
dulzura *sweetness; gentleness*
dúo *duo; duet*
duodécimo *twelfth*
duplicado *duplicate, copy*
duplicar *to duplicate; to repeat*
duque *duke*
duquesa *duchess*
durable *durable, lasting*
duración *duration*
duradero *durable, lasting*
durante *during; for*
   durante algún tiempo *for some time*
durar *to last, to continue*
durazno *peach*
dureza *hardness; harshness*
durmiente *sleeping;* s: *sleeper*
duro *hard; harsh; obstinate; stingy*

E

e *and*
ebanista *cabinetmaker*
ebrio *intoxicated, drunk*
economía *economy, saving*
económico *economical, economic*
economizar *to economize; to save*
echar *to throw; to throw out; to fire; to shoot;
   to start to; to lay down*
   echar a perder *to spoil*
   echar de menos *to miss*
   echar la culpa a alguien *to put the blame on
     someone*
   Echó la carta al correo. *He mailed the letter.*

   Lo echaron a puntapiés. *They kicked him
     out.*
echarse *to throw oneself; to lie down; to rush;
   to dash*
   Se echó a reír. *He burst out laughing.*
edad *age; era, epoch; time*
   Edad Media *Middle Ages*
   mayor de edad *of age*
   ser menor de edad *to be a minor*
   ¿Qué edad tiene Ud.? *How old are you?*
edición *edition, issue; publication*
edificar *to construct, to build*
edificio *building*
editor *publisher*
   casa editora *publishing house*
editorial *editorial; publishing house*
educación *education; bringing up*
educar *to educate; to bring up*
educativo *educational*
efectivo *effective; certain; real;* s: *cash*
   pagar en efectivo *to pay in cash*
   valor efectivo *real value*
efecto *effect, result; goods; belongings*
   a cuyo efecto *to which end*
   a tal efecto *for this purpose*
   dejar sin efecto *to cancel*
   efectos personales *personal belongings*
eficaz *effective; efficient*
eficiente *effective; efficient*
eje *axis*
ejecución *execution; performance*
ejecutar *to execute; to carry out; to perform*
ejecutivo *executive*
ejemplar *exemplary;* s: *copy; sample*
ejemplo *example*
ejercer *to exercise, to practice; to perform*
ejercicio *exercise, drill*
ejército *army*
el *the*
él *he, him*
   Dígaselo a él. *Tell it to him.*
elaboración *elaboration; working out*
elaborado *elaborate; manufactured*
elaborar *to elaborate; to work out; to
   manufacture*
elasticidad *elasticity*
elástico *elastic*
elección *election; choice*
electricidad *electricity*
eléctrico *electric*
   luz eléctrica *electric light*
elefante *elephant*
elegancia *elegance; refinement*
elegante *elegant; refined; well-dressed*
elegir *to elect, to choose*
elemental *elementary, elemental*
elemento *element*
elenco *catalogue; table, index, list*
elevación *elevation*
elevador *elevator*
elevar *to elevate; to lift up*
elevarse *to rise*
eliminación *elimination*
eliminar *to eliminate*
elocuencia *eloquence*
elocuente *eloquent*
elogiar *to praise*

logio *praise*
udir *to elude, to evade*
la *she, her*
  Le preguntó a ella. *He asked her.*
las *they, them*
lo *it*
los *they, them*
nbajada *embassy*
nbajador *ambassador*
nbalaje *packing; packing box*
nbalar *to pack*
nbarcación *embarkation*
nbarcadero *wharf*
nbarcar *to embark*
nbargo *embargo*
  sin embargo *nevertheless*
nbarque *shipment; shipping*
nborracharse *to get drunk*
nboscar *to ambush*
nbotellar *to bottle*
nbrollo *tangle, fix, jam*
nbrutecerse *to become stupid*
nbustero *liar*
nergencia *emergency*
nigración *emigration*
nigrante *emigrant*
nigrar *to emigrate*
ninente *eminent*
nisora *broadcasting station*
nitir *to emit; to send forth; to issue* (bonos);
  to express; to broadcast
noción *emotion*
nocionante *touching*
npacar *to pack*
npachar *to overeat; to cram; to embarrass*
npacho *indigestion; embarrassment*
  sin empacho *without ceremony*
npalmar *to join; to splice*
npanada *meat pie*
npañar *to blur*
npapar *to soak*
npaparse *to be soaked, to be drenched*
npapelar *to paper*
nparedado *related*
nparentar *to become related*
npastar *to paste; to bind* (libros); *to fill*
  (muela)
npatar *to equal*
npeñar *to pawn; to pledge; to engage*
  Empeñé mi palabra. *I gave my word.*
npeñarse *to get into debt*
npeño *pledge; obligation; determination;*
  persistence; pawn
npezar *to begin, to start*
npinar *to raise*
npleado *employee, clerk*
nplear *to employ, to hire; to use, to spend*
  Se acaba de emplear. *He just got a job.*
npleo *employment, job, occupation; use*
nprender *to undertake*
npresa *undertaking, enterprise; company*
npresario *impresario; manager*
npréstito *loan*
npujar *to push*
npuje *push, impulse*

en *in, into, on, at, by*
  en cambio *on the other hand*
  en medio de *in the middle of*
  en todas partes *everywhere*
  en vez de *instead of*
enamorado *in love*
enamorarse *to fall in love*
enano *dwarf, midget*
encabezar *to register, to enroll*
encadenar *to chain, to link together*
encajar *to fit in; to inlay; to hit*
encaminar *to guide; to direct*
encaminarse *to be on the way*
encantador *charming; delightful*
encantar *to delight; to fascinate*
  Me encanta la música. *I love music.*
  Quedaré encantado. *I'll be delighted.*
encanto *charm; delight; fascination*
encarcelar *to imprison*
encarecer *to raise the price; to beg*
encargado *in charge of;* s: *person in charge*
encargar *to ask; to entrust; to undertake*
encargarse *to take care of; to take charge of*
encargo *request; errand; order; charge*
encarnado *red*
encendedor *cigarette lighter*
encender *to light; to incite*
encerar *to wax*
encerrar *to close in, to confine; to contain*
encerrarse *to lock oneself in; to live in*
  seclusion
encía *gum*
encima *above, over, at the top*
  por encima *superficially*
  por encima de todo *above all*
encolar *to glue*
encomendar *to recommend; to commend; to*
  entrust; to praise
encomendarse *to place oneself into the hands*
  of
encomienda *charge; parcel*
encono *irritation; rancor*
encontrar *to find; to meet*
encontrarse *to meet; to come across; to feel*
encorvado *bent; curved*
encrespar *to curl*
encubrir *to hide; to conceal*
encuentra *meeting; encounter*
endeudarse *to get into debts*
endosar *to endorse*
endurecer *to harden, to make hard*
enemigo *unfriendly, hostile;* s: *enemy*
enemistad *hatred*
energía *energy, power*
enérgico *energetic*
enero *January*
enfadar *to annoy; to vex; to make someone*
  angry
enfadarse *to get angry*
enfado *anger*
enfermar *to get ill; to fall sick*
enfermizo *infirm; sickly*
enfermo *ill, sick;* s: *patient*
  Me siento enfermo. *I don't feel well.*
enfocar *to focus*
enfrentar *to face, to confront*

enfrente *in front of, opposite*
enfriamiento *cooling, refrigeration*
enfriar *to cool*
enfriarse *to cool off; to get cool*
enfurecer *to infuriate; to enrage*
enganchar *to hook; to get caught; to recruit*
engañar *to deceive, to fool*
engañarse *to make a mistake; to deceive oneself*
engañoso *deceitful, tricky*
engendrar *to create; to produce*
engordar *to fatten, to get fat*
engranaje *gear*
engrasar *to grease, to lubricate*
engreído *conceited, haughty*
engreír *to spoil*
engrudo *paste, glue*
enhorabuena *congratulations*
enjabonar *to soap; to wash with soap*
enjaular *to imprison; to cage*
enjuagar *to rinse*
enjugar *to dry; to wipe off*
enlace *connection; marriage*
enlazar *to join, to bind, to connect*
enmendar *to correct; to amend; to reform*
enmudecer *to silence*
enojado *angry, cross, mad*
enojar *to irritate, to make angry*
enojarse *to get angry*
enredar *to upset; to make trouble; to entangle*
enredo *entanglement*
enriquecer *to enrich; to improve*
enrollar *to roll, to coil, to wind*
ensalada *salad*
ensayar *to try, to test; to rehearse*
ensayo *trial; rehearsal*
enseñanza *teaching; instruction*
enseñar *to teach; to show*
   Enséñele el camino. *Show him the way.*
enseñarse *to accustom oneself*
ensordecer *to deafen*
ensordecimiento *deafness*
ensuciar *to dirty; to soil*
entender *understanding; opinion*
   a mi entender *in my opinion*
entender *to understand*
   entender de *to be familiar with*
   entender en *to be in charge of; to deal with*
   según tenemos entendido *as far as we know*
   Entendido. *It's understood.*
entenderse *to understand one another; to agree*
   entenderse con *to have to do with; to deal with*
entendimiento *understanding*
enteramente *entirely, completely, fully; quite*
enterar *to inform; to acquaint*
enterarse *to learn; to find out*
enternecer *to soften; to move; to touch*
entero *entire, whole, complete*
   por entero *entirely, completely*
enterrar *to bury*
entidad *entity*
entierro *burial, funeral*
entonación *intonation, tone*
entrada *entrance, entry; admission; ticket*

Entrada Libre *Admission Free*
Se Prohibe la Entrada *No Admittance*
entrante *coming; entering; next*
   el entrante *next month*
entrar *to enter, to go in; to fit in*
entre *between, among, in*
   entre manos *in hand*
   por entre *through*
entreacto *intermission*
entrega *delivery; surrender*
   entrega especial *special delivery*
entregar *to deliver; to surrender*
entregarse *to give oneself up; to abandon oneself to*
entremeter *to place between, to insert*
entremeterse *to intrude, to interfere*
entremetido *intruder*
entrenador *coach, trainer*
entrenamiento *training*
entrenar *to train, to coach*
entresuelo *mezzanine*
entretanto *meanwhile*
entretener *to entertain, to amuse; to delay*
entretenido *pleasant; amusing*
entretenimiento *amusement, entertainment*
entrevista *interview; conference*
entristecerse *to become sad*
entusiasmarse *to become enthusiastic*
entusiasmo *enthusiasm*
entusiasta *enthusiastic; s: enthusiast*
envasar *to can; to bottle*
envejecer *to grow old*
enviar *to send, to dispatch*
envidia *envy*
envidiable *enviable*
envidiar *to envy*
envidioso *envious, jealous*
envío *sending; remittance; shipment*
enviudar *to become a widow or widower*
envoltorio *bundle*
envolver *to wrap up, to envelop; to disguise*
época *epoch, age, era*
equipaje *baggage; crew* (barco)
equipar *to equip, to furnish*
equipo *equipment; team* (deportes)
equivocación *mistake*
equivocado *mistaken, wrong*
   Estoy equivocado. *I'm mistaken.*
equivocarse *to be wrong; to make a mistake*
era *era*
erario *public funds*
erguir *to straighten; to raise*
erigir *to erect; to build; to establish*
errar *to err, to make a mistake; to wander*
   errar el tiro *to miss the target*
error *error, fault, mistake*
erudición *erudition, learning*
erudito *learned, erudite; s: scholar, erudite person*
esa *that*
ésa *that one*
esas *those*
ésas *those*
esbelto *slim, slender*
escabeche *pickled fish*
escabroso *rugged; harsh*
escala *stepladder; scale; port of call*

era *staircase; ladder*
ofrío *chill*
noteo *swindling*
apar *to clear up* (cielo); *to stop raining*
ar *to escape; to flee*
arate *show window; glass case*
e *escape*
bar *to scratch; to dig; to poke*
cha *frost*
mentar *to learn by experience; to take*
   warning
a *scene; stage; episode*
er en la escena *to stage a play*
ario *stage*
tico *skeptical;* s: *skeptic*
ritud *slavery*
vo *slave*
a *broom*
er *to choose, to pick out*
ido *selected, choice*
a *escort*
ar *to escort*
bro *rubbish*
der *to hide, to conceal*
eta *shotgun*
ano *notary*
ir *to write*
ribir a máquina *to typewrite*
o *written;* s: *writing*
escrito *in writing*
or *writer, author*
orio *desk*
ura *writing; deed*
tinio *scrutiny; election returns*
dra *fleet, squad*
har *to listen; to heed*
la *school*
ir *to spit*
rir *to drain; to wring; to slip; to glide*
at
at *one*
ia *essence*
ial *essential*
a *sphere*
zar *to strengthen; to force, to strain*
zarse *to strive, to endeavor*
rzo *effort; endeavor*
na *fencing*
ón *link*
te *enamel*
ltar *to enamel*
radamente *nicely*
rado *carefully done*
rar *to polish*
rarse a *to don one's best*
at, *it*
hose
hose
io *space, room; distance*
la *sword; spade* (barajas)
da *back*
tar *to frighten; to chase out*
tarse *to be frightened*
to *fright*
tosamente *frightfully*

espantoso *frightful*
español *Spanish, Spaniard*
esparadrapo *adhesive tape*
esparcir *to scatter; to divulge; to make public*
especial *special, particular*
   en especial *in particular*
especialidad *specialty*
especie *species; motive; kind, sort*
espectáculo *spectacle, show*
espectador *spectator*
especulación *speculation*
especular *to speculate*
espejo *mirror, looking glass*
espera *waiting; pause; adjournment*
   la sala de espera *the waiting room*
esperanza *hope*
esperar *to hope; to expect; to wait for*
   Dígale que espere. *Ask him to wait.*
   Espero que no. *I hope not.*
espeso *thick, dense*
espía *spy*
espiga *tassel*
espina *thorn; splinter; fishbone; spine*
espinaca *spinach*
espíritu *spirit, soul*
espiritual *spiritual*
espléndido *splendid, magnificent; brilliant*
esplendor *splendor, magnificence*
esposa *wife*
esposas *handcuffs*
esposo *husband*
espuela *spur; incentive*
espuma *foam, froth*
esquela *note; slip of paper*
esquí *ski*
esquina *corner*
   a la vuelta de la esquina *around the corner*
esta *this*
ésta *this one; the latter*
estas *these*
éstas *these*
establecer *to establish*
establo *stable*
estación *station; railroad station; season*
   (ano)
estacionamiento *parking*
estacionar *to stop; to park*
estado *state, condition*
   hombre de estado *statesman*
   en buen estado *in good condition*
estafa *fraud, swindle*
estampa *picture, print*
estampilla *stamp*
estanco *tight*
estanque *pond; reservoir*
estante *shelf*
   estante para libros *bookcase*
estaño *tin*
estar *to be*
   estar de pie *to stand*
   estar de viaje *to be on a trip*
   ¿Qué estás haciendo? *What are you doing?*
estatua *statue*
estatura *stature*
estatuto *statute*
este *east*

este *this*
éste *this one*
estenógrafa *stenographer*
estibador *longshoreman*
estilar *to be customary; to be in the habit of*
estilarse *to be in style*
estilo *style; manner; method; way*
  por el estilo *of the kind, like that*
  y así por el estilo *and so forth*
estima *esteem, respect; dead reckoning*
  (barco)
estimación *estimation, valuation*
estimar *to esteem; to estimate*
estimular *to stimulate*
estímulo *stimulus*
estirar *to stretch; to pull*
estirpe *race, stock, origin*
esto *this*
  con esto *herewith*
  en esto *at this time*
  esto es *that is, namely*
  por esto *therefore; hereby*
estocada *stab*
estofado *stew*
estorbar *to hinder; to be in the way*
estómago *stomach*
estornudar *to sneeze*
estornudo *sneeze*
estos *these*
éstos *these*
estrategia *strategy*
estratégico *strategic*
estrechar *to tighten; to narrow; to squeeze*
  estrechar la mano *to shake hands*
estrechez *tightness; narrowness*
estrecho *tight; narrow*
estrella *star*
estrellar *to dash to pieces, to smash*
estremecer *to shake, to tremble*
estremecimiento *trembling, shaking; thrill*
estrenarse *to make one's debut*
estreno *première*
estribo *stirrup, running board*
estrico *strict*
estropear *to ruin; to damage; to spoil*
estructura *structure*
estruendo *turmoil*
estrujar *to squeeze, to press*
estuche *case; small box; kit*
estudiante *student*
estudiar *to study*
estudio *study; examination; studio*
estudioso *studious*
estufa *stove; heater*
estupendo *stupendous, wonderful*
estupidez *stupidity*
estúpido *stupid*
éter *ether*
eternidad *eternity*
eterno *eternal, everlasting*
ética *ethics*
ético *ethical*
etiqueta *etiquette; label*
  vestido de etiqueta *evening dress*
evacuación *evacuation*
evacuar *to evacuate; to vacate; to dispose of*

evadir *to evade; to avoid*
evaluación *evaluation*
evaluar *to appraise, to value*
evangelio *gospel*
evaporar *to evaporate*
evasión *evasion; escape*
evasiva *pretext, excuse*
evasivo *elusive*
evento *event*
eventual *eventual*
evidencia *evidence*
evidente *evident*
evitable *avoidable*
evitar *to avoid; to spare*
evocar *to evoke*
evolución *evolution*
exactamente *exactly*
exactitud *accuracy*
exacto *exact; just; accurate; correct*
exageración *exaggeration*
exagerar *to exaggerate*
exaltación *exaltation*
exaltar *to exalt, to praise*
exaltarse *to become excited*
examen *examination, test*
examinar *to examine; to investigate; to st*
exasperación *exasperation*
exasperar *to exasperate*
excedente *excessive*
exceder *to exceed*
excederse *to overstep, to go too far*
exceléncia *excellence*
excelente *excellent*
excelso *lofty, exalted*
excepción *exception*
excepcional *exceptional, unusual*
excepto *except that, excepting*
exceptuar *to except, to exempt*
excesivo *excessive, too much*
exceso *excess; surplus*
  en exceso *in excess*
  exceso de equipaje *excess baggage*
excitable *excitable*
excitación *excitement*
excitante *exciting*
excitar *to excite; to stir up*
exclamación *exclamation*
exclamar *to exclaim*
excluir *to exclude, to keep out*
exclusión *exclusion*
exclusiva *exclusive right; refusal*
exclusivamente *exclusively*
excursión *excursion*
excusa *excuse, apology*
excusable *excusable*
excusado *excused, exempted; s: toilet*
excusar *to excuse; to apologize; to exemp*
exención *exemption*
exento *exempt, free; duty free*
  estar exento de *to be exempt from*
exhalar *to exhale*
exhibición *exhibition*
exhibir *to exhibit*
exhortar *to exhort, to admonish*
exigencia *exigency*
exigente *demanding; particular*
exigir *to demand; to require*

guo *small, exiguous*
stencia *existence; stock, supply*
stente *existing, existent*
stir *to exist, to be*
to end, *outcome, success*
edición *expedition; shipment*
edidor *sender*
ediente *expedient; document*
eler *to expel*
endedor *dealer; charges; costs*
expensas de *at the expense of*
eriencia *experience; trial*
erimentar *to experience; to experiment*
erto *experienced, able; s: expert*
licable *explainable*
licación *explanation*
licar *to explain*
licarse *to explain oneself, to account for*
licativo *explanatory*
lícito *explicit*
loración *exploration*
lorador *explorer*
lorar *to explore*
losión *explosion; outburst*
lotar *to exploit*
onente *exponent*
oner *to explain; to expose*
ortación *exportation*
ortador *exporter*
casa exportadora *export firm*
ortar *to export*
osición *exposition, show; explanation; statement*
resar *to express, to state*
resión *expression*
resivo *expressive*
reso *express; clear, s: express* (tren)
rimidor *squeezer; wringer*
rimir *to squeeze*
uesto *explained, stated; liable to*
Todos estamos expuestos a equivocarnos.
  Anyone is liable to make a mistake.
pulsar *to expel, to eject, to throw out*
pulsión *expulsion*
quisito *exquisite; excellent; choice*
tender *to extend, to stretch out*
tensión *extension, extent*
en toda su extensión *to the full extent, in every sense*
tensivo, extenso *extensive, far-reaching*
tenuación *extenuation*
tenuar *to extenuate*
terior *exterior; foreign*
comercio exterior *foreign trade*
terno *external; on the outside*
tinguir *to extinguish, to put out*
tra *extra*
tractar *to extract; to abridge; to summarize*
tracto *extract; abridgment; summary*
traer *to extract, to pull out*
tranjero *foreign; s: foreigner, alien*
estar en al extranjero *to be abroad*
trañar *to wonder; to miss*
No es de extrañar que . . . *It's not surprising that . . .*

extrañarse *to be surprised*
extraño *strange, rare, odd, queer*
extraoficial *unofficial*
extraordinario *extraordinary*
extravagancia *folly; extravagance*
extravagante *queer; extravagant*
extraviado *missing; mislaid; astray*
extraviar *to mislead; to mislay*
extraviarse *to go astray, to get lost*
extravío *straying; deviation*
extremadamente *extremely, exceedingly*
extremar *to go to extremes*
extremidad *extremity*
extremo *extreme, last; s: (the) very end*
al extremo que *to such an extent that*
en caso extremo *as a last resort*

F

fábrica *factory; mill; plant; structure*
fabricación *manufacturing*
fabricante *manufacturer*
fabricar *to manufacture, to make; to build*
fábula *fable, story, tale*
fabuloso *fabulous; incredible*
fácil *easy*
facilidad *ease, facility*
con facilidad *easily*
facilitar *to facilitate; to supply, to provide*
fácilmente *easily*
factor *factor; element; agent*
factura *bill; invoice*
facturar *to bill, to invoice; to check* (equipaje)
facultad *faculty*
facultar *to authorize, to empower*
facha *appearance, look*
fachada *facade*
faena *work, task, labor*
faja *band; girdle*
fajo *bundle*
falda *skirt; lap; slope* (colina)
falsear *to falsify; to forge; to distract*
falsedad *falsehood*
falsificación *falsification, forgery*
falso *false, incorrect; deceitful; counterfeit*
falta *fault; defect; need; lack; absence*
falta de pago *nonpayment*
hacer falta *to be necessary*
por falta de *for lack of*
¡Qué le hace falta? *What do you need?*
faltar *to be lacking; to miss; to fail; to offend; to be rude*
faltar a la verdad *to lie*
Faltó a su palabra. *He did not keep his word.*
No faltaba más. *That's the last straw.*
falto *lacking, short of*
falto de peso *underweight*
falla *failure; fault*
fallecer *to die*
fallo *sentence, verdict, judgment, finding, decision*
fama *fame; reputation; rumor*
familia *family; household*
familiar *familiar; s: relative*

153

famoso *famous; excellent*
fanático *fanatic*
fanfarrón *boaster, braggart*
fanfarronada *boast; bluff*
fanfarronear *to boast, to brag*
fango *mud*
fangoso *muddy*
fantasía *fantasy; fancy*
fantasma *phantom, ghost*
fantástico *fantastic*
fardo *bale, bundle*
formacéutico *pharmacist*
farmacia *pharmacy, drugstore*
faro *lighthouse; beacon; headlight* (coche)
farol *lantern; street lamp; light*
farsa *farce*
farsante *imposter*
fascinar *to fascinate; to charm*
fase *phase, aspect*
fastidiar *to annoy; to disgust*
fastidio *disgust; annoyance; boredom*
fastidioso *annoying; disgusting; tiresome*
fatal *fatal*
fatiga *fatigue, weariness*
fatigado *tired*
fatigar *to tire; to annoy*
fatigoso *tiring, tiresome*
fatuo *vain; infatuated*
fausto *happy, fortunate;* s: *splendor*
favor *favor; service*
    a favor de *in favor of*
    por favor *please*
favorable *favorable*
favorecer *to favor; to help*
favorito *favorite*
faz *face; front*
fe *faith; credit*
    a fe mía *upon my word*
    dar fe *to attest, to certify*
febrero *February*
fecundo *fertile, prolific, fruitful*
fecha *date*
    a dos meses de la fecha *two months from
        today*
    hasta la fecha *to date*
fechar *to date*
fechoría *misdeed*
federación *federation*
felicidad *happiness*
    ¡Muchas felicidades! *Congratulations!*
felicitación *congratulations*
felicitar *to congratulate, to felicitate*
feliz *happy, fortunate*
    feliz idea *clever idea*
    ¡Feliz Año Nuevo! *Happy New Year!*
femenino *feminine*
fenómeno *phenomenon*
feo *ugly; unpleasant; bad*
feria *fair, show*
feriado
    día feriado *holiday*
fermentación *fermentation*
fermentar *to ferment*
fermento *ferment*
feroz *ferocious, fierce; cruel*
ferretería *hardware; hardware store*

ferrocarril *railway, railroad*
fértil *fertile*
fervor *fervor*
festejar *to celebrate*
festividad *festivity; holiday*
festivo *festive, gay, merry*
fiado *on credit*
    comprar al fiado *to buy on credit*
fiador *guarantor; stop, catch*
fianza *guarantee, security; bail; bond*
fiar *to trust; to confide; to sell on credit*
    No me fío de ella. *I don't trust her.*
ficha *chip; token, tag*
fideo *vermicelli*
fiebre *fever; rush; excitement*
fiel *faithful, true, loyal; right*
fiera *wild beast*
fiero *fierce, cruel*
fiesta *feast; party; holiday*
figura *figure, form; appearance; image*
figurar *to figure; to appear*
figurarse *to imagine; to fancy*
fijar *to fix; to set; to post* (anuncio)
fijarse *to pay attention to, to take notice, to
        look at; to imagine*
    ¡Fíjese! *Just imagine!*
fijo *firm, fixed, fast; permanent*
    precio fijo *fixed price*
fila *row, line, rank*
    en fila *in line; in a row*
filete *fillet*
filiación *relationship; file, record; personal
        description* (pasaportes)
filial *filial;* s: *branch*
film *film, picture*
filmar *film, to make a moving picture*
filosofía *philosophy*
filósofo *philosopher*
filtrar *to filter, to strain*
filtrarse *to leak out, to leak through*
filtro *filter*
fin *end; aim, object, purpose*
    a fin de *in order that*
    al fin *at last*
    por fin *finally*
    sin fin *endless*
finado *deceased, late*
final *final, last;* s: *end*
    final de trayecto *last stop*
    punto final *period, full stop*
finalizar *to finish, to conclude, to expire*
finalmente *finally, at last*
financiero *financial;* s: *financier*
finca *farm; real estate, property*
fineza *delicacy; courtesy*
fingir *to pretend*
fino *fine, delicate; cunning, keen; polite*
firma *signature; firm*
firmar *to sign*
firme *firm, fast, stable; resolute*
    color firme *fast color*
fiscal *fiscal;* s: *public prosecutor*
física *physics*
físico *physical;* s: *physicist; physique*
fisiología *physiology*
fisonomía *features*

co *lean, thin; weak;* s: *weak point*
grante *flagrant*
en flagrante *in the very act*
mear *to flame; to flutter* (bandera)
n *custard*
queza *weakness*
uta *flute*
co *fringe*
cha *arrow, dart*
tar *to charter* (barco)
te *freight*
xible *flexible, pliable*
rtear *to flirt*
jo *lax, lazy; loose; light*
r *flower*
echar flores *to flatter*
recer *to blossom, to bloom*
rero *flower vase*
rista *florist*
ta *fleet*
te *floating*
a flote *afloat*
ído *fluid; fluent*
co *focus*
gón *fireplace; stove*
gonazo *flash*
goso *fiery; impetuous*
io *leaf, folio*
letín *serial*
leto *pamphlet*
mentar *to foment*
nda *inn*
ndo *bottom; background*
conocer a fondo *to know well*
irse a fondo *to sink*
nética *phonetics*
nógrafo *phonograph*
rastero *strange; foreign;* s: *stranger, foreigner*
rjar *to forge; to frame*
rma *form, shape;* s: *mold; manner, way*
en forma *in due form*
rmación *formation*
rmal *formal; proper; serious*
rmalidad *formality*
rmar *to form; to shape*
rmarse *to develop, to grow*
rmidable *formidable*
rmula *formula, recipe*
rmular *to formulate*
rmulario *formulary;* s: *form; blank*
rrar *to line* (ropa); *to cover* (libros)
rtalecer *to fortify, to strengthen*
rtaleza *fortress, stronghold*
rtificación *fortification*
rtificar *to fortify*
rtuito *fortuitous, accidental*
rtuna *fortune*
por fortuna *fortunately*
rzar *to force, to compel; to oblige*
rzosamente *necessarily*
rzoso *compulsory; compelling*
rzudo *strong, robust*
sa *pit, hole; grave*
sforo *phosphorus; match*
to *photo, picture*

fotografía *photography; photograph, picture*
fotografiar *to photograph*
frac *dress coat*
fracasar *to fail*
fracaso *failure*
fracción *fraction*
fragancia *fragrance*
fragante *fragrant*
frágil *fragile, weak, full*
fragmento *fragment*
fragua *forge*
fraguar *to forge; to scheme, to plot*
fraile *friar*
frambuesa *raspberry*
francamente *frankly, openly*
francés *French; Frenchman*
franco *frank, free, open; plain*
  franco de porte *freight prepaid*
  puerto franco *free port*
franela *flannel*
franquear *to put a stamp on a letter, to prepay postage*
franqueo *postage*
franqueza *frankness; sincerity*
franquicia *franchise*
frasco *bottle*
frase *sentence*
fraternidad *fraternity, brotherhood*
frazada *blanket*
frecuencia *frequency*
frecuentar *to frequent*
frecuente *frequent*
frecuentemente *often, frequently*
fregar *to scrub; to wash dishes*
freír *to fry*
frenar *to put on the brakes; to slow up; to curb; to bridle*
frenético *mad; frantic*
freno *brake; bridle; bit; curb*
  quite el freno *release the brake*
frente *forehead; face;* s: *front, facade*
  estar al frente de *to be in charge of*
  frente a frente *face to face*
  hacer frente a *to cope with*
fresa *strawberry*
fresco *cool; fresh; recent; bold; forward;* s: *breeze; fresh person*
  tomar el fresco *to go out for some fresh air*
  un fresco agradable *a nice breeze*
frescura *freshness*
fricción *friction, rubbing*
frijol *bean*
frío *cold*
  Está frío. *It's cold.*
  Hace frío. *It's cold.*
  Tengo mucho frío. *I'm very cold.*
friolera *trifle*
frito *fried*
frontera *border*
frotar *to rub*
fructífero *fruitful*
fructificar *to bear fruit; to yield profit*
frugal *frugal, thrifty*
fruncir *to pleat*
frustrar *to frustrate*
fruta *fruit*

frutería *fruit store*
fuego *fire*
  armas de fuego *firearms*
  fuegos artificiales *fireworks*
  prender fuego a *to set fire to*
fuente *spring, fountain; source;* s: *platter*
fuera *out, outside*
  estar fuera *to be absent, to be out*
  fuera de eso *besides, moreover*
  fuera de sí *beside oneself*
  por fuera *on the outside*
fuerte *strong, powerful; loud* (voz); *excessive;*
  firm; s: *fortress*
fuerza *force, strength, power*
  a fuerza de *by dint of*
  fuerzas armadas *armed forces*
fuga *escape; flight*
fugarse *to escape, to run away, to flee*
fugaz *fleeting, brief*
fugitivo *fugitive*
fulano *so-and-so, what's-his-name*
  El señor fulano de tal *Mr. So-and-So*
fumador *smoker*
fumar *to smoke*
  Se prohíbe fumar. *No smoking.*
función *function; performance, play, feature*
funcionar *to function, to work; to run*
  (máquina)
  funcionar bien *to be in good working*
  condition
funcionario *official, officer*
funda *pillowcase; sheath*
fundación *foundation*
fundador *founder*
fundamental *fundamental*
fundamento *foundation, base; ground; cause*
  sin fundamento *groundless*
fundar *to found; to base*
fundición *foundry; casting; melting*
fundir *to melt; to burn out* (foco)
fúnebre *mournful, sad*
funeral *funeral*
furgón *wagon*
furia *fury, rage*
furioso *furious, mad*
furor *fury*
fusible *fuse*
fusil *rifle*
fusilar *to shoot*
fútbol *football*
futuro *future;* s: *future; fiancé*
  en lo futuro *in the future*

G

gabán *overcoat*
gabardina *gabardine*
gabinete *cabinet; study, laboratory*
gaceta *newspaper*
gacetilla *newspaper column*
gafas *glasses*
gajo *branch*
gala *gala*
  de gala *full dress*
galán *gallant*
galante *gallant; generous*

galantear *to court*
galantería *gallantry*
galería *gallery*
galgo *greyhound*
galón *stripe; gallon*
galopar *to gallop*
galope *gallop*
galvanizar *to galvanize*
gallardo *gallant; brave, daring; handsome*
galleta *cookie, biscuit*
gallina *hen*
gallinero *chicken coop; top gallery* (teatro)
gallo *cock, rooster*
gamuza *suede; chamois*
gana *appetite, hunger; desire; inclination;*
  will
  comer con gana *to eat with an appetite*
  de buena gana *willingly, with pleasure*
  de mala gana *unwillingly, reluctantly*
  tener ganas de *to feel like*
  No me da la gana. *I don't feel like it.*
ganadería *cattle raising; livestock*
ganadero *cattle dealer; rancher*
ganado *cattle; livestock*
ganador *winner*
ganancia *gain, profit*
ganar *to gain; to earn; to win*
gancho *hook; hairpin; clip*
ganga *bargain; bargain sale*
gansa *goose* (pl. *geese*)
ganso *gander; simpleton*
ganzúa *skeleton key*
garaje *garage*
garantía *guarantee; bond*
garantizar *to guarantee, to vouch*
gardenia *gardenia*
garganta *throat; neck*
gárgara *gargle; gargling*
garra *claw; clutch*
garrafa *carafe, decanter*
garrocha *pole; stock*
gas *gas*
gasa *gauze*
gasolina *gasoline*
gastar *to spend; to wear out; to waste; to use*
  gastar bromas *to make jokes, to joke*
gasto *expense, cost, expenditure*
gatillo *trigger*
gato *cat; jack* (coche)
gaveta *drawer; locker*
gavilán *hawk*
gavilla *sheaf*
gaviota *sea gull*
gelatina *gelatine; jelly*
gema *gem; bud*
gemelo *twin; binoculars; handcuffs*
gemido *groan, moan*
gemir *to groan, to moan*
generación *generation*
general *general, usual;* s: *general*
género *cloth, material, stuff; class, kind, sor*
  gender, sex
  género humano *mankind*
generosidad *generosity*
generoso *generous*
genial *outstanding; brilliant; gifted*

genio *genius; nature; disposition, temper*
gente *people; crowd*
gentil *courteous; graceful*
gentileza *politeness, courtesy; kindness*
gentío *crowd*
genuino *genuine, real*
geografía *geography*
geometría *geometry*
gerencia *management*
gerente *manager*
germen *germ*
germinar *to germinate, to sprout*
gerundio *gerund; present participle*
gesticular *to gesticulate, to make gestures*
gestión *management; negotiation*
gestionar *to manage, to negotiate; to try*
gesto *gesture; faces*
gigante *gigantic; s: giant*
gimnasia *gymnastics; exercise*
gimnasio *gymnasium*
ginebra *gin*
girar *to rotate, to turn; to operate*
   girar contra *to draw on*
giro *turn; rotation; draft, money order*
   giro bancario *bank draft*
   giro postal *money order*
gitano *gypsy*
glacial *icy*
globo *globe; balloon*
gloria *glory; pleasure; delight*
gloriarse *to be proud of; to boast*
glorioso *glorious*
gobernación *administration, government*
gobernador *governor*
gobernante *ruler*
gobernar *to govern, to rule; to control, to*
              regulate, to direct
gobierno *government; control*
goce *enjoyment; possession*
golf *golf*
golondrina *swallow*
golosina *dainty; delicacy*
goloso *fond of sweets*
golpe *blow, stroke, hit; knock, shock*
   de golpe *suddenly, all at once*
   de un golpe *with one blow*
golpear *to strike, to hit, to beat; to knock*
goma *gum, glue; rubber; eraser*
gordo *fat, stout; big; s: lard*
gordura *stoutness, obesity*
gorra *cap*
gorrión *sparrow*
gota *drop; gout*
gotear *to drip; to leak*
gotera *drip, leak; gutter*
gozar *to enjoy*
gozarse *to rejoice*
gozo *joy; pleasure*
gozoso *cheerful, glad, merry*
grabado *picture, illustration; engraving*
grabar *to engrave*
gracia *grace; favor; pardon; wit, humor*
   dar gracias *to thank*
   Eso tiene gracia. *That's funny.*
   ¡Gracias a Dios! *Thank God!*
gracioso *graceful; witty, funny*

grada *step*
grado *degree; rank; grade; will; pleasure*
gradual *gradual*
graduar *to graduate; to adjust*
gráfico *graphic; s: diagram*
gramática *grammar*
gran *big, great*
granada *grenade; shell*
grande *great, large, big*
   en grande *on a large scale*
grandeza *greatness*
grandioso *grand, magnificent*
granero *granary; barn*
granizar *to hail*
granizo *hail*
granja *grange; farm; country house*
granjear *to gain; to win*
grano *grain; bean (café); pimple*
grasa *grease, fat*
grasoso *greasy*
gratamente *gratefully*
gratificación *gratuity, bonus, tip, reward;*
           allowance
gratificar *to reward, to tip*
gratis *gratis, free*
gratitud *gratitude; thankfulness; gratefulness*
grato *pleasing, gratifying, pleasant*
   su grata del 5 de mayo *your letter of May 5*
gratuito *gratis, free*
grave *grave, serious*
gravedad *gravity, seriousness*
gremio *trade union, guild*
griego *Grecian, Greek*
grieta *crack; chap (piel)*
grifo *faucet; griffin*
grillo *cricket*
gripe *grippe, flu*
gris *gray*
grito *cry, scream, shout*
   poner el grito en el cielo *to make a big fuss*
grosella *currant*
grosería *rudeness, coarseness*
grosero *coarse, rude, impolite*
grúa *crane, derrick, hoist*
gruesa *s: gross*
grueso *fat, thick*
gruñido *grunt*
gruñir *to grumble, to grunt*
grupo *group*
gruta *grotto, cavern*
guante *glove*
guapo *good-looking, pretty (mujer),*
          handsome (hombre); courageous, bold,
          brave
guarda *guard, watchman, keeper; custody*
guardapelo *locket*
guardar *to keep, to guard, to take care of*
   No le guardo ningún rencor. *I don't bear*
          him any grudge.
guardarropa *wardrobe; s: checkroom*
guardia *guard; watch*
   Está de guardia. *He's on duty.*
guarecer *to shelter, to protect*
guarnecer *to trim, to garnish; to garrison*
guarnición *trimming, garnish*
guasa *nonsense; joke, fun*

guasón *humorous, playful;* s: *teaser, joker*
guerra *war, trouble*
guerrero *warlike;* s: *warrior*
guía *guide;* s: *guidebook, directory*
guiar *to guide; to direct; to drive*
guijarro *pebble*
guiñar *to wink*
guión *hyphen*
guisar *to cook*
guiso *stew*
guitarra *guitar*
gusano *worm*
gustar *to taste; to like*
  si Ud. gusta *if you wish*
  ¿Le gusta a Ud. eso? *Do you like that?*
  No me gusta. *I don't like it.*
gusto *taste; pleasure; liking*
  a mi gusto *to my liking*
  con mucho gusto *with pleasure*
  tener gusto en *to take pleasure in*
  Me siento a gusto aquí. *I feel at home here.*
gustoso *tasty; glad; willing*

H

haber s: *credit; assets*
haber *to have*
  habérselas con *to cope with*
  poco ha *a little while ago*
haberes *possessions, property*
hábil *able; clever; skillful; capable*
  día hábil *working day*
habilidad *ability, skill*
habilitado *paymaster*
habilitar *to qualify; to enable; to provide; to
  supply with*
habitación *room; dwelling*
habitante *inhabitant, tenant*
habitar *to inhabit, to reside*
hábito *habit, custom*
habituar *to accustom*
habla *speech; talk*
  Perdió el habla. *He was speechless.*
hablador *talkative;* s: *chatterbox; talker*
hablar *to speak, to talk*
  hablar hasta por los codos *to be a chatterbox*
  hablar por demás *to talk too much*
hacendoso *diligent, industrious*
hacer *to make; to do; to cause*
  hacer de cuenta *to pretend*
  hacer la corte *to court*
  hacer saber *to make known*
  hacer ver *to show*
  me hace Ud. el favor de *please*
  no hace mucho *not long ago*
  ropa hecha *ready-made clothes*
hacerse *to become; to pretend; to be able to*
  hacerse cargo de *to take charge of*
  hacerse de *to get*
  hacerse el tonto *to play the fool*
  Me hice un lío. *I was all mixed up.*
hacia *toward, in the direction of*
  hacia abajo *downwards*
  hacia adelante *forward*
  hacia arriba *upwards*
hacienda *ranch; plantation; property; lands*
hacha *ax*

hada *fairy*
halagar *to flatter; to please*
halago *flattery*
halagüeño *pleasing; nice; flattering*
halar *to pull, to tow*
hallar *to find; to meet with*
hallazgo *finding*
hamaca *hammock*
hambre *hunger*
  Me estoy muriendo de hambre. *I'm
  starving.*
hambriento *hungry; starved*
hangar *hangar*
haragán *lazy, indolent;* s: *loafer*
harapo *rag*
harina *flour*
hartarse *to stuff oneself*
harto *satiated, full; fed up*
hasta *until; as far as; up to; also; even*
  hasta ahora *up to now*
  hasta cierto punto *to a certain point*
  Hasta luego. *So long. See you later.*
hay *there is, there are*
  ¡No hay de qué! *Don't mention it!*
  No hay novedad. *The same as usual.*
  ¿Qué hay? *What's the matter? What's up?*
  ¿Qué hay de nuevo? *What's new?*
haz *sheaf*
hazaña *feat, exploit*
hebilla *buckle*
hebra *thread; fiber*
hechicero *fascinating; charming;* s: *wizard*
hechizar *to fascinate; to charm; to bewitch*
hecho *made, done;* s:*fact; deed; action; event*
  bien hecho *well done*
  de hecho *in fact, actually*
  mal hecho *poorly made*
hechura *workmanship; cut, shape*
heder *to stink*
helada *frost*
helado *frozen; icy; astonished, amazed,
  astounded;* s: *ice cream*
helar *to freeze; to astonish*
hélice *propeller*
hembra *female; woman; eye of a hook*
heno *hay*
heredad *property; land; farm*
heredera *heiress*
heredero *heir*
hereditario *hereditary*
herencia *inheritance, legacy; heritage*
herida *wound, injury*
herido *wounded, injured;* s: *wounded man*
herir *to wound, to hurt*
hermana *sister*
hermanastro *stepbrother*
hermano *brother*
hermoso *beautiful; lovely; fine*
hermosura *beauty*
héroe *hero*
heroico *heroic*
herradura *horseshoe*
herramienta *tool; set of tools*
herrero *blacksmith*
hervir *to boil*
hidroplano *seaplane*

hiedra *ivy*
hiel *gall; bile*
hielo *ice; frost; indifference*
hierba *herb; weed; grass*
hierro *iron; poker*
hígado *liver*
higiene *hygiene*
higiénico *hygienic, sanitary*
higo *fig*
hija *daughter*
hijastro *stepchild*
hijo *son*
hijos *children*
hilar *to spin*
hilo *thread; string; linen; wire*
hilvanar *to tack; to baste*
himno *hymn*
hinchar *to swell; to inflate*
hinchazón *swelling; vanity*
hindu *Indian, Hindu*
hipnotismo *hypnotism*
hipo *hiccup*
hipocresía *hypocrisy*
hipócrita *hypocritical;* s: *hypocrite*
hipódromo *racetrack; hippodrome*
hipoteca *mortgage*
hipotecar *to mortgage*
hipótesis *hypothesis*
hispano *Hispanic, Spanish*
hispanoamericano *Spanish American*
histerico *hysterical*
historia *history; story*
historiador *historian*
histórico *historic*
historieta *short story; anecdote*
hocico *snout; muzzle*
hogar *fireplace; home*
hoguera *bonfire; blaze*
hoja *leaf; blade; sheet*
  hoja de afeitar *razor blade*
  hoja en blanco *blank sheet*
¡hola! *Hello!*
holandés *Dutch*
holgar *to rest; to be idle; to go on strike*
holgazán *lazy; idle;* s: *lazy person, idler*
hombre *man*
hombro *shoulder*
  arrimar el hombro *to give a hand*
homenaje *homage; honor; respect*
hondo *profound; deep*
honesto *decent, honest*
honor *honor*
honra *honor, respect*
honradez *honesty, integrity*
honrado *honest, honorable*
honrar *to honor*
hora *hour; time*
  a estas horas *by now*
  a la hora *on time*
  a la hora en punto *on the dot*
horario *hourly;* s: *timetable*
horizontal *horizontal*
horizonte *horizon*
norma *form; model; mold*
hormiga *ant*
horno *oven, furnace*
horrible *horrible*

horror *horror*
horroroso *horrible, frightful, dreadful*
hortaliza *vegetable garden*
hosco *sullen, gloomy*
hospedaje *lodging; board*
hospedar *to lodge; to entertain*
hospicio *poorhouse*
hospital *hospital*
hospitalizar *to hospitalize*
hostelero *innkeeper*
hotel *hotel*
hoy *today*
hoyo *hole, pit, excavation*
hoz *sickle*
hueco *hole; hollow; empty space*
huelga *strike*
huelguista *striker*
huella *track, footprint, trail*
  huellas digitales *fingerprints*
huérfano *orphan*
huerta *orchard*
hueso *bone; stone*
huésped *guest; innkeeper, host*
huevo *egg*
  huevos fritos *fried eggs*
  huevos pasados por agua *soft-boiled eggs*
  huevos revueltos *scrambled eggs*
  huevos y tocino *bacon and eggs*
huída *flight, escape*
huir *to flee, to escape, to run away*
hule *rubber*
humanidad *mankind, humanity*
humanitario *humane, humanitarian;*
  philanthropic
humano *human*
  ser humano *human being*
humear *to smoke*
humedad *humidity; moisture*
humedecer *to moisten; to dampen*
húmedo *humid, moist, damp*
humildad *humility*
humilde *poor; humble; unaffected*
humillación *humiliation*
humillante *humiliating*
humillar *to humiliate, to lower*
humo *smoke; fume*
humor *humor, disposition, temper*
  estar de buen humor *to be in a good mood*
  estar de mal humor *to be in a bad mood*
humorada *witticism*
humorista *humorist*
hundir *to sink*
huraño *shy, not sociable*
hurtar *to steal, to rob*
hurto *stealing; theft*

I

ida *going; one-way trip; trip*
  billete de ida *one-way ticket*
  billete de ida y vuelta *round-trip ticket*
idea *idea; mind*
  No es mala idea. *That's not a bad idea.*
  No tengo la menor idea. *I don't have the
    slightest idea.*
ideal *ideal*

idealizar *to idealize*
idear *to think of; to conceive; to devise; to plan*
idem *the same, ditto*
idéntico *identical, the same*
identidad *identity*
identificación *identification*
identificar *to identify*
idioma *language*
idiota *idiotic; s: idiot*
ídolo *idol*
iglesia *church*
ignorancia *ignorance*
ignorante *ignorant; unaware*
ignorar *to be ignorant of; not to know*
igual *equal; similar, like; even*
   igual a la muestra *like the sample*
   por igual *equally*
   Me es igual. *It's all the same to me.*
igualar *to equalize; to compare; to make even*
igualdad *equality*
ilegal *illegal, unlawful*
ilegible *illegible*
ilegítimo *illegitimate*
ileso *unhurt*
ilimitado *unlimited*
iluminación *illumination*
iluminar *to illuminate*
ilusión *illusion*
ilustración *illustration*
ilustrar *to illustrate; to explain*
ilustre *illustrious, celebrated*
imagen *image; figure*
imaginación *imagination*
imaginar *to imagine; to think; to suspect*
imán *magnet*
imbécil *imbecile*
imbecilidad *imbecility, stupidity*
imitación *imitation*
imitar *to imitate, to mimic*
impaciencia *impatience*
impacientar *to irritate*
impacientarse *to become impatient*
impaciente *impatient, restless*
impar *odd, uneven*
imparcial *impartial*
impedimento *impediment, hindrance*
impedir *to hinder, to prevent, to keep from*
impenetrable *inscrutable, mysterious*
imperativo *imperative*
imperfecto *imperfect, faulty; s: imperfect*
imperio *empire; dominion*
impermeable *rainproof; s: raincoat*
impersonal *impersonal*
impertinente *impertinent*
ímpetu *impulse*
impetuoso *impulsive, impetuous*
impío *impious; wicked*
implicar *to implicate; to imply*
implícito *implicit*
implorar *to implore, to beg*
imponer *to impose; to acquaint with*
importancia *importance*
importante *important*
importar *to import; to matter; to amount to*
   No importa. *Never mind.*

¿Qué importa? *What difference does it make?*
importe *amount; value; cost*
importunar *to importune; to annoy*
imposibilidad *impossibility*
imposible *impossible*
imposición *imposition*
impostor *impostor, deceiver*
impotencia *inability; impotence*
impotente *powerless, helpless, impotent*
impracticable *not practical*
imprenta *printing; print shop*
impresión *impression; print; printing*
impresionar *to impress; to move; to affect*
impreso *printed; stamped; s: printed matter*
impresor *printer*
imprevisto *unforeseen, unexpected; sudden*
imprimir *to print; to imprint*
impropio *improper, incorrect; unfit*
improvisar *to improvise*
improviso *unexpected*
   de improviso *unexpectedly*
imprudencia *imprudence*
imprudente *imprudent; indiscreet*
impuesto *imposed; informed; s: tax, duty*
   estar impuesto de *to be informed of*
impulsar *to impel; to drive; to urge*
   dar impulsos a *to get something going*
impunidad *impunity*
impureza *impurity; contamination*
impuro *impure*
imputar *to impute; to blame; to attribute*
inaceptable *not acceptable*
inactivo *inactive, idle*
inadaptable *not adaptable*
inadecuado *inadequate*
inadmisible *objectionable*
inadvertido *unnoticed*
inalámbrico *wireless*
inalterable *changeless, unalterable*
inauguración *inauguration*
inaugurar *to inaugurate; to begin*
incansable *untiring*
incapacidad *incapacity; inability*
incapaz *incapable; inefficient, incompetent*
incautación *seizure, taking over*
incautarse *to take over, to seize*
incendiar *to set on fire*
incendio *fire*
incertidumbre *uncertainty*
incesante *incessant, continual*
incidente *incidental; s: incident*
incierto *uncertain*
incisión *incision*
inciso *cut*
incitar *to incite, to stimulate*
inclemencia *inclemency; severity*
inclinación *inclination; tendency*
inclinar *to incline, to bend*
incluir *to include; to enclose*
inclusive *including; inclusive*
incluso *enclosed; including*
incógnito *unknown; incognito*
incoherente *incoherent; disconnected*
incombustible *incombustible*
incomodar *to disturb; to inconvenience*
incómodo *uncomfortable; inconvenient*

incomparable *matchless*
incompatible *incompatible*
incompetencia *incompetence*
incompleto *incomplete, unfinished*
incomprensible *incomprehensible*
incomunicar *to isolate*
inconcebible *inconceivable; incredible*
incondicional *unconditional*
inconsciencia *unconsciousness*
inconsciente *unconscious*
inconstancia *inconstancy, unsteadiness*
inconveniente *inconvenient*
   no tener inconveniente en *not to mind*
incorporar *to incorporate; to join*
incorrección *inaccuracy*
incorrecto *incorrect, inaccurate, improper*
incorregible *incorrigible*
incredulidad *incredulity*
incrédulo *incredulous*
increíble *incredible*
incremento *increment; increase*
increpar *to reproach, to rebuke*
inculcar *to inculcate*
inculpar *to inculpate; to blame*
inculto *uncultured; uneducated*
incumbencia *duty; concern*
incumbir *to concern; to pertain*
incumplimiento *nonfulfillment*
incurable *incurable; hopeless*
incurrir *to run into; to get into*
   incurrir en deudas *to get into debt*
indagar *to inquire; to investigate*
indebidamente *improperly; unduly; wrongly*
indebido *improper; wrong; illegal*
indecente *indecent; unbecoming*
indecisión *indecision; hesitation*
indeciso *undecided; hesitant*
indefenso *defenseless*
indefinido *indefinite*
indemnización *indemnity, compensation*
indemnizar *to compensate*
independencia *independence*
independiente *independent*
indeseable *undesirable*
indeterminado *indeterminate; doubtful;*
    undecided
indicación *indication; hint; sign; suggestion;*
    s: *instructions*
indicador *indicator*
indicar *to indicate; to point out*
índice *index; hand*
indicio *indication, mark, clue*
indiferencia *indifference*
indiferente *indifferent*
indígena *native*
indigencia *poverty, indigence*
indigente *poor, indigent*
indigestión *indigestion*
indigesto *hard to digest*
indignación *indignation, anger*
indignar *to irritate, to annoy*
indignidad *indignity*
indigno *unworthy, disgraceful*
indio *Indian, Hindu*
indirecta *hint*
indirecto *indirect*

indiscreción *indiscretion*
indiscreto *indiscreet, imprudent*
indiscutible *unquestionable*
indispensable *essential*
indisponer *to indispose*
indisposición *indisposition*
individual *individual*
individualmente *individually*
individuo *individual*
índole *disposition; character; kind; class*
inducir *to induce; to persuade*
indudable *indubitable, certain*
indulgencia *indulgence*
indulgente *indulgent, lenient*
industria *industry; diligence*
industrial *industrial; manufacturing;* s:
    industrialist
ineficacia *inefficiency*
ineficaz *inefficient*
ineludible *unavoidable*
ineptitud *inability; unfitness*
inepto *inept, incompetent; unfit*
inequívoco *unmistakable*
inesperadamente *unexpectedly*
inesperado *unexpected, unforeseen*
inevitable *inevitable, unavoidable*
inexactitud *inaccuracy*
inexacto *inexact, inaccurate*
inexperto *inexperienced, inexpert*
inexplicable *inexplicable*
infalible *infallible*
infamar *to disgrace, to dishonor*
infame *infamous, shameful*
infamia *infamy, disgrace*
infancia *childhood*
infantería *infantry*
infantil *infantile; childish*
infatigable *tireless, untiring*
infección *infection*
infectar *to infect*
infeliz *unhappy; unfortunate*
inferior *inferior; lower, subordinate;* s:
    inferior, subordinate
inferioridad *inferiority*
inferir *to infer; to imply; to inflict*
infiel *unfaithful*
infierno *hell, inferno*
ínfimo *lowest; least*
infinidad *infinity*
infinitamente *infinitely, immensely*
infinitivo *infinitive*
infinito *infinite*
inflamable *inflammable*
inflamación *inflammation*
inflamar *to inflame; to catch fire*
inflar *to inflate*
influencia *influence*
influir *to influence*
información *information; inquiry;*
    investigation
informal *unreliable*
informalidad *informality*
informar *to report; to inform; to plead*
informe *shapeless;* s: *information; report;*
    plea

dar un informe *to give information*
infortunado *unlucky, unfortunate*
infracción *infraction, violation*
infranqueable *insurmountable*
infringir *to infringe, to violate*
infructuoso *unsuccessful; vain*
infundado *unfounded, groundless*
infundir *to instil, to infuse*
    infundir ánimo *to give courage*
ingeniería *engineering*
ingeniero *engineer*
ingenio *ingenuity; talent; mill*
ingenioso *ingenious, clever*
ingenuidad *simplicity*
ingenuo *näive, simple*
inglés *English; Englishman*
ingratitud *ingratitude*
ingrato *ungrateful*
ingresar *to enter*
ingreso *entry; returns, profit*
inhábil *incapable; unfit, unqualified*
inhalar *to inhale*
inhospitalario *inhospitable*
inhumación *burial*
inhumano *inhuman*
inicial *initial; s: initial*
iniciar *to initiate; to begin*
iniciativa *initiative*
inicuo *wicked*
iniquidad *wickedness, iniquity*
injuria *insult; injury; offense*
injustamente *unjustly*
injusticia *injustice*
injusto *unjust; unfair*
inmediación *contiguity, nearness; vicinity*
inmediatamente *immediately*
inmediato *immediate; contiguous*
inmejorable *unsurpassable*
inmensamente *immensely*
inmenso *immense, huge*
inmerecido *undeserved*
inmesurable *boundless*
inmiscuirse *to meddle, to interfere*
inmoderado *immoderate*
inmoral *immoral*
inmortal *immortal*
inmóvil *immovable, fixed*
inmovilizar *to immobilize*
inmueble *property, real estate*
inmundicia *filth, dirt*
inmundo *filthy, dirty, unclean*
inmutable *unchangeable*
innecesario *unnecessary*
innegable *undeniable; unquestionable*
inocencia *innocence*
inocente *innocent*
inodoro *odorless; s: toilet*
inofensivo *inoffensive, harmless*
inoportuno *inopportune*
inquietar *to disturb*
inquieto *restless; uneasy; worried*
inquietud *uneasiness; anxiety; restlessness*
inquilino *tenant*
inquirir *to inquire*
insalubre *unhealthful*
insano *insane, mad*
inscribir *to inscribe, to register, to record*

inscripción *inscription*
insecticida *insecticide*
insecto *insect*
inseguro *uncertain*
insensatez *foolishness, stupidity*
insensato *stupid, foolish*
insensible *not sensitive, heartless*
inseparable *inseparable*
insertar *to insert; to introduce*
inservible *useless, good-for-nothing*
insidioso *insidious, sly*
insigne *famous, noted*
insignia *badge, insignia*
insignificante *insignificant*
insinuar *to insinuate, to hint*
insipidez *insipidity*
insípido *insipid, tasteless*
insistencia *insistence*
insistir *to insist*
insolación *sunstroke*
insolencia *insolence, rudeness*
insolente *insolent, rude*
insomnio *insomnia*
inspección *inspection*
inspeccionar *to inspect, to examine*
inspector *inspector; superintendent*
inspiración *inspiration*
inspirar *to inspire; to inhale*
instalación *installation; fixtures*
    instalación eléctrica *electric fixtures*
instalar *to install; to set up*
instancia *instance; request*
instantánea *snapshot*
instantáneamente *instantly, at once*
instante *instant*
instaurar *to establish*
instintivamente *instinctively*
instinto *instinct*
institución *institution*
instituir *to institute; io establish*
instituto *institute*
instrucción *instruction; education; directions*
instructivo *instructive*
instructor *instructor; teacher*
instruir *to instruct; to teach*
instrumento *instrument*
insubordinado *insurbordinate*
insubordinarse *to rebel*
insuficiencia *insufficiency*
insuficiente *insufficient*
insufrible *unbearable*
insultar *to insult*
insulto *insult, offense*
intacto *intact, untouched, whole*
intachable *faultless*
integral *integral, whole*
integrar *to integrate*
integridad *integrity*
íntegro *entire, whole; in full*
intelectual *intellectual*
inteligencia *intelligence; understanding*
inteligente *intelligent*
inteligible *intelligible*
intemperio *bad weather*
intención *intention, meaning; mind*
    tener buena intención *to mean well*
intendencia *administration, management*

intendente *superintendent*
intensidad *intensity*
intenso *intense*
intentar *to try, to attempt; to intend*
intento *intent, purpose*
intercalar *to insert*
intercambio *interchange; exchange*
interceder *to intercede*
interceptar *to intercept; to block*
interés *interest*
interesado *interested, concerned*
interesante *interesting*
interesar *to interest, to concern*
interesarse *to be concerned; to be interested*
interino *provisional; temporary*
interior *interior; internal; s: interior; inside*
   ropa interior *underwear*
intermediar *to mediate*
intermediario *intermediary*
intermedio *intermediate; s: interval, recess*
internacional *international*
internar *to intern; to confine*
interno *internal; interior; s: intern*
interpretación *interpretation; meaning*
interpretar *to interpret; to understand*
intérprete *interpreter*
interrogación *interrogation, questioning,*
   inquiry; question mark
interrogar *to interrogate, to question*
interrogatorio *cross-examination*
interrumpir *to interrupt*
interrupción *interruption; stop*
interruptor *switch*
intervalo *interval*
intervenir *to intervene, to mediate*
intimar *to intimate; to hint; to order*
intimidad *intimacy*
intimidar *to intimidate; to frighten*
íntimo *intimate, close*
intolerable *intolerable, unbearable*
intolerante *intolerant*
intolerencia *intolerance*
intoxicación *intoxication, poisoning*
intranquilo *worried*
intransigencia *intransigence*
intransitable *impassable*
intratable *hard to deal with*
intrépido *intrepid, fearless*
intriga *intrigue, plot*
intrigante *intriguing; s: intriguer*
intrincado *intricate; entangled; complicated*
introducción *introduction*
introducir *to introduce; to put in*
intromisión *interference*
intruso *intruding; s: intruder*
intuición *intuition*
inundar *to inundate, to flood*
inútil *useless, fruitless, unnecessary*
inutilizar *to spoil, to ruin; to disable*
inútilmente *uselessly, vainly*
invadir *to invade*
invalidar *to invalidate, to nullify*
inválido *invalid, null, crippled; s: invalid,*
   cripple
invariable *unchangeable, invalid*
invasión *invasion*
invención *invention*

inventar *to invent*
inventario *inventory*
invento *invention*
invernar *to hibernate*
inverosímil *improbable, unlikely; incredible*
invertir *to invest*
investigación *investigation*
investigar *to investigate*
invierno *winter*
invisible *invisible*
invitación *invitation*
invitado *invited; s: guest*
invitar *to invite*
inyección *injection*
inyectar *to inject*
iodo *iodine*
ir *to go; to concern*
   ir a caballo *to ride, to go horseback*
   ir a medias *to go half-and-half*
   ir a pie *to walk, to go on foot*
   ir en coche *to drive*
   ¿Cómo le va? *How are you?*
   ¡Que va! *Nonsense!*
   ¡Vámonos! *Let's go!*
   ¡Voy! *I'm coming!*
ira *anger, rage, fury*
iracundo *angry, mad*
ironía *irony*
irradiar *to radiate*
irreal *unreal*
irreflexivo *thoughtless*
irregular *irregular*
irrespetuoso *disrespectful*
irresponsabilidad *irresponsibility*
irresponsable *irresponsible*
irrigar *to irrigate*
irritar *to irritate, to exasperate*
irrompible *unbreakable*
isla *isle, island*
italiano *Italian*
itinerario *itinerary; route; timetable*
izquierda *left; left hand*
   a la izquierda *to the left*
izquierdo *left*

J

jabón *soap*
jabonar *to soap*
jactancia *boasting*
jactarse *to boast, to brag*
jalea *jelly*
jalón *pole*
jamás *never, ever*
   para siempre jámas *for ever and ever*
jamón *ham*
japonés *Japanese*
jaque *check; boaster*
   jaque mate *checkmate*
jaqueca *headache, migraine*
jarabe *syrup*
jardín *garden*
jardinero *gardener*
jarra *jug, pitcher*
jarrón *vase; jar*
jaula *cage*
jefatura *headquarters; leadership*

jefe *chief; head, leader; boss; employer*
   jefe de taller *foreman*
jerarquía *hierarchy*
jerez *sherry*
jeringa *syringe*
jinete *horseman, rider*
jira *outing, excursion; tour*
jornada *trip, journey*
jornal *day's pay; wages*
jornalero *day laborer*
joroba *hump*
jorobado *hunchback*
jorobar *to importune; to annoy*
joven *young;* s: *young man*
joya *jewel, gem*
jubilar *to pension off*
judío *Jewish;* s: *Jew*
juego *play, game; gambling; set; movement*
   hacer juego *to match*
   juego de té *tea set*
jueves *Thursday*
juez *judge*
   juez de paz *justice of the peace*
jugada *play; turn (barajas)*
jugador *gambler; player*
jugar *to play; to gamble; to stake; to take part*
jugarreta *bad play; bad trick*
jugo *juice*
jugoso *juicy*
juguete *toy*
juicio *judgment; opinion; mind; lawsuit; trial*
   pedir en juicio *to sue*
juicioso *sensible, wise*
julio *July*
junio *June*
junta *board, council, committee; meeting*
juntar *to join, to write; to assemble, to*
   gather; to pile up
junto *near, close; together*
jurado *jury*
jurar *to swear*
justicia *justice*
justificación *justification*
justificar *to justify*
justo *just; fair; exact; scarce;* s: *just*
juvenil *juvenile, youthful*
juventud *youth, youthfulness*
juzgado *tribunal, court*
juzgar *to judge; to think*

K

kilo *kilo (1 kilo = 2.205 pounds)*
kilogramo *kilogram*
kilómetro *kilometer (1.800 kms = one mile)*
kiosco *kiosk, stand, newsstand*

L

la *the; you, her, it*
labio *lip*
   lápiz de labios *lipstick*
labor *labor, task; needlework, embroidery*
laborable *workable, working*
laborar *to labor, to work*
laboratorio *laboratory*
laborioso *laborious; hardworking*

labrador *farmer, peasant*
labranza *farming*
labrar *to cultivate*
lacio *withered; languid*
lacónico *laconic; brief*
lacrar *to injure; to impair; to damage*
lacre *sealing wax*
lado *side; party; faction*
   por un lado *on one side*
   Conozco muy bien su lado flaco. *I know his*
     weakness very well.
ladrar *to bark*
ladrido *barking; criticism; slander*
ladrillo *brick, tile*
ladrón *thief, robber*
lago *lake*
lágrima *tear; drop*
laguna *pond; gap; blank*
lamentable *deplorable, regrettable*
lamentar *to regret; to deplore; to mourn*
lamer *to lick*
lámina *plate, sheet of metal; engraving*
lámpara *lamp*
lana *wool*
lance *trouble; accident; quarrel*
lancha *launch, boat*
langosta *lobster*
lánguido *languid; faint; weak*
lanzamiento *launching*
lanzar *to throw; to launch*
lapicero *pencil holder*
lápida *gravestone*
lápiz *pencil*
lapso *lapse*
larga *delay; adjournment*
largar *to loosen; to let go*
largo *long; lengthy;* s: *length*
   a la larga *later on*
   a lo largo de *along*
larva *larva*
las *the*
lástima *pity; compassion*
   ¡Qué lástima! *What a pity!*
lastimar *to hurt, to injure*
lastre *ballast*
lata *tin, tin can; nuisance*
lateral *lateral*
latido *beat; throbbing*
latigazo *lash; crack*
látigo *whip*
latín *Latin*
latino *Latin*
latir *to palpitate, to beat*
latoso *boring, tiresome*
lava *lava*
lavable *washable*
lavabo *washstand; washroom*
lavadero *washing*
lavandera *laundress, washwoman*
lavandería *laundry*
lavaplatos *dishwasher*
lavar *to wash, to launder*
lavarse *to wash oneself*
lazo *bow; loop*
le *him, her, it; you; to him; to her; to it; to you*
leal *loyal*
lealtad *loyalty*

lección *lesson*
lector *reader*
lectura *reading*
leche *milk*
lechería *dairy*
lechero *milkman*
lecho *bed*
lechuga *lettuce*
leer *to read*
legal *legal, lawful*
legalizar *to legalize*
legar *to bequeath; to delegate*
legendario *legendary*
legible *legible*
legión *legion*
legislación *legislation*
legislar *to legislate*
legislatura *legislature*
legitimar *to legalize*
legítimo *legitimate; authentic*
legua *league*
legúmbre *vegetable*
leído *well-read, well-educated*
lejano *distant, remote, far*
lejos *far, far away, distant*
  algo lejos *rather far*
  más lejos *farther*
lema *motto*
lencería *linen goods; linen shop*
lengua *tongue; language*
  morderse la lengua *to hold one's tongue*
lenguaje *language; style*
lentamente *slowly*
lente *lens; glasses*
lenteja *lentil*
lentitud *slowness*
lento *slow; sluggish*
leña *firewood*
leñador *woodcutter*
leño *log, block*
león *lion*
lesión *lesion, injury, wound*
lesionar *to hurt, to wound, to injure*
letra *letter; handwriting; printing type; words (canción); draft (negocio)*
  a la letra *literally*
letrado *learned, erudite; s: lawyer*
letrero *inscription; sign; label*
levadura *leaven; yeast*
levantar *to raise, to lift, to pick up; to remove; to draw (mapa)*
levantarse *to get up, to rise*
leve *light; slight*
ley *law, act*
  de ley *standard*
leyenda *legend; inscription*
liar *to tie, to bind; to embroil*
liberación *liberation*
liberal *liberal*
libertad *liberty; freedom*
libertador *liberating; s: liberator*
libertar *to liberate, to free*
libra *pound*
libranza *draft; money order*
libre *free*
  libre a bordo *free on board (f.o.b.)*

librería *bookstore; library; bookcase*
librero *bookseller*
libreta *memorandum book*
libro *book*
licencia *license; leave; permit; certificate*
licenciado *lawyer, or one who holds a postgraduate degree*
licenciar *to license; to allow; to discharge*
lícito *legal, lawful; just; fair*
licor *liquor*
licorería *liquor store*
líder *leader*
lidiar *to combat, to fight, to contend*
liebre *hare*
lienzo *canvas*
liga *garter; league; rubber band*
ligar *to bind, to tie; to alloy (metal)*
ligereza *lightness; fickleness; hastiness*
ligero *light; quick, swift; hasty*
lija *sandpaper*
lila *lilac*
lima *lime; file*
limar *to file; to polish*
limitación *limitation, limit*
limitado *limited*
limitar *to limit; to restrain*
límite *limit; boundary, border*
limón *lemon*
limonada *lemonade*
limosna *alms, charity*
limpiador *cleaner, cleanser*
limpiar *to clean; to cleanse*
limpiaúñas *nail cleaner*
limpieza *cleaning; cleanliness; honesty*
limpio *clean; neat; pure*
  sacar en limpio *to make out; to conclude*
lince *keen, sharp-sighted; s: lynx*
linchar *to lynch*
lindar *to adjoin, to border*
linde *limit, boundary; landmark*
lindo *pretty*
línea *line*
  línea férrea *railway*
  La línea está ocupada. *The line is busy.*
lingüista *linguist*
linimento *liniment*
lino *flax; linen*
linterna *lantern; flashlight*
lío *bundle, parcel; mess*
  Me hice un lío. *I was all mixed up.*
liquidación *liquidation*
liquidar *to liquidate*
líquido *liquid; clear; s: liquid, fluid*
lírico *lyric; lyrical*
lirio *lily*
lisiado *crippled*
liso *smooth, even; plain*
lisonja *flattery*
lisonjear *to flatter; to please*
lisonjero *flattering; pleasing; s: flatterer*
lista *list, roll; stripe; menu*
  lista de correos *general delivery*
listado *striped*
listo *ready; quick; bright, clever, smart*
litera *litter*
literario *literary*
literato *learned man*

literatura *literature*
litigio *litigation, lawsuit*
litoral *littoral;* s: *coast; seacoast*
litro *liter*
liviano *light; fickle*
lívido *livid; pale*
lo *the; it, him, you*
  a lo lejos *in the distance*
  lo mío y lo tuyo *mine and yours*
lobo *wolf*
lóbrego *dark; sad*
local *local;* s: *place, quarters*
localidad *locality, place; seat* (teatro)
localizar *to localize, to locate*
loción *lotion, wash*
loco *mad, insane, crazy;* s: *mad*
  volverse loco *to lose one's mind*
locomoción *locomotion*
locura *insanity, madness; folly*
lodo *mud*
lógica *logic*
lógico *logical*
lograr *to obtain, to get; to attain; to manage; to succeed*
  Nada lograba influenciarle. *Nothing could influence him.*
logro *gain; achievement*
loma *hillock*
lomo *loin; back*
lona *canvas*
longitud *longitude*
lonja *slice; stock market*
loro *parrot*
los *the; them; you*
lote *lot; portion, share*
loza *chinaware; crockery*
lozanía *vigor; liveliness*
lozano *healthy; lively*
lubricación *lubrication*
lubricante *lubricating;* s: *lubricant*
lubricar *to lubricate*
lucidez *lucidity, clearness*
lúcido *lucid, brilliant*
lucir *to shine; to show off*
lucrativo *lucrative, profitable*
lucro *gain, profit*
lucha *fight, struggle*
luchador *wrestler, fighter*
luchar *to fight; to wrestle; to struggle*
luego *immediately; soon; afterwards*
  desde luego *of course*
lugar *place; time; occasion; motive*
  dar lugar a *to lead up to*
  en lugar de *instead of*
lujo *luxurious*
lujuria *lust; excess*
lumbre *fire; light*
luminoso *shining, luminous*
luna *moon*
  luna de miel *honeymoon*
lunático *eccentric;* s: *lunatic*
lunes *Monday*
lustrar *to polish, to shine*
lustre *gloss; splendor*
luto *mourning; grief, sorrow*
luz *light; daylight*

  a todas luces *in every respect*
  luz eléctrica *electric light*
  salir a luz *to be published; to appear*

LL

llaga *ulcer; wound*
llama *flame; llama*
llamada *call; marginal note*
llamamiento *calling; call; appeal*
llamar *to call; to appeal; to name; to send for; to knock*
  llamar por teléfono *to phone*
  mandar llamar *to send for*
llamarada *blaze; flushing* (cara)
llamarse *to be called, to be named*
  ¿Cómo se llama Ud? *What's your name?*
  Me llamo ... *My name is ...*
llamativo *striking, attractive, showy*
llanamente *simply; plainly, clearly; sincerely; frankly*
llaneza *simplicity; plainness*
llano *even, smooth; flat; frank;* s: *plain*
llanta *tire; rim*
llanto *weeping, crying*
llanura *plain, flatlands*
llave *key; wrench; faucet*
  cerrar con llave *to lock*
llavero *key ring*
llegada *arrival, coming*
llegar *to arrive; to come; to reach, to succeed; to amount*
  llegar a las manos *to come to blows*
  llegar a ser *to become*
  Llegó a hacerlo. *He managed to do it.*
llenar *to fill; to stuff; to occupy; to satisfy; to fulfill*
  llenar completamente *to fill up*
lleno *full; complete;* s: *fullness; abundance*
llevadero *bearable, tolerable*
llevar *to carry; to take; to take away; to set* (precio); *to wear*
  llevar a cabo *to carry out*
  llevar la delantera *to lead; to be ahead*
  llevar lo mejor *to get the best part of*
  Lléveme allí. *Take me there.*
  Llevamos un tanto por ciento de interés. *We charge so much interest.*
llevarse *to take away; to carry away; to get along*
  llevarse bien *to get along well*
  llevarse mal *to be on bad terms*
llorar *to weep, to cry; to lament*
llover *to rain, to shower*
  Está lloviendo. *It's raining.*
  Llueve a cántaros. *It's pouring.*
llovizna *drizzle*
lloviznar *to drizzle*
lluvia *rain, shower*

M

macarrones *macaroni*
maceta *flowerpot; mallet*
macizo *solid; massive; firm*
machacar *to crush; to harp on a subject*

acho *male, masculine; vigorous;* s: *male*
achucar *to bruise*
adeja *lock of hair; skein*
adera *wood, lumber, timber*
aderero *dealer in lumber*
adero *beam; timber*
adrastra *stepmother*
adre *mother*
adreselva *honeysuckle*
adrina *godmother; bridesmaid; sponsor; patroness*
adrugada *dawn; early morning*
  de madrugada *at dawn*
adrugar *to get up early; to get ahead of*
  ¡Ud. es muy madrugador! *You're an early-bird!*
adurar *to ripen; to mature*
adurez *maturity; ripeness*
aduro *ripe; mature*
aestro *masterly; master;* s: *teacher, master*
agia *magic*
ágico *magic; marvelous*
agisterio *teaching profession*
agistrado *magistrate*
agnánimo *magnanimous*
agnesia *magnesia*
agnético *magnetic*
agnífico *magnificent; fine; splendid; wonderful*
agnitud *magnitude; importance; greatness*
agno *great*
agnolia *magnolia*
ago *magician, wizard*
aicena *cornstarch*
aíz *maize, Indian corn*
aizal *cornfield*
ajadero *silly;* s: *bore; pest*
ajestad *majesty*
ajestuoso *majestic, imposing*
aal *bad; badly, poorly;* s: *evil; harm; disease, illness*
  de mal en peor *worse and worse*
  hacer mal *to do harm; to do wrong*
  mal de su grado *unwillingly*
  mal hecho *badly done*
  Ando mal de dinero. *I'm short of money.*
  Hace mal tiempo. *The weather is bad.*
  No está mal. *It's not bad.*
aalagradecido *ungrateful*
aalaria *malaria*
aalbaratar *to undersell*
aalcriado *ill-bred; naughty*
aaldad *wickedness*
aaldecir *to damn, to curse*
aaldición *curse*
aaldito *wicked; damned, cursed*
aaleficio *witchcraft; enchantment*
aalestar *indisposition, discomfort*
aaleta *suitcase, valise*
aaleza *underbrush, thicket*
aalgastar *to waste; to squander*
aalhechor *criminal*
aalhumorado *ill-humored, peevish*
aalicia *malice; suspicion*
aalicioso *malicious; suspicious*

malintencionado *ill-disposed*
malo *bad; wicked; ill; difficult; poorly*
  de mala gana *unwillingly*
  Está muy malo. *He's very sick.*
malsano *unhealthy*
maltratar *to mistreat, to abuse, to harm*
maltrato *ill-treatment*
malvado *wicked*
mamar *to suck*
manantial *spring; source*
manar *to flow; to ooze*
mancomunar *to associate*
mancha *stain, spot; blemish*
manchado *stained, spotted*
manchar *to stain, to spot, to soil*
mandadero *messenger; errand boy*
mandado *errand*
mandamiento *mandate; commandment*
mandar *to send; to will, to bequeath; to order, to command; to govern*
  mandar decir *to send word*
mandarina *tangerine*
mandato *mandate, order*
mandíbula *jaw; jawbone*
mando *command; authority; control*
mandón *domineering, bossy*
manecilla *small hand*
manejar *to handle; to drive; to govern; to manage*
manejo *management; handling*
manera *manner, way, method*
  de manera que *so that; so as to*
  de ninguna manera *by no means*
  de todas maneras *anyway*
  en cierta manera *to a certain extent*
manga *sleeve; hose* (por agua)
mango *handle; mango* (fruta)
manía *mania, frenzy; whim*
maniático *maniac*
manicomio *insane asylum*
manifestación *manifestation, demonstration*
manifestar *to manifest; to state; to reveal*
manifiesto *manifest; clear, obvious*
maniobra *maneuver; handiwork*
manipulación *handling, manipulation*
manipular *to handle, to manipulate; to manage*
maniquí *mannikin*
manivela *crank*
manjar *dish; food;* s: *victuals*
mano *hand; coat* (pintura)
  a mano *at hand, nearby*
  hecho a mano *handmade*
  mano a mano *even*
manojo *handful, bunch*
manosear *to handle; to feel*
mansión *mansion; residence*
manso *tame; gentle*
manta *blanket*
manteca *lard; fat; butter*
mantel *tablecloth*
mantener *to feed; to support, to maintain, to keep up*
mantenerse *to support oneself; to remain; to stay*
mantenimiento *maintenance, support*

mantequilla *butter*
mantequillera *butter dish*
manto *mantle, cloak*
manual *manual; handbook*
manufacturar *to manufacture*
manuscrito *manuscript*
manutención *support, maintenance*
manzana *apple; block of houses*
manzano *apple tree*
maña *dexterity; skill; trick*
mañana *morning; tomorrow*
    mañana por la mañana *tomorrow morning*
    pasado mañana *the day after tomorrow*
    Hasta mañana. *See you tomorrow.*
mañoso *handy; skillful; cunning*
mapa *map, chart*
máquina *machine, engine*
maquinaria *machinery*
maquinista *machinist; engineer*
mar *sea*
    en el mar *at sea*
    viaje por mar *sea voyage*
maraña *puzzle; perplexity; entanglement*
maravilla *marvel, wonder*
maravillarse *to marvel; to admire*
maravilloso *marvelous, wonderful*
marca *mark; brand; make*
    Es una marca renombrada. *It's a well-known brand.*
marcar *to mark; to brand; to register*
marco *frame*
marcha *march*
marchante *customer, client*
marchar *to go; to go off, to leave; to march*
    ¿Se marcha Ud. ya? *Are you leaving already?*
marchitar *to wither, to fade*
marchito *faded, withered*
marea *tide*
mareado *seasick*
marearse *to get seasick*
marfil *ivory*
margarina *margarine*
margen *margin, border; bank* (río)
marido *husband*
marina *navy*
marinero *sailor*
marino *seaman*
mariposa *butterfly*
marítimo *maritime*
marmita *kettle*
mármol *marble*
marqués *marquis*
marquesa *marchioness*
marrano *pig*
martes *Tuesday*
martillar *to hammer*
martillo *hammer*
martir *martyr*
marzo *March*
mas *but, yet, however*
más *more; most; over; besides; plus*
    a más tardar *at the latest*
    lo más pronto posible *as soon as possible*
    más bien *rather*
    más o menos *more or less*

    ¡Más vale así! *So much the better!*
    ¡Nada más? *Is that all? Nothing else?*
masa *dough; mass; crowd*
masaje *massage*
masajista *masseur, masseuse*
mascar *to chew*
máscara *mask; disguise*
mascota *mascot*
masculino *masculine*
masticar *to chew, to masticate*
mástil *mast, post*
mata *plant, shrub*
matadero *slaughterhouse*
matanza *slaughter, massacre*
matar *to kill; to murder*
mate *dull*
matemáticas *mathematics*
matemático *mathematician*
materia *matter; material; subject*
    materia prima *raw material*
material *material; s: material; equipment*
materializar *to materialize; to realize*
maternal *maternal*
maternidad *maternity*
materno *maternal, motherly*
matorral *thicket, bush*
matrícula *register, list; matriculation*
matricular *to matriculate; to register*
matrimonio *married couple; marriage, matrimony*
máxima *rule; proverb, maxim*
máximo *maximum; highest; chief, principal*
mayo *May*
mayonesa *mayonnaise*
mayor *greater, greatest; larger, largest; elder, eldest; older, oldest; s: major*
    ser mayor de edad *to be of age*
mayoría *majority; plurality*
mayúscula *capital letter*
mazapán *marzipan*
mazorca *cob of corn*
me *me; to me; myself*
    Me dije para mis adentros . . . *I said to myself . . .*
mecánica *mechanics*
mecánico *mechanical; s: mechanic*
mecanismo *mechanism*
mecanógrafo *typist*
mecha *wick; fuse; lock* (pelo)
mechar *to lard*
medalla *medal*
media *stocking; mean* (aritmético)
mediación *mediation; intervention*
mediador *mediator*
mediados *about the middle*
mediano *medium; mediocre*
medianoche *midnight*
mediante *by means of, by virtue of*
mediar *to mediate; to intercede*
medicina *medicine; remedy*
médico *medical; s: physician*
medida *measure, measurement*
    a la medida *made to order*
    a medida de su deseo *according to your wish*
medio *half; halfway; midway; average; s: middle, center; way, method; means*

en medio *in the middle*
en un término medio *on an average*
medio asado *medium*
¡Quítese de en medio! *Get out of the way!*
mediocre *mediocre*
mediocridad *mediocrity*
mediodía *midday; noon; south*
al mediodía *at noon*
medir *to measure*
meditación *meditation*
meditar *to meditate*
médula *marrow; pitch*
mejilla *cheek*
mejor *better; rather*
cuanto antes mejor *the sooner the better*
tanto mejor *so much the better*
mejora *improvement*
mejorar *to improve; to outbid*
mejoría *improvement; recovery*
melaza *molasses*
melocotón *peach*
melodía *melody*
melón *melon*
mella *notch; gap*
mellizo *twin*
membrete *letterhead*
membrillo *quince*
memorable *memorable*
memoria *memory; memoir; report;* pl.
    regards, compliments
Haga Ud. memoria. *Try to remember.*
menaje *household goods, furnishings,*
    furniture
mencionar *to mention*
mendigar *to beg, to ask charity*
mendigo *beggar*
menear *to move; to stir*
menester *need; occupation*
menesteroso *needy*
mengua *decrease; decline; poverty; disgrace*
menguar *to decay; to diminish; to wane*
menor *less; smaller; younger;* s: *minor*
menos *less; least; minus; except*
echar de menos *to miss someone or
    something*
menoscabo *damage; loss; detriment*
menospreciar *to underrate; to despise; to
    slight*
mensaje *message*
mensajero *messenger*
mensual *monthly*
mensualidad *monthly salary*
menta *mint, peppermint*
mentalidad *mentality*
mentar *to mention*
mente *mind; understanding*
mentecato *silly; stupid;* s: *fool*
mentir *to lie*
mentira *lie, falsehood*
mentiroso *lying, false, deceitful;* s: *liar*
menudeo *detail; retail trade*
menudillos *giblet*
menudo *small; minute;* s: *change* (dinero)
a menudo *often*
meñique *little finger*

mercader *merchant, dealer*
mercadería *merchandise, goods*
mercado *market; market place*
mercancía *merchandise, goods*
mercante *merchant; mercantile*
merced *gift; favor; mercy*
a la merced de *at the mercy of*
merced a *thanks to*
mercenario *mercenary*
mercería *haberdashery*
merecer *to deserve, to merit*
merecido *deserved punishment*
merendar *to have a snack or light meal*
mérito *merit; worth; value*
merma *decrease; waste; drop; loss*
mermar *to decrease, to diminish*
mermelada *marmalade*
mero *mere; only; pure; simple*
mes *month; monthly wages*
mesa *table; chair*
meseta *plateau; landing* (escalera)
mesura *moderation; politeness*
meta *object, end, goal*
metal *metal*
metálico *metallic*
meter *to put in; insert*
meter la pata *to put one's foot in it*
meterse *to meddle, to interfere; to give oneself
    to; to get oneself into*
meterse en la cama *to get into bed*
metódico *methodical*
método *method*
metro *meter*
mexicano *Mexican*
mezcla *mixture; blending; mortar*
mezclar *to mix; to blend; to mingle*
mezquino *stingy; mean; petty*
mi *my*
mí *me*
¡Me lo cuenta a mí! *You're telling me!*
mía *mine*
microbio *microbe*
microscópico *microscopic*
microscopio *microscope*
miedo *fear, dread*
tener miedo *to be afraid*
miedoso *fearful*
miel *honey*
miembro *member; limb*
mientras *in the meantime, while*
mientras tanto *in the meantime*
miércoles *Wednesday*
miga *crumb, fragment, bit*
mil *thousand*
milagro *miracle; wonder*
milagroso *miraculous; marvelous*
milésimo *thousandth*
miligramo *milligram*
milímetro *millimeter*
militante *militant*
militar *military;* s: *soldier*
milla *mile*
millar *thousand*
millón *million*
millonario *millionaire*
mimado *spoiled*

mimar *to spoil*
mina *mine*
mineral *mineral*
minería *mining; working of a mine*
miniatura *miniature*
mínimo *minimum, least, smallest*
ministerio *cabinet, ministry*
ministro *minister*
minuta *minutes, records*
minutero *minute hand*
minuto *minute*
mío *mine*
   Muy señor mío: *Dear Sir:*
miope *nearsighted*
mirada *glance, look*
mirar *to look at, to behold, to observe, to watch; to consider*
   bien mirado *well-considered*
   ¡Mire Ud! *Look!*
mirarse *to look at oneself; to look at each other*
misa *mass*
miserable *miserable, wretched*
miseria *misery; trifle*
misericordia *mercy*
misión *mission, errand*
misionero *missionary*
misma, mismo *same, equal; similar; self*
   ahora mismo *right now*
   así mismo *just like this*
   lo mismo que si *just as if*
misterio *mystery*
misterioso *mysterious*
mitad *half; middle, center*
   mi cara mitad *my better half*
mitigar *to mitigate; to quench*
mitin *meeting*
mito *myth*
mitología *mythology*
mixto *mixed, mingled*
mobiliario *furniture*
mocedad *youth*
moción *motion*
moda *fashion, style*
   la última moda *the latest style*
modales *manners, breeding*
modalidad *modality, form*
modelo *model, pattern; style*
moderación *moderation*
moderado *moderate, mild*
moderar *to moderate; to restrain; to slow up*
modernista *modernist*
moderno *modern*
modestia *modesty*
modesto *modest*
módico *moderate; s: reasonable price*
modificar *to modify; to alter*
modismo *idiom*
modista *dressmaker; milliner*
modo *mode, method, manner; mood*
   de este modo *this way*
   de modo que *so that*
   de ningún modo *by no means*
   do todos modos *anyway*
mofa *mockery; sneer*
mofarse *to mock; to sneer*

mojar *to wet, to moisten, to dampen*
molde *mold, pattern, model*
moldura *molding*
moler *to grind; to mill; to boil*
molestar *to disturb, to trouble; to bother, to annoy; to tease; to inconvenience*
   ¡Deje Ud. de molestarme! *Stop bothering me!*
molestia *trouble; bother; annoyance*
molesto *bothersome, annoying; uncomfortable; boring*
molino *mill*
momentáneo *momentary*
momento *moment*
   al momento *immediately*
monarca *monarch*
monarquía *monarchy*
mondadientes *toothpick*
mondar *to clean; to husk; to peel*
moneda *coin; money*
monja *nun*
monje *monk*
mono *cute; pretty; nice; s: monkey, ape*
   ¡Qué mono! ¿Verdad? *Isn't it cute!*
monologo *monologue, soliloquy*
monopolio *monopoly*
monopolizar *to monopolize*
monotonía *monotony*
monótono *monotonous*
monstro *monster*
monstruosidad *monstrosity*
monstruoso *monstrous, huge*
monta *amount, total sum*
montacargas *hoist; dumb-waiter*
montaña *mountain*
montar *to mount; to ride; to amount to; to set (diamante); to put together, to assemble*
monte *mount; wood; forest*
montón *heap, mass*
montura *mount, saddle horse*
monumental *monumental*
monumento *monument*
mora *delay*
morada *dwelling*
morado *purple*
morador *resident; inhabitant*
moral *moral; ethics; morale*
morar *to reside*
mordedura *bite*
morder *to bite*
mordida *bite, biting; bribe*
morena *brunette*
moreno *brown; dark*
moribundo *dying*
morir *to die*
   morirse de frío *to freeze to death*
   morirse de hambre *to starve*
mortaja *shroud*
mortal *mortal, fatal*
mortalidad *mortality; death rate*
mortero *mortar*
mortificación *mortification; humiliation*
mortificar *to humiliate; to vex*
mosca *fly*
moscatel *muscatel*

mosquito *mosquito*
mostaza *mustard*
mosto *grape juice*
mostrador *counter*
mostrar *to show, to exhibit; to prove*
motivo *motive, reason*
motocicleta *motorcycle*
motociclista *motorcyclist*
motor *motor, engine*
mover *to move; to stir up; to shake*
móvil *movable; mobile;* s: *motive*
movilización *mobilization*
movilizar *to mobilize*
movimiento *movement, motion; traffic*
moza *girl; maid, servant*
mozo *young;* s: *young man; waiter, porter; boy*
mucha *much; very much; a great deal, a lot; very; many, a great many*
   muchas cosas *many things*
   muchas veces *many times*
   Muchísimas gracias. *Thank you very much.*
muchacha *girl; servant, maid*
muchacho *boy, lad; servant*
muchedumbre *multitude, crowd*
mucho *much; very much; a great deal of, a lot; very; many, a great many*
   con mucho gusto *gladly*
   mucho dinero *a lot of money*
   mucho tiempo *a long time*
mudanza *change; moving out*
mudar *to change; to alter; to remove; to move*
mudo *dumb, mute; silent*
mueble *piece of furniture*
muela *millstone; molar tooth*
muelle *tender, soft; easy;* s: *pier, dock, wharf; spring* (maquinaria)
muerte *death*
muerto *dead; languid;* s: *corpse*
muestra *sample, specimen*
muestrario *collection of samples*
mujer *woman; wife*
mula *she-mule*
muleta *crutch*
mulo *mule*
multa *fine, penalty*
multar *to fine*
múltiple *multiple*
multiplicar *to multiply*
multitud *multitude, crowd*
mundo *world; great multitude*
   el mundo entero *the whole world*
   todo el mundo *everybody*
munición *ammunition*
municipal *municipal*
muñeca *wrist; doll*
muñeco *puppet; doll; comics*
muralla *wall, rampart*
murmullo *murmur; whisper*
murmurar *to murmur; to whisper*
músculo *muscle*
museo *museum*
música *music*
musical *musical*
músico *musician*
muslo *thigh*

mutilar *to mutilate*
mutuo *mutual*
muy *very; greatly*

N

nabo *turnip*
nacer *to be born; to sprout; to rise, to originate*
nacimiento *birth; origin; source*
nación *nation*
nacional *national*
nacionalidad *nationality*
nada *nothing*
   por nada *for nothing*
   De nada. *Don't mention it.*
   No vale nada. *It's worthless.*
nadador *swimmer*
nadar *to swim; to float*
nadie *nobody; anybody; no one; anyone; none*
naipe *playing card*
naranja *orange*
narcótico *narcotic*
nariz *nose, nostril*
narración *narration, account, story*
narrar *to narrate, to relate*
nata *cream*
natación *swimming*
natal *natal, native*
natalidad *birth rate*
nativo *native*
natural *natural, native*
naturaleza *nature*
naturalmente *of course; naturally*
naufragar *to be shipwrecked; to fail*
naufragio *shipwreck; failure*
náusea *nausea, nauseousness*
náutica *navigation*
naval *naval*
nave *ship*
navegable *navigable*
navegación *navigation; shipping*
navegante *navigator*
navegar *to navigate, to sail*
navidad *nativity; Christmas*
   ¡Feliz Navidad! *Merry Christmas!*
naviero *shipowner*
navío *ship; warship*
neblina *mist, light fog*
necesariamente *necessarily*
necésario *necessary*
necesidad *necesity, need, want*
necesitado *very poor*
necesitar *to need; to be in need of*
   Se necesita una mecanógrafa. *Typist wanted.*
necio *stupid; foolish, ignorant;* s: *fool*
necrología *obituary*
negar *to deny, to refuse*
negativa *refusal*
negativo *negative*
negligente *negligent, careless*
negociado *department, office*
negociante *merchant, trader, businessman*
negociar *to negotiate*
negocio *business; affairs; transaction*

hombre de negocios *businessman*
negro *black;* s: *Negro*
nervio *nerve*
nervioso *nervous*
neto *neat; pure; net*
neumático *tire*
neurótico *neurotic*
neutral *neutral*
nevar *to snow*
nevera *icebox*
ni *neither; either; nor*
  ni...ni... *neither...nor..*
  ni siquiera eso *not even that*
nicotina *nicotine*
nido *nest*
niebla *fog, haze*
nieta *granddaughter*
nieto *grandson*
nieve *snow*
ningún *no; none; any*
  ningún hombre *no man*
ninguna *no; none; any; no one; nobody*
  de ninguna manera *by no means*
ninguno *no; none; not one; any; no one; nobody*
  No tengo ninguno. *I don't have any.*
niña *girl, pupil* (del ojo)
niño *child;* pl: *children*
níquel *nickel*
no *no; not*
noble *noble, nobleman*
nobleza *nobility*
noción *notion, idea*
nocivo *harmful*
nocturno *nocturnal; night; in the night*
noche *night*
  esta noche *tonight*
  pasar la noche *to spend the night*
  por la noche *at night*
  Buenas noches. *Good night.*
nochebuena *Christmas Eve*
nombramiento *nomination; appointment*
nombrar *to appoint; to nominate, to name*
nombre *name, noun*
nómina *payroll*
norma *rule; standard; model*
normal *normal*
normalidad *normality*
norte *north*
nos *we; us; to us; ourselves*
nosotras, nosotros *we; us*
nostalgia *homesickness*
nota *note*
notable *notable, worthy of notice*
notar *to note; to notice*
notario *notary*
noticia *piece of news; information; notice*
notificación *notification*
notificar *to notify; to inform*
notorio *notorious*
novato *novice, beginner*
novecientos *nine hundred*
novedad *novelty, latest news or fashion*
novela *novel*
novelista *novelist*
noventa *ninety*

novia *girl friend; fiancée; bride*
noviazgo *engagement, betrothal*
novicio *novice; apprentice*
novio *boy friend; fiancé; bridegroom*
nube *cloud*
nublado *cloudy*
nuca *nape*
nudo *knot*
nuera *daughter-in-law*
nuestra, nuestro *our; ours*
nueve *nine*
nuevo *new*
  ¡Feliz año neuvo! *Happy New Year!*
  Hágalo de nuevo. *Do it again.*
  ¿Qué hay de nuevo? *What's new?*
neuz *nut; walnut*
nulidad *incompetent person*
nulo *null, void*
numerar *to number*
número *number, figure*
nunca *never, ever*
  Más vale tarde que nunca. *Better late than never.*
nupcial *nuptial*
nupcias *nuptials, wedding*
nutrición *nutrition, nourishment*
nutrir *to nourish, to feed*
nutritivo *nutritious, nourishing*

Ñ

ñame *yam, sweet potato*

O

o *or, either*
obcecado *stubborn*
obedecer *to obey*
obediencia *obedience*
obediente *obedient*
obeso *obese, fat*
obispo *bishop*
objetar *to object; to oppose*
objetivo *objective; aim*
objeto *object; thing, article; purpose; aim*
oblicuo *oblique*
obligación *obligation, duty; liability*
obligar *to oblige; to compel; to obligate*
obligatorio *obligatory; compulsory*
obra *work, labor; book; play; building; repairs; means; deed; action*
  obra maestra *masterpiece*
obrar *to work; to act*
obrero *worker, workman*
obscurecer *to darken, to get dark*
obscuridad *obscurity, darkness*
obscuro *obscure, dark*
obsequiar *to entertain; to treat; to make a present*
obsequio *entertainment; gift; present*
observación *observation; remark*
observar *to observe, to notice; to keep; to follow; to make a remark*
observatorio *observatory*
obsesión *obsession*
obstáculo *obstacle*

obstinación *obstinacy, stubbornness*
obstinado *obstinate*
obstruir *to obstruct, to block*
obtención *accomplishment*
obtener *to obtain, to get; to attain*
obturador *shutter; plug; stopper*
obtuso *obtuse*
obvio *obvious; evident*
ocasión *occasion; opportunity*
   de ocasión *secondhand*
ocasionar *to cause, to bring about*
occidental *western, occidental;* s*: Occidental*
occidente *occident, west*
océano *ocean*
ocio *idleness, leisure; pastime*
ociosidad *idleness, leisure*
ocioso *idle; useless*
octavo *eight*
octubre *October*
oculista *oculist*
ocultar *to conceal, to hide*
oculto *concealed, hidden*
ocupación *occupation, business, trade*
ocupado *occupied, busy, engaged*
ocupar *to occupy; to take possession of; to*
   give work to; to hold a position
ocuparse *to pay attention to; to be concerned*
   about; to attempt to
ocurrencia *occurrence, incident; wisecrack*
ocurrir *to occur; to happen*
ochenta *eighty; eightieth*
ocho *eight*
ochocientos *eight hundred*
odiar *to hate*
odio *hatred, hate*
odioso *hateful*
oeste *west*
ofender *to offend*
ofenderse *to be offended, to take offense*
ofensa *offense*
ofensiva *offensive*
oferta *offer, offering*
oficial *official; officer*
oficialmente *officially*
oficina *office, workshop*
oficio *occupation, work; trade, business*
ofrecer *to offer; to present*
ofrecimiento *offer*
oído *hearing; ear*
oír *to hear, to listen*
   ¡Qué Dios le oiga! *Let's hope so!*
ojal *buttonhole*
¡ojalá! *May . . . ; Would to God!*
ojo *eye; attention; care; keyhole*
ola *wave*
oler *to smell*
olfatear *to smell*
olfato *sense of smell*
oliva *olive*
   aceite de oliva *olive oil*
olor *scent, odor*
oloroso *fragrant*
olvidar *to forget*
   ¡Ah, se me olvidaba! *Oh, I almost forgot!*
olvido *forgetfulness; oversight*
olla *pot*

ombligo *nave; center, middle*
omisión *omission*
omitir *to omit, to leave out*
once *eleven*
onda *wave, ripple*
onza *ounce*
opaco *opaque, dull, not transparent*
opción *option, choice*
ópera *opera*
operación *operation*
operar *to operate; to act; to take effect*
operario *worker, operator*
opinar *to give an opinion*
opinión *opinion*
oponer *to oppose, to go against*
oponerse *to be against; to object to*
oportunamente *opportunely; in good time*
oportunidad *opportunity; good chance*
oportuno *opportune*
oposición *opposition*
opositor *opponent; competitor*
opresión *oppression*
opresivo *oppressive*
opresor *oppressor*
oprimir *to press, to squeeze; to oppress*
optar *to choose, to pick up*
óptico *optic, optical;* s*: optician*
optimismo *optimism*
optimista *optimist*
opuesto *opposed, opposite, contrary*
ora *whether; either; now; then*
oración *prayer; sentence*
orador *orator, speaker*
oral *oral*
orar *to pray*
orden *order, arrangement; command;*
     brotherhood, society
   a sus órdenes *at your service*
   el orden del día *agenda*
ordenanza *order; statute, ordinance*
ordenar *to arrange; to order, to command*
ordeñar *to milk*
ordinariamente *ordinarily*
ordinario *ordinary; vulgar; unrefined*
oreja *ear*
orfandad *orphanage*
orgánico *organic*
organismo *organism*
organización *organization*
organizar *to organize; to form; to arrange*
órgano *organ; means; agency*
orgullo *pride*
orgulloso *proud*
oriental *oriental, eastern;* s*: Oriental*
orientar *to orient*
orientarse *to find one's bearings; to find*
   one's way around
oriente *orient, east*
origen *origin, source*
original *original*
originalidad *originality*
originar *to cause, to originate*
orilla *border, edge; shore; bank* (río)
ornamento *ornament, decoration*
ornar *to adorn*
oro *gold; diamonds* (pl.: baraja)

orquesta *orchestra, band*
ortografía *spelling*
oruga *caterpillar*
os *you, to you*
oso *bear*
ostentar *to display; to show off; to boast*
otoño *autumn, fall*
otorgar *to consent, to agree to; to grant*
otra *other, another*
   otra vez *again, once more*
otro *other, another*
   algún otro *someone else*
   otro dia *another day*
ovación *ovation*
oval *oval*
oveja *sheep*
oyente *hearer, listener; audience*

P

pabellón *pavilion; flag, colors*
pacer *to pasture; to graze*
paciencia *patience*
paciente *patient; s: patient*
pacífico *peaceful; mild*
pactar *to reach an agreement; to sign a pact;*
   to agree upon
pacto *pact, agreement*
padecer *to suffer; to be liable to*
padecimiento *suffering*
padrastro *stepfather*
padre *father; pl: parents*
padrino *godfather; sponsor*
paga *payment; wages; fee*
pagadero *payable*
pagador *payer, paymaster*
pagaduría *paymaster's office*
pagano *pagan*
pagar *to pay*
   pagar una vista *to pay a visit*
pagaré *promissory note (IOU)*
página *page*
pago *payment; reward*
   en pago de *in payment of*
país *country*
paisaje *landscape*
paisano *countryman, fellow citizen*
paja *straw*
pájaro *bird*
palabra *word; promise*
   empeñar la palabra *to give one's word*
   No entiendo palabra. *I don't understand a*
     word.
   Palabra. *Upon my word.*
   Pido la palabra. *May I have the floor?*
palacio *palace*
paladar *palate; taste*
palanca *lever; crowbar*
palangana *washbowl; basin*
palco *grandstand; box*
palidecer *to turn pale*
pálido *pale*
palillo *toothpick*
paliza *spanking; beating*
palma *palm tree; palm leaf*
palmada *pat, clap; clapping*

palo *stick; timber; blow; suit (barajas)*
   palo de escoba *broomstick*
paloma *pigeon, dove*
palpable *palpable; evident*
palpar *to feel, to touch*
palpitar *to beat, to throb, to palpitate*
pampa *pampas*
pan *bread; loaf*
   pan con mantequilla *bread and butter*
panadería *bakery*
panadero *baker*
pandilla *gang*
panecillo *roll*
panera *granary*
pánico *panicky; s: panic*
panorama *landscape; view*
pantalón *trousers*
pantalla *lampshade; screen (cine)*
pantano *swamp*
pantorrilla *calf*
pañal *diaper*
paño *cloth, fabric*
pañuelo *handkerchief*
papa *potato; Pope*
papá *daddy*
papagayo *parrot*
papel *paper; role; part (teatro)*
   hacer un papel *to play a part*
   papel de estraza *wrapping paper*
   papel de seda *tissue paper*
papelera *writing desk*
papelería *stationery store*
papuete *package, parcel*
par *equal; even; s: pair, couple; team*
   Es una mujer sin par. *There's nobody like*
     her.
para *for; to; until; about; in order to; toward*
   para siempre *forever*
   trabajar para comer *to work for a living*
   Déjelo para mañana. *Leave it until*
     tomorrow.
parabién *congratulations*
parábola *parable; parabola*
parabrisa *windshield*
paracaídas *parachute*
paracaidista *parachutist*
parada *stop; pause; halt; parade*
paradero *end; termius; whereabouts*
parado *unemployed; s; standstill*
paradoja *paradox*
paraguas *umbrella*
paraíso *paradise*
paraje *place, spot*
paralelo *parallel*
parálisis *paralysis*
paralítico *paralytic*
paralizar *to paralyze; to impede, to hinder*
parar *to stop, to halt, to stay; to bet; to stand*
   ¿Dónde irá a parar todo esto? *How's all this*
     going to end?
   ¿Paramos aquí? *Do we stop here?*
pararrayos *lightning rod*
parásito *parasite*
parcela *parcel; piece of land*
parcialidad *partiality, bias*
parcialmente *partially, partly*

pardo *brown; dark*
parecer *to appear, to show up, to turn up; to seem; to look; to be like, to resemble;* s: *opinion; appearance*
   ¿Qué le parece? *What do you think of it?*
   También soy yo del mismo parecer. *I'm also of the same opinion.*
parecerse *to look alike, to resemble*
parecido *like, similar, resembling;* s: *likeness*
pared *wall*
pareja *pair, couple; team*
paréntesis *parenthesis*
pariente *relative, relation*
parir *to give birth*
parlamento *parliament*
párpado *eyelid*
parque *park*
parra *grapevine*
párrafo *paragraph*
parrilla *hot plate*
parroquia *parish; clientele; customers*
parroquiano *parishioner; customer*
parte *part; portion; share; side; role; report, communication*
   dar parte *to inform; to notify*
   en gran parte *largely*
   en parte *in part*
   en todas partes *everywhere*
   por mi parte *as far as I'm concerned*
   por otra parte *on the other hand*
partera *midwife*
participación *participation; share*
participar *to participate, to take part; to share; to inform, to notify*
particular *particular; unusual, peculiar;* s: *individual*
particularidad *peculiarity*
particularmente *particularly, especially*
partida *departure; entry, item; lot; certificate*
   partida de nacimiento *birth certificate*
partidario *partisan, follower, supporter*
partido *divided, split, broken;* s: *party; game*
partir *to divide, to split, to cut; to break; to leave*
parto *childbirth*
párvulo *child*
pasa *raisin*
pasado *past; past tense*
   lo pasado *the past*
   pasado mañana *the day after tomorrow*
pasaje *passage; fare; strait*
   ¿Cuánto cuesta el pasaje? *What's the fare?*
pasajero *passing, transitory;* s: *passenger*
pasaporte *passport*
pasar *to pass, to go by; to go across; to come over; to come in, to call; to spend (tiempo); to get along; to be taken for; to put on; to pretend; to overlook; to surpass; to happen*
   Pase Ud. por aquí. *Come this way.*
   ¿Qué pasa? *What's the matter?*
   Ya se le pasará. *He'll get over it.*
pasatiempo *pastime, amusement*
Pascua *Christmas; Easter; Passover*
pase *pass, permit*
paseante *stroller*

pasear *to walk, to take a walk; to ride*
pasearse *to go for a walk*
paseo *walk, stroll; ride, drive*
   dar un paseo *to take a walk*
pasillo *corridor, hall; aisle*
pasión *passion*
pasivo *passive;* s: *liabilities*
paso *step; pass; passage; place*
   de paso *by the way, incidentally*
   paso a paso *step by step*
   salir de paso *to get out of a difficulty*
   Prohibido el paso. *Keep Out.*
pasta *paste; dough; binding*
   pasta dentífrica *toothpaste*
pastel *pie, cake*
pastelería *pastry shop; pastry*
pastelero *pastry cook*
pastilla *drop, tablet*
   pastillas de menta *mint drops*
   pastillas para la tos *cough drops*
pastor *shepherd; pastor*
pata *leg; duck*
   patas arriba *upside down*
patalear *to stamp one's feet*
patata *potato*
patente *patent; obvious;* s: *patent, grant; privilege*
patín *skate*
   patín de ruedas *roller skates*
patinar *to skate; to skid*
patio *patio; yard; pit (teatro)*
pato *drake, duck*
patraña *falsehood, fib*
patria *native country, fatherland*
patriota *patriot*
patriótico *patriotic*
patriotismo *patriotism*
patrocinar *to patronize*
patrón *master; employer, boss*
patrono *employer; patron saint*
patrulla *patrol*
paulatinamente *slowly, by degrees*
paulatino *slow, gradual*
pausa *pause*
pauta *paper ruler; model*
pavo *turkey*
   pavo real *peacock*
pavor *fear, terror*
payaso *clown*
paz *peace*
   en paz *on even terms*
   Déjame en paz. *Let me alone.*
peatón *pedestrian*
pecado *sin, trespass*
pecar *to sin*
peculiar *peculiar*
peculiaridad *peculiarity*
peculio *pocket money*
pecho *chest, breast, bosom*
   dar el pecho *to suckle*
pechuga *breast of a foul*
pedal *pedal*
pedazo *bit, piece; morsel*
   hacer pedazos *to break into pieces*
pedestal *pedestal, support*
pedido *order; request*

a pedido de *at the request of*

pedir *to ask for; to beg; to demand; to wish;
to order (negocio)*

pedir informes *to inquire, to ask for
information*

pegajoso *sticky, viscous; contagious*

pegar *to paste, to glue; to sew on; to hit, to
beat; to stop*

pegar fuego a *to set fire to*

peinado *hairdressing; hair style, coiffure*

peinar *to comb*

peinarse *to comb one's hair*

peine *comb*

pelado *bare; bald; broke*

pelar *to peel; to pluck; to rob; to cheat*

peldaño *step*

pelea *fight, struggle*

pelear *to fight*

peletería *fur shop*

película *film*

peligro *peril, danger*

peligroso *dangerous*

pelo *hair*

¡No me tome Ud. el pelo! *Don't make fun of
me!*

pelota *ball*

peluca *wig*

peluquería *barbershop*

peluquero *barber*

pellejo *skin; peel; rawhide*

pellizcar *to pinch*

pena *penalty, punishment; grief, sorrow;
hardship*

pena capital *death penalty*

sobre pena de *under penalty of*

penal *penal; s: prison*

penalidad *hardship; penalty*

penar *to suffer; to be in agony*

pender *to hang; to be pending*

pendiente *pendent, pending; s: earrings;
slope*

deuda pendiente *balance due*

penetrante *penetrating; piercing*

penetrar *to penetrate; to comprehend*

península *peninsula*

penitente *penitent*

penoso *painful, distressing; difficult, arduous*

pensado *deliberate*

pensador *thinker*

pensamiento *thought, idea; pansy*

pensar *to think; to consider; to intend*

Lo hice sin pensar. *I did it without thinking.*

pensativo *pensive; thoughtful*

pensión *pension; board; boarding house*

pensionista *pensioner; boarder*

peña *rock, large stone*

peñón *cliff; rocky mountain*

peón *peon; pedestrian*

peor *worse; worst*

Sigue peor. *He's getting worse.*

Tanto peor. *So much the worse.*

pepinillos *pickles*

pepino *cucumber*

pequeñez *trifle; pettiness*

pequeño *little, small, tiny; young; s: child*

pera *pear*

percance *misfortune, mishap, accident*

percepción *perception*

perceptible *perceptible, perceivable*

percibir *to perceive, to get*

percha *perch; pole; staff*

perder *to lose*

perder el habla *to become speechless*

ratos perdidos *spare time*

No lo pierdas de vista. *Don't lose sight of
him.*

perderse *to get lost; to spoil; to get spoiled*

perdición *perdition; ruin*

pérdida *loss; damage; leakage*

perdidamente *desperately*

perdiz *partridge*

perdón *pardon*

perdonar *to excuse, to pardon, to forgive*

Perdóneme Ud. *Excuse me.*

perecer *to perish, to die*

peregrino *odd, strange*

perejil *parsley*

pereza *laziness; idleness*

perezoso *lazy, indolent*

perfección *perfection, improvement,
perfecting*

perfeccionar *to improve*

perfecto *perfect*

perfidia *perfidy*

perfil *profile, outline*

perfume *perfume, scent, fragrance*

perfumería *perfume store*

pericia *skill; knowledge*

perilla *knob, doorknob*   •

periódico *periodical; s: newspaper,
magazine, periodical*

periodismo *journalism*

periodista *journalist; newspaperman*

período *period, time*

perito *experienced; skillful; s: expert;
appraiser*

perjudicar *to damage, to injure, to hurt*

perjudicial *prejudicial; harmful*

perjuicio *prejudice; damage, harm*

perjuro *perjured; s: perjurer*

perla *pearl*

permanecer *to remain, to stay*

permanencia *permanence; stay*

permanente *permanent*

permeable *permeable, penetrable*

permiso *permission; permit, authorization;
consent*

tener permiso de *to have permission to*

permitir *to permit, to let, to allow*

¿Me permite Ud. que fume? *May I smoke?*

permuta *permutation; exchange*

permutar *to change*

pernicioso *pernicious, harmful*

pero *but; yet; except; s: defect, fault*

poner peros *to find fault*

No hay "pero" que valga. *No "buts."*

perpendicular *perpendicular*

perpetuar *to perpetuate*

perpetuidad *perpetuity*

perpetuo *perpetual, everlasting*

perplejo *perplexed, bewildered, puzzled*

perra *bitch*
perro *dog*
persecución *persecution*
perseguir *to persecute; to pursue*
perseverancia *perseverance*
perseverar *to persevere, to persist*
persiana *blind; Venetian blind*
persistencia *persistence, obstinacy*
persistente *persistent, firm*
persistir *to persist*
persona *person*
personaje *personage; character* (teatro)
personal *personal; s: personnel, staff*
personalidad *personality*
perspectiva *perspective*
perspicacia *perspicacity*
perspicaz *perspicacious, acute*
persuadir *to persuade, to convince*
persuasión *persuasion*
pertenecer *to belong*
pertinente *pertinent*
perturbar *to perturb, to agitate*
perversidad *perversity; wickedness*
perversión *perversion*
perverso *perverse*
pervertir *to pervert*
pesadilla *nightmare*
pesado *heavy; tedious, tiresome; s: bore*
   Es un pesado. *He's a bore.*
pésame *condolence*
pesar *to weigh; to cause regret; s: grief,*
         sorrow, regret
   Vale lo que pesa. *It's worth its weight in*
         gold.
pesca *fishing; fishery*
pescado *fish*
pescar *to fish; to catch*
pesebre *crib; manger*
peseta *peseta*
pesimismo *pessimism*
pesimista *pessimistic; s: pessimist*
pésimo *very bad*
peso *weight; weighing; scales; importance;*
     burden; peso
   peso neto *net weight*
pestaña *eyelash; fringe; edging*
peste *plague; pestilence*
petición *petition; claim; demand; plea*
petróleo *petroleum; mineral oil*
pez *fish*
pezuña *hoof*
piadoso *pious; merciful*
pianista *pianist*
piano *piano*
picadillo *hash; minced meat*
picadura *prick; punctual; bite; cut tobacco*
picante *hot; highly seasoned; cutting;*
     sarcastic; pungent
picaporte *latch*
picar *to bite; to sting; to prick; to itch; to*
     chop; to nimble; to spur
   Esta pimienta pica mucho. *This pepper is*
     very hot.
picarse *to begin to rot, to decay*
pi o *odd; s: beak; pick; spout; peak*
   Pagué solamente doce dólares y picos por

este traje. *I paid only twelve dollars or*
    so for this dress.
pie *foot (pl. feet); leg; footing, basis*
   a pie *on foot*
   al pie de la letra *literally*
   de pie *standing*
piedad *mercy, pity*
piedra *stone, gravel; hail*
piel *skin, hide, fur*
pierna *leg*
pieza *piece, part; room; play*
pijamas *pajamas*
pila *pile, battery*
pilar *pillar, column, post*
píldora *pill*
piloto *pilot; first mate*
pillo *rogue, rascal*
pimienta *pepper*
pimiento *pimento*
pincel *brush*
pinchar *to prick; to puncture*
pino *pine*
pintado *painted; spotted; exact*
pintar *to paint; to describe; to begin; to ripen*
pintor *painter*
pintura *painting*
piña *pineapple*
piojo *louse (pl: lice)*
pipa *pipe; cask; barrel*
pirámide *pyramid*
pirata *pirate*
pisada *footsteps; footprints*
pisar *to tread, to step on; to press; to cover*
piscina *swimming pool*
piso *floor; pavement; story; apartment*
pisotón *tread*
pista *trail, track; footprint; trace; race track*
pistola *pistol*
pitillera *cigarette case*
pitillo *cigarette*
pito *whistle*
pivote *pivot*
pizarra *slate; blackboard*
pizca *bit, pinch*
placa *plate; plaque, tablet; badge*
placer *pleasure; enjoyment*
placer *to please*
plaga *plague; epidemic*
plan *plan; scheme; drawing*
plancha *plate* (de hierro); *iron* (para
    planchar); *blunder*
planchado *ironing*
planchar *to iron, to press* (ropa)
planeta *planet*
planicie *plain*
plano *level, flat; s: map; plain*
planta *plant; sole*
plantación *plantation; planting*
plantar *to plant; to drive in; to hit, to punch;*
    to throw out
plantilla *payroll; pattern*
plástico *plastic*
plata *silver; silver coin*
plátano *banana*
platillo *saucer*
platino *platinum*

plato *dish, plate; course*
playa *shore, beach*
plaza *plaza, square; market; fortified place*
   plaza de toros *bull ring*
plaza fuerte *stronghold*
plazo *term, time; credit*
plegable *folding; pliable*
plegar *to fold*
pleito *litigation, lawsuit; dispute, quarrel*
plenamente *full; complete*
pliego *sheet of paper*
pliegue *crease, fold*
plomo *lead; bore*
pluma *pen; feather*
plural *plural*
población *population; town*
poblado *town, village; inhabited place*
poblar *to populate, to colonize, to inhabit; to
   bud*
pobre *poor;* s: *beggar*
pobreza *poverty*
poco *little, small; scanty;* s: *a little, a small
   part; a few*
   pocas veces *a few times*
   poco a poco *little by little*
   Poco importa. *It's not very important.*
   Por poco se muere. *He almost died.*
poder *to be able; can, may;* s: *power,
   authority; capacity*
   ¿En qué puedo servirle? *What can I do for
    you?*
   No puedo con él. *I can't stand him.*
   ¿Puedo entrar? *May I come in?*
   ¿Puedo ir? *May I go?*
poderosa *mighty, powerful; wealthy*
poema *poem*
poesía *poetry*
poeta *poet*
polémica *polemics; controversy*
policía *police; public order; policeman*
polígamo *polygamist*
polilla *moth*
política *politics; policy*
político *politic, political;* s: *politician*
póliza *policy*
polo *pole; polo*
polvera *compact; powder box*
polvo *dust; powder*
pólvora *gunpowder*
pollo *chicken*
   arroz con pollo *chicken and rice*
   pollo asado *roast chicken*
   pollo frito *fried chicken*
pomada *pomade, salve*
ponche *punch*
ponderación *weighing; consideration;
   prudence; exaggeration; description*
ponderar *to ponder; to weight; to praise
   highly*
poner *to put; to set* (mesa); *to suppose; to lay*
   (huevos); *to write*
   poner al corriente *to inform*
   poner precio *to set a price*
   poner un telegrama *to send a telegram*
ponerse *to set* (sol); *to put on; to become; to
   reach; to start to*

   ponerse a trabajar *to start working*
   ponerse al día *to be up-to-date*
   ponerse de acuerdo *to agree, to come to an
    agreement*
   ponerse de pie *to stand up*
   ponerse en marcha *to start*
   Se puso a reír. *She began to laugh.*
poniente *west*
popular *popular*
popularidad *popularity*
por *for; by; through; about*
   pasar por la casa *to pass by the house*
   por adelantado *in advance*
   por correo aéreo *by air mail*
   por dicha *fortunately*
   por fin *finally*
   por lo demás *furthermore*
   por lo visto *apparently*
   por mucho tiempo *for a long time*
   por otra parte *on the other hand*
   ¿Por qué? *Why?*
porcelana *chinaware; porcelain*
porción *portion, part; a great many*
pordiosero *beggar*
porfía *insistence; obstinacy*
porfiado *stubborn, obstinate*
porfiar *to persist*
pormenor *detail; particulars*
porque *because, on account of; for; as*
porqué *cause, reason*
por qué *why*
   No sé por qué. *I don't know why.*
porquería *filth; nastiness; worthless thing*
porrazo *blow*
portaaviones *aircraft carrier*
portador *bearer, carrier; holder*
portal *hall; entrance, doorway*
portamonedas *pocketbook, purse*
portarse *to behave, to act*
portátil *portable*
portazo *banging* (puerta)
porte *carriage; postage; freight*
   franco de porte *free delivery*
portento *wonder, prodigy*
portería *doorkeeper's lodge*
portero *doorman; janitor*
portorriqueño *Puerto Rican*
porvenir *future*
   en lo porvenir *in the future*
pos *after; in pursuit of*
   ir en pos de *to go after*
posada *inn; pre-Christmas party* (Mex.)
posadero *innkeeper*
posar *to pose; to lodge*
poseer *to possess, to have; to master*
posesión *possession*
posesionarse *to take possession*
posibilidad *possibility*
posible *possible;* s: *means; wealth*
posición *position; status; situation*
positivamente *positively*
positivo *positive, sure, certain*
postal *postal*
   giro postal *money order*
postergar *to defer, to put off, to delay*
posteridad *posterity*

posterior *rear, back; later, subsequent*
posteriormente *subsequently*
postizo *artificial, false*
postor *bidder*
postración *depression; exhaustion*
postrado *depressed; exhausted*
postre *last; s: dessert*
  a la postre *in the long run*
postrer *last*
  un postrer deseo *a last wish*
postrero *last*
póstumo *posthumous*
postura *posture; position; bid*
potable *drinkable*
potaje *pottage*
potencia *power, strength; force; faculty*
potentado *potentate, monarch*
potente *potent, powerful, mighty*
potro *colt*
pozo *well; pit*
práctica *practice; exercise*
practicante *practising; s: practitioner;*
        hospital intern; nurse
práctico *practical; skillful*
pradera *meadow, pasture*
prado *lawn*
preámbulo *preamble, introduction*
precario *precarious*
precaución *precaution; prudence*
precaver *to prevent*
precaverse *to take precautions*
precedencia *precedence*
precedente *preceding; s: precedent*
preceder *to precede*
precepto *precept; order*
preciar *to value; to appraise*
preciarse *to take pride*
precio *price; value*
  a ningún precio *not at any price*
  precio corriente *regular price*
  precio de fábrica *cost price*
  último precio *lowest price*
preciosidad *preciousness; a beauty*
  Es una preciosidad. *She's a beauty.*
precioso *precious; beautiful*
precipicio *precipice; ruin*
precipitación *haste*
precipitadamente *hastily; in a rush*
precipitar *to precipitate; to hasten, to rush; to*
        hurl
precisamente *precisely*
precisar *to fix; to set; to compel*
precisión *precision, accuracy; necessity;*
        compulsion
preciso *necessary; precise; clear*
precoz *precocious*
predecir *to predict, to foretell*
predecesor *predecessor*
predicar *to preach*
predicción *prediction*
predilección *predilection, preference*
predilecto *favorite*
predispuesto *predisposed*
predominar *to prevail; to predominate*
prefacio *preface*
prefecto *prefect*

prefectura *prefecture*
preferencia *preference, choice*
preferible *preferable*
preferir *to prefer; to like best*
prefijo *prefix*
pregonar *to proclaim in public, to make*
        known
pregunta *question*
preguntar *to ask; to inquire*
preguntarse *to wonder*
prejuicio *prejudice*
preliminar *preliminary*
preludio *introduction; prelude*
prematuro *premature*
premeditación *premeditation*
premeditar *to premeditate; to think out*
premiar *to reward, to remunerate*
premio *prize, reward*
premura *haste; hurry; urgency*
prenda *security, pawn; token; qualities*
prendar *to pledge*
prendarse *to take a fancy to; to become fond*
        of; to fall in love
prendedor *clasp; pin*
prender *to clasp; to grasp; to catch; to burn*
prensa *press*
preñada *pregnant*
preocupación *preoccupation, concern, worry*
preocupar *to preoccupy; to prejudice; to*
        cause concern
preocuparse *to be worried, to care about, to*
        be concerned
preparación *preparation*
preparado *prepared; s: preparation*
preparar *to prepare, to get ready*
prepararse *to prepare oneself; to be prepared*
preparativo *preparation*
preparatorio *preparatory*
preponderancia *preponderance*
preponderar *to prevail*
preposición *preposition*
presa *capture; prey; dam*
presagiar *to predict; to give warning*
presagio *omen; prediction*
prescindir *to do without*
prescribir *to prescribe*
prescripción *prescription*
presencia *presence*
  presencia de ánimo *presence of mind*
presenciar *to be present; to witness; to see*
presentar *to present; to introduce; to show*
presentarse *to show up*
presente *present, s: gift; present*
presentimiento *presentiment*
preservación *preservation*
preservar *to preserve; to maintain; to keep*
presidencia *presidency; chair (de presidente)*
presidente *president; chairman*
presidiario *convict*
presidio *penitentiary, prison*
presidir *to preside; to direct; to lead*
preso *imprisoned; s: prisoner*
prestado *lent, loaned*
  dar prestado *to lend*
  tomar prestado *to borrow*
prestamista *money lender; pawnbroker*

préstamo *loan*
prestar *to lend; to aid*
  prestar atención *to pay attention*
prestarse *to offer to; to be apt to*
presteza *speed, haste*
  con presteza *quickly*
prestigio *prestige; good name*
prestigioso *famous*
presto *quick, prompt; ready; quickly; soon*
presumido *vain, conceited; s: conceited person*
presumir *to presume; to assume; to be conceited*
presunción *presumption; conceit*
presunto *presumed; apparent*
presuntuoso *presumptuous; vain*
presuponer *to take for granted; to assume*
presupuestar *to estimate*
presupuesto *budget; estimate*
pretencioso *presumptuous; conceited*
pretender *to pretend; to apply for; to try*
pretendiente *pretender; suitor; candidate*
pretensión *pretension; contention*
pretexto *pretext*
prevalecer *to prevail*
prevención *prevention; foresight; prejudice*
prevenir *to prepare; to prevent; to foresee; to warn*
prever *to foresee; to anticipate; to provide for*
  Es de prever. *It's to be expected.*
previamente *previously*
previo *previous; prior to*
  previo pago de *upon payment of*
previsto *foreseen*
prima *cousin; premium*
primario *primary*
primavera *spring*
primer *first*
  en primer lugar *in the first place*
primeramente *first, firstly, in the first place*
primero *first; former*
  de primera *highest grade*
  de primera clase *first class*
  primeros auxilios *first aid*
primitivo *primitive*
primo *cousin*
  primo hermano *first cousin*
primor *dexterity, skill; beauty*
princesa *princess*
principal *principal, main, chief, most important; s: capital; head; first floor*
príncipe *prince; ruler*
principiante *beginner; apprentice*
principiar *to begin; to commence*
principio *beginning, origin; principle*
  al principio *at the beginning, at first*
  dar principio *to begin*
prioridad *priority*
prisa *haste, hurry; urgency*
  No corre prisa. *There's no hurry.*
  ¿Por qué tanta prisa? *Why such a hurry?*
prisión *imprisonment; prison*
prisionero *prisoner*
privación *privation, want*
privado *private, intimate, personal*
  en privado *confidentially*

privar *to deprive, to forbid*
  privado del conocimiento *unconscious*
  privarse de *to do without*
privilegiado *privileged*
privilegio *privilige*
pro *profit; advantage; pro*
  en pro de *in favor of*
proa *prow, bow*
probabilidad *probability; likehood*
probable *probable; likely*
probablemente *probably; likely*
probado *proved, tried*
probar *to try; to taste; to prove; to try on*
problema *problem*
procaz *insolent, impudent, bold*
procedencia *origin; place of sailing*
procedente *proceeding from; according to law*
proceder *to proceed; to act; to behave; s: behavior, conduct*
  proceder a *to proceed with*
  No me gusta su proceder. *I don't like his behavior.*
procedimiento *procedure; method*
procesado *defendant*
procesar *to sue; to indict*
procesión *procession*
proceso *process; lawsuit*
proclamación *proclamation*
proclamar *to proclaim; to promulgate*
procrear *to procreate*
procurar *to try*
  Procure no faltar. *Don't fail to come.*
prodigar *to squander; to lavish*
prodigio *wonder, marvel*
prodigioso *prodigious; marvelous*
pródigo *prodigal, wasteful; lavish*
producción *production; output*
producir *to produce, to yield, to bear; to bring to evidence*
producirse *to be produced*
productivo *productive*
producto *product; amount*
profanación *profanation*
profanar *to profane*
profano *profane; irreverant*
profecía *prophecy*
proferir *to utter, to say*
profesar *to profess, to declare openly*
profesión *profession*
profesional *professional*
profesor *professor, teacher*
profeta *prophet*
prófugo *fugitive*
profundamente *deeply, soundly* (sueño)
profundidad *profundity, depth*
profundizar *to deepen; to delve into; to fathom*
profundo *profound, deep; intense*
programa *program, plan; curriculum*
progresar *to progress, to make progress*
progreso *progress*
prohibición *prohibition*
prohibido *forbidden*
  Prohibido fumar. *No smoking.*
  Prohibida la entrada. *No admittance.*

prohibir to prohibit, to forbid
Se prohibe la entrada. *No admittance.*
prójimo *fellow man, neighbor*
proletariado *proletariat, working class*
proletario *proletarian*
prolijo *prolix, protracted*
prólogo *prologue, preface, introduction*
prolongación *prolongation, lengthening*
prolongar *to prolong, to extend*
promedio *average, mean*
promesa *promise, assurance*
prometer *to promise*
prometido *promised;* s: *fiancé*
prominencia *prominence; protuberance*
prominente *prominent; conspicuous*
promover *to promote; to advance*
promulgar *to promulgate; to publish*
pronombre *pronoun*
pronosticar *to forecast*
pronóstico *forecast, prediction*
prontitud *promptness, swiftness*
pronto *prompt; quick; ready; promptly; quickly;* s: *impulse*
de pronto *suddenly*
por de pronto *for the time being*
¡Venga pronto! *Come right away!*
pronunciación *pronunciation*
pronunciar *to pronounce; to utter; to deliver (discurso)*
propagación *propagation; dissemination*
propaganda *propaganda*
propagandista *propagandist*
propagar *to propagate; to spread*
propender *to tend, to incline to*
propensión *propensity, inclination*
propenso *inclined to, disposed to*
propiamente *properly*
propicio *propitious, favorable*
propiedad *ownership; property*
propietario *proprietor, owner, landlord*
propina *tip; gratuity*
propio *own; self; proper, fit, suitable*
amor propio *self-respect*
estimación propia *self-esteem*
proponer *to propose, to suggest; to move*
proporción *proportion*
proporcional *proportional*
proporcionar *to provide, to furnish, to supply; to proportion; to fit*
proposición *proposition, proposal; motion*
propósito *purpose, intention*
a propósito *by the way*
a propósito de *regarding*
propuesta *proposal, offer; nomination*
prórroga *extension of time; renewal*
prorrogar *to extend (tiempo); to prolong*
prosa *prose*
prosaico *prosaic*
proseguir *to pursue, to carry on, to continue; to proceed*
prospecto *prospectus, catalogue*
prosperar *to prosper, to thrive, to be successful; to get rich*
próspero *prosperous*
protagonista *protagonist*
protección *protection; support*

protector *protector*
proteger *to protect; to support*
protesta *protest*
protestante *protesting; Protestant*
protestar *to protest*
provecho *profit; benefit, advantage*
en su provecho *in your favor*
ser de provecho *to be useful*
provechoso *profitable, beneficial*
proveer *to provide, to furnish, to supply; to dispose*
provenir *to be due; to derive from, to come from*
proverbio *proverb*
providencia *providence*
provincia *province*
provisión *provision; stock, supply*
provisional *provisional, temporary*
provisionalmente *provisionally, temporarily*
provisto *provided for; supplied*
provocación *provocation*
provocador *troublemaker*
próximo *near; next, neighboring*
la semana próxima *next week*
proyecto *project, plan, scheme, design*
prudencia *prudence; moderation*
prudente *prudent, cautious*
prueba *proof; test; fitting*
psicología *psychology*
psicológico *psychological*
psiquiatra *psychiatrist*
psiquiatría *psychiatry*
púa *sharp point*
publicación *publication*
publicar *to publish; to announce*
publicidad *publicity*
público *public;* s: *public; crowd; audience*
pudiente *powerful; wealthy, rich*
pudín *pudding*
pudor *modesty; shyness*
pudrir *to rot*
pueblo *village, town; population; people*
pueblo natal *native towns*
puente *bridge*
puerco *filthy; dirty;* s: *hog*
puerta *door, doorway; gate*
puerto *port, harbor; haven*
puerto de destino *port of destination*
pues *since; so; well; then; why; now; indeed*
¡Pues sí! *Yes, indeed!*
¿Y pues? *So what?*
puesta *set; setting*
la puesta de sol *sunset*
puesto *put, placed; set (mesa);* s: *place; stand; post, position, employment*
puesto a bordo *free on board (f.o.b.)*
puesto que *since, inasmuch as*
púgil, pugilista *prizefighter*
pugna *struggle*
pulcro *neat, tidy*
pulga *flea*
pulgada *inch*
pulgar *thumb*
pulir *to polish*
pulmón *lung*
pulmonía *pneumonia*

pulpa *pulp*
pulsera *bracelet*
pulso *pulse; tact*
punta *point; tip; edge; cape*
puntada *stitch*
puntapié *kick*
puntería *aim; aiming; marksmanship*
puntiagudo *sharp-pointed*
punto *point; dot; period; place; stitch; loop*
  a la hora en punto *on the dot*
  dos puntos *colon*
  punto por punto *point by point*
  punto y coma *semicolon*
  trabajo de punto *knitting*
  No sé a punto fijo. *I don't know for certain.*
puntuación *punctuation*
puntual *punctual, prompt, on time; exact*
puntualizar *to emphasize*
puntualmente *punctually, on time*
punzada *puncture, prick; acute pain*
punzar *to prick, to stick, to puncture*
puñado *handful; a few*
puñal *dagger*
puñetazo *punch*
puño *fist; cuff; handle*
pupila *pupil*
pupilo *ward; s: day student*
pupitre *writing desk*
puré *purée, thick soup*
  puré de papas *mashed potatoes*
pureza *purity*
purga *purge, physic*
purgante *laxative, purgative*
purgatorio *purgatory*
purificar *to purify*
puro *pure; clean; plain; s: cigar*
  aire puro *pure air*
pútrido *putrid, rotten*

quemado *burnt*
quemadura *burn*
quemar *to burn; to be very hot*
querella *complaint; quarrel*
querellarse *to complain*
querencia *affection, fondness*
querer *to wish, to want, to desire; to like; to love*
  como quieras *as you like*
  si Ud. quiere *if you like*
  Haz lo que quieras. *Do as you please.*
querido *beloved, dear; s: lover, mistress*
queso *cheese*
quien (quienes) *who, whom; which*
¿quién? (¿quiénes?) *who? whom? which?*
  ¡Quién sabe! *Who knows!*
  ¿Quién va? *Who's there?*
quienquiera *whoever, whomever*
quieto *quiet, still*
quietud *quietness, tranquillity*
quilla *keel*
química *chemistry*
químico *chemical; s: chemist*
quince *fifteen; fifteenth*
quincena *fortnight; two-week period*
quinientos *five hundred*
quinina *quinine*
quinta *country house*
quintal *quintal*
quinto *fifth*
quintuplicar *to quintuplicate*
quíntuplo *quintuple*
quiosco *kiosk, stand*
quirúrgico *surgical*
quisquilloso *touchy, too sensitive; difficult*
quitar *to remove, to take away; to rob*
  Quite el freno. *Release the brake.*
quitarse *to get rid of; to take off*
quizá, quizás *perhaps, maybe*

Q

que *that; which; who; whom; than; whether*
  el que *he who*
  Que le guste o no. *Whether he likes or not.*
¿qué? *what? how?*
  ¿Qué es esto? *What's this?*
  ¿Qué pasa? *What's going on?*
  ¿Qué sé yo? *How do I know?*
quebrada *ravine, gorge*
quebradizo *brittle, fragile*
quebrado *broken; ruptured; s: fraction*
quebradura *fracture; rupture; hernia*
quebrantado *broken down*
  salud quebrantada *failing health*
quebrantamiento *breaking; breach*
quebrantar *to break; to crash; to trespass*
quebranto *weakness; failure; damage*
quebrar *to break; to become bankrupt*
quedar *to remain; to stop: to fit; to agree*
  quedarse con *to keep; to take*
  quedarse sin dinero *to be left penniless*
quehacer *occupation, work*
  quehaceres domésticos *housework*
queja *complaint; resentment; groan*
quejarse *to complain*
quejoso *complaining; plaintive*

R

rábano *radish*
rabia *rabies; rage, anger*
rabiar *to be furious, to be angry, to rage*
rabioso *furious*
rabo *tail*
racimo *bunch, cluster*
ración *ration*
racional *rational; reasonable*
racionar *to ration*
radiador *radiator*
radiar *to radiate; to broadcast*
radical *radical*
radio *radium; radio*
radiodifusión *broadcasting*
radioemisora *broadcasting station*
radioescucha *radio listener*
radiografía *X-ray photograph*
radiograma *radiogram*
radiooyente *radio listener*
raid *raid*
raíz *root; foundation*
rajar *to split*
rajarse *to crack; to back out*
rallador *grater*
rallar *to grate*

branch; chase
al strand; halter; branch; line
ificación ramification
illete bouquet
o branch; line; bunch; bouquet
a frog
io rancid, stale
hero rancher
ho ranch; mess (comedor); hut; hamlet
go rank; position
ura slot, groove
damente rapidly
dez rapidly
do rapid, fast, swift; s: express train
ña robbery; plundering
ar to abduct, to kidnap
o kidnapping, abduction
eta racket
mente seldom
za rarity
rare; unusual; odd, queer
ras veces seldom
acielos skyscraper
ar to scratch
o dash; stroke; feature; characteristic; deed, feat
sgo característico outstanding feature
sgo de pluma a stroke of the pen
guño scratch
clear, plain; flat; s: satin
ldado raso private
ador scraper; eraser
ar to scrape; to rasp; to erase
rillo rake
ro track; trail; trace, sign; rake
rat
ro pickpocket
ficación ratification
ficar to ratify, to sanction
little while; short time
n mouse
nera mousetrap
a dash; stripe; part (pelo)
ado striped
ar to draw lines; to dawn
o ray, beam; thunderbolt; flash of lightning
yo de sol sunbeam
yos X X-rays
a race
n reason; cause; rate; right
razón de at the rate of
ar la razón to agree with
o tener razón to be wrong
ner razón to be right
onable reasonable, fair
onamiento reasoning
onar to reason; to argue
cción reaction
ccionar to react
ccionario reactionary
cio obstinate; stubborn
real, actual; royal
idad reality; truth
n realidad in reality, actually
nudar to renew, to resume

reaparecer to reappear
rebaja reduction, diminution; deduction
rebajar to reduce, to diminish; to lower
rebajarse to lower oneself
rebanada slice of bread
rebanar to slice
rebaño flock; herd of cattle
rebatir to repel; to refute
rebelarse to rebel; to revolt
rebelde rebellious; stubborn; s: rebel
rebelión rebellion
rebosar to overflow
rebotar to bounce, to rebound
rebuscar to search
recado message; gift; compliment; errand
racaer to fall back; to relapse; to devolve
recaída relapse
recalcar to emphasize, to stress
recalentar to heat again
recámara dressing room
recapacitar to think over; to recollect, to recall
recargo overload; overcharge
recargar to overload; to overcharge
recatado circumspect, prudent, cautious
recatarse to act carefully, to be cautious
recaudación collection
recaudar to collect
recelar to suspect, to distrust
recelo misgiving; suspicion, mistrust
recepción reception
receptor receiver
receta prescription; recipe
recetar to prescribe a medicine
recibir to receive, to accept
recibirse to graduate
recibo receipt
recién recently, lately
   recién casado newlywed
reciente recent, new, fresh; modern
recientemente recently
recinto precinct; inclosure; place
recio strong, vigorous; loud; thick; severe
   de recio strongly, violently
recipiente receiving; s: container
reciprocar to reciprocate
recíproco reciprocal, mutual
   a la recíproca reciprocally
reclamación reclamation; complaint
reclamante claimant
reclamar to reclaim; to claim
reclamo advertisement; claim
recluir to shut up, to confine
recluso imprisoned; s: recluse; convict
recluta recruiting; s: recruit
reclutar to recruit
recobrar to recover; to regain
recoger to pick up; to call for someone; to gather; to collect; to shelter
recogerse to retire; to go home; to take a rest
recolección gathering, compilation; harvest; summary
recolectar to gather, to harvest
recomendable recommendable
recomendación recommendation; praise
recomendar to recommend; to comment; to advise

recompensa *reward, compensation*
recompensar *to recompense, to reward, to make up for*
reconciliación *reconciliation*
reconciliar *to reconcile*
reconocer *to recognize; to admit; to inspect; to consider; to appreciate*
reconocimiento *recognition; appreciation; gratitude*
reconstituyente *tonic*
reconstrucción *reconstruction*
reconstruir *to reconstruct, to rebuild*
recopilar *to compile, to collect*
record *record*
recordar *to remind*
recordatorio *reminder*
recorrer *to travel over; to look over*
recorrido *distance traveled; run, way, line*
recortar *to cut, to trim, to clip, to shorten*
recorte *clipping; outline*
recostar *to lean against*
recostarse *to lean back, to recline*
recreación *recreation, diversion, amusement*
recrear *to entertain, to amuse; to delight*
recreo *recreation, diversion, amusement*
rectángulo *rectangle*
rectificar *to rectify; to correct*
rectitud *rectitude, honesty*
recto *straight; just; upright*
rector *rector*
recuento *checking, inventory*
recuerdo *recollection, memory; souvenir*
recuperar *to recuperate, to recover*
recurrir *to appeal; to resort to; to turn to*
recurso *recourse; appeal; means*
rechazar *to reject; to refuse*
red *net; network; trap, snare*
redacción *working; editing*
redactar *to edit; to word; to write*
redactor *editor*
rededor *surroundings*
   al rededor *around*
   al rededor de *around, about, more or less*
redención *redemption; recovery*
redimir *to redeem, to buy back; to recover*
rédito *interest; revenue*
redoblar *to double; to redouble; to toll (campana)*
redondo *round*
reducción *reduction; decrease*
reducir *to reduce, to cut down; to subdue*
   reducir a polvo *to pulverize*
redundancia *redundance*
redundante *redundant*
redundar *to turn to; to result*
reelección *re-election*
reelegir *to re-elect*
reembolsar *to get a refund*
reembolso *refund*
reemplazar *to replace; to restore*
reemplazo *replacement; substitution; substitute*
reexpedir *to forward*
referencia *reference; account; report*
referente *referring; relating*
referir *to refer; to relate; to report*

referirse *to refer to*
refinado *refined; polished*
refinería *refinery*
reflector *reflecting;* s: *searchlight*
reflejar *to reflect*
reflejo *reflex; glare*
reflexión *reflection*
reflexionar *to think over; to reflect*
reflexivo *reflexive*
reforma *reform; reformation; alteration*
reformar *to reform; to correct; to alter*
reformatorio *reforming;* s: *reformatory*
reforzar *to reinforce; to strengthen*
refrán *proverb; saying*
refrenar *to restrain, to curb; to refrain*
refrendar *to legalize; to countersign*
refrescar *to refresh; to cool; to brush up*
refresco *refreshment; cold drink*
refrigerador *refrigerator*
refrigerar *to refrigerate; to cool*
refuerzo *refugee*
refugiar *to shelter*
refugiarse *to take shelter*
refugio *refuge, shelter, haven*
refunfuñar *to growl; to grumble*
regadera *sprinkler; watering can; shower bath*
regalado *free; cheap*
regalar *to make a gift; to entertain; to trea to caress*
regalo *gift, present; good living*
regañor *to scold; to quarrel; to growl*
regaño *reprimand, scolding*
regar *to water, to irrigate*
regata *boat race, regatta*
regatear *to bargain; to dodge, to evade*
regeneración *regeneration*
regenerar *to regenerate*
regente *regent*
régimen *regime; diet*
regimiento *regiment*
regio *royal, regal; splendid; magnificent*
región *region*
regional *regional, local*
regir *to rule, to govern; to prevail*
registrar *to inspect; to examine; to search. register*
registro *inspection; search; record, registe*
regla *ruler; rule; principle*
   por regla general *as a general rule*
reglamentario *usual, customary*
reglamento *rules, regulations*
regocijar *to make glad*
regocijarse *to rejoice; to be glad*
regocijo *rejoicing; pleasure*
regresar *to return; to come back*
regreso *return; coming back*
   a mi regreso *on my return*
regular *to regulate; to adjust*
regular *fair; moderate; medium*
   Estoy regular. *I'm so-so.*
regularmente *regularly*
rehabilitación *rehabilitation*
rehabilitar *to rehabilitate; to restore*
rehacer *to make over; to refit*

ehacerse *to recover; to regain strength*
ehuir *to withdraw; to avoid; to refuse*
ehusar *to refuse; to reject*
imprimir *to reprint*
ina *queen*
inado *reign*
inar *to reign; to predominate; to prevail; to exist*
incidir *to backslide*
ino *kingdom; reign*
integrar *to restore; to refund*
integrarse *to recuperate; to return*
integro *restitution; refund*
eír *to laugh*
  Se echó á reír. *He burst out laughing.*
eírse *to make fun (of); to laugh*
eiterar *to reiterate*
eja *grate; railing; iron fence*
ejuvenecer *to rejuvenate*
elación *relation, connection; report, account*
elacionado *acquainted; related; well-connected*
elacionar *to relate; to connect; to be acquainted*
elacionarse *to associate oneself with; to get acquainted*
elámpago *lightning*
elampaguear *to lighten*
elatar *to tell, to relate*
elativo *relative*
  relativo a *with regard to*
elato *account; statement; story*
eleer *to read over again*
elieve *relief*
eligión *religion*
eligioso *religious*
eloj *clock; watch*
  reloj de pulsera *wrist watch*
elojero *watchmaker*
elucir *to shine, to sparkle, to glitter; to excel*
elumbrar *to shine; to sparkle, to glitter*
ellenar *to refill; to stuff, to pad*
elleno *stuffed, filled; s: stuffing*
emar *to row; to paddle*
ematar *to complete*
emate *end, conclusion; auction; liquidation*
  de remate *utterly, irremediably*
emedar *to imitate; to mimic*
emediar *to remedy; to help; to avoid*
emedio *remedy, medicine; resource; resort*
  sin remedio *inevitable*
emendar *to mend; to patch; to darn*
emesa *remittance; shipment*
emiendo *patch; repair*
emitente *remittent; s: sender, shipper*
emitir *to remit; to send, to forward, to ship*
emo *oar*
emojar *to soak; to steep; to dip*
emojo *soaking; steeping*
emolcador *tugboat; lighter (barco)*
emolcar *to tow; to haul*
emolino *whirlpool; cowlick*
emolque *towing*
  llevar a remolque *to tow*
emontarse *to date back to*
emorder *to feel remorse*

remordimiento *remorse*
remover *to remove; to stir; to dismiss*
remuneración *remuneration; reward*
remunerar *to reward; to remunerate*
renacer *to be reborn; to grow again*
rencilla *quarrel; grudge*
rencor *rancor; grudge*
rencoroso *resentful, spiteful*
rendición *rendering; surrendering*
rendido *tired, worn out, exhausted*
rendija *slit, crevice, crack*
rendir *to subdue; to surrender; to produce, to yield; to tire out*
rendirse *to give up, to surrender; to be tired*
renegado *renegade*
renglón *line*
renombre *renown, fame; surname*
renovación *renovation; renewal*
renovar *to renovate; to renew; to reform; to transform*
renta *rent; income; profit; annuity*
renuncia *resignation; renunciation, giving up*
renunciar *to renounce; to resign; to waive; to refuse*
reñir *to quarrel, to fight; to scold*
reo *guilty; s: convict*
reojo *askance*
reorganización *reorganization*
reorganizar *to reorganize*
reparable *reparable, remediable*
reparación *reparation, repair; satisfaction*
reparar *to repair; to notice; to make up for*
reparo *remark; hint; consideration; objection*
repartición *distribution; partition*
repartidor *distributor, deliveryman*
repartir *to distribute; to divide; to deliver*
reparto *distribution; delivery; cast (teatro)*
repasar *to check; to look over; to go over; to mend (ropa)*
repaso *review*
repatriar *to repatriate*
repente *sudden movement*
  de repente *suddenly, all of a sudden*
repentino *sudden*
repercusión *repercussion; reaction*
repercutir *to have a repercussion; to echo*
repetición *repetition; encore*
repetir *to repeat*
repisa *shelf*
repleto *full*
réplica *reply; answer*
replicar *to reply; to retort, to talk back*
reponer *to replace; to restore*
reponerse *to recover, to retrieve*
repórter, reportero *reporter*
reposar *to rest; to lie down*
reposarse *to settle*
reposo *rest*
reprender *to reprimand, to reprehend*
reprensión *reproach, reprimand*
representación *representation; play, performance*
representante *representing; s: representative, agent*
representar *to represent; to stage*
reprimir *to repress, to check*

185

reprobación *reprobation*
reprobar *to reprove, to condemn*
reprochar *to reproach*
reproducción *reproduction*
reproducir *to reproduce*
reptil *reptile*
república *republic*
republicano *republican*
repudiar *to repudiate*
repuesto *recovered;* s: *supply*
    de repuesto *spare, extra*
    repuestos *spare parts*
repugnante *repugnant; distasteful*
repugnar *to detest; to oppose*
repulsión *repulsion; aversion*
repulsivo *repulsive; repelling*
reputación *reputation; name*
requerimiento *request; summons*
requerir *to summon; to notify; to require*
requisto *requisite, requirement*
res *steer, cow*
    carne de res *beef*
resaltar *to rebound; to stand out; to be*
    conspicuous
resbaladizo *slippery*
resbalar *to slip, to slide*
resbalarse *to slip*
resbaloso *slippery*
rescatar *to ransom; to redeem*
resentirse *to begin; to give way; to fail; to*
    resent; to hurt
reseña *sketch; brief account*
reseñar *to outline*
reserva *reserve; reservation; caution; secret*
    sin reserva *openly*
reservadamente *secretly; confidentially*
reservado *reserved; cautious; confidential*
reservar *to reserve, to save; to keep; to*
    conceal
resfriado *cold*
resfriar *to cool, to cool off*
resfriarse *to catch a cold*
resfrío *cold*
resguardar *to reserve; to protect*
resguardarse *to take care of oneself*
resguardo *security*
residencia *residence*
residente *residing; resident, inhabitant*
residir *to reside; to live*
residuo *residue, remainder*
resignación *resignation; patience*
resignarse *to be resigned; to resign oneself to*
resistencia *resistance*
resistente *resistant; strong*
resistir *to resist, to hold out; to endure*
resistirse *to refuse*
resolución *resolution, determination;*
    decision; solution
resoluto *resolute*
resolver *to resolve, to determine, to decide; to*
    dissolve; to settle
resolverse *to resolve, to make up one's mind*
resonancia *resonance*
resonante *resonant, resounding*
resonar *to resound*
resorte *spring; means, resources*

respaldo *back, reserve; endorsement*
respectivamente *respectively*
respectivo *respective*
respecto *relation; respect; reference*
    al respecto *relative to*
    con respecto a *with regard to*
respetable *respectable; honorable*
respetar *to respect; to honor*
respeto *respect, regard, consideration*
    por respeto a *out of consideration for*
respetuoso *respectful, polite*
respiración *respiration, breathing*
respirar *to breathe*
respiro *respite*
resplandor *splendor; glare*
responder *to answer; to respond*
responsabilidad *responsibility*
responsable *responsible; reliable*
respuesta *answer, reply, response*
    respuesta pagada *reply prepaid*
resquebrajar *to crack, to split*
resta *subtraction; remainder*
restablecer *to restore; to re-establish*
restablecerse *to recover*
restante *remaining;* s: *remainder*
restar *to subtract, to deduct; to remain*
restauración *restoration*
restaurant, restaurante *restaurant*
restaurar *to restore; to recover*
restitución *restitution*
restituir *to restore*
resto *rest, remainder, residue; remains,*
    leftovers
restricción *restriction*
restringir *to restrain; to restrict, to limit*
resucitar *to resurrect; to revive*
resuelto *resolute, daring; determined; promp*
resulta *result, effect, consequence*
    de resultas *consequently*
resultado *result, score*
resultar *to result*
    Esto no me resulta. *This doesn't suit me.*
resumen *summary; recapitulation*
resumido *abridged*
resumir *to abridge; to summarize*
resurgimiento *revival*
resurgir *to reappear*
retar *to challenge; to reprimand*
retardar *to retard, to delay*
retardo *delay*
retazo *remnant, piece* (tela)
retener *to retain; to withhold; to hold; to*
    keep; to remember
retirada *retreat, withdrawal*
retirarse *to go away; to retire; to retreat*
retocar *to retouch; to improve*
retoñar *to reappear; to sprout*
retoño *shoot, sprout*
retoque *retouching; finishing touch*
retorcer *to twist, to distort; to report*
retornar *to return; to repay, to reciprocate*
retorno *return; repayment; exchange*
retractor *to retract, to withdraw*
retraer *to dissuade; to draw back*
retraerse *to retire, to withdraw from*
retraído *solitary; aloof*

retraimiento *shyness; reserve; retreat;*
    seclusion
retrasar *to retard, to delay; to set back*
  Mi reloj se retrasa. *My watch is slow.*
retrasarse *to be late; to be backward*
retraso *delay*
  con retraso *late*
retratar *to portray; to photograph; to take a*
  picture
retrato *portrait; photograph; picture; image*
retribución *retribution, reward*
retribuir *to repay; to reward*
retroceder *to back up; to move backward; to*
  draw back
reuma, reumatismo *rheumatism*
reunión *reunion; meeting, assembly*
reunir *to gather; to collect; to bring together*
reunirse *to get together, to meet; to unite, to*
  join
revelación *revelation*
revelar *to reveal, to show, to disclose; to*
  develop
revendedor *retailer*
revender *to retail; to resell*
reventar *to burst, to blow up; to blow out; to*
  blossom; to exhaust
  Reventó el neumático. *The tire blew out.*
reventón *blowout; explosion*
reverencia *reverence*
reverso *reverse*
revés *reverse; wrong side; misfortune*
  Este es al revés. *This is the wrong side.*
revisar *to look over; to check; to examine*
revisión *checking, verification*
revisor *conductor*
revista *review; parade; magazine*
revivir *to revive*
revocación *revocation, repeal*
revocar *to revoke, to repeal; to cancel*
revolcar *to knock down; to confuse*
revoltoso *rebellious*
revolución *revolution*
revolucionario *revolutionary*
revolver *to revolve; to turn upside down*
revólver *revolver*
revuelta *revolt*
revuelto *commotion, sensation*
revuelto *turned upside down*
  huevos revueltos *scrambled eggs*
rey *king*
reyerta *quarrel*
rezagar *to leave behind; to defer*
rezar *to pray*
ría *estuary*
ribera *shore; bank*
ribete *border, trimming; pretense*
rico *rich, wealthy; delicious*
ridiculizar *to ridicule*
ridículo *ridiculous; odd; queer;* s: *ridicule*
riego *irrigation*
riel *rail, track*
rienda *rein; restraint*
rifa *quarrel*
rifar *to raffle*
rifle *raffle*

rigidez *rigidity; sternness*
rígido *rigid; severe; hard; stern*
rigor *rigor*
riguroso *rigorous, severe; strict*
rima *rhyme*
rincón *corner; nook*
riña *quarrel, fight*
riñón *kidney*
río *river*
riqueza *wealth; fertility*
risa *laugh; laughter*
risco *cliff*
risible *laughable*
risueño *smiling; pleasing*
ritmo *rhythm*
rito *rite, ceremony*
rival *rival*
rivalidad *rivalry*
rivalizar *to compete*
rizo *curl; frizzle*
robar *to rob, to steal*
roble *oak*
robo *robbery, theft*
robusto *strong, robust*
roca *rock*
roce *friction*
rociar *to spray; to sprinkle*
rocío *dew*
rodada *rut*
rodar *to roll*
rodear *to surround, to encircle*
rodeo *turn; roundup*
rodilla *knee*
rodillo *roller; rolling pin*
roer *to nibble*
rogar *to pray; to beg, to entreat; to request*
rojo *red*
rollo *roll, list*
rollizo *plump;* s: *log*
romántico *romantic*
rompecabezas *riddle; puzzle*
romper *to break; to smash; to tear; to start;*
  to begin
ron *rum*
roncar *to snore; to roar; to brag*
ronco *hoarse*
ronda *round; patrol*
ronquido *snore; roaring*
roña *filth; dirt*
ropa *clothes*
  ropa hecha *ready-made clothes*
  ropa interior *underwear*
  ropa sucia *dirty clothes*
ropero *closet*
rosa *rose*
rosado *pink; rosy*
rosal *rosebush*
rosario *rosary*
rostro *face; countenance*
roto *torn; broken*
rotular *to label*
rótulo *label; poster, placard*
rotura *breaking; rupture; crack*
rozar *to clear; to graze*
rubí *ruby*
rubio *blond*

rubor *blush; bashfulness*
ruborizarse *to blush*
rudeza *coarseness, roughness*
rudimente *rudiment*
rudo *rude; rough; severe*
rueda *wheel*
ruego *request, petition*
  a ruego de *at the request of*
rugido *roar; rumbling*
rugir *to roar; to bellow*
ruido *noise*
  meter ruido *to make noise; to create a
    sensation*
ruin *mean, low*
ruina *ruin; downfall; bankruptcy*
ruinoso *in ruins*
ruiseñor *nightingale*
ruleta *roulette*
rumbo *road, route*
  con rumbo a *bound for*
rumiar *to ponder*
rumor *rumor*
ruptura *rupture; breaking off*
rural *rural, rustic*
ruso *Russian*
ruta *route; course*
rutina *routine, habit*
rutinario *mechanical*

S

sábado *Saturday*
sábana *bed sheet*
saber *learning, knowledge*
saber *to know; can; to be able to; to find out*
  que yo sepa *as far as I know*
  ¿Qué sé yo? *How should I know?*
  ¡Quién sabe! *Who knows!*
  ¿Sabe la noticia? *Do you know the news?*
  ¿Sabe Ud. nadar? *Can you swim?*
  ¡Ya lo sé! *I know it!*
sabiduría *learning; knowledge, wisdom*
sabio *wise, learned;* s: *scholar*
sable *saber*
sabor *savor, taste, flavor*
saborear *to flavor; to savor*
sabotaje *sabotage*
sabroso *delicious, tasty*
sacacorchos *corkscrew*
sacar *to take out; to pull out; to get out; to
    draw; to remove; to publish; to win; to
    take; to buy*
  sacar a luz *to publish*
  sacar una copia *to make a copy*
  sacar una foto *to take a picture*
saco *sack; bag; coat*
  Quítese el saco. *Take off your coat.*
sacrificar *to sacrifice*
sacrilegio *sacrilege*
sacudida *shock; shake; beating*
sacudir *to shake; to jerk; to beat; to dust; to
    shake off*
sacudirse *to get rid of; to object*
saeta *arrow; shaft*
sagacidad *sagacity; shrewdness*
sagaz *sagacious; shrewd*
sagrado *sacred*

sainete *farce*
sal *salt; wit, humor; charm*
sala *living room, parlor; room*
  sala de pruebas *fitting room*
salado *witty*
salario *salary, wages*
salchicha *sausage*
salchichón *sausage*
saldo *balance, remainder; sale; bargain*
salero *salt shaker; charm*
salida *departure; exit; sale; witty remark*
  dar salida *to sell; to dispose of*
  tener salida *to sell well*
salir *to go out, to leave, to depart; to appear;
    to come out; to get out; to come off*
  El tren está para salir. *The train is about to
    leave.*
  Estas manchas no salen. *These spots don't
    come off.*
  Salió hace un rato. *He left a while ago.*
  Todo le salía al revés. *Everything he did
    went wrong.*
salirse *to leak; to overflow*
saliva *saliva*
salmón *salmon*
salón *hall; salon; parlor*
  salón de baile *dance hall*
salpicar *to splash*
salsa *sauce, gravy, dressing*
saltar *to jump, to leap; to hop; to skip; to omi■*
  hacer saltar *to blow up*
  saltar a la vista *to be obvious*
salto *jump, leap; waterfall*
  de un salto *at one jump*
  salto mortal *somersault*
salud *health*
  estar bien de salud *to be in good health*
  estar mal de salud *to be in poor health*
  ¡Salud! *To your health!*
saludable *healthful, salutary; beneficial*
saludar *to salute, to greet*
  Salude a Juan de mi parte. *Give John my
    regards.*
saludo *salute; greetings*
  saludos a *greetings to*
salva *salvo*
salvación *salvation*
salvaje *savage; wild*
salvamento *salvage; rescue*
salvar *to salvage, to save; to avoid; to jump
    over*
salvarse *to escape from danger; to be saved*
salvavidas *lifesaver; life preserver; life belt*
salvedad *reserve; exception; qualification*
salvo *saved; safe; excepted; unless; but*
  en salvo *safely*
  salvo que *unless*
salvoconducto *pass, safe-conduct*
sanar *to cure; to heal; to recover*
sanatorio *sanatorium*
sanción *sanction*
sancionar *to sanction; to ratify, to confirm*
sandalia *sandal*
sandía *watermelon*
saneamiento *sanitation; surety; bail*
sanear *to drain; to improve; to indemnify*
sangrar *to bleed; to drain*

angre *blood*
  a sangre fría *in cold blood*
angriento *bloody*
anidad *health*
anitario *sanitary*
ano *sound, healthy; sane; safe*
  sano y salvo *safe and sound*
antiamén *instant; jiffy*
anto *holy, sacred;* s: *saint*
  Semana Santa *Holy Week*
aña *rage, fury, anger, passion*
apo *toad*
aquear *to plunder*
arampión *measles*
arcasmo *sarcasm*
ardina *sardine*
argento *sergeant*
arpullido *rash*
astre *tailor*
astrería *tailor shop, tailoring*
átira *satire*
atírico *satirical*
atisfacción *satisfaction; pleasure*
  a satisfacción *satisfactorily*
  dar satisfacciones *to apologize*
atisfacer *to satisfy; to please; to gratify*
  satisfacer una deuda *to pay a debt*
atisfactorio *satisfactory*
atisfecho *satisfied, content*
azón *maturity; seasoning, taste, flavor;*
  opportunity
  en sazón *in season*
e *self, oneself, himself, herself, itself,*
  yourself, yourselves, themselves, to
  him, to her, to it, to you, to them; each
  other, one another
  Déselo. *Give it to him.*
  Se alquila. *For rent.*
  Se conocen. *They know each other.*
  Se dice . . . *It's said . . .*
  Se engañan. *They're fooling themselves.*
  Se sabe . . . *It's known . . .*
eca *drought*
ecante *blotter*
ecar *to dry, to wipe*
  secar los platos *to dry the dishes*
ección *section; division; department*
eco *dry; rude; curt*
  Consérvese seco. *Keep dry.*
ecretamente *secretly*
ecretaria *secretary*
ecretaría *secretary's office; ministry*
ecreto *secret, private;* s: *secret; secrecy;*
  mystery
ecuestro *kidnaping*
ecundar *to second, to back up*
ecundario *secondary, subsidiary*
ed *thirst; desire; craving*
  Tengo sed. *I'm thirsty.*
eda *silk*
edería *silk goods*
edición *sedition, mutiny*
ediento *thirsty*
educir *to seduce; to tempt; to fascinate*
egar *to reap; to mow*
egregar *to segregate; to separate*

seguida *succession, continuation*
  en seguida *right away, immediately*
seguidamente *successively; then*
seguido *continued; straight ahead*
seguir *to follow, to continue, to go on, to keep*
  on
  como sigue: *as follows:*
  Siga derecho. *Keep straight ahead.*
  Sigo sin comprender. *I still don't*
  understand.
según *according to; just as; it depends*
  Según y conforme. *That depends.*
segundo *second*
  de segunda mano *secondhand*
  en segundo lugar *on second thought*
seguramente *certainly, surely*
seguridad *security; safely*
  para mayor seguridad *for safety's sake*
seguro *sure, safe, certain;* s: *insurance; safety*
  seguro de vida *life insurance*
  ¡Seguro! *Surely!*
seis *six; sixth*
sellar *to seal*
sello *seal; stamp*
semáforo *semaphore*
semana *week*
  a la semana *per week*
  la semana pasada *last week*
semanal *weekly*
  una revista semanal *a weekly magazine*
semanalmente *weekly; by the week; every*
  week
semanario *weekly; every week*
semblante *countenance; look; aspect*
sembrar *to sow; to scatter; to spread*
semejante *similar; such;* s: *fellow man*
semejanza *similarity, resemblance, likeness*
semejar *to resemble, to be like*
semestral *semi-annually*
semestre *semester*
semi *semi, half; partially*
semilla *seed*
seminario *seminary*
sempiterno *everlasting*
senado *senate*
senador *senator*
sencillez *simplicity; plainness; candor*
sencillo *simple; plain; single*
senda *path*
sendero *path*
seno *breast, bosom*
sensación *sensation*
sensacional *sensational*
sensatez *common sense*
sensato *sensible, discreet*
sensibilidad *sensibility; sensitivity*
sensible *sensitive*
  una pérdida sensible *a regrettable loss*
sensual *sensual*
sensualidad *sensuality*
sentado *seated; judicious*
sentar *to fit; to be becoming; to agree with; to*
  seat
  sentar plaza *to enlist*
sentarse *to sit down, to take a seat*
sentencia *sentence, verdict*
sentenciar *to sentence*

sentencioso *sententious*
sentido *felt; offended; disgusted;* s: *meaning; understanding*
   en el sentido de *in the sense of*
   perder el sentido *to become unconscious*
   sin sentido *meaningless*
   Está muy sentida. *She is very much offended.*
sentimental *sentimental*
sentimiento *sentiment; feeling; opinion*
sentir *to feel; to be sorry; to grieve;* s: *feeling, opinion*
   dar que sentir *to hurt one's feelings*
   es de sentir *to be regrettable*
   Lo siento muchísimo. *I'm very sorry.*
   Siento no poder ir. *I'm sorry I can't go.*
sentirse *to resent; to feel; to ache*
   Me siento mal. *I don't feel well.*
seña *signal; sign*
   hacer señas *to motion, to signal*
señas *directions; address*
señal *sign; mark; signal; trace; scar*
   en señal de *as a token of*
   la señal de alarma *the alarm signal*
señalado *distinguished; noted; marked*
señalar *to mark; to signal; to point*
señor *Mr.; sir; gentleman; lord*
   los señores de Sucre *Mr. and Mrs. Sucre*
señora *Mrs.; madam; lady*
   ¿Cómo está su señora? *How is your wife?*
señorita *Miss; young lady*
separación *separation*
separar *to separate*
septiembre *September*
séptimo *seventh*
sepulcro *grave; tomb*
sepultura *burial; grave; tomb*
sequedad *dryness*
sequía *drought*
ser *being, creature*
   ser humano *human being*
ser *to be*
   ¿Cuánto es? *How much is it?*
   ¿Qué es Ud.? *What are you?*
   ¿Quién será? *Who can it be?*
   ¡Sé bueno! *Be good!*
serenamente *coolly; calmly*
serenar *to clear up; to calm down*
   ¡Serénese Ud.! *Calm down!*
serenata *serenade*
serenidad *serenity; coolness*
sereno *serene, calm, clear;* s: *dew*
serie *series*
seriedad *seriousness, reliability*
serio *serious; earnest*
   tomar en serio *to take seriously*
sermón *sermon*
serpiente *serpent*
servicial *serviceable; obliging*
servicio *service; favor; setting*
   de servicio *on duty*
   servicio de mesa *table service*
servidor *servant, waiter*
   ¡Servidor de Ud.! *At your service!*
servir *to serve; to do a favor; to be useful; to wait on*

   No sirve. *It's no good.*
   Sírvase. *Please.*
sesenta *sixty; sixtieth*
sesgo *sloped, oblique;* s: *slope, slant*
sesión *session; meeting*
seso *brain; brains*
   perder el seso *to lose one's head*
seta *mushroom*
setecientos *seven hundred*
setenta *seventy; seventieth*
seudónimo *pseudonym*
severidad *severity; strictness*
severo *severe; strict*
sexo *sex*
sexto *sixth*
si *if; whether*
   por si acaso *in case*
   si Ud. gusta *if you like*
   No estoy seguro que vaya. *I'm not sure if I'll go.*
sí *yes; himself, herself, itself, oneself, yourself, yourselves, themselves;* s: *consent; assent*
   dar el sí *to give one's consent*
   Creo que sí. *I think so.*
   Lo quiere para sí. *He wants it for himself.*
sidra *cider*
siega *harvest*
siembra *sowing*
sien *temple*
sierra *saw; sierra; mountain range*
siesta *nap*
siete *seven; seventh*
sigilo *seal; secrecy; discretion; caution*
sigiloso *reserved*
siglo *century; age*
   el Siglo de Oro *the Golden Age*
significación *meaning; significance*
significado *significant;* s: *significance, meaning*
significar *to mean, to signify*
signo *sign; mark*
siguiente *following; next*
   al día siguiente *on the following day*
   lo siguiente: *the following:*
sílaba *syllable*
silbar *to whistle; to hiss; to boo*
silbido *whistling*
silencio *silence*
silencioso *silent, noiseless*
silvestre *wild; rustic*
silla *chair; saddle* (caballo)
sillón *armchair*
simbólico *symbolic*
simbolizar *to symbolize*
símbolo *symbol*
simétrico *symmetrical*
similar *similar, resembling*
similitud *similitude, similarity*
simpatía *sympathy; liking*
simpático *nice; pleasant*
simpatizar *to sympathize; to like*
simple *simple; plain; silly, foolish;* s: *fool*
simplemente *simply, merely*
simpleza *foolishness*
simplicidad *simplicity*

simplificar *to simplify*
simulación *simulation; fake*
simulado *simulated*
simular *to simulate*
simultáneo *simultaneous*
sin *without; besides*
  sin duda *undoubtedly*
  sin embargo *nevertheless*
  sin falta *without fail*
  sin novedad *nothing new*
sinceridad *sincerity*
sincero *sincere*
síncope *faint, fainting spell*
sincronizar *to synchronize*
sindicato *trade union; syndicate*
sinfonía *symphony*
sinfónico *symphonic*
singular *singular, unusual; exceptional;
  strange; odd*
  Es un hombre singular. *He's a unique man.*
singularidad *singularity, peculiarity*
siniestro *sinister; unfortunate; s: damage;
  shipwreck*
  lado siniestro *left side*
innúmero *a great many; too many*
sino *but; except; only; instead; s: fate; luck*
sinónimo *synonymous; s: synonym*
sintético *synthetic*
síntoma *symptom*
sintonizar *to tune in*
sinvergüenza *shameless person*
siquiera *at least; even*
  ni siquiera eso *not even that*
sirena *siren*
sirviente *servant*
sistema *system*
sistemático *systematic*
sitio *place, space, room; siege*
  hacer sitio *to make room*
situación *situation, position; circumstances;
  site, location*
situado *situated, located; s: allowance*
situar *to place, to locate, to situate*
so *under; below*
  so pena de *under penalty of*
sobar *to knead; to soften; to beat; to whip*
soberanía *sovereignty*
soberano *sovereign*
soberbia *pride; haughtiness*
soberbio *proud; haughty; magnificent*
sobornar *to bribe*
soborno *bribe*
sobra *too much, too many*
  Hay de sobra. *There's more than enough.*
sobradamente *abundantly*
sobrante *remaining; s: remainder, surplus,
  leftover*
sobrar *to have more than enough; to remain;
  to be left*
  sobra uno *one too many*
sobre *on; over; above; about; s: envelope*
  sobre las tres *at about three o'clock*
sobrecama *bedspread*
sobrecarga *to overload; to overcharge*
sobreentenderse *to go without saying*
sobrellevar *to endure*

sobremanera *excessively; exceedingly*
sobremesa *table cover; dessert*
sobrenatural *supernatural*
sobrepaga *extra pay*
sobrepasar *to exceed, to surpass*
sobreponer *to place over; to overlap*
sobresaliente *outstanding*
sobresalir *to stand out; to excel*
sobresaltar *to startle*
sobresalto *start; shock*
sobrevenir *to happen; to take place*
sobriedad *sobriety, temperance, moderation*
sobrina *niece*
sobrino *nephew*
sobrio *sober*
sociable *sociable*
social *social*
socialismo *socialism*
socialista *socialistic; s: socialist*
socializar *to socialize*
sociedad *society; social life; company*
  sociedad anónima *corporation*
socio *partner associate*
sociología *sociology*
socorrer *to aid, to help, to assist; to rescue*
socorro *aid, help*
soez *indecent, obscene; rude*
sofá *sofa*
sofocante *soffocating*
sofocar *to suffocate; to put out* (fuego)
soga *rope; cord*
sol *sun, sunshine*
  Hace sol. *The sun is shining.*
solamente *only*
solapa *label*
solar *lot*
soldado *soldier*
soldar *to solder; to weld*
soledad *solitude; loneliness*
solemne *solemn, serious; grave*
solemnidad *solemnity*
soler *to be unusual; to be accustomed to*
  como suele acontecer *as often happens*
solicitar *to solicit; to ask for; to apply for*
  Solicitó su mano. *He proposed to her.*
solicitud *application; request*
solidaridad *solidarity*
solidario *solidary*
solidez *solidity; firmness; soundness*
sólido *solid; sound; strong; firm*
solitario *solitary, lonely; s: hermit*
solo *alone; lonely; single; s: solo*
  Estoy muy solo. *I'm very lucky.*
  Vive solo. *He lives alone.*
sólo *only*
  Sólo para adultos. *Adults only.*
soltar *to untie; to loosen; to let out*
  ¡No lo suelte Ud.! *Hold it!*
soltarse *to get loose; to start*
  Se soltó a correr. *He started to run.*
soltero *single, unmarried; s: bachelor*
soltura *ease, ability; agility; release*
soluble *soluble*
solución *solution, answer; outcome*
sollozar *to sob*
sollozo *sob*

sombra *shade; shadow; darkness*
sombrera *hatbox*
sombrerería *millinery shop*
sombrero *hat*
sombrilla *parasol*
sombrío *shady; gloomy*
someter *to subject; to subdue; to submit*
somnámbulo. sonámbulo *sleepwalker*
son *sound; tune*
   en son de broma *as a joke*
   sin son ni ton *without rhyme or reason*
sonar *to sound; to ring; to sound familiar*
sonarse *to blow one's nose*
sondear *to sound, to find out*
sonido *sound*
sonoro *sonorous; sounding*
sonreír *to smile*
sonrisa *smile*
soñador *dreamer*
soñar *to dream*
soñoliento *sleepy, drowsy*
sopa *soup*
sopapo *slap*
sopetón *blow*
soplar *to blow; to inflate; to steal*
soplo *blowing; hint; denunciation*
soplón *informer*
sopor *stupor; drowsiness*
soportar *to stand, to endure, to bear*
sorber *to sip; to swallow; to absorb*
sorbete *sherbet, sipper*
sorbo *sip, draught, gulp*
sordera *deafness*
sordo *deaf; silent*
sordomudo *deaf-mute*
sorprender *to surprise*
sorpresa *surprise*
   de sorpresa *by surprise*
sortear *to raffle; to avoid; to evade*
sorteo *lottery, raffle*
sortija *ring; lock of hair*
sosegar *to appease; to calm; to rest*
sosiego *peace, calmness*
soso *insipid, tasteless; simple*
sospecha *suspicion*
sospechar *to suspect*
sospechoso *suspicious*
sostén *support; brassiere*
sostener *to support, to sustain, to maintain; to hold*
sostenido *sustained*
sostenimiento *support, maintenance; upkeep*
sótano *cellar*
su *his; her; its; their; your*
suave *soft; smooth; mild; gentle; mellow*
suavemente *smoothly; softly; gently; sweetly*
suavidad *softness; suavity*
suavizar *to soften*
subalterno *subordinate, subaltern*
subarrendar *to sublet*
subasta *auction*
subconsciente *subconscious*
subdirector *assistant director*
subdivisión *subdivision*
subido *bright; loud*
subir *to go up, to ascend, to rise; to climb; to mount; to take up; to bring up*
   subir de punto *to increase*
súbitamente *suddenly*
súbito *sudden*
   de súbito *suddenly*
subjefe *chief assistant*
subjetivo *subjective*
sublevación *insurrection, uprising*
sublevar *to stir up, to excite*
sublevarse *to revolt*
sublime *sublime*
submarino *submarine*
subordinado *subordinate*
subordinar *to subordinate*
subrayar *to underline, to emphasize*
subsanar *to rectify, to repair; to excuse*
subscribir *to subscribe*
subscripción *subscription*
subscriptor *subscriber*
subsecretario *undersecretary; assistant manager*
subsecuente *subsequent*
subsidio *subsidy, aid*
subsistencia *subsistence*
subsistente *subsistent; subsisting*
subsistir *to subsist, to exist; to last*
substancia *substance; essence*
substancial *substantial*
substanciar *to substantiate*
substancioso *substantial; juicy, nourishing*
substantivo *substantive*
substitución *substitution*
substituir *to substitute*
substituto *substitute*
substracción *subtraction*
substraer *to subtract*
subterráneo *subway*
subtítulo *subtitle*
suburbio *suburb*
subvención *subsidy*
subvencionar *to subsidize*
subyugar *to subdue, to subjugate*
suceder *to happen; to succeed; to inherit*
   ¿Qué sucedió depués? *What happened next*
sucesión *succession; estate; inheritance*
sucesivamente *successively*
sucesivo *successive*
suceso *successor*
suciedad *dirt, filth*
sucio *dirty, filthy; nasty*
sucumbir *to die; to succumb, to yield*
sucursal *subsidiary; s: branch, annex*
sud *south*
sudar *to sweat, to perspire*
sudeste *southeast*
sudoeste *southwest*
sudor *sweat, perspiration*
suegra *mother-in-law*
suegro *father-in-law*
suela *sole*
sueldo *salary*
suelo *soil; ground; floor*
suelto *loose; swift; free; fluent; single; odd; s: change*
   suelto de lengua *outspoken*
sueño *sleep; dream*
   ¿Tiene Ud. sueño? *Are you sleepy?*

suero *serum*
suerte *chance; lot; fortune; luck; manner*
  de la misma suerta *the same way*
  de suerte que *so that*
  mala suerte *bad luck*
  ¡Buena suerte! *Good luck!*
suficiencia *sufficiency; capacity*
suficiente *enough; sufficient*
sufijo *suffix*
sufragar *to pay; to aid*
sufragio *suffrage, vote; aid*
sufrido *patient, enduring; practical* (color)
sufrimiento *suffering*
sufrir *to suffer; to stand*
sugerir *to suggest; to hint*
sugestión *suggestion; hint*
sugestivo *suggestive*
suicida *suicide*
suicidarse *to commit suicide*
suicidio *suicide*
sujetapapeles *paper clip*
sujetar *to fasten; to hold; to subdue, to subject*
sujeto *subject, liable, likely; s: subject*
  estar sujeto a *to be subject to*
suma *sum, amount; addition*
  en suma *in short*
  una suma crecida *a large sum of money*
sumamente *extremely, exceedingly*
sumar *to add; to sum up*
  sumarse a *to join*
sumario *summary; s: summary*
sumergir *to submerge*
sumidero *sewer, drain; sink*
suministrar *to supply, to furnish*
suministro *supply*
sumisión *submission, resignation, obedience*
sumiso *submissive, obedient*
sumo *high, great*
  a lo sumo *at the most*
  con sumo gusto *with the greatest pleasure*
suntuosidad *sumptuousness*
suntuoso *sumptuous, magnificent*
supeditar *to subject*
superar *to exceed, to excel, to surpass; to overcome*
superchería *deceit, fraud*
superficial *superficial*
superficialidad *superficiality*
superficie *surface; area*
superfluo *superfluous*
superintendente *superintendent; supervisor*
superior *superior, better; higher, above; s: superior*
  labio superior *upper lip*
superioridad *superiority; higher authority*
superstición *superstition*
supersticioso *superstitious*
superviviente *survivor*
suplantar *to supplant; to displace*
suplementario *supplementary*
suplemento *supplement*
suplente *substituting, replacing, alternate*
súplica *request; petition*
suplicación *supplication; request; petition*

suplicar *to beg, to implore*
suplicio *ordeal; torture; execution*
suplir *to supply; to make up; to substitute*
suponer *to imagine, to suppose, to surmise; to expect*
suposición *supposition, conjecture; assumption; falsehood*
supremacía *supremacy*
supremo *supreme*
supresión *suppression*
suprimir *to suppress; to abolish; to omit; to leave out*
supuesto *supposed, assumed; s: supposition, assumption*
  por supuesto *of course*
sur *south*
surco *furrow; wrinkle* (tela)
surgir *to arise; to appear*
surtido *assorted; s: assortment; stock; supply*
  un surtido selecto *a selection*
surtidor *jet; spout*
surtir *to supply, to furnish*
susceptibilidad *susceptibility*
susceptible *susceptible; sensitive to*
suscitar *to stir up, to excite*
susodicho *above-mentioned; aforesaid*
suspender *to suspend, to discontinue; to postpone, to adjourn*
  suspender los pagos *to stop payment*
suspensión *suspension; cessation; stop*
suspensivo *suspensive*
suspenso *suspended, hung; s: suspense*
  en suspenso *pending*
suspicacia *suspicion; distrust*
suspicaz *suspicious; distrustful*
suspirar *to sigh*
  suspirar por *to crave for*
suspiro *sigh*
sustentar *to support, to sustain; to feed*
sustento *maintenance, support*
susto *fright*
  dar un susto *to scare*
sutil *subtle*
sutileza *sublety*
suya, suyo, suyas, suyos *yours; his; hers; its; theirs; s: view, way*
  salirse con la suya *to have one's way*
  una amiga suya *a friend of hers*
  ¿Cómo está Ud. y los suyos? *How are you and your family?*
  Es el suyo. *It's yours.*

T

tabaco *tobacco*
tabaquería *cigar store*
tabique *partition*
tabla *table; board; stage*
tablado *platform; stage; scaffold*
tablero *panel, board*
tableta *tablet*
tablilla *slab; bulletin board*
taburete *stool*
tacañería *stinginess*
tacaño *stingy, miserly*
tácito *tacit*

taciturno *taciturn*
taco *plug; stopper; pad*
tacón *heel*
táctica *tactics*
tacto *touch; tact; skill; feeling*
tacha *fault, blemish*
tachar *to find fault with; to erase; to cross out*
tachuela *tack*
tajada *slice, cut*
tajo *cut, incision*
tal *such; so; as*
    tal para cual *two of a kind*
    tal vez *maybe*
    No hay tal. *There is no such thing.*
    ¿Qué tal? *How are you?*
taladrar *to drill, to bore*
taladro *drill, bore*
talar *to fell; to destroy*
talco *talcum; tinsel*
talego *bag, sack*
talento *talent; cleverness*
talón *stub, receipt; check; heel*
talonario *stub; checkbook*
talla *stature, size; sculpture; engraving*
tallador *engraver*
tallar *to carve; to engrave*
talle *waist; size; shape; figure*
taller *workshop*
    taller de sastre *tailor shop*
tallo *stem; stalk*
tamaño *size*
    de gran tamaño *very large*
    de poco tamaño *small*
    ¿De qué tomaño es? *What size is it?*
también *also, too; as well; likewise*
    yo también *I also*
tambor *drum*
tamiz *sifter*
tamizar *to sift*
tampoco *neither*
    Eso no me gusta. — A mí tampoco. *I don't like it. — Neither do I.*
tan *so; as; so much; as well; as much*
    tan bien *so well, as well*
    tan largo tiempo *such a long time*
    tan mal *so bad, as bad*
tanda *rotation; turn; shift* (obreros)
tanque *tank*
tantear *to measure; to try; to estimate*
tanteo *estimate; score*
tanto *so much, as much, so; s: score*
    algún tanto *somewhat*
    entre tanto *meanwhile*
    ni tanto, ni tan poco *neither too much nor too little*
    otros tantos *just as many*
    tanto como *as much as*
    tanta gente *so many people*
    ¡Lo siento tanto! *I'm so sorry.*
tapa *cover, lid, cap*
tapadera *cover, lid*
tapia *fence*
tapicería *tapestry; upholstery*
tapiz *tapestry*
tapizar *to upholster*
tapón *cork; plug*

taponar *to plug*
taquígrafo *stenographer*
taquilla *ticket window*
tardanza *slowness, delay*
tardar *to delay; to be late; to be slow*
    a más tardar *at the latest*
    No tardará en volver. *He'll be back before long.*
tarde *late; s: afternoon*
    en la tarde *in the afternoon*
    Más vale tarde que nunca. *Better late than never.*
tardío *tardy, late; slow*
tardo *slow; sluggish; dull*
tarea *job, task, work, homework* (escuela)
tarifa *tariff, rate; fare*
tarjeta *card*
    tarjeta de visita *calling card*
    tarjeta postal *post card*
tarro *jar; can; pot*
tartamudear *to stammer, to stutter*
tartamudo *stammering, stuttering; stammerer, stutterer*
tasa *appraisal, measure, valuation*
tasar *to appraise, to value*
tatarabuela *great-great-grandmother*
tatarabuelo *great-great-grandfather*
tataranieta *great-great-granddaughter*
tataranieto *great-great-grandson*
tatuaje *tattoo*
tatuar *to tattoo*
tauromaquia *bullfighting*
taxi *taxi, taxicab*
taza *cup; bowl*
te *you; to you; yourself*
té *tea*
teatral *theatrical*
teatro *theater; playhouse*
tecla *key*
teclado *keyboard*
técnica *technique*
técnico *technical; s: technician*
techo *roof; ceiling*
tedio *boredom, tediousness*
tedioso *tiresome, tedious*
teja *tile*
tejado *roof*
tejer *to weave; to knit*
tejido *texture; fabric; tissue*
tela *cloth, material; web*
telaraña *cobweb*
telefonear *to phone*
telefónico *telephone*
    cabina telefónica *telephone booth*
    guía telefónica *telephone book*
telefonista *telephone operator*
teléfono *telephone*
telegrafiar *to telegraph, to wire*
telegrafista *telegraph operator*
telégrafo *telegraph*
telegrama *telegram*
televisión *television*
telón *curtain*
tema *theme; subject*
temblar *to tremble, to shake; to shiver*
temblor *trembling, tremor; earthquake*

temer *to fear, to dread, to be afraid*
temerario *reckless, rash*
temeridad *temerity, recklessness*
temeroso *timid, fearful, afraid*
temible *dreadful, terrible*
temor *fear, dread*
temperamento *temperament, temper, nature*
temperatura *temperature*
tempestad *tempest, storm*
templado *temperate, lukewarm*
templo *temple; church*
temporada *season; period*
temporal *temporary; s: storm*
temprano *early*
tenacidad *tenacity*
tenaz *tenacious; stubborn*
tenazas *pincers, tongs, pliers*
tender *to hang; to stretch out; to spread out*
tendero *storekeeper*
tenebroso *dark; gloomy*
tenedor *fork; holder*
teneduría *bookkeeping*
tener *to have, to possess; to keep; to hold, to*
    contain; to take
    tener en cuenta *to bear in mind*
    tener lugar *to take place*
    tener prisa *to be in a hurry*
    No tenga Ud. miedo. *Don't be afraid.*
    ¿Qué edad tiene Ud? *How old are you?*
    Tengo hambre. *I'm hungry.*
    Tengo mucho frío. *I'm very cold.*
    Tengo que irme. *I have to go.*
    Tengo sed. *I'm thirsty.*
tenis *tennis*
tensión *tension; voltage*
tentación *temptation*
tentar *to touch, to feel; to tempt; to try, to*
    attempt
tentativa *attempt*
tenue *tenuous, thin, delicate*
teñir *to dye*
teoría *theory*
teórico *theoretical*
tercer *third*
tercero *third; s: mediator, intermediary*
tercio *one third*
terciopelo *velvet*
terco *stubborn, headstrong*
terminación *termination, ending*
terminar *to end, to terminate, to finish*
término *term; manner; end; word; boundary*
    en un término medio *on an average*
termómetro *thermometer*
ternera *veal*
ternero *calf*
ternura *tenderness; fondness*
terrateniente *landowner*
terraza *terrace*
terremoto *earthquake*
terreno *land; soil; field*
terrible *terrible, dreadful*
territorio *territory*
terrón *lump*
terror *terror*
tesis *thesis*
tesorería *treasury*

tesorero *treasurer*
tesoro *treasure*
testamento *testament, will*
testar *to make a will, to bequeath*
testarudo *stubborn, obstinate*
testigo *witness*
testimonio *testimony, evidence, deposition*
tetera *teapot*
textil *textile*
texto *text*
tez *complexion, skin*
ti *you*
tía *aunt* .
tibio *lukewarm, indifferent*
tiburón *shark*
tiempo *time; tense; weather; tempo*
    darse buen tiempo *to have a good time*
    El tiempo es oro. *Time is money.*
    Hace mal tiempo. *The weather's bad.*
    Hace mucho tiempo. *It's been a long time.*
tienda *store, shop; tent*
tierno *tender; soft; affectionate; young*
tierra *earth; soil; land; ground; native*
    country
    en tierra *on land, ashore*
tieso *stiff, hard; firm; stubborn*
tiesto *flowerpot*
tijeras *scissors*
timador *swindler*
timar *to swindle, to cheat*
timbre *stamp, seal; tone*
timidez *timidity; shyness*
tímido *timid; shy*
tina *bathtub*
tino *skill; judgment, tact*
tinta *ink; dye*
tinte *dye; tint; hue*
tintero *inkwell*
tintorería *cleaner's shop*
tintorero *cleaner* (para vestidos)
tintura *dyeing; tint; dye*
    tintura para el pelo *hair dye*
tío *uncle*
típico *typical, characteristic; s: fellow*
tipo *type; rate; standard*
tipografía *printing; printing shop*
tipógrafo *printer, typesetter*
tira *strip; stripe*
tirabuzón *corkscrew; curl of hair*
tirada *edition, issue, printing; distance;*
    stretch
tiranía *tyranny*
tirano *tyrant*
tirante *strained; tight; s: suspenders*
tirar *to throw, to toss, to cast; to shoot; to*
    pool; to draw; to print
    tirar los dados *to shoot dice*
tiritar *to shiver*
tiro *shot; throw; fling; ranch; reach*
tísico *consumptive*
títere *puppet*
titubear *to hesitate; to doubt*
titular *to title, to entitle; s: head; holder;*
    headline
título *title; diploma; degree; heading;*
    headline; inscription; shares
toalla *towel*

tobillo *ankle*
tocador *dressing table*
tocante *touching, respecting, concerning*
tocar *to touch; to play* (instrumento); *to ring;*
    to toll; to concern; to interest
  Le toca jugar. *It's your turn to play.*
  ¡No tocar! *Don't touch.*
  Toque el timbre. *Ring the bell.*
tocino *bacon*
todavía *yet, still*
todo *all; each; every; the whole; everything;*
    everyone
  todo el año *all year around*
  todo el día *all day long*
  todos los días *everyday*
  una vez por todas *once and for all*
toldo *owning*
tolerable *tolerable*
tolerancia *tolerance*
tolerante *tolerant*
tolerar *to tolerate*
toma *seizure, capture; dose; tap; intake*
tomar *to take; to get; to seize*
  tomar el pelo *to make fun of*
  ¿Qué toma Ud.? *What will you have?*
tomate *tomato*
tomo *volume*
ton *tone*
tonel *barrel, cask*
tonelada *ton*
tónico *tonic*
tono *tone; tune; accent; manner; conceit;*
    shade
tontería *foolishness, nonsense*
tonto *silly, stupid, foolish; s: fool*
tope *top; butt; stop*
toque *touch; ringing; call*
torcedura *twisting; sprain*
torcer *to twist; to turn; to sprain; to distort*
torcido *twisted, crooked*
toreo *bullfighting*
torear *to fight bulls in the ring*
torero *bullfighter*
tormenta *storm, tempest*
tormentoso *stormy*
tornar *to return; to repeat; to change*
torneo *tournament*
tornillo *screw*
torno *winch; spindle*
toro *bull*
toronja *grapefruit*
torpe *clumsy, awkward; slow*
torpeza *clumsiness, awkwardness*
torre *tower*
torrente *torrent*
tórrido *torrid*
torta *cake*
tortilla *omelet*
tórtola *dove*
tortuga *turtle*
tortura *torture*
torturar *to torture*
tos *cough*
tosco *rough, coarse*
toser *to cough*
tostada *toast*

tostado *toasted; tanned*
tostar *to toast; to roast; to tan*
total *total, whole*
tóxico *toxic, poisonous; s: poison*
traba *obstacle, hindrance*
trabajador *hardworking, industrious; s:*
    worker, laborer
trabajar *to work, to labor* •
trabajo *work, labor, toil; workmanship;*
    trouble, hardship
  sin trabajo *unemployed*
tradición *tradition*
tradicional *traditional*
traducción *translation*
traducir *to translate*
traductor *translator*
traer *to bring, to carry; to wear*
  traer a cuento *to bring into the conversation*
traficante *trading; trader*
traficar *to traffic, to trade, to do business*
tráfico *traffic, trading; trade*
tragaluz *skylight*
tragar *to swallow*
tragedia *tragedy*
trágico *tragic*
trago *gulp; drink*
traición *treason*
traicionar *to betray*
traidor *treacherous; s: traitor*
traje *suit; dress, gown*
  traje de baño *bathing suit*
  traje de etiqueta *evening dress*
trajinar *to carry, to convey; to trouble about*
trama *web; plot, conspiracy*
tramar *to plot*
tramitar *to conduct, to transact*
trámite *transaction; procedure, formalities*
trampa *trap; fraud*
tramposo *deceitful; s: cheater*
tranca *crossbar*
tranquilida *tranquillity, quietness*
tranquilizar *to calm*
tranquilo *quiet, calm; at ease*
transacción *transaction; compromise*
transatlántico *transatlantic; s: liner* (vapor)
transbordar *to transfer, to change*
transbordo *transfer*
transcurrir *to pass; to elapse*
transcurso *pause, lapse*
transferencia *transfer*
transformación *transformation*
transformador *transforming; s: transformer*
transformar *to transform*
transfusión *transfusion*
transitar *to pass by; to walk along; to travel*
tránsito *traffic; transit; transition*
transitorio *transitory*
transmisor *transmitter; transmitting*
transmitir *to transmit; to convey*
transparente *transparent; window shade*
transpiración *perspiration*
transportar *to transport, to convey*
transporte *transport; transportation*
tranvía *streetcar*
trapo *rag*
tras *after, behind; besides*

trascendencia *importance*
trasladar *to move, to transport, to transfer; to postpone; to transcribe, to translate*
traspasar *to cross; to transfer; to trespass*
traspié *slip; trip*
trasquilar *to clip; to shear*
trastienda *back room*
trasto *trash*
trastornar *to turn upside down; to upset, to disturb, to disarrange*
trastorno *upsetting, disturbance*
tratable *sociable*
tratado *treaty; treatise*
tratamiento *treatment*
tratar *to treat, to deal; to try; to discuss*
   tratándose de Ud. *in your case*
trato *treatment; agreement, deal*
través *bias; misfortune; crossbeam*
travesía *crossing; voyage*
travesura *mischief, prank, trick*
travieso *mischievous, naughty*
trayecto *distance, stretch; route*
trayectoria *trajectory*
trazar *to draw; to plan, to outline*
trebol *clover*
trece *thirteen; thirteenth*
trecho *distance*
tregua *trust*
treinta *thirty; thirtieth*
tren *train; equipment; ostentation*
trenza *braid*
trenzar *to braid*
trepar *to climb; to creep*
tres *three; third*
trescientos *three hundred; three hundredth*
treta *trick*
tríangulo *triangle*
tribu *tribe*
tribuna *platform; grandstand*
tribunal *court*
trigo *wheat*
trillar *to thresh*
trimestral *quarterly*
trimestre *quarter*
trinchar *to carve*
trinchera *trench*
trineo *sleigh, sled*
trío *trio*
triple *triple*
tripulación *crew*
tripular *to equip*
triste *sad, gloomy*
tristeza *sadness, gloom*
triturar *to grind, to pound*
triunfal *triumphal*
triunfar *to triumph, to succeed*
triunfo *triumph; trump card*
trocar *to change; to barter*
trofeo *trophy; price*
trompa *trunk*
trompeta *trumpet*
trompo *top*
tronar *to thunder*
tronco *trunk; log; stem*
trono *throne*
tropa *troop*

tropezar *to stumble, to trip; to come across; to run into*
tropical *tropical*
trópico *tropic*
trozo *bit, piece, morsel*
truco *trick*
trucha *trout*
tu *your*
tú *you*
tubería *pipeline; tubing*
tubo *tube; pipe*
tuerca *nut; bolt*
tulipán *tulip*
tullido *crippled*
tumba *tomb, grave*
tumor *tumor*
tumulto *tumult*
túnel *tunnel*
turba *mob, crowd*
turbante *turban*
turbar *to disturb, to upset; to embarrass*
turismo *touring*
   agencia de turismo *travel agency*
turnar *to alternate, to take turns*
turno *turn*
tutela *guardianship; tutelage*
tutor *tutor; guardian*
tuya, tuyo, tuyas, tuyos *yours*
   los tuyos *yours*

U

últimamente *lately*
ultimátum *ultimatum*
último *last; latest; late; later; final; lowest*
   a última hora *at the last moment*
   última moda *latest style*
un *a, an; one*
   un poco *a little*
una *a, an; one; someone; some, a few*
   una vez *once*
   unas veces *sometimes*
ungüento *ointment, liniment*
únicamente *only; simply; nearly*
único *only; singular, unique; alone*
unidad *unity; conformity; unit*
unido *united, joined*
unificar *to unify*
uniforme *uniform*
uniformidad *uniformity*
unión *union, unity; joint*
unir *to unite, to join together*
unirse *to merge, to become united*
universal *universal*
universidad *university*
universitario *collegiate*
universo *universe*
uno *one, someone; some, a few*
   cada uno *each one*
   uno a uno *one by one*
   uno y otro *both*
   unos cuantos *some, a few*
untar *to grease, to rub; to bribe*
unto *grease, fat*
uña *nail; claw; hoof*
urbanidad *urbanity; good manners*

urbane *urban; refined; polite*
urbe *large city*
urdir *to plot, to scheme*
urgencia *urgency, pressure*
urgente *urgent*
urgir *to urge, to be pressing*
usado *used; secondhand; worn out*
usar *to use, to wear; to be accustomed to*
uso *use, usage; wearing; wear*
   en buen uso *in good condition*
   para uso externo *for external use*
usted *you*
ustedes *you*
usual *usual, customary*
usura *usury*
usurero *usurer, moneylender*
usurpación *usurpation*
utensilio *utensil*
útil *useful, profitable;* s: *implement; tools,*
   equipment
utilidad *utility, usefulness; profit*
utilizar *to utilize*
uvas *grapes*

V

vaca *cow*
vacación *vacation, holiday*
vacante *vacant;* s: *vacancy*
vaciar *to empty; to cast, to mold*
vacilación *hesitation*
vacilar *to vacillate, to waver, to hesitate*
vacío *empty, vacant;* s: *void, vacuum*
vacuna *vaccination; vaccine*
vacunar *to vaccinate*
vadear *to ford*
vado *ford*
vagabundo *vagabond, tramp*
vagar *to roam, to wander about; to be idle*
vagón *coach, car, wagon, freight car*
vahido *vertigo, dizziness*
vaho *exhalation; vapor, steam*
vajilla *china, dinner set, table service*
vale *promissory note; voucher; IOU*
valer *to be worth; to amount to; to be valid, to*
   hold good
   Más valiera . . . *It would be better . . .*
   Vale la pena. *It's worth while.*
valerse *to avail oneself of; to make use of*
valeroso *courageous, brave, valiant*
validar *to make valid*
validez *validity*
valija *suitcase; valise; grip; sack; mailbag*
valioso *valuable; of great influence*
valor *value; price; courage, valor; bond;*
   share
   sin valor *worthless*
valorar *to value, to appraise*
valuar *to rate; to price; to appraise; to value*
válvula *valve*
valla *fence; obstacle*
valle *valley*
vanamente *vainly; in vain*
vanguardia *vanguard*
vanidad *vanity*
vanidoso *vain, conceited*

vano *vain; of no use*
vapor *vapor, steam; steamer* (barco)
vaquero *cowboy*
vara *rod, pole; stick; twig*
varar *to be stranded; to launch*
variable *variable, changeable*
variación *variation, change*
variar *to vary, to change*
variedad *variety*
varón *man, male*
varonil *manly*
vaselina *vaseline*
vasija *vessel*
vaso *glass*
vástago *stem; shoot, offspring*
vasto *vast, immense*
vaticinar *to forecast, to predict, to foretell*
vaticinio *forecast, prediction*
vecindad *vicinity, neighborhood*
vecindario *neighborhood*
vecino *neighbor; resident*
veda *prohibition; interdiction by law*
vegetación *vegetation*
vegetal *vegetal,* s: *vegetable*
vegetariano *vegetarian*
vehemencia *vehemence*
vehemente *vehement*
vehículo *vehicle*
veinte *twenty; twentieth*
veintena *a group of twenty, a score*
vejez *old age*
vela *candle; vigil, watch; wake; sail, sailboat;*
   nightwork
velador *watchman; lamp table; lampstand*
velar *to watch, to keep vigil; to veil; to work*
   at night
velo *veil*
velocidad *velocity, speed; gear*
veloz *swift, fast*
vello *hair*
velludo *hairy, shaggy*
vena *vein*
venado *deer; venison*
vencedor *victorious;* s: *winner, victor*
vencer *to vanquish; to conquer*
vencerse *to control oneself*
vencido *defeated; due*
   Me doy por vencido. *I give up.*
vencimiento *maturity; falling due; expiration;*
   victory
venda *bandaging*
vendaje *bandage*
vendar *to bandage*
vendedor *seller, trader, dealer*
vender *to sell*
   vender al pormenor *to sell retail*
   vender por mayor *to sell wholesale*
veneno *venom, poison*
venenoso *venomous, poisonous*
venerable *venerable*
veneración *veneration*
venerar *to venerate*
vengador *avenger*
venganza *vengeance*
vengar *to avenge, to revenge*
venir *to come; to fit; to suit*

venir al pelo *to fit the case*
   venga lo que venga *come what may*
venta *sale; selling*
ventaja *advantage; profit; odds; handicap*
ventana *window; nostril*
ventanilla *ticket window*
ventilación *ventilation*
ventilador *ventilator; electric fan*
ventilar *to ventilate, to air; to winnow; to discuss*
ventura *happiness; fortune, chance, venture*
venturoso *lucky, fortunate*
ver *to see; to look at; to look into; s: sight; seeing; look; opinion*
   hacer ver *to show*
   verse *to see each other; to be seen; to find oneself*
   Vamos a ver. *Let's see.*
   Ya se ve. *It's obvious.*
verano *summer*
veras *truth, reality; earnestness*
   de veras *of course*
veraz *truthful*
verbal *verbal, oral*
verbo *verb*
verdad *truth*
   ¿Verdad? *Isn't it? Don't you? Is that so? etc...*
verdaderamente *truly, really, in fact, indeed*
verdadero *true, real; sincere*
verde *green; immature; unripe*
verdura *green; vegetables*
vereda *path, trail; sidewalk*
veredicto *verdict*
vergonzoso *bashful, shy; shameful, disgraceful*
vergüenza *shame, disgrace*
verídico *truthful, veracious*
verificación *verification*
verificar *to check up, to verify; to take place*
verosímil *likely, probable; credible*
verja *grate; iron gate*
versión *version*
verso *verse, poetry, poem*
vertical *vertical*
vértice *top, highest point*
vértigo *dizziness*
vestíbulo *hall; lobby*
vestido *dressed; s: dress; garment; clothing*
vestir *to dress; to put on; to cover*
vestirse *to get dressed; to wear*
veterano *veteran*
veto *veto*
vez *time; turn*
   de una vez *at once*
   dos veces *twice*
   muchas veces *often*
   otra vez *again*
   rara vez *seldom*
   una vez *once*
vía *road, way, track, line*
   vía aérea *airway*
viajar *to travel*
viaje *trip, voyage, journey, travel*
   viaje redondo *round trip*
viajero *traveler, passenger*

víbora *viper*
vibración *vibration*
vibrar *to vibrate, to throb*
viciar *to spoil; to corrupt*
vicio *vice; habit; defect*
víctima *victim*
victoria *victory*
victorioso *victorious*
vida *life; living*
   dar mala vida *to mistreat, to abuse*
   ganarse la vida *to earn a living*
vidriera *show case; show window*
vidrio *glass*
viejo *old, ancient; worn out*
viento *wind; scent; airs*
viernes *Friday*
viga *beam*
vigésimo *twentieth*
vigilancia *vigilance*
vigilante *vigilant; s: watchman*
vigilar *to watch over; to look after*
vigilia *vigil; fast; eve*
vigor *vigor, strength*
vigoroso *vigorous, strong*
vil *mean, low, vile*
vileza *meanness*
villa *village; villa*
vinagre *vinegar*
vino *wine*
   vino tinto *red wine*
viña *vineyard*
violar *to violate; to offend; to rape*
violencia *violence*
violento *violent*
violeta *violet*
violín *violin*
violinista *violinist*
virar *to turn*
viril *manly, virile*
virilidad *virility*
virtud *virtue*
visar *to stamp; to approve*
visibilidad *visibility*
visible *visible*
visión *vision, revelation; sight*
visita *visit, call*
visitar *to visit, to call on*
víspera *eve*
vista *sight, view; plans, looks, trial; customhouse officer*
   a la vista *on sight*
   Hasta la vista. *See you soon.*
visto *seen; obvious, clear*
   nunca visto *unheard of*
vistoso *beautiful; showy, dressy*
visual *visual*
viuda *widow*
viudo *widower*
viva *long live! Hurrah!*
   ¡Viva Méjico! *Long live Mexico!*
vivamente *vividly; deeply; very much*
vivero *nursery*
viveza *liveliness; vividness*
vivir *to live; to last; s: life, living*
   vivir para ver *to live and learn*
vivo *living, alive; lively; smart*

vocablo *word; term*
vocabulario *vocabulary*
vocación *vocation*
vocal *vocal, oral;* s: *vowel*
volante *steering wheel* (automóvil); *pamphlet*
volar *to fly; to blow up; to blast*
volcán *volcano*
volcar *to turn upside down*
voltear *to tumble; to roll over*
volubilidad *volubility*
voluble *voluble; fickle; changeable*
volumen *volume; size, bulk*
voluminoso *voluminous, bulky*
voluntad *will, desire; consent*
   de buena voluntad *willingly*
   última voluntad *last will*
voluntariamente *voluntarily*
voluntario *voluntary, willing*
voluptuoso *voluptuous*
volver *to turn; to come back, to return; to put back*
   volver en sí *to recover one's senses*
   Vuelva la página. *Turn the page.*
   Vuelva mañana. *Come back tomorrow.*
volverse *to become*
voracidad *voracity*
voraz *voracious*
vos *you*
vosotras, vosotros *you*
votación *voting*
votante *to vote; elector*
votar *to vote; to vow*
voto *vote; ballot; vow; wish*
voz *voice; word; rumor*
   a media voz *in an undertone*
   en voz alta *aloud*
vuelco *tumble*
vuelo *flight; fullness* (vestido)
vuelta *turn, turning; return, reverse, back; walk*
   dar una vuelta *to take a walk*
vuelto *money, change*
   Quédese con el vuelto. *Keep the change.*
vuestra, vuestro, vuestras, vuestros *your, yours*
   Es el vuestro. *It's yours.*
vulgar *vulgar; common, ordinary*
vulgaridad *vulgarity*
vulgo *mob*
vulnerable *vulnerable*

Y

y *and*
ya *already, now, finally*
   ya lo creo *of course*
   Ya es tarde. *It's late.*
   Ya veremos. *We'll see.*
   Ya voy. *I'm coming.*
yema *bud; shoot; yolk* (huevo): *fingertip*
yerba *herb; weed; grass*
yermo *waste; desert*
yerno *son-in-law*
yerro *error, mistake, fault*
yeso *cast*
yo *I*

yodo *iodine*
yugo *yoke; bondage, slavery*
yute *jute*

Z

zafar *to get rid of*
zaguán *hall; foyer*
zalamería *flattery*
zanahoria *carrot*
zancada *stride*
zanja *ditch*
zanjar *to ditch; to settle in a friendly manner*
zapatería *shoe store; shoemaker's; shoemaking*
zapatero *shoe dealer, shoemaker*
zapatilla *slipper; pump* (zapato)
zapato *shoe*
zarpar *to sail*
zodíaco *zodiac*
zorro *fox*
zumbar *to ring*
zumo *juice*
   zumo de limón *lemon juice*
zurdo *left-handed*

LISTA DE NOMBRES PROPIOS

Adolfo *Adolf*
Alberto *Albert*
Alejandro *Alexander*
Alfonso *Alphonse*
Alfredo *Alfred*
Alicia *Alice*
Ana *Ann, Anne, Anna*
Andrés *Andrew*
Antonio *Anthony*
Arturo *Arthur*

Bernardo *Bernard*

Carlos *Charles*
Carlota *Charlotte*
Carmen *Carmen*
Carolina *Caroline*
Catalina *Katherine, Catharine, Kay, Kate*
Clara *Clara, Claire*

Diego *James*
Dorotea *Dorothy*

Eduardo *Edward*
Elena *Helen, Ellen*
Emilia *Emily*
Enrique *Henry*
Ernesto *Ernest*
Eva *Eve, Eva*

Federico *Frederick*
Felipe *Philip*
Fernando *Ferdinand*
Francisco *Francis*

Guillermo *William*

Inés *Agnes, Inez*

Isabel *Elizabeth, Isabel*

Jaime *James*
Javier *Xavier*
Jesús *Jesus*
Jorge *George*
José *Joseph*
Josefa, Josefina *Josephine*
Juan *John*
Juana *Jane, Joan, Jean*
Juanita *Jennie*
Julia *Julie, Julia*
Julio *Jules, Julius*

León *Leo, Leon*
Leonardo *Leonard*
Luis *Lewis, Louis*
Luisa *Louise*

Manuel *Emmanuel*
Margarita *Margaret, Margery*
María *Mary, Maria, Marie*
Marta *Martha*
Mauricio *Maurice*
Miguel *Michael*

Pablo *Paul*
Pedro *Peter*
Pepe *Joe*

Rafael *Raphael*
Raimundo *Raymond*
Ramón *Raymond*
Raúl *Ralph*
Ricardo *Richard*
Roberto *Robert*
Rodolfo *Rudolph*
Rosa *Rose*
Rosalía *Rosalie*

Santiago *James, St. James*
Susana *Susan, Susanna*

Teresa *Theresa*

Vicente *Vincent*
Violeta *Violet*

LISTA DE VOCABLOS GEOGRAFICOS

Africa *Africa*
Alemania *Germany*
América Central *Central America*
América del Norte *North America*
América del Sur *South America*
América Española *Spanish America*
Andalucía *Andalusia*
Antillas *West Indies*
Argentina *Argentina*
Asia *Asia*
Atlántico *Atlantic*

Bélgica *Belgium*
Brasil *Brazil*
Bolivia *Bolivia*

Castilla *Castille*
Cataluña *Catalonia*
Chile *Chile*
China *China*
Colombia *Colombia*
Costa Rica *Costa Rica*
Cuba *Cuba*

Ecuador *Ecuador*
Egipto *Egypt*
El Salvador *El Salvador*
Escandinavia *Scandinavia*
Escocia *Scotland*
España *Spain*
Estados Unidos de América *United States of America*
Europa *Europe*

Filipinas *Philippines*
Francia *France*

Grecia *Greece*
Guatemala *Guatemala*

Habana *Havana*
Hispano-América *Latin America*
Holanda *Holland*
Honduras *Honduras*
Hungría *Hungary*

India *India*
Inglaterra *England*
Irlanda *Ireland*
Italia *Italy*

Japón *Japan*

Lisboa *Lisbon*
Londres *London*

Madrid *Madrid*
Mediterráneo *Mediterranean*
México *Mexico*
Moscú *Moscow*

Navarra *Navarre*
Nicaragua *Nicaragua*
Noruega *Norway*
Nueva York *New York*

Pacífico *Pacific*
Países Bajos *Netherlands*
Paraguay *Paraguay*
Perú *Peru*
Pirineos *Pyrenees*
Polonia *Poland*
Portugal *Portugal*
Puerto Rico *Puerto Rico*

República Dominicana *Dominican Republic*
Roma *Rome*
Rumania *Roumania*
Rusia *Russia*

Sevilla *Seville*
Sicilia *Sicily*

Suecia *Sweden*
Suiza *Switzerland*
Sud-América *South America*

Tejas *Texas*
Turquía *Turkey*

Uruguay *Uruguay*

Venezuela *Venezuela*